KB267419

갈등 담론의 철학적 지평

1

철학적 소통학 총서 03

갈등 담론의 철학적 지평 1

2025년 12월 23일 초판 인쇄
2025년 12월 28일 초판 발행

엮은이 | 경북대 철학과 4단계 BK21 사업단
교정교열 | 정난진
펴낸이 | 이찬규
펴낸곳 | 북코리아
등록번호 | 제03-01240호
전화 | 02-704-7840
팩스 | 02-704-7848
이메일 | ibookorea@naver.com
홈페이지 | www.북코리아.kr
주소 | 13209 경기도 성남시 중원구 사기막골로 45번길 14
　　　우림2차 A동 1007호
ISBN | 979-11-94299-83-7 (93100)

값 25,000원

* 이 저서는 2024년도 정부의 재원으로 한국연구재단(BK21 FOUR 사업)의 지원을 받아 연구되었음
　[관리번호 4120240215036, 사업단명: 경북대학교 철학과 철학기반 갈등문제 전문인재 양성 교육연구단]

03
철학적 소통학 총서

갈등 담론의 철학적 지평

1

경북대 철학과 4단계 BK21 사업단 엮음

북코리아

서문

　경북대학교 철학과 4단계 BK21 사업단은 '철학기반 갈등문제 전문인재 양성 교육연구'의 일환으로 '철학적 소통학 총서' 시리즈를 발간하고 있다. 이번에 발간하는 제3권과 제4권은 각각 독립된 주제 아래 철학적 관점으로 갈등과 소통의 문제를 탐구한 논문들을 모은 것이다. 이전에 발간된 제1권과 제2권이 갈등 문제의 해결에 무게를 둔 것이었다면, 이번의 두 권은 갈등 및 소통에 대한 깊이 있는 이해와 분석에 더 비중을 두고 있다. 갈등에는 역기능적 측면과 순기능적 측면이 모두 존재하며, 이 둘은 서로 교차하면서 인간의 삶과 역사를 만들어왔다. 소통 또한 긍정적인 것만은 아니며 있는 그대로의 사실을 흐리게 하거나 오히려 확증편향의 태도를 부추기는 문제를 야기할 수 있다. 따라서 갈등과 소통은 단순히 제거해야만 하거나 혹은 권장되어야만 할 선악 차원의 문제가 아니라 그 자체가 인간의 삶을 밝히는 철학적 탐구의 대상이 된다. 이번 총서는 바로 이 부분에 집중하여 '갈등'과 '소통'이라는 주제를 조망한 연구 성과들로 구성되어 있다. 제3권의 집필진은 경북대 철학과 교수 및 외부 대학교수로 이루어져 있으며,

제4권의 집필진은 BK사업에 참여하고 있는 경북대 철학과 대학원생 및 계약교수로 구성되어 있다. 각 권은 독자적인 제목을 지닌 제1부와 제2부로 나뉘어 도합 4부의 체계를 이룬다. 각 부에 실린 글들은 각기 독자성을 지니면서도 전체적인 구조를 반영하는 방식으로 구성되어 있다.

제3권 제1부의 '소통과 조화의 사상적 지평'은 소통과 조화의 철학적 기반을 탐색하는 데 초점을 맞추고 있다. 여기에 속한 논문들은 주로 서양과 동양 고전 철학자들의 사상을 통해 갈등의 원인을 분석하고, 바람직한 소통 가능성을 사상적으로 탐구한다. 첫 번째 글인 "칼 야스퍼스의 실존적 소통론"은 야스퍼스의 실존철학을 중심으로 갈등과 소통의 관계를 논의한다. 자기와 타자의 관계를 실존조명의 관점에서 분석하며, 갈등을 소통으로 전환하는 철학적 메커니즘을 제시하는 점에서 특징적이다. 두 번째 글인 "제자백가의 관점에서 본 갈등과 소통"은 중국 고대 제자백가의 사상을 통해 이기심과 시비 다툼을 갈등의 원인으로 지목하고, 이를 극복하기 위한 소통 제언을 도출한다. 동양 철학의 실천적 지혜를 현대적으로 재해석해 들어가는 접근법이 돋보인다. 세 번째 글인 "주자학은 양명학과 소통할 수 있는가: 근대 시기 영남 유학자들의 양명학에 대한 인식 태도"는 근대 영남 유학자들의 관점을 바탕으로 주자학과 양명학 간의 사상적 대화를 탐구한다. 부정적·긍정적 인식 태도의 균형을 통해 바른 소통 가능성을 모색한다는 점에서 주목된다. 네 번째 글인 "틈으로 서로 통하다: K-소통(疏通)의 원류를 찾아서"는 한국 고대 불교 사상가인 고구려의 승랑과 백제의 혜균을 원류로 삼아 한국적 소통 개념의 변천을 추적한다. 소통을 단순한 정보의 교환이 아닌 차이와 틈을 매개로 한 통과와 조율의 과정으로 재정의한다는 점에서 의의가 크다. 마지막 순서인 "갈등과 소통의 각도에서 본 이정(二程) 형제의 철학"은 송대 유학자 이정 형제가 파악한 마음의 구조와 예의 논리를 통해 소통의 존재론적 지평을 넓힌다. 특히 예를 외적 규범이 아니라 내면적 성찰과 외적 질서를 매개하는 소통 장치로 재해석한 점이 돋보인다. 제3권 제1부에 실린 논문들은 고전 텍스트를 통해 갈등과 소통이라는 주제를 반성적으로 조명한다는 공통된 특징을 가진다. 이론 중심의 탐구가 주를 이루지만, 각 논문의 맺음말에서는 실천적 함의를 밝힘으로써 전체 주제인 사상적 지평의 구체화를 모색한다.

제3권 제2부의 '갈등 대응의 실천적 지평'은 갈등의 실천적 대응 방안을 중점적으로 다룬다. 가짜뉴스, 사회적 합의, 용서, 교육자치, 진영논리 등 현대사회가 안고 있는 구체적 문제들을 철학적으로 분석해 들어가는 특징을 보인다. 인식론·윤리학·사회철학 등 철학 분과별 실천적 함의를 규명해내고 있다는 점에 의의가 있다. 첫 번째 글인 "'가짜뉴스', 소셜미디어, 그리고 증언의 인식론"은 소셜미디어에서 증언의 정당화를 환원주의와 비환원주의 관점에서 논의하며, 대화의 격률과 사회적 규범을 통해 개선 방안을 제안한다. 디지털 시대의 갈등을 인식론적으로 해부한다는 점에서 특징적이다. 두 번째 글인 "사회적 합의의 인식론: 진리주의에서 베이즈주의로"는 골드만의 진리주의와 베이즈주의의 모형을 비교하며, 가짜뉴스 논쟁을 예로 들어 사회적 합의의 역학을 탐구한다. 수학적 모델을 활용한 실증적 접근이 독특하다. 세 번째 글인 "칸트의 용서 개념과 용서의 의무"는 칸트 윤리를 바탕으로 용서의 의무성을 논의하며, 불완전한 의무로서의 용서를 통해 갈등 해소의 윤리적 근거를 제시한다. 네 번째 글인 "미국 공교육의 지

역 자치: 가치 충돌과 갈등"은 트랜스젠더 이슈와 도덕적 공황 문제를 중심으로 미국의 교육자치를 분석한다. 교육철학·정치철학·사회분석이 결합된 복합적 연구로서 갈등이 가치 충돌의 형태로 어떻게 표출되는지를 제시한다. 마지막 글인 "현 한국 사회의 갈등 및 대립의 원천으로서 진영논리: 그 폐해 및 극복 방안에 관한 시론적(試論的) 탐구"는 한국 사회의 진영논리를 비판적으로 검토하며, 그 극복 방안을 시론적으로 탐색한다. 진영 구도가 어떻게 사회적 소통을 구조적으로 왜곡시키는지 설득력 있게 보여주고 있다. 제3권 제2부를 구성하는 논문들은 실천적 지평을 강조하며, 이론을 현실 문제에 적용하는 응용적 성격이 강하다. 이들은 구체적인 사례를 통해 갈등 대응 전략을 제시함으로써 실생활에서의 적용 가능성을 밝힌다.

제4권 제1부의 '갈등의 역동: 자기로부터 세계로'는 자아의 내적 갈등에서 출발해 세계적 차원으로 확장되는 갈등의 역동성을 탐구한다. 여기에 실린 논문들은 심리학·불교·정치철학·고대 철학 등의 영역에 걸쳐 있으며, 개인적 갈등이 사회적 소통으로 이어지는 과정을 분석하는 데 주력한다. 첫 번째 글인 "자아의 정신적 갈등 해결에 대한 융과 니체의 관점"은 융의 에난티오드로미아와 니체의 자아 팽창을 비교하며, 선순환과 악순환의 메커니즘을 통한 자아 통합의 가능성을 검토한다. 내면의 갈등 문제 접근에 요구되는 심리-철학적 통찰을 제공한다는 점에 의의가 있나. 두 번째 글인 "분노의 극복 가능성: 현대심리학과 초기 불교의 관점을 중심으로"는 분노라는 심리적 요인을 현대심리학과 불교 사상으로 분석하며, 이것의 극복 가능성을 탐색한다. 고대와 현대를 아우르는 학문적 논의를 실천적 유용성의 관점에서 균형 있게 결합했다고 할 수 있다. 세 번째 글인 "주권적 개인은 니체주의적인 경합적 민주주의의 주체인가?”는 니체의 주권적 개인 개념을 민주주의 맥락에서 재검토한다. 니체의 철학을 현대 정치철학에 적용하여 민주주의의 동역학을 새롭게 해석한다는 점에서 의의가 있다. 네 번째 글인 “니체의 아곤: 절제된 상호 소통적 경쟁”은 니체의 아곤 개념을 소통적 경쟁으로 재해석한다. 경쟁과 갈등의 순기능적 측면에 주목하면서 절제의 중요성을 강조한다는 점에서 특징적이다. 아곤의 균형을 논하는 부분은 경쟁을 소통의 도구로 본다는 점에서 의의가 크다. 마지막 글인 “파르메니데스의 「자연에 관하여」와 갈등의 문제: 세 길 해석과 무모순율을 중심으로”는 고대 그리스 철학자 파르메니데스가 제시하는 사유의 길에서의 무모순율과 독사(doxa)의 길에서의 갈등 상황을 분석한다. 파르메니데스의 세 가지 길에 대한 해석을 통해 이분법 구조를 유지하면서도 갈등 해소의 가능성을 제시하는 부분이 인상적이다. 제4권 제1부에 속한 논문들은 갈등의 역동성을 개인으로부터 세계로 확대하는 서사적 구조를 공유하며, 철학사적 텍스트를 현대적으로 재맥락화한다는 점이 두드러진다.

제4권 제2부의 ‘소통의 가능성: 윤리, 언어, 예술’은 소통의 가능성을 윤리·언어·예술의 관점에서 탐색한다. 용서, 공감, 예술 매체 등을 통해 갈등 해소의 창의적 방안을 제시한다는 점에서 특징적이다. 첫 번째 글인 “‘나는 너를 용서한다’: 선언으로서의 용서”는 용서를 분노 제거와 관계 청산의 관점에서 논의한다. 히에로니미의 판단 수정 모델을 비판하면서 선언적 화행으로 보는 대안은 용서의 실천적 의미를 깊이 생각하게 한다. 두 번째 글인 “소통과 대상화: 신뢰에 기반한 도덕적 변환의 가능성”은 신뢰 관계를 바탕으로 대상화의 문제를 분석한다. 누스바움의 서사적 역사 개념을 확장하여 신뢰적 관계를 강조하는 부분은 인간관계의 윤리적 차원을 재고하게 한다는 의의가 있다. 세 번째 글인 "우리는 어떻게 타인에게 공감하는가?: 코플랜과 골디의 논의 분석"은 공감의 조건을 심리철학적으로 해부한다. 공감 이론의 추상성을 구체적 조건으로 분석하여 실생활에서의 적용성을 높인 점이 주목할 만하다. 공감의 메커니즘을 분명히 하면서 이것이 지닌 소통론적 함의를 잘 드러내고 있다. 네 번째 글인 "소통의 매체로서 예술: 듀이 예술철학을 중심으로"는 듀이의 경험론을 통해 예술을 소통 매체로 재정의한다. 예술을 참여적이고 공동체적인 소통으로 본다는 점에서 주목할 만하다. 경험의 공동체 형성 과정을 분석하는 부분은 예술의 교육적 가치를 깨닫게 한다. 마지막 글인 "쇼펜하우어 철학에서 증명의 한계와 언어적 소통의 한계"는 쇼펜하우어의 증명론을 통해 언어 소통의 한계를 논의한다. 증명의 네 가지 한계를 세밀하게 분류하는 대목은 소통의 철학적 한계를 되짚어보게 한다. 고전 철학을 현대적으로 재조명하면서 철학적 논증의 엄밀성을 잘 보여주는 글이라고 할 수 있다. 제4권 제2부에 속한 논문들은 소통 담론의 지평을 윤리, 언어, 예술이라는 매체로 확장하며, 이론적 한계를 넘어 실천적 대안을 제시한다는 공통점을 가진다.

『갈등 담론의 철학적 지평』이라는 제목으로 출간되는 이번의 두 권은 갈등과 소통이라는 주제가 지닌 다층적 성격을 철학적 관점에서 싶어낸 것이라는 점에서 의의가 있다. 특히 각 권의 제1부는 사상적 차원 혹은 개인의 내면적 차원에서 갈등 및 소통 담론의 기초를 닦는 데 주력한다고 할 수 있으며, 각 권의 제2부는 이것의 실천적·사회적 적용을 통해 논의의 폭을 확장하고 있다. 이러한 전체 구조는 갈등에 대한 인식에서 출발하여 소통과 조화 그리고 상생으로 전환해나가는 과정을 보여준다. 본 사업단의 연구는 2020년도 한국연구재단의 지원으로 시작되어 올해로 5년째에 이르고 있다. 새롭게 출간되는 이 두 권의 총서가 갈등과 소통 문제에 대한 인식과 대응에서 철학의 역할을 분명히 하는 계기가 되기를 바란다. 독자 여러분의 깊은 관심과 비판적 독해를 기대한다.

2025년 12월
경북대학교 철학과 4단계 BK21 사업단장
임승택

목차

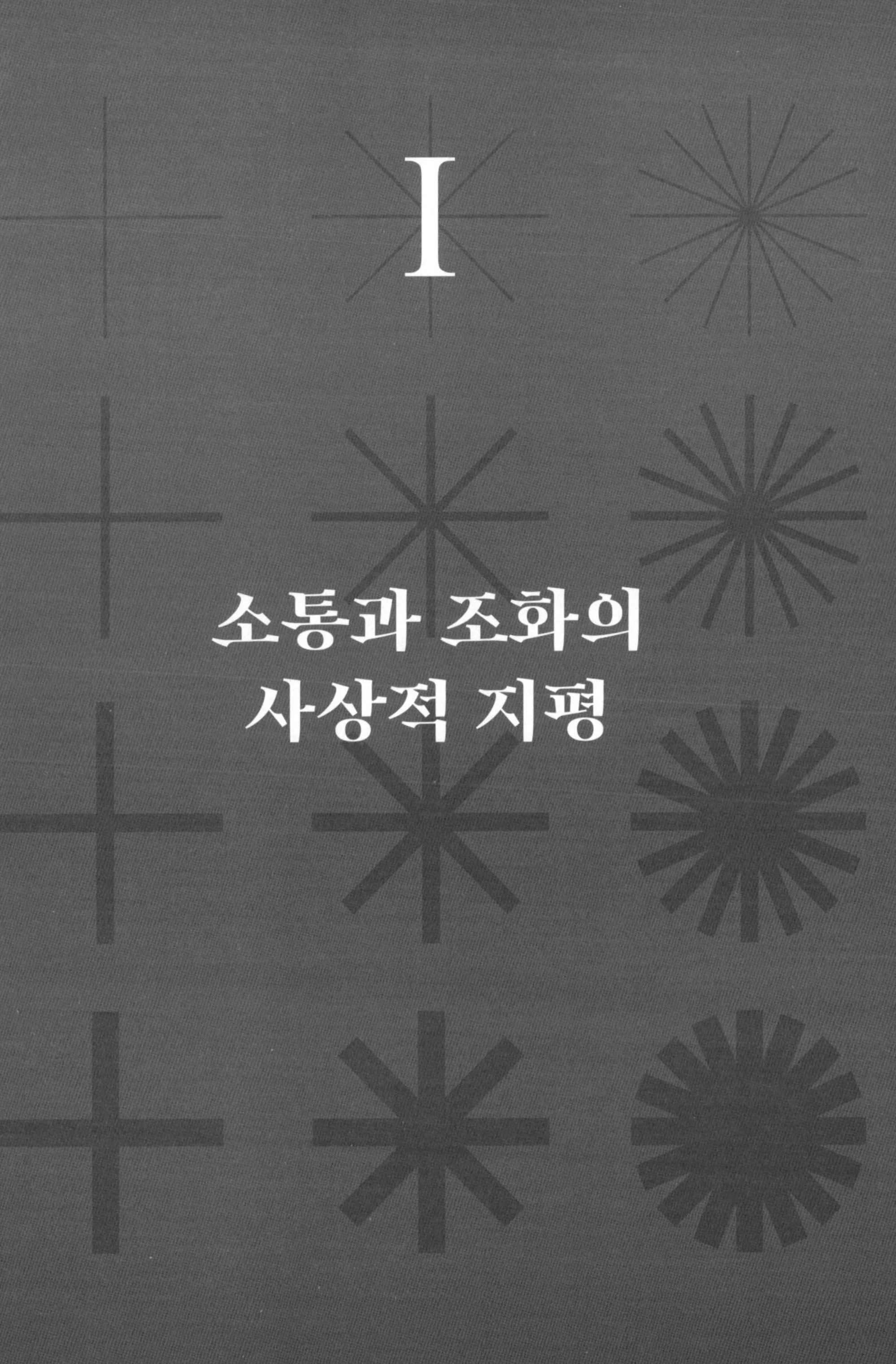

I

소통과 조화의
사상적 지평

01
칼 야스퍼스의 실존적 소통론

김재철(경북대학교 철학과)

1. 문제 제기: 갈등과 소통에 대한 철학적 접근

오늘날 갈등으로 인한 심각한 문제가 우리 사회 도처에서 일어나고 있다. 인류 역사에서 이러한 문제가 어제오늘 일어난 것은 아니지만, 정치적 민주화로 인해 개인의 권리와 이익이 전면적으로 보장되고 개인의 견해와 관심을 자유롭게 표출할 수 있는 현대사회에서의 갈등은 새로운 양상으로 표출되고 있다. 이념갈등, 종교갈등, 지역갈등, 계층갈등, 세대갈등, 문화갈등, 양성갈등 같은 다양한 형태를 띠는 갈등 양상은 은연중에 사회 구성원 간의 유대를 깨뜨리는 혐오와 불화의 씨앗이 되고 있다. 선거철이 되면 이러한 갈등은 더욱 노골화되어 크고 작은 수많은 공동체의 구성원들이 극단적으로 대립하여 오래가도 아물지 않는 깊은 상처를 남기는 것을 볼 수 있다. 심지어 어떤 사람들은 갈등을 교묘하게 이용하거나 조장하여 자신의 권력과 이익을 도모하기도 한다.

이처럼 갈등은 한편으로 순전히 부정적인 것으로 보인다. 사람들은 이러한 측면만을 강조하여 자기 입장과 다른 비판을 갈등 요인으로 부각시키고 갈등 해소라는 명분 아래 상대에 대한 억압을 정당화할 수 있다. 또한 갈등을 부정적인 것으로만 간주하여 갈등을 회피하는 무관심과 무비판적 태도도 문제가 될 수 있다. 이와 달리 갈등에는 오히려 비판적 의식과 자기성찰 및 사회변화의 계기를 요청하는 목소리와 실천적 행동이 담겨 있을 수 있다. 이때의 갈등은 현재 상황의 문제와 한계를 성찰하고, 그것을 극복하고 해결할 수 있는 상호적 소통의 계기가 된다. 이렇게 본다면 다양한 양상의 갈등에 대한 논의는 표면적 관점에 국한된 현상적 분석에만 그칠 것이 아니라 갈등이 발생하는 근본 원인과 그 내적 구조에 담긴 역동성을 고찰하는 철학적 접근이 필요하다.

시대적 변화에도 불구하고 자신의 생명과 재산을 보존하고 자기 능력을 무한히 확대함으로써 각자 자신의 이익을 극대화하려는 것이 인간 본연의 의지라고 한다면 갈등은 어떤 사회에나 있을 수밖에 없다. 그러나 개인은 홀로 살 수 없다. 또한 개인의 이익은 동일한 이익을 추구하는 타자와 연결되어 있다. 개인은 자신의 목적을 성취하기 위해 원하든 원치 않든 타자와의 불화를 무릅쓰고라도 홀로 대처할 수 없는 자연의 광막한 힘과 적대적 집단에 대항하기 위해 자신이 속해 있는 공동체 안에서 다양한 방식의 소통을 수행할 수밖에 없다. 그러나 타자와의 유대관계에서도 개인은 항상 긴장 속에 있으며, 공동체의 절실함이 사라지는 순간 다시금 자신의 이익을 추구하는 방향으로 움직일 수 있다. 칸트는 이러한 인간의 근본적인 성격을 "비사교적 사교성"이라고 말한 바 있다.[1] 개인은 타인 없이는 생존할 수 없으나 타인을 온전히 용인할 수도 없다는 것이다. 근대의 국가철학 및 정치철학은 이러한 대립관계와 관련하여 사회계약론을 상정하고, 그에 따라 국가의 절대화(홉스), 시민사회의 긴장성(칸트), 인륜적 국가의 이념(헤겔) 같은 논의를 전개했다.

갈등을 올바로 이해하기 위해서는 시대의 상황에 따른 역사의식과 정치적 이성이 필요하다. 고도로 관료화된 테크노크라시의 권력과 모든 것을 재화가치로 계산하는 시장에서 일어나는 갈등은 전통적 공동체와는 다른 양상을 보이고 있다. 이러한 후기 산업사회의 문제점을 프랑크푸르트학파의 비판이론가들이 해방적 관심에서 비판적 이성을 통해 폭로한 것처럼, 현대의 갈등에 대한 인식 또한 철학적 성찰이 요구된다. 공적 영역에서의 갈등은 실천적 삶의 영역에 참여하는 개인들 간의 소통과 무관할 수 없다. 이때 참여하는 개인은 추상적 개인이 아니라 자기존재가 문제 되는 깨어있는 실존이다. 개인이 각자의 실존을 인정하는 실존적 소통의 주체가 될 때 비로소 진정한 연대성을 희망할 수 있다. 이때의 갈등, 즉 실존적 의미에서 파악된 갈등은 타자 실존의 차이성과 다양성에서 자기존재를 이해하는 개방적 태도를 포함한다.

오늘날 정치, 경제, 사회, 문화 등에서 초래되는 갈등 문제에 대한 사회과학적 연구가 이미 광범위하게 전개되고 있다. 그리고 이에 대한 해결방안으로 협상전문 및 의사소통을 돕는 다양한 방법론과 갈등으로 인한 심리적 고통을 해결하는 상담이론도 등장하고 있다. 그러나 이러한 연구들은 현상적 분석에 그칠 수 있으며, 그에 따른 갈등인식

---

1   I. 칸트(이석윤 옮김), 『세계시민적 견지에서 본 보편사의 이념』(책세상, 2003), 38쪽 이하 참조.

과 해결방안 역시 근시안적 접근에 머물 수 있다. 이러한 배경에서 갈등의 본질적 의미에 대한 이해와 진정한 극복의 대안을 제시하는 철학적 접근이 절실하게 요청되고 있다. 이러한 요청에 따라 본 논문은 칼 야스퍼스의 실존적 소통론을 통해 먼저 나와 타자, 나와 공동체 사이에서 빚어지는 갈등의 근본원인과 상황 그리고 그와 연관된 갈등의 다양한 양태를 살펴볼 것이다. 그리고 갈등의 극복 및 해결 방안으로 현존적 소통의 한계를 돌파하여 본래적 자기존재에 이르게 하는 실존적 소통 과정이 다루어질 것이다.

야스퍼스의 실존적 소통론은 그가 "철학함"이라고 부르는 "실존조명"의 틀 속에서 전개된다. 동사적 의미의 '철학함(Philosopieren)'은 실존에 이르기 위해 제한된 자기인식의 한계를 초월하는 자기존재의 이행과정, 즉 실존조명 자체를 의미한다. 실존조명(Existenzerhellung)은 인간 실존이 본래적인 자기존재를 향해 현존적 조건을 돌파하도록 하는 "철학함의 근원"이다.[2] 이러한 돌파 과정에서 실존은 타자와의 갈등 및 소통을 통해 되어가는 존재이다. 다시 말해 실존은 자연적·사회적·경제적·정신적 형태 등에서 만나는 타자와의 비본래적 갈등을 통해 좌초와 절망을 경험하며 본래적 자기존재를 실현하는 소통을 위해 투쟁한다. 결국 본래적 자기존재는 실존적 소통으로까지 전진함으로써 드러난다. 이때 주목해야 할 것은 야스퍼스가 실존조명의 철학함에서 인간의 고유한 능력에 속하는 이성과 진리에 대한 믿음을 포기하지 않는다는 점이다. 실존조명은 전통적인 인간관 및 그와 연관된 타자와 공동체의 이해를 비판적으로 성찰할 뿐만 아니라 이성과 진리의 문제를

---

2   K. Jaspers, *Philosophie II- Existenzerhellung* (Berlin: Springer, 4. Aufl., 1973); 칼 야스퍼스 (신옥희·홍경자·박은미 옮김), 『철학 2』(서울: 아카넷, 2019)[이하 PH II로 표기함], 35쪽.

실존의 관점에서 본질적으로 파악하는 계기가 된다.

실존조명의 틀에서 이성과 진리는 근대철학에서와 달리 개체성의 우선성과 생성 및 변화의 가능성에서 제시된다. 이로부터 개인과 사회의 긴장 및 갈등을 다루었던 고전적 정치철학 및 사회철학의 담론은 실존철학적 기획과 연관된 "소통적 이성", "소통적 진리"에서 재해석된다. 실존적 관점에서 파악된 이성과 진리를 통한 소통은 타자와의 관계성을 포함한 "사랑하는 투쟁"을 지향하는 독특함을 가진다. 이러한 소통적 이성의 논리를 야스퍼스는 "철학적 논리학"이라고 부른다. 철학적 논리학은 전통적인 지성의 논리학과 달리 주체와 객체로 이분된 영역들에서의 대립적 차원을 초월하는 이성이자 모든 영역을 회통시키는 소통적 역할을 한다. 소통적 이성은 결코 "영속적인 것"도 "목적 자체"도 아니며, "시간적 현존에 있어서 언제나 과제"이자 "매개"가 되는 것이다.[3] 소통적 이성의 논리학은 다름 아닌 "가능적 실존"의 "철학함" 자체이다. 이 글에서는 이러한 철학함, 즉 실존조명과 철학적 논리학의 양 날개로 현존적 갈등을 돌파하는 야스퍼스의 실존적 소통론을 다룰 것이다.

---

3   K. Jaspers, *Vernunft und Existenz* (München: Piper, 1973); 칼 야스퍼스(황문수 옮김), 『이성과 실존』(서울: 서문당, 1976)[이하 VE로 표기함], 217쪽 참조.

2. 자기와 타자

정신병리학자로 출발한 칼 야스퍼스는 『정신병리학 총론』(1판, 1913)을 집필하고 정신병을 깊이 탐구하기 위해 다양한 과학적 이론과 자신이 이해한 현상학과 해석학의 방법을 적용했지만, 수차례의 개정과정에서도 만족할 수 없었다. 이러한 불만족은 그로 하여금 결국 1946년 완전히 개정된 판본이라 할 수 있는 4판에서 "인간존재 전체"에 대한 물음을 다시 묻게 했으며, 이를 계기로 그는 실존조명과 포괄자론을 내용으로 하는 철학으로 전향하게 되었다.[4] 이후 첫 번째 철학적 저서라고 할 수 있는 『세계관의 심리학』(1919)에서 야스퍼스는 정신현상의 근본적인 단초를 찾는 과정에서 인간존재의 실존적 현상에 대한 관심을 가지게 된다.[5] 그 현상이란 인간이 자기의 현존을 위협하는 극단적인 상황에서 자신의 본모습을 조명하는 경험의 계기를 획득한다는 사실이다. 이러한 경험은 근대철학의 중심주제인 의식 일반에 대한 반성을 통해 추론할 수 없으며, 물리적·생리적·심리적·사회적·정치적 학문의 대상적 지식으로 획득할 수도 없는 실존적 경험을 의미한다.

이러한 실존적 경험은 현상적으로 파악되는 현존적 차원의 한계를 초월하는 과정에서 드러난다. 이때 초월은 현존적 차원에 대한 회

4　이러한 불만족은 이후 실존의 자기조명을 위한 중요한 계기로 제시된다. K. Jaspers, *Allgemeine Psychopathologie* (Berlin: Springer, 1913, 1. Aufl., 1953 6. Aufl.); 칼 야스퍼스 (송지영 외 옮김), 『정신병리학 총론 1, 2, 3, 4』(서울: 아카넷, 2014), 번역본 4권, 제6부 263쪽 이하 참조.

5　K. Jaspers, *Psychologie der Weltanschauungen* (München/Zürich: Piper, 1985), 46쪽 이하 참조.

의주의와 허무주의의 형태와는 다른 것으로서 예외적이고 개별적인 상황에 처해 있는 자신의 참된 모습을 대면하게 하는 실존조명의 계기이다.[6] 1932년 『철학』이라는 공통된 제목으로 나온 세 권의 책 중 『철학 II』는 실존조명을 집중적으로 다루고 있다. 여기에서 실존은 현존과의 구별에서 고유한 성격을 얻는다. 현존(Dasein)은 "인식이 가능한 내용으로서 파악될 수 있는 모든 것"이며, 세계에서 대상적으로 파악되는 나이다. 반면 실존(Existenz)은 대상화될 수 없는 나이다. "나는 실존의 가능성을 살고, 실존을 실현할 때만 나 자신이다."[7] 이와 같이 실존은 심리적 주체처럼 어떤 성향이나 소질로 파악되는 현존이 아니라 가능성에 뿌리를 내리고 있다.

사실의 영역에 제약된 현존에 반해 실존은 무제약적이다. 이것은 실존이 사실의 영역을 넘어 자유의 영역에 속한다는 것을 의미한다. 실존의 자유는 현존의 세계에서는 객관적으로 파악될 수 없다. 현존은 객관적 지식으로 파악할 수 있는 것으로서 "모든 이성존재에게 공통적인 것"이며 보편적 범주 아래 속하지만, 반면 실존은 역사적 특수성을 지닌 개별자로 존재한다.[8] 실존은 무제약적이며 자유로운 가능적 존재로서 "정치적·학문적·경제적 삶의 성과로 파악된 경험적 개체성, 객관적이고 비인격적인 사물화 그 이상"을 의미한다.[9] 실존의 자유는 자

---

6 이러한 의도는 『세계관의 심리학』 서문에 잘 나타나 있다. "이 책은 자신에 대해 놀라 자신을 반성하면서 현존의 문제를 통찰하기 시작하는 인간, 그리고 개별적이고 비합리적이며 어떤 것으로도 면제될 수 없는 책임으로서 삶을 경험하는 인간에게만 의미를 가진다." 같은 책, VII쪽.

7 PH II 30.

8 PH II 34.

9 PH II 38.

기존재에 도달하려는 운동으로서 "자기존재를 시작하는 도약의 표현"
으로 이해되는 것이다.[10]

　　이처럼 실존은 현존에서의 고착을 거부하며 자신을 세계로부터
해방시키는 초월적 존재로서 항상 세계와의 긴장 속에 놓여있다. "알
수 있는 것으로서의 세계와 조명되어야 할 것으로서의 실존은 변증법
적으로 구분되고 다시 하나로 파악되어야 한다."[11] 야스퍼스는 실존의
변증법적 도약과 초월을 위한 부정적 계기를 "현존 일반에 대한 불만
족"이라고 부른다. 이것은 정신의 자기전개를 위한 부정성(헤겔)과는
다른 것이다. 불만족은 키르케고르와 니체가 보여준 것처럼 본래적 자
기로 존재하고자 하는 요구 및 호소의 형태로 드러난다.[12] 불만족은 자
기존재에 이르는 "고독", "난파", "절망"(키르케고르) 같은 "한계상황"의
경험을 불러일으킨다.[13] 나의 지식과 나의 행위가 객관적으로만 파악
될수록 도약을 위한 불만족은 더 심화되며 결단을 위한 힘을 가진다.
한계경험에서 나타나는 실존적 회의와 허무(니체)로 나타나는 불만족
은 방황이나 환멸 또는 자기도피가 아니라 "세계현존을 돌파하고, 근
원에서 개별자 자신을 성찰"하게 하는 결정적 계기이다.

　　자기존재의 근원은 나의 자유로운 선택 및 결단과 함께 그때마다
무제약적이고 무규정적인 방식으로 드러난다. "이 [자기존재] 근원으로
부터 개별자는 자신의 세계를 파악하고, 타자와 더불어 실존으로 현실

10　　PH II 36.

11　　PH II 33.

12　　야스퍼스는 불만족을 통한 자기극복의 계기를 『이성과 실존』에서 근대철학에서 이성 또는
　　　　정신과 다른 관점을 보여주는 키르케고르와 니체를 통해 보여준다. VE 24 이하.

13　　PH II 37 이하, 92.

화될 수 있다." 여기에 "실존조명"이 가진 철학적 의미가 잘 드러나고 있다. 실존조명은 나의 불만족에 대한 부정적 해명으로 끝나는 것이 아니라 현존의 한계를 돌파하면서 나의 실존과 연관된 현존의 의미를 투명하게 드러내는 긍정적 사유이다. 세계에서 일어나는 일은 단순한 사건이지만, 그것은 실존에 이르는 돌파 속에서 나에 의해 무엇인가로 결정된 것이기에 현존에 대한 사유 또한 실존적 근원으로부터 파악될 수 있다.[14] 현존의 돌파는 실존의 실현으로 향하는 실존조명에서 이루어진다. 역사적 상황에서 자기 자신으로 향하는 초월을 조명하는 사유에는 현존의 돌파에서 드러나는 "대상적 사유"가 포함되어 있다. 따라서 실존조명은 세계와 실존의 긴장 속에서 세계존재와 자기존재를 함께 드러내는 철학적 사유 이외에 다른 것이 아니다.

실존적 현실이 대상적으로만 사유된다면 실존적 초월성은 박탈되고 왜곡될 수 있다. 따라서 실존조명은 현상으로 드러나는 실존의 실현과정과 실존의 가능성, 즉 비현실성을 함께 통찰하는 것이다. "실존조명의 철학함에서 존재의 진술은 자유와 만난다." 실존적 사유는 진술의 일반적 타당성과 함께 전적으로 개별적인 실현과 관련하여 "대상 없이 수행하는 비[대상적]사유"를 함께 통찰하는 것이다. 이처럼 실존조명은 보편적인 것 안에서 스스로 움직이면서도 보편적인 것의 한계에 직면하고 있다.[15] 이러한 실존조명의 철학은 뒤에 언급될 야스퍼스의 갈등 이해에 그대로 적용된다. 세계에서의 갈등이 가진 부정적 계기는 실존적 도약을 위한 긍정적 계기이기도 하다. 야스퍼스는 이러한 실존

---

14 PH II 39 이하 참조.

15 PH II 42 이하.

조명의 계기를 일차적으로 심리학적·논리학적·형이상학적 객관화의 한계와 그것을 돌파해가는 과정에서 명확히 보여준다.

이때도 주목해야 할 것은 야스퍼스가 "나 자신"을 "타자"와의 관계에서 조명하고 있다는 점이다. 나로서의 실존은 이미 세계에서 타자와의 관계에서 함께 드러나기 때문이다. 먼저 심리학 이전에 자연과학에서 실존은 세계현존으로만 드러날 뿐 실존 가능성은 철저히 배제된 "공허함" 속에 놓여있다. 이 공허함이라는 한계경험은 세계현존의 돌파를 시작하게 하는 초월의 호소를 불러일으킨다.[16] 여기에서 나와 타자는 물리적이고 생물학적인 환경과 조건에서의 관계 맺음으로 드러난다. 이와 달리 심리학은 실존의 갈등을 설명하려고 시도한다. 그러나 갈등을 심리학적으로 객관화하는 순간 그 갈등이 초래되는 근원, 즉 실존 자체의 고유함은 놓칠 수 있다. 그로 인해 심리학은 갈등의 원인으로서 실존을 다시금 추적해야 하는 순환 속에 빠진다. "실존의 고유한 이해 불가능성"을 인정할 수밖에 없는 심리학은 자체의 한계를 넘어 자기존재로의 초월을 수행하는 실존조명을 요청하게 된다. 심리학도 당연히 타자와의 소통을 전제한다. 그러나 심리학에서 규정하는 나와 타자의 "서로-통해-있음"은 "상호작용에 대한 객관적 관찰"에서만 가능하다. 다시 말해 거기에서 타자와의 소통은 결국 현존적 객체로 만나는 타자에 대한 탐구에서만 기술된다. 그러나 실존은 고립된 두 객체의 상호작용이 아니라 이미 타자 실존을 인정하는 실존적 소통에서 "나 자신"으로 드러날 수 있다.

논리학에서 실존의 가능성은 추상적 사유를 통해 진술된다. 추상

---

16   PH II 45.

적 사유는 하나의 대상이 아니라 대상 일반을 지향하는 보편적 지식이
다. 그러나 야스퍼스는 이러한 지식을 "밝은 무지"라고 말한다.[17] 여기
에서 실존은 의식 일반이라는 지성적 존재로서 규정된다. 보편타당성
을 이끌어내는 논증의 능력으로서 지성은 명석 판명한 것이지만, 실존
의 가능성과 개별성에는 무지하다. 추상적 사유와 그로부터 나온 진리
는 창백하고 공허한 것일 뿐 실존적 의미를 담은 충만한 논증이 될 수
없다. 그러한 추상적 사유는 가능실존의 자기조명을 위한 호소 앞에서
난파할 수밖에 없다. 그리고 논리적 관점의 타자 관계에서 나는 "나 일
반", 즉 주체 일반으로서 "모든 인식 가능한 것과 관계되어 있는 지점"
을 공유하는 동일성을 가진다. 나는 지성적 존재로서 타자와 일치함을
의심하지 않는다. "그러나 나는 단지 나 일반만이 아니라 나 자신이기
도 하다."[18] 사유하는 나는 나의 현존을 위한 조건이기는 하지만, 이러
한 형태에서는 나를 개별적인 나 자신, 즉 실존으로 파악하지 못한다.

형이상학은 나를 넘어선 신비적 형상, 일자, 초월자 같은 대상을
주제로 삼고 그것을 방법론적으로 절대적 대상성을 가진 것으로 객관
화한다. 그러나 이러한 형이상학적 객관화 또한 개별적이고 유한한 나
와 무관한 것이 아니라 그러한 방식으로 존재하는 나의 실존과의 관계
에서 의미를 가질 수 있다. 이것은 형이상학적 대상이 오직 실존조명
에 의해 파악될 수 있을 뿐만 아니라 실존조명으로 되돌아갈 가능성을
다시금 지시하고 있음을 의미한다. 그리고 형이상학적 영역에서 나와
타자의 관계는 매우 중요한 의미를 가진다. 한편으로 나는 초월자를

17　　PH II 46 이하.

18　　PH II 68 참조.

향하는 이념의 공동체를 통해 타자와 강력한 결속을 가질 수 있다. 그러나 다른 한편으로 나의 진리가 타자의 진리와 충돌하는 극단적 분리와 전쟁 같은 갈등을 초래할 위험을 내포하고 있다.

이처럼 실존은 현존적 학문들을 돌파하며 요청되는 자기조명의 과정에서 고유한 성격을 드러낸다. 이때 실존은 세계의 의존 및 타자와의 유대 속에서 자신을 드러내는 동시에 그것에만 머물러 있기를 거부하는 고독과 자유 속에서 자신을 드러내는 이중성을 가진다. 현존과의 관계에서 드러나는 "[실존적] '나'는 하나이면서 둘이고 둘이면서 하나"로서 조명된다.[19] 이처럼 실존조명은 "논리적으로 불가능한 것"을 통해 존재의 현실을 진술하는 방식이다. 따라서 실존조명은 모호성을 가지며, 그로 인한 오해의 여지도 있다. 일차적으로 실존조명은 대상적 논리성에 대해 비논리적 자의성처럼 보일 수 있다. 그럼에도 실존조명에서 나의 삶은 논리적 일관성을 가지기보다 "실존의 일관성"을 가진다.[20] 또한 실존의 개별성은 자기중심적 폐쇄성처럼 보일 수 있다. 그러나 그것은 경험적 한계로 인한 개인의 편협성이 아니라 본래적 자기존재에 대한 개방적 염려이다. 이러한 염려에서 나타나는 모호성은 객관적 지식을 통해 제거될 수 있는 것이 아니라 자기선택과 책임을 가진 가능실존을 통해 지양될 수 있다. 야스퍼스는 실존조명의 이중성과 모호성을 자기존재로 향한 "변증법적 순환의 심연"이라고 말한다. 시로 함께 싸우고, 서로 기대하고, 서로 마주 보는 타자와의 다양한 관계에서 현존을 통과하면서 실존의 근원성이 드러나기 때문이다. 반면

---

19   PH II 49.

20   PH II 56.

현존적 영역들에서 맺는 타자와의 관계는 한계극복이 어려운 고착된 갈등 양상들을 보여준다.

현존을 돌파하는 실존조명을 변증법적 관점에서 보면 다음과 같다. 현존적 세계에 처해 있지만 실존조명에서 항상 문제가 되는 것은 자기존재이다. 타자와의 갈등은 근본적으로 자기존재에 대한 실존적 이해와 직결되어 있다. 먼저 나에게 나 자신은 무엇으로 현상하는가? 처음의 나는 나에 대해 묻지 않는 "무관심 속의 나"이다.[21] 그러나 나 자신이라고 말할 때 그것이 의미하는 바가 무엇인지를 묻는 물음에서 나는 바로 무관심에서 깨어난다. 처음 나는 단순한 현존적 의식에 머물러 있었지만, 나의 근거와 불현듯 만나면서 충격 속에서 깨어난다. 이로부터 나는 나의 의식으로 돌아간다. 나는 자신을 스스로 파악하는 존재이다. 이때 나는 묻고 있는 나와 객체로서의 나로 갈라져 순환 속에서 나를 의식한다. 이때 나는 순수한 나 자신을 발견할 수 없어서 나를 형성하는 객체, 즉 현존의 물질적 충족에 의지한다. 그것은 "생명", "육체"에서의 나이다.[22] 그러나 이러한 현존적 나는 온전한 나가 아니다.

다음으로 나는 타자와 영향을 주고받으며 나의 존재가 의식되는 사회적 삶에서 규정된다. 원시인이 자신들의 환경에서 분리될 때 자신의 존재의식을 잃어버릴 수 있는 것처럼 나의 존재는 타자와의 다양한 관계에 있는 사회적 나로서 수많은 관계에 의해 구속되어 있다. 이때 나는 사회 속에서 내가 "성취한 것"으로 대상화된 나이다.[23] 그러나 사

---

21 PH II 65.

22 PH II 70 이하.

23 PH II 75.

회적 나 역시 온전한 나 자신이 아니다. 가능적 실존으로서 나는 나의 성취 및 업적과 동일시되는 것에 만족하지 않기 때문이다. 한편으로 나는 사회적 나와 함께 지금까지의 나에 대한 과거 기억의 총합으로 대체될 수 있는 것처럼 보인다. 그러나 이러한 기억도 나에 대한 다른 규정들처럼 한계를 가진다. 기억의 총합으로서 나는 내가 다르게 있을 수 있다는 미래적 가능성에 대한 사유를 통해 분리된다. 기억의 총합으로서의 나 역시 대상화된 현존의 나일 뿐 나 자신과 절대적으로 동일하지 않다.[24]

현존적 객체의 경험과 연관된 의식 일반 또한 그것을 검토하는 순간 이미 그것 역시 개별적 나 자신에 달려있음을 알고 있다. 의식 일반은 자기와 관계 맺는 태로로서 자기존재가 무엇인지를 선택하고 결단하는 존재에 근거한다. 이처럼 나에 대해 태도를 취한다는 것은 그 태도가 나의 다른 가능성이 있음을 의미한다. 그것은 어떤 "내적인 행위"를 의미한다.[25] 이러한 내적 행위가 세계의 사물로 향하던 나를 검토하는 나로서의 "자기반성"이다.[26] 자기반성은 "자기를 확신하는 직접성"으로서 근원적으로 나 자신으로부터 나오는 동기를 가지는 "자기소통"이다.[27] 이러한 자기소통의 "직접성"과 "성실성"은 "절망"의 한계상황을 경험한다. 왜냐하면 자기반성은 자신의 기대와 가능성을 온전히 드러내기 어려워 자신을 의심하며 자신을 소진시킬 수 있기 때문이다. 사기반성은 자신을 넘어서 개방되고 있는 나를 견디지 못하는 불안 속

---

24   PH II 77.

25   PH II 82.

26   PH II 84.

27   PH II 88.

에서 자기를 고착시키려는 경향을 가진다. 그러나 자기반성이 "자신을 끊임없이 밝히면서도 결국 밝힐 수 없는 자기존재의 한계"에 부딪히며 발생하는 절망은 가능적 자기존재를 향해 비약하게 만드는 자유로운 힘이 될 수 있다.[28] 이러한 절망을 통한 비약은 "자기해소"를 의미하는 종교적 의미의 "자기극복"과는 다른 것이다. 자유로운 실존은 이미 규정된 자기로부터 벗어나 본래적 자기가 되기를 원하는 것이기 때문이다.

이와 관련하여 야스퍼스는 자기반성에서의 절망이 현존적 환경이나 사회적 권위에 매여있는 자기를 극복하려는 충동이며, 이로부터 나의 모든 객체성과 주체성을 관통하여 고유한 자기인 "이성존재"로 나아갈 수 있는 계기가 될 수 있음을 강조한다. 이성존재는 "자신의 무한한 근원성"과 "자신의 유한성"을 의식하는 탁월한 자기존재이다.[29] 이성존재는 자기존재를 발견하는 "책임"을 가지며, 그렇지 못할 때 자기의 비존재에 대한 "죄책"을 가진다. 이성존재로부터 이제 나를 위한 현존의 욕망을 충족시키는 친숙한 세계와 함께 그러한 욕망에 만족할 수 없는 다른 세계가 개방된다. "이 세계는 시간과 사람에 따라, 나의 내적인 태도에 따라 바뀐다. 즉, 세계는 모든 사람에게 항상 동일하게 말하지 않는다. 내가 듣고자 한다면 나 자신은 이[다른] 세계에 대해 준비하고 있어야 한다."[30] 의식 일반에게 세계존재는 보편타당한 것으로 알

28　PH II 93.

29　PH II 95. 여기에서 말하는 이성존재는 칸트와 헤겔의 의미보다는 무한성과 유한성의 이분성에서 일어나는 절망과 이것을 지양하는 소통을 통해 자기존재에 이르는 키르케고르의 실존적 정신개념에 가깝다. 소통을 위한 이성의 매개적 역할은 뒤에서 다룰 것이다. 쇠렌 키르케고르(임규정 옮김), 『죽음에 이르는 병』(서울: 한길사, 2012), 55쪽 이하 참조.

30　PH II 33.

려지며, 공동체는 동일한 이해관계의 계산에 따르는 한에서 공통적인 것이다. 그러나 실존에 속하는 이성존재는 보편적이지 않으며 공통적이지도 않다. 실존적 이성존재는 나 자신의 본래성을 위한 세계인식과 타자이해를 요구하기 때문이다. 야스퍼스의 이성존재는 현존적 나의 한계를 드러내고 가능존재로서 세계 및 타자와의 개방적 소통에서 드러나는 실존과 연결된다.

3. 갈등과 소통의 변증법

실존조명에서 드러나는 자기존재는 결코 자기 자신에만 머물러 있지 않다. 자기존재를 전체적으로 실현하기 위해 인간은 전적으로 타자를 필요로 한다. 실존은 타자와의 소통을 통해서만 "자기 자신"이 탄생하는 본래적 계기를 획득한다. 자기존재를 위한 실존의 소통은 현존의 소통을 돌파하는 과정에서 드러난다. 내가 타자와 함께 나의 존재를 산출하며, 나의 존재를 비로소 본래적으로 조명하는 실존의 소통은 현존의 소통에 대한 이해, 즉 경험적인 공동체에 대한 심리학적·사회학적·정치학적 사실관계를 돌파하지만 거기에서 온전히 드러나지 않는다. 현손의 소통, 즉 그와 관련된 타자관계 및 공동체의 한계를 초월하여 실존의 소통으로 향하는 이행을 드러내는 과제가 다름 아닌 야스퍼스의 실존적 소통론이다. 실존조명의 이해에서 제시되는 야스퍼스의 소통론에는 동시에 갈등론을 포함하고 있다. 실존조명에서는 갈등의 문제가 전면에 드러나지 않고 실존을 향한 돌파과정의 계기로서 작용했다. 그러나 실존적 소통론에는 이미 타자와의 관계에서 자기존재를 만나는 중요한 계기로서 "투쟁"이라는 한계상황이 전제되고 있다.

소통은 "투쟁으로서의 소통"이자 "실존을 위한 개별자의 투쟁"이다.[31] 실존적 소통에는 이러한 투쟁과 관련하여 절망, 분열, 분리, 단절 등과 같은 타자와의 갈등과 동시에 그것을 극복하기 위한 연대성의 계기를 담고 있다. 이것을 가장 선명하게 보여주는 것이 최종적인 투쟁이자 최종적인 소통으로 제시되는 "사랑하는 투쟁"이다. 여기에서 야스퍼스는 "현존의 투쟁"과 "실존을 위한 투쟁"을 대비시킨다. "현존의 투쟁에서는 모든 무기 사용이 유효하고, 책략과 기만이 불가피하며, 타자를 반대자로 대하는 태도 — 반대자는 저항하는 자연과 마찬가지로 완전한 타인이다 — 로 다룰 수밖에 없다."[32] 우리는 우선 대개 타자와 현존의 투쟁을 벌이는 공동체에서 살아간다. 나와 타자는 경쟁자이며 대적자로서 각자의 자기존재를 위해 수단과 방법을 가리지 않는 투쟁 속에서 갈등하며 살아간다.

현존적 공동체에서는 물질적 소유욕, 신체적 욕망, 인정욕구와 지배욕구의 투쟁으로 인한 첨예한 갈등이 일어난다. 현존적 타자소통은 이러한 갈등을 어떻게 진정시키고 만족시킬 수 있는가를 지배와 복종의 위계질서 및 규칙에서 찾는다. 반면 실존을 위한 투쟁에서는 "철저한 개방성", "모든 힘과 우위를 배제하는 것", "나의 자기존재와 타자

31　PH II 126.

32　PH II 128. 이런 의미에서 야스퍼스와 사르트르의 실존철학은 타자론에서 본질적 차이를 가진다. 사르트르는 현존의 투쟁 및 갈등의 관점에서 두 실존("무")의 공존이 불가능하다고 여기는 반면, 야스퍼스는 현존의 투쟁을 돌파하여 두 실존의 소통을 가능하게 하는 "사랑하는 투쟁"을 인정한다. 야스퍼스의 관점에서 본다면 사르트르의 실존은 타자와의 관계에서 주인과 노예, 즉 지배와 예속이라는 현존의 투쟁 및 갈등에만 머물러 있다. 장 폴 사르트르 (정소성 옮김), 『존재와 무』(서울: 동서문화사, 2010), 제3부 대타존재, 385쪽 이하 참조.

의 자기존재를 동등하게 여기는 태도"를 우선시한다는 점에서 현존의 소통과 본질적으로 다르다. 그러나 이러한 다름조차 나와 타자와의 투쟁에서 획득될 수 있다고 할 때, 그 투쟁과 갈등은 현존적 욕구가 아닌 실존적 사랑을 위한 것이어야 한다. 두 실존은 각자의 자기존재를 위해 자신을 개방시키는 투쟁 속에서 "현존적 동기를 갖지 않은 자기헌신"과 이를 통해 — 현존적 자기가 아닌 — 실존적 자기의 획득을 위해 소통해야 한다.[33] 이처럼 두 양태의 소통은 서로 다른 계기의 투쟁으로서 거기에는 서로 다른 형태의 갈등이 있다. 투쟁, 갈등, 소통은 완전히 분리된 것이 아니다. 야스퍼스의 실존적 소통론은 어떤 의미에서 갈등론의 변증법적 기술이다.

이에 대해서는 먼저 야스퍼스가 직접 언급하는 "갈등"의 의미로부터 소통과 갈등의 연관을 살펴볼 필요가 있다. 야스퍼스는 포괄자론을 다룬 『이성과 실존』에서 현존에 대한 실존, 의식 일반에 대한 정신, 정신에 대한 이성의 관계를 기술하면서 갈등에 대해 언급한다.[34] 의식 일반, 정신, 이성의 연속적 관계들은 "우위의 질서관계"가 아니라 다름 아닌 갈등의 관계이며, "존재질서 또는 가치질서의 우월"이 아니라 실존조명의 사유방식을 위한 갈등의 형식이다. 이러한 갈등의 형식에서 이 관계들은 상호를 비약적으로 연결하는 "자극"이자 전체적 맥락에서는 "운동의 매개"로 드러난다. 따라서 야스퍼스의 갈등론에서 주목해야 할 것은 현존적 영역 및 거기에서 일어나는 갈등의 한계와 그로부터 비약하는 과정이다. 갈등은 변증법적 양면성을 가진다. 갈등은 현

---

33   PH II 128 이하.

34   야스퍼스는 이러한 관계 및 단계를 그의 "철학적 논리학"에서 나오는 포괄자론의 형태로 기술하고 있다. 이에 대해서는 "소통적 이성"과 연관하여 뒤에서 다룰 것이다.

재의 영역에 머물러 안정성 속에서 자기를 유지하려는 계기와 동시에 현재의 영역을 부정하고 비약하려는 계기를 가진다. 전자를 현존적 갈등이라고 한다면, 후자는 실존적 갈등이라고 할 수 있다.

야스퍼스는 갈등과 그에 대한 극복을 위로부터 "높은 질서가 관철되는 형태"에서 기술하지 않는다. 일차적으로 갈등은 동일한 평면에서 일어난다. 이러한 갈등은 눈앞에 보이는 것으로서 직접적이고 현실적이며, 우리에게 다가와 우리를 가장 괴롭히는 것이다. 이러한 갈등현상을 우리는 주로 심리학, 사회학 및 정치학에서 다룬다. 그러나 이러한 학문은 평면적인 현존적 갈등의 설명에만 국한되어 있다. 이 동일한 평면의 갈등 속에는 위로 향한 활기를 가진 다른 형태의 갈등이 배태되고 있다. "현존의 투쟁에서는 현존의 투쟁 이상의 사건이 일어나며, 정신적 갈등에서는 정신적 갈등 이상의 사건이 일어난다. 실존적 소통에서 그러한 사건은 초월로 시선을 열어준다."[35] 따라서 갈등의 본래적 의미는 같은 평면 속에서도 잠재해 있는 자기존재의 실현을 위한 실존의 초월적 계기를 포함하여 이해되어야 한다. 이로부터 갈등의 원인과 한계 규명 및 그에 대한 극복방안이 제시될 수 있다. 다시 말해 현존적 갈등은 실존적 갈등과의 관계에서 고유한 의미를 가지며, 그로부터 해석될 수 있다.

야스퍼스는 이러한 갈등의 본래적 의미를 『철학 II』에서 실존적 소통의 관점에서 기술하고 있다. 먼저 갈등의 원인은 일차적으로 실존적 소통을 거부하는 "자기현존의 저항"을 통해 나타난다. 현존적 나는 타자 앞에서뿐만 아니라 나 자신 앞에서도 드러나기를 불안해한다. 이

---

[35] VE 174 이하.

때 나는 현존적 안정성에 머물러 자신을 보호하고, 내가 원하는 대로 존재하며, 이러한 방식으로 타자와 소통하려 한다. 야스퍼스는 이러한 원초적인 소통방식을 "자기현존의 저항"이라고 부른다.[36] 타자와의 소통을 꺼리는 자기현존은 모두가 그렇게 하길 원한다는 인간의 경험적 현존을 기준으로 자기현존의 소통방식을 정당화한다. 타자와의 투쟁이 두려워 자기의 현존만을 위해 지극히 제한된 소통만을 수행하는 것은 실존적 나를 위한 진정한 소통이 아니다. 진정한 소통은 타자를 배격하는 자신이 진정한 나가 아님을 인정하고, 비록 투쟁의 형태일지라도 그 속에서 나를 만나려고 모험할 때 본래적 나로 있을 수 있다.

이때 안정성에 고착되기를 원하는 나와 그로부터 비약하여 실존이 되려는 긴장, 즉 갈등이 일어난다. 나는 타자와 함께할 수 있는 나의 가능성을 붙들 것인지, 아니면 홀로 나의 단순한 현존에 빠져있을 것인지, 이것이냐 저것이냐의 갈등상황에 놓인다. 야스퍼스는 키르케고르가 실존적 선택의 한계상황으로 표현한 "절망"이 바로 이러한 상황에 해당하는 것으로 해석한다. 이러한 갈등상황에서 비로소 자기존재가 문제 되는 자기반성, 즉 자기와의 분열 — 자기고민, 자기번뇌, 자기갈등 등 — 에서 실존적 소통의 의지가 시작된다. 여기에서 주목해야 할 것은 자기현존의 저항에 잠재되어 있는 힘이다. 저항의 힘은 다른 한편으로 "근거 없이, 소통 없이 그 자체로 어둡고 독단적인 욕구로서 각자의 현존에서 그때마다 나에게 활력을 주었던 것"이다. 물질적 재화, 가치, 향유에 대한 관심에 몰입하며 자기현존을 보호했던 저항은 자기존재를 위해 매우 중요한 것이며, 이것을 포기한다는 것은 삶

을 포기하는 것이다. 그러나 야스퍼스는 "가장 극단적인 갈등"에서 자기현존의 포기 및 희생을 유발한다고 말한다.[37]

이처럼 강력한 자기현존에는 그로부터 비약하려는 강력한 실존을 위한 갈등이 일어나고 있다. 이러한 비약의 계기는 세계로부터 초연해질 수 있는 높은 차원, 즉 초탈한 성인에게서 기대할 수 있는 결단이 아니다. 오히려 야스퍼스는 앞서 언급한 것처럼 자기현존을 상위의 것에서 기술해서는 안 된다는 것을 강조한다. 그렇지 않을 경우 현존을 돌파함으로써 실존이 실현된다는 사실이 망각될 수 있기 때문이다. 그렇다면 자기현존의 소통방식에만 머물러 있어야 하는가? 그것은 분명히 아니다. 나의 자기현존과 타자의 자기현존만을 암묵적으로 수용하고 인정한다면 나는 실존을 망각하는 동시에 실존적 소통의 가능성을 부정하는 것이기 때문이다. 이것은 현존의 갈등과 실존적 갈등과 함께 현존적 소통과 실존적 소통이 서로 분리되지 않고 계기적으로 연결되어 있음을 의미한다. 자기현존의 저항에는 이미 그것을 돌파할 수 있는 자극이자 운동의 매개로서 실존적 갈등이 작동한다.

"자기현존은 소통을 단절시키는 결정적 근거가 되기도 하지만, 현존의 조건인 동시에 소통의 조건이기도 하다." 이러한 실존을 위한 갈등의 계기를 야스퍼스는 자기와 타자를 비교하는 자기의식에서 찾는다. 나는 자기현존의 투쟁에서 타자와 자신에게 인정받으려 한다. 이러한 비교에서 나는 타자보다 우위에 있어 교만해지거나 아래에 있어 자기원망 및 자기혐오에 빠질 수 있다. 그러나 이러한 비교는 "실존과 관

---

[37] PH II 154 이하.

련해서는 불합리한 것"이다.[38] 타자도 자기존재를 전제하고 있기에 나와 같은 태도를 가지고 있다는 것을 인정해야 하기 때문이다. 따라서 자기교만이나 자기비하는 타자의 문제가 아니라 자기책임에 있다는 것을 알게 된다. 자기책임에서 이루어지는 타자와의 만남은 비로소 가치평가적 비난이나 기만적 화해로 행해지는 소통에 한계가 있음을 드러낸다.

이 과정을 야스퍼스는 사회학적이고 정치학적 현실에서 이루어지는 소통 상황을 통해 보여준다. 중요한 것은 이러한 소통에 대한 설명 또한 자기현존에 기초한 객관적 소통을 매개로 진행되는 실존적 소통 과정에 속한 것이다. 자기존재로 향하는 실존 역시 공동체의 현존적 역할을 벗어날 수 없기 때문이다. 그러나 실존은 거기에서 이루어지는 소통에만 머물러 있지 않다. 실존적 소통에 대한 의지는 현존적 소통을 돌파하는 실존적 갈등의 계기가 함께 포함되어 있다. 양자의 소통 방식에 대한 변증법적 이해로부터 다양한 양상의 갈등과 그에 대한 극복 과정이 기술될 수 있다.

일차적인 현존의 소통은 지배와 종속 관계이다. 인간은 물리적·생명적·정신적·권위적 형태에서 상하질서의 관계로 맺어진 공동체에서 살아간다. "이러한 관계는 보편적인 현존의 현실성이다." 야스퍼스는 이러한 관계를 헤겔의 『정신현상학』에서 "자기의식"과 연관하여 예시된 주인과 노예의 관계로 설명한다.[39] 이 관계에도 상호적인 만족이 있다. 그것은 "하인에 대한 관용"과 "주인에 대한 순종"의 소통으

---

38   PH II 156.

39   G. W. Fr. Hegel, *Phänomenologie des Geistes* (Hamburg: Felix Meiner Verlag, 1952), 제IV장, 146-150 참조.

로 연결된다. 언뜻 보기에 이 소통도 동등한 수준을 실현하는 실존적 소통처럼 보인다. 그러나 야스퍼스는 실존적 소통을 준비하는 첫 번째 요소로 지배와 예속의 관계를 벗어나는 계기로서 주인도 노예도 가질 수 있는 "고독"의 문제로 그러한 소통의 한계를 지적한다. 실존적 의미에서 고독은 사회학적 의미의 고립이 아니라 자기존재를 발견할 수 있는 "홀로 있음의 능력"으로서 자기존재의 독립성과 함께 타자존재의 독립성을 인정하는 실존적 소통을 위한 전제이다.[40]

그러나 주인은 하인을 복종시켜 자신의 일부로 취급함으로써 고독한 자기로부터 벗어나고자 한다. 또한 하인도 자기를 권위적인 주인에 예속시켜 고독한 자기로부터 빠져나온다. 야스퍼스는 양자가 자기의 본래성을 위한 실존적 고독을 회피하려는 양태가 다름 아닌 지배와 복종의 소통임을 지적한다. "소통은 서로를 연결하는 두 사람 사이에서 일어나지만, 둘로 남아 있어야 한다. 두 사람은 고독으로부터 서로에게 다가오고 그때야 비로소 고독을 알기 때문이다." 지배와 예속은 "고독의 소통"이 요구하는 실존적 수준의 동등성이 없는 관계, 즉 자기존재를 상실한 소통일 뿐이다.[41] 여기에는 실존적 소통을 위한 투쟁도 갈등도 없다. 이 관계에는 계급적 안정성을 고착시키는 현존의 갈등만이 있으며 그 관계를 변화시키고자 하는 실존적 갈등의 계기는 미약할 뿐 아니라 그러한 계기를 부정한다.

이와 대비되는 것이 "사교적 소통"이다. 구속력이 없는 함께 있음

---

[40] 수많은 소통이 이루어지는 정보화 사회에서 고독과 소통이 가지는 실존적 의미를 고찰한 연구로는 다음의 논문을 참조할 것. 주혜연, 「현대인의 소통과 고독에 관한 고찰」(『철학논집』 50, 서강대학교 철학연구소, 2017), 255쪽 이하 참조.

[41] PH II 124. 고독의 소통에 저항하는 공동체는 "참된 공동체의 진리를 외면하는 자의적인 존재"만이 있게 된다.

이 이 소통을 위한 전제이다. 오늘날 인터넷 동호회처럼 우리는 다양한 형태로 사교적 접촉을 하며 살아간다. 이 접촉은 자기와 대면할 가능성을 제공하며, 사회적 관습 형태, 내적인 품위, 친밀성을 요구하기에 실존적 소통을 위한 예비단계의 요소를 가지고 있다. 그러나 야스퍼스는 사교적 소통에 실존적 소통에서 중요한 요소로서 타자의 가능 실존에 대한 개방성이 빠져있음을 지적한다.[42] 사교적 소통에서 서로의 마음에 들지 않는 개별자는 배제된다. 사교적 소통은 겉으로는 신뢰와 연대를 말하지만, "혐오에 의해 영원히 고정"되어 있다. 사교는 "공동의 목적, 상호적 도움, 보상된 헌신"이라는 "현존의 조건"에 맞추어진 소통의 형식이기 때문이다. 이 관계는 "특수한 자기의식과 특수한 명예 개념"을 가진 귀족적 태도를 담은 "폐쇄성으로의 의지"에서 성립한다.[43] 사교적 교제는 역사적으로 교육 및 인간화를 위한 작업을 동반하지만, 거기에서 이루어지는 관계들은 외적이며 가치가 부여된 교양을 매개로 한다. 그 관계는 잠시의 만족은 줄 수 있지만, "악의, 모욕, 근본적 충동성" 등이 감추어진 상태로 지속된다.

사교적 소통은 관례를 감수하고 받아들이는 태도를 요구한다. 여기에서 나는 우호적인 경향은 수용하지만, 특수한 경우에 강요되는 무소통을 감수하거나 사교 모임에서 통용된 지식은 원하지 않아도 익숙한 것으로 받아들여야 한다. 그렇지 않을 경우 나는 나의 개별성을 위해 사교적 소통을 단절해야 한다. 이때 나는 투쟁을 피하기 위해 겉돌며 나를 고립시키거나 타자의 무관심에 대비해야 한다. 감수인가 단절

---

[42]   PH II 126 이하 참조.

[43]   PH II 172; 128.

인가? 둘 사이 갈등은 "실존적 소통과 관례에 따른 사교적 삶의 오래된 적대관계"로 나타난다. 이 갈등은 사교적 모임에 대한 반항적 자기폐쇄만으로는 극복할 수 없다. 오히려 실존은 그러한 소극적인 유약함에서 벗어나 사교적 관계를 형성함으로써 정신적 풍부함을 얻도록 노력할 수도 있다. 이러한 소통에서도 "실존의 유일한 깊이와 밝음을 획득한 타자들"이 존재할 수 있기 때문이다.[44] 그러나 이러한 소통에서 사교성의 대가로 자신을 잃어버리는 경향을 간과해서는 안 될 것이다.

다음은 토론 공동체에서의 소통이다. 학문적 집단이나 이념적 공동체에서 토론은 매우 중요한 소통방식이다. 사람들은 상호적 토론을 통해 명확한 이해를 획득할 수 있다. 실존은 자신의 믿음과 욕구의 의미를 명확하게 알기 위해 토론을 필요로 한다. 토론은 근원으로 향하는 실존의 만남일 수 있다. 토론은 타자존재와 자기존재의 실존적 연대성을 향한 "철학적 조명의 부단한 길"이다. 모든 토론은 참여자들이 상호적 말함의 관계 속에 있을 때만 의미를 가질 수 있다. 일방적인 말이나 침묵만을 고수한다면 소통은 성립할 수 없다. 모든 참여자가 참다운 것을 공유하기 위해 노력할 때만 비로소 본래적 소통이라고 할 수 있다. 본래적 소통은 "진심으로 각각의 사태를 합리적 토론에서 찾고자 하는 인간"의 "본래적 참여"가 이루어질 때 성립한다.[45] 궤변은 토론을 "논리적인 것이 아니라 가치평가, 느낌, 의지의 경향"으로 치달

44　PH II 175 이하.

45　토론 공동체의 소통에 대한 야스퍼스의 비판은 하버마스의 의사소통이론과 연관하여 연구될 수 있다. 박은미는 현존적 소통을 돌파하는 야스퍼스의 실존적 소통과 대비하여 하버마스의 의사소통이론이 전략적 행위와 기만이 담긴 현존적 이익관심을 철저하게 검토할 수 없는 한계가 있음을 지적하고 있다. 박은미, 「의사소통과 실존적 상호소통: 하버마스와 야스퍼스의 소통 개념에 관하여」(『시대와 철학』 20, 한국철학사상연구회, 2009) 참조.

게 한다. 야스퍼스는 궤변으로 관철되는 토론의 한계를 지적하며 토론 공동체에서 요구되는 정직하고 지적인 양심을 강조한다. 이런 점에서 토론은 실존적 소통의 수단으로 필요하지만, 소통의 실현일 수 없는 제한성을 가진다.[46]

특히 야스퍼스는 철학적 토론에서도 본래적 소통의 부재현상이 있음을 지적한다. 한 사상가의 철학이 후학들에 의해 절대적 진리로 간주될 때 이런 현상이 발생한다. 이때 철학은 소통이 필요 없는 "교의학"이 될 수 있다. 또는 "이해하지 못하고 관심을 가지지 않으면 아무것도 시작할 수 없는 어법"에 머물러 있는 일방적 소통의 "궤변철학"이 될 수 있다. 철학적 토론은 인간의 삶과 연결되어 있다. 본래적 소통을 통해 상호적으로 실존을 일깨우는 것이 철학함에서의 진리이다.[47] 토론에서도 갈등은 필요조건이다. 투쟁이 없는 토론은 타자의 일반적 견해에 자기를 내맡기는 것이다. 여기에서 투쟁 및 갈등은 자기현존을 강화하는 것에 머물러서는 안 되며, 실존을 위한 갈등으로서 자기존재로의 초월을 위한 것이라는 확신을 가지고 참여하는 토론이 되어야 한다.

정치적 공동체는 타자와의 현존적 갈등이 최고조에 이르는 첨예한 상황을 보여준다. 정치적 관계에서 우리는 개인 또는 공동의 목표를 위해 적대자 또는 협력자로 만난다. 여기에서 우리는 개별적인 현존의 관심을 불확실한 다수의 관심으로 만들기 위해 소통한다. 이 소통은 다수의 의지를 결정함으로써 나의 이익을 고양시키거나 나의 손해를 최소화하려고 정치적 당파성이라는 현존의 갈등을 공공연히 부

---

46   PH II 177 이하 참조.

47   PH II 192 이하.

추긴다. 자기현존을 위해 한 집단에 소속되어 그에 대립하는 적대자와 투쟁하는 한에서 공동체의 진리를 추구한다는 것은 사실상 불가능하다. 그럼에도 야스퍼스는 정치적 현존도 "인간존재의 진정한 실현의 길"로서 실존적 소통의 과제로 여긴다. 다시 말해 정치도 본래적 자기실현의 수단으로서 여기에도 자기초월을 위한 실존적 갈등이 작동하고 있다. 이 갈등을 야스퍼스는 앞서 절망의 상황과 같이 "현존에서 가능실존의 현상으로 [초월하는] 가장 극단적 긴장상태"라고 말한다. 정치적 소통은 "죄책의 무거운 짐"을 져야 하는 실존적 계기를 안고 있다.[48]

그러나 정치적 소통은 수단, 권력, 기만의 사용을 물리치는 실존적 소통과 달리 일차적으로 실존을 현실에서 제압할 수 있는 투쟁과 기만의 특수한 수단을 사용한다. 정치적 영역에 속하는 투쟁과 기만의 수단은 위에서 다룬 토론의 방식을 통해 수행된다. 정치적 토론은 현존의 이익을 위해 "지적 논쟁"과 "협상"이라는 전략을 구사한다. 지적 논쟁은 다양한 궤변과 논증을 통해 타자에게 자신의 이익을 설득시키는 소통인 반면, 협상은 자신의 목적을 드러내지 않고 타자의 기분, 예법, 공손함, 민첩함을 통해 타자의 판단을 자신에게 유리하게 만들고 양보를 얻어내려는 소통방식이다. 이러한 정치적 토론은 "합법화"를 위해 "공공의 의견"을 내세우며 타당한 것, 자명한 것, 도덕적인 것을 담고 있는 "평균적인 것"에 호소한다.[49] 야스퍼스는 이러한 정치적 소통의 형식이 유일한 것으로서 삶의 세계를 지배할 경우 실존의 실현은 물론 실존적 소통 가능성이 사라질 수 있음을 강하게 경고한다.

48　PH II 181.

49　PH II 181 이하.

그럼에도 모든 사람은 국가라는 정치적 형식에 속해 있으며, 거기에서 현존의 투쟁을 벌이는 정치적 관계를 맺고 있다. 정치적 소통은 일상의 사소한 일에서부터 특정한 정치적 행위에 이르기까지 공동의 삶을 가능하게 하며, 상호적 안정성을 보장한다는 명분을 가지고 있다. 그러나 이 안정성이 끊임없는 불신의 여지를 가지고 있는 한 참여자는 타인과의 본래적 소통을 할 수 없다. 정치적 소통은 "가능한 한 배신을 생각하는 방식의 상호신뢰" 속에서 진행된다. 이러한 소통에는 존경과 사랑보다는 질서를 강요하는 객체적 권력과 계급관계가 숨겨져 있다. 오히려 존경과 사랑은 권력과 공적 위세, 돈과 성공에서 주어지는 부차적인 것이 된다. 정치적 소통관계에서 구축된 안정성과 상호성은 어떤 의미에서 "개별적 인간 자신의 실존적 불안정성의 표현"이며, 공허한 자기 및 타인의 "무실존성의 독특한 연대성"이다. 서로를 기만해서 얻은 안정성과 연대성은 실존의 불만족에 의해 그 한계를 드러낸다. 야스퍼스는 이러한 정치적 소통을 "성공의지의 절대성과 [실존적] 진실함의 불가능성 사이의 긴장"으로 기술하고 있다.[50] 이러한 긴장 속에서 현존을 둘러싼 투쟁 및 갈등과 그에 따른 소통을 돌파하여 사랑과 존경을 통한 실존의 실현, 즉 실존을 위한 투쟁 및 갈등의 소통으로의 비약이 요구된다.

실존적 소통은 현존적 삶의 맹목적 의지, 의식 일반의 보편적 지식, 폐쇄적 사교, 왜곡된 토론, 정치적 형식의 기만적 소통에 나타난 현존의 갈등에 머물지 않는다. 실존적 소통은 현존의 갈등이 가진 한계와 거기에 내재된 실존의 불만족으로부터 실존을 위한 갈등의 힘을 발

---

50 PH II 183 이하.

견하고 "타자와 함께 고유한 자기 됨"을 위한 철학함을 수행하는 것이다. 이러한 수행은 실존의 독립성이 인정되는 나와 타자의 고독한 소통에서부터 시작한다. "고독과 소통의 긴장" 속에서 실존의 가능성은 보편적이고 객관적 소통과 대립하는 동시에 그것을 포괄하는 "개방성"에서 현실화한다. 실존은 경험적 현실의 불가피함에서 일어나는 갈등을 지양하는 투쟁 속에 있는 자유로운 존재이다.[51] 이러한 개방성의 현실화는 고립된 실존에서가 아니라 타자와 함께할 때만 수행된다. 그 과정은 "투쟁이면서 동시에 사랑이 있는 투쟁"이며, 보편타당성을 위한 투쟁이 아니라 "실존의 진리를 위한 투쟁"이다.[52] 이 투쟁에는 다른 소통에서 찾을 수 없는 "연대성"과 그에 따른 규칙이 있다. 이 규칙은 현존의 갈등을 잠재우는 지배와 억압을 위한 것이 아니라 서로의 투명성, 공공성, 진리를 위한 것이어야 한다. 나아가 이 규칙은 결코 타자에게 보이기 위한 투쟁이나 파벌을 조장하는 객체적 투쟁을 위한 것이 아니기에 절대적인 자기책임에 기초한다.[53]

실존적 동등성을 추구하는 투쟁의 연대성은 실존의 가능성을 실현하려는 강력한 힘을 가지고 전개된다. 이러한 연대성에서 성립하는 실존적 소통은 순간적이며 개별적인 만남을 통해 드러나는 역사성을 가진다. 그리고 이 역사성은 실존의 무제약성으로 인해 중단될 수도 없다. 그 속에서 드러나는 실존적 진리는 단번에 이루어질 수 없고 완

---

51   PH II 126 이하.

52   PH II 130.

53   야스퍼스의 실존적 소통을 정치적 논의와 연관시킨 연구로서 다음 논문을 참조할 것. 임의영, 「공공성의 철학적 기초: Karl Jaspers의 실존적 소통과 책임」[『행정논총』 56(2), 서울대학교 한국행정연구소, 2018]. 이 논문에서는 공공성 및 공론장과 연관하여 야스퍼스가 제시하는 정치적 자유, 정치적 소통, 정치적 책임 문제를 다루고 있다.

성될 수도 없다. "소통에서 최종목적은 알 수 없다." 오히려 실존적 연대성은 안정화와 객체화를 반대하는 강한 거부로 나타나며, 현존적 자기존재가 오만과 고립으로 폐쇄되는 상황에서 더 강하게 요청된다. 현존적 소통은 눈앞에 보이는 객관적인 성과와 성취로 평가되지만, 그것은 어느 순간 "무한함과 덧없음의 모순" 속에서 사라진다. 반면 실존적 실현은 "가능실존의 양심"에 따르는 소통적 결합으로서 그때마다 본래성을 가진다.

실존적 소통에서 인간은 본래적 자기존재가 되어가는 도상에 있기에 "고정된 실체"로 규정될 수 없다. 실존적 소통에서 일어나는 생성의 변증법은 완결된 모나드 사이의 유아론적 소통이 아니다. 자기존재로 향한 실존적 소통은 현존에 고착되지 않고 가능실존으로서 불만족의 형태를 매 순간 앞서 가지고 있다. 이러한 불만족은 타자존재에 대해 자기존재를 운동시키는 사랑의 투쟁으로 나타나며, 그로부터 역사적 변화를 이끌어낸다. "사랑 그 자체는 아직 소통이 아니지만, 소통을 통해 조명되는 소통의 근원이다." 이 근원은 현존에서 이해될 수 없는 초월적인 무제약성에서 "상호 공속적인 하나임"을 느끼게 한다.[54] 사랑은 실존의 근원으로서 현존적 자기에게 말을 거는 방식으로 진실한 소통의 투쟁을 하도록 이끈다.

사랑의 투쟁에서 현존의 갈등은 극복될 수 있지만, 자기존재를 향한 실존을 위한 갈등은 여전히 진행된다. 이것을 야스퍼스는 "영원한 현재의 나타남", "영원성 안에 이미 속해 있는 것의 재발견"이라고 말

한다.[55] 사랑한다는 것은 초월적인 것을 현재화하는 비약이며, 사랑받는다는 것은 현존을 넘어선 "본래적 자기존재의 호소"에 대한 응답이다. 실존의 무제약적 개방성 속에서 운동하는 사랑은 모두가 모든 것에 대해 스스로 책임을 지게 만든다. 그러나 사랑의 공동체도 현존적 세계에서는 항상 난파의 위험에 직면하며 의심스러운 혼동에 빠질 수 있다. 거기에는 실존적 소통이 없을 수 있기 때문이다. "실존적 소통 없이는 모든 사랑은 의심스럽다."[56] 사랑의 운동이 작동하는 실존적 소통은 무제약적으로 자기존재를 투명하게 드러내는 투쟁의 신뢰에서 성립한다.

4. 실존적 소통론의 양 날개: 실존조명과 철학적 논리학

위에서는 실존조명의 관점에서 자기현존을 돌파하며 본래적 자기존재가 되려는 과정에서 드러나는 갈등과 소통의 변증법을 내용으로 하는 실존적 소통론을 살펴보았다. 이러한 실존조명에서 드러나는 자기존재는 궁극적으로 이성존재로 고양된다. 이성에서 자기존재는 현존적 영역의 지식과 권위를 포기하고 나의 모든 객체성과 주체성을 돌

---

55 PH II 137. 이러한 타자론은 레비나스의 타자론과 비교될 수 있다. 실존적 동등성에서 타자존재를 인정하고 초월자에서 실존의 고유한 모습이 드러난다고 보는 야스퍼스의 입장은 세계 안에서는 "어떠한 지시체도 찾을 수 없는" "얼굴"로서의 타자를 제시하고, "타자와의 관계성에 있는" 하나님에서 타자의 절대성을 주장하는 레비나스의 타자론과 유사성을 가진다. 강영안, 『타인의 얼굴』(서울: 현대의 지성, 2005), 179쪽, 262쪽.

56 PH II 138.

파하며 고유한 자기에 도달한다. "자신의 무한한 근원성"과 함께 "자신의 유한성"을 의식하는 탁월한 자기존재로서 이성은 현존에서 주어지는 것이 아니다. 오히려 이성은 현존에 빠져있는 자기존재에 대한 죄책과 함께 자기존재를 발견하는 책임으로서 실존에 속한 탁월한 능력이다.[57] 또한 이성은 모든 인간에게는 보편타당성을 파악하는 지성의 능력이자 초월하는 자유로운 존재를 가능하게 하는 것으로서 실존적 진리를 일깨우며, 타자를 통해 자기존재의 가능성을 드러내는 소통의 의지로 제시되었다.

이러한 실존적 의미의 이성개념은 1930년대 그로닝엔과 프랑크푸르트의 강의에서 나온 『이성과 실존』(1935), 『실존철학』(1937)에서 제시된 포괄자론을 통해 실존과 긴밀한 연관성을 가진다. 이후 1950년 하이델베르크 강의에서 나온 『현대의 이성과 반이성』에서 이성개념은 시대비판과 함께 실천적인 의미를 가진다.[58] 야스퍼스의 이성개념은 실존적 소통을 새롭게 반복하면서 진리, 자유, 인간의 본래성을 부각시키고 있다. 이에 대한 논의는 다양한 영역의 존재양식을 그 형식에 따라 사유하려는 "철학적 논리학"의 과제에서 등장한다. 철학적 논리학은 앞서 실존조명을 중심으로 다룬 실존적 소통론을 이성개념을 통해 반복적으로 자기존재의 통일적 모습을 보여주는 다른 날개로서 중요한 역할을 한다.

이성개념과 함께 철학적 논리학은 야스퍼스 철학의 핵심내용이 담긴 포괄자론을 포함하고 있다. 이로부터 다양한 존재영역은 포괄적

---

57   PH II 95, 참조.

58   K. Jaspers, *Vernunft und Widervernunft in unserer Zeit* (München: Piper, 1952)[(이하 VuW 로 표기함]

인 틀 속에서 이해된다. 우리가 파악하는 존재영역은 규정된 부분일 뿐 전체가 아니다. 존재영역은 우리가 파악할 수 있는 경계에서 온전히 드러나지만, 인간의 사유는 가장 광대한 영역으로 침투하려고 한다. 우리에게 현실적인 것으로 드러나는 것과 함께 그것을 포괄하는 존재영역을 야스퍼스는 "포괄자(das Umgreifende)"라고 부른다.[59] 그중에서 실존과 이성의 포괄자는 다른 포괄자의 존재양식과 대비되는 독특한 의미를 가진다. 실존과 이성이 없다면 다른 포괄자에 대한 탐구는 한계를 가진다. 예를 들어, 모든 존재의 근거가 되는 초월자로서의 포괄자도 실존과 관계하지 않는다면 무의미하며, 이념의 전체성을 드러내는 정신으로서의 포괄자도 실존이 없다면 공허해지기 때문이다. 이처럼 실존은 지식으로 파악될 수 있는 우리 자신의 포괄자(현존, 의식 일반, 정신)와 지식으로 파악할 수 없는 존재 자체의 포괄자(세계, 초월자)에 의미와 내용을 부여하는 기반이며, 모든 다른 포괄자는 실존과 결부되어야 하는 끊임없는 운동의 요구를 받는다.

다른 한편, 이러한 운동을 이끌며 포괄자의 모든 양식을 연결하는 것이 이성이다. 따라서 이성은 하나의 포괄자에 머물러서는 안 된다. 이와 관련하여 야스퍼스는 이성을 의식 일반에 고착시켰던 전통 철학에 대한 불신을 키르케고르와 니체를 통해 보여준다. 이들은 이성을 본래적 지식의 근원을 갈망하는 "무한한 반성"으로, 그리고 개방적

---

59 포괄자론에 대해서는 여기에서 상세하게 다루지 않을 것이다. 포괄자론은 일차적으로 주체와 객체로 나누어 우리 자신인 포괄자와 존재 자체로서의 포괄자로 나뉜다. 우리 자신이며 또한 그 안에서 우리에게 모든 규정적인 존재양식으로 드러나는 포괄자로서는 현존, 의식 일반, 정신이 있으며, 우리가 그 안에서 존재하고 또 그것에 의해 존재하는 전체인 존재 자체로서 세계, 초월자가 있다. 이러한 포괄자에 대해 실존과 이성의 포괄자는 다른 의미를 가진다. VE 72 참조.

인 "해석"의 능력으로 이해했다.[60] 이들은 시대를 경제적·기술적·역사적·정치적·사회적 현존에서 파악하지 않고 "인간본성의 실체적 변화"에서 보려고 했다.[61] 야스퍼스는 "실존의 깊이로부터 이성을 의심"한 이들로부터 실존과 이성의 관계를 이끌어낸다. 이들의 의심은 이성에 대한 적대감정이 아니라 여전히 이성을 통해 "본래적 진리", 즉 실존적 진리에 육박하는 것이기 때문이다. 당대에 "예외자", "정신병자"로 여겨졌던 이들을 정신의학자 야스퍼스가 "이성적 실존"의 원형을 보여주는 사유가이자 시대를 위해 세계현존을 넘어서는 경험의 통로를 개척하는 운명을 타고난 희생자라고 말하는 것도 그러한 이유이다.[62] 이들의 의심처럼 야스퍼스의 이성개념은 현존과 실존을 기계적이고 심리적인 것으로 파악하는 과학적 이성도, 의식 일반으로 보는 독일관념론(칸트)의 이성도, 나아가 역사적 이성으로서의 정신(헤겔)도 아니다. 이러한 이성은 하나의 포괄자에 매여 있으며 또한 거기에서 실존은 망각되고 있다.

이에 대해 야스퍼스의 이성개념은 모든 한계를 넘어 편재하는 사유로서 생기의 법칙성과 질서를 파악하는 보편적 이성과 함께 거기에서 파악되지 않는 것조차 포함하는 포괄자이다. 이렇게 이성은 하나의 포괄자에 머물지 않고 끊임없이 그것의 한계를 넘어 그것을 해석하는 개방적 사유이다. 이러한 이성은 모든 포괄자의 "총괄적 유대"로서 어떤 것에도 고정되어 있지 않은 "불안정" 속에서 끊임없이 전진한다. 그럼에도 이성의 불안정은 "궁극적으로는 큰 안정을 획득할 수 있으며,

---

60   VE 24 이하.

61   VE 29.

62   VE 43.

이 안정은 자족적인 실체적 안정이 아니라 우리[실존]에게 열리는 존재의 안정"을 부여한다. 갈등의 관점에서 본다면 이성의 불안정은 각각의 포괄자의 한계에서 자기존재로의 초월을 위한 실존적 갈등이자 소통에의 의지이다. 이런 의미에서 야스퍼스의 이성은 철저하게 제한된 포괄자의 영역을 통일하는 소통적 이성이다. 이러한 관점에서 볼 때 현존적 갈등은 한 영역의 포괄자에 고착됨으로써 일어나는 협소화와 이탈로 인한 반이성과 비이성을 의미한다.

이에 대해 이성은 각 영역의 "권리와 한계를 설정할 수 있는 있는 본래적 이성으로서 자기를 회복하려는 충동"을 가진다.[63] 오늘날 과학적 이성과 그로부터 구축된 세계가 주는 안정도 이러한 충동을 잠재울 수는 없다. 이성 자체는 모든 포괄자를 총괄하는 것으로서 "연관적이고 회상적이며 선구적인 힘"이다. 이성은 실존을 위한 갈등으로의 고양을 위해 "부단한 불만을 표현하기 때문에 그러한 한계를 모두 넘어서" 있다.[64] 이성 자체는 보편성을 이끌어내는 법칙과 질서로 나타나지만, 거기에서도 가능적 실존이 보존되고 있다. 현존의 영역에서 일어나는 분리, 분열, 갈등을 돌파하여 자기존재를 조명하는 실존과 함께 이성은 소통의 의지로서 포괄자 전체의 통일성을 지향한다.

포괄자의 모든 양식에는 실존과 이성이 함께 개입한다. "이 둘은 분리할 수 없다. 하나가 상실되면 다른 것도 상실되고 만다."[65] 실존은 이성에 의해서만 명석성을 얻고, 이성은 실존에 의해서만 현실성을 얻는다. 그러나 이성은 개방성을 멈추고 폐쇄적인 안정에 머물려는 실존

---

63   VE 97 이하.

64   VE 89.

65   VE 101.

에 굴복해서는 안 되며, 실존은 현실성을 실체화하는 이성의 명석성에 굴복해서도 안 된다. 실존을 상실한 이성은 의식 일반의 단순한 지적 활동에 머물게 된다. 이때 자기존재는 지적 일반자로 전락하여 대체 가능한 존재가 됨으로써 소통을 위한 투쟁을 필요로 하지 않는다. 반면 이성을 상실한 실존은 감성, 체험, 충동, 본능, 자의에 의존하며 맹목적 강제성에 빠진다. 이때 실존은 우연한 현존의 특수성 속에서 현존의 갈등이 첨예화된 현존의 소통 속에 머물러 있게 된다.

이러한 현존의 갈등은 앞에서 본 것처럼 실존이 결여된 객관적인 인간학, 심리학, 사회학 및 정신과학의 대상으로만 탐구된다. 그러나 이성과 실존의 사유는 현존의 갈등을 넘어 실존적 갈등을 위한 소통으로 인도한다.[66] 이러한 소통적 이성을 주제로 하는 야스퍼스의 철학적 논리학은 대상의 현상적 진리를 파악하는 사유형식의 논리학이 아니라 "이성의 자기조명"에서 드러나는 "철학적 진리"를 과제로 하는 실존적 소통론이다. 여기에 실존적 소통을 위해 가능실존에 호소하는 "실존조명"이 상응한다. 이처럼 이성과 실존의 상호성에 기초한 실존적 소통론에는 현존의 갈등을 고착화하는 영역의 "고정화, 고립화, 절대화"가 용납되지 않는다.[67] 전체적 과정을 통해 대상화될 수 없는 근원에 다가가는 소통에서 획득되는 철학적 진리에는 이성과 실존의 상호적 작용이 일어난다.

이성과 실존의 상호성은 인간 공동체와 무관한 것이 아니라 타인

---

66 야스퍼스의 철학적 논리학을 삶의 다양한 사실성을 관통하는 의사소통적 이성으로 정리하고 있는 연구로는 다음 논문 참조. 이진오, 「삶의 사실성과 의사소통적 이성: 야스퍼스철학의 현재성에 대한 고찰」(『철학연구』 102, 대한철학회, 2007), 309쪽, 312쪽 참조.

67 VE 110 이하.

과 공유하고 있는 진리, 즉 "전달될 수 있는 것"을 매개로 하는 소통 안에서 작동한다. 인간은 근본적으로 상호적 전달을 통해 의식적으로 이해될 수 있는 공동체에서만 자신이 될 수 있기 때문이다.[68] 자연법칙에 따르는 동물의 집합과 본질적으로 다른 인간의 공동체는 타인과의 관계에서 공통된 목적, 진리, 이념, 가치 같은 매개를 통해 형성된다. 공동체에서 인간의 소통은 정지해 있거나 똑같은 것을 반복하는 것이 아니라 처음과 끝을 확정할 수 없는 과거, 현재, 미래의 연관에서 작동하는 변화의 도상에 있다. 인간의 공동체는 역사적 전승 속에서 "언제나 새롭게 획득되고 제한되었다가 확대되고 검증과 촉진을 거치지 않으면 안 되는 불안하고 위험한 현실"이다. 이러한 현실 속에서 우리는 현존적 영역의 한계로 인한 갈등에 직면하고 있다. 그러나 이 갈등에는 앞서 본 것처럼 실존과 이성의 조명을 통해 본래적 자기존재를 향한 실존적 갈등의 계기들이 내포되어 있다. 인간의 공동체는 각 영역에서 전달되고 공유할 수 있는 진리를 가지지만, 자기존재의 진리에 적합한 궁극적 상태에 도달할 수 없고 다만 그것을 지향할 뿐이다. 거기에는 현존적 갈등과 실존적 갈등의 운동을 통해 진행되는 "우회, 오류, 역전, 후퇴의 긴장"이 놓여있다.[69]

　　인간존재는 각 영역의 포괄자를 관통하는 이성적 소통에서 실존의 가능성을 실현해간다. 이미 실존조명에서 본 것처럼 이것을 단계적으로 기술하면 다음과 같다. '현존'의 포괄자에서는 무제한적인 자기보존과 자기확대 충동을 통한 만족과 행복을 추구하는 공동체의 소통

68　　VE 121.

69　　VE 123.

방식이 이루어진다. 이때 자기존재는 이해타산의 전달방식에서 타자와 관계를 맺고 필요에 따라 결합한다. 이 결합은 항상 긴장관계에 있으며 언제든 자기이익이 관철되고 나면 파기될 수 있다. 이러한 소통은 현존의 행복, 만족, 필요의 결정에 얽혀 갈등을 겪는 현대사회를 단적으로 보여준다. 이러한 공동체에서는 현존의 안정이 위험해질수록 갈등으로 인한 충돌을 억누르는 복종과 순응의 통치 형태가 고도화된다. 이러한 소통에서 요구되는 진리는 "유용성과 습관성"에 따르는 실용적 진리이다. 따라서 현존적 공동체에서 타인과 맺는 건설적인 행동은 "절충"이며 이를 위한 대화의 기술과 협상이 필요하다.[70]

'의식 일반'의 포괄자에서는 논리적 범주를 통해 보편타당한 것을 파악하고 전달하는 소통방식이 이루어진다. 이때 자기존재는 타인과 일치하는 의식으로서 언제든 대체할 수 있는 점적인 결합 속에 있다. 이 결합은 논리적 범주에 반하는 감정과 의지가 드러나는 순간 와해될 수 있다. 이러한 공동체에서 요구되는 진리는 합리성과 과학성이며, 이에 맞지 않는 소통은 몰상식과 무식함으로 간주되거나 심지어 이성적 인간에 속하지 못하는 반이성 또는 비이성에 속하는 예외자, 비정상인으로 취급받을 수 있다. 근대 이후 계몽적 이성 및 과학적 이성에 대립하는 영역은 미신, 우화, 한담으로 여겨진다. 이로부터 생활세계의 의미는 계산되고 측량 가능한 것으로 분석 및 평가되고 있으며, 갈등의 요인조차 사회과학직 통계로 분석되고 그에 따른 정책으로 해결될 수 있다고 믿는다. 그것으로 해결되기 어려울 경우 삶의 갈등은 비과학처럼 보이는 문학, 예술, 역사 등에 반영되어 해소된다.

70　위의 실존적 소통에서 다루었던 "토론"을 참조할 것.

　‘정신’의 포괄자에서는 공동체 전체의 이념을 공유하고 전달하는 방식의 소통이 이루어진다. 이때 자기존재는 그러한 이념을 추구하는 타인과의 소통에서 형성된다. 이러한 소통에서 나는 자기의 선택과 결단에서 출발하는 것처럼 보이지만, 결국 전체로부터 자기의 입장을 부여받는 구성원으로 존재한다. 여기에는 자기를 넘어서는 이념이라는 포괄적 질서가 있다. 이 이념에는 전통, 세대, 문화, 종교, 성별 등과 연관된 가치의 수용 및 그에 대한 신념이 녹아들어 있다. 세계대전과 종교전쟁은 이러한 이념의 충돌과 갈등을 자기 편에서 정당화하면서 발생했다. 이념적 가치의 다원성을 인정하고 있는 현대사회에서도 권력과 지배의 유리함을 위해서는 이념적 갈등은 언제든 심화될 수 있다. 심지어 이념에 대한 비판이 인정되는 정신적 공동체에서도 자기존재는 주변인으로 전락할 뿐만 아니라 생명의 위협을 받을 수도 있다.[71]

　야스퍼스는 위에서 다룬 포괄자의 존재양식들이 "모든 소통 가능성의 궁극적 근거와 지반"과 본래적 진리를 드러내지 못하는 한계가 있다는 사실을 이성의 포괄자와 그에 따른 소통방식과 대비하여 보여준다.[72] 이성적 소통의 관점에서 볼 때 앞서 언급한 포괄자의 영역에서의 소통은 본능적 공감과 한정된 이해관계, 무관심한 보편타당성의 일치, 기만적인 전체성의 의식에 머물러 있다. 그중의 한 포괄자가 주는 안정성에 머물러 고립되거나 그것을 절대화할 경우 그와 연관된 공동체의 갈등은 더욱 심해질 수 있다. 거기에서 드러나는 소통의 불만족은 다른 포괄자의 존재양식들의 관계를 파괴하기 때문이다. 먼저 현존

71　VE 129 이하.

72　VE 135.

의 행복과 목적은 영속적이지 않으며, 오히려 그것에 고착될 경우 인간성의 파멸을 초래할 수 있다. 이러한 방식의 삶과 타자와의 소통이 절대화된다면 인간사회는 자연주의적 관점에서만 파악되어 흡사 정글 속의 동물 집단처럼 간주되기에 의식 일반의 보편타당성과 정신의 전체적 이념은 포기될 것이다. 이에 대해 의식 일반에 의한 무시간적 타당성의 절대화는 존재로부터 유리되어 현존과 정신의 생명성을 소실한 공허한 유희 또는 심리적 인식에 따라 삶과 공동체를 규정할 것이다. 또한 정신의 절대화는 풍부한 "교양의 세계"로 인도할 수 있지만, "비현실적 동경"이나 도피에 빠질 수 있으며, 우연적 사실성과 논리성을 무시할 수 있다.[73]

이처럼 한 포괄자의 고립화 또는 절대화는 소통에서 요구되는 진리성의 결핍으로 초래되는 불만족 또는 갈등의 요인이 된다. 그러나 이성적 소통은 다른 포괄자의 존재양식을 간과하지 않는다. 진정한 소통을 위해서는 "각 단계의 한계"와 "그 자체의 불완전성"을 아는 것이며, 이것은 각기 다른 포괄자의 존재양식을 관통하는 계기가 된다. 포괄자의 통일성은 한 단계의 제약에서 다른 단계로 지양되는 것이므로 한 단계를 폐쇄적으로 고립시킨다는 것은 소통의 계열적 전개를 단절하는 것이다. 여기에서 주목할 것으로 야스퍼스는 이러한 소통의 전개를 본래적 진리의 관점에서 설명하면서 가치갈등의 형식을 반영하고 있다는 점이다. 진리의 관점에서 낮은 단계의 가치를 따르는 소통은 보다 높은 단계의 가치를 획득할 가능성에서 볼 때 제한적이다. 그러나 높은 단계의 가치를 추구하는 소통은 그 자체로 실현될 수 없고 낮

은 단계의 가치를 전제로 실현된다. 낮은 단계의 가치는 본래적 진리에는 미치지 못하지만, 높은 단계의 가치가 없어도 독자적으로 존속한다. 그러나 현존의 가치만을 고집한다면 그때 인간은 "인간이기를 포기한 것"이다.[74]

현존의 관점에서 보면 높은 단계의 가치는 약하다. 그것은 "부동적(浮動的)이고, 위험하며, 보다 무상한 단계"의 것이다. 단계의 위계가 낮을수록 존재의 지속성은 크고 안정감을 주지만, 실존의 고유함을 드러내는 본래적 진리는 희박해진다. 여기에 가치갈등이 일어난다. 타자와의 진정한 소통에서 실존 가능성을 실현하기 위해서는 현존의 가치를 간과하지 않고 높은 가치를 선택해야 하기 때문이다. 가치의 양자택일, 즉 가치갈등은 필연적으로 가치의 위계질서에서 파악된다. 그러나 가치의 위계질서를 한 국면에서 전체적으로 파악하는 것은 불가능하며, 그 자체로 한계를 가진다. 그 한계는 역사적 과정에서 완전한 전체로 파악할 수 없는 불만족을 불러일으킨다. 이 불만족에서 실존과 이성의 상호성은 완성된 통일은 아니지만, "보편적 소통의 의지"를 위한 힘을 가진다. 실존적 소통에서 그 힘은 현존을 돌파하여 자기 자신이 되려고 하는 "사랑하는 투쟁"으로 제시되었다.

사랑하는 투쟁은 "대체할 수 없는 개별자들" 사이에서 이루어지며, 소유, 권력, 지배를 위한 현존의 투쟁이 아니라 "권력의지가 따르지 않는 실존의 내실을 위한 투쟁"이다. 실존적 소통은 "이념의 안정성을 담고 있는 정신적 공동체"와 달리 "현존적 투쟁의 불가피성과 진

---

74 VE 142. 야스퍼스의 포괄자론은 가치갈등의 관점에서 볼 때 셸러와 하르트만이 제시하는 사실적 가치와 이념적 가치의 대비와 유사성을 가진다.

리의 미완성"을 인정한다.[75] 이러한 실존의 불완전성을 파악하는 것이 이성이다. 이성은 실존에 침투하여 단계마다 작동하고 전달될 수 있는 것을 제공하면서도 타인, 세계, 초월자를 지향하는 실존적 가능성이다. "이성은 이성 자체 안에서 투명성의 방향으로 나아간다. 이성에 의해 현현된 타자의 내용은 그로부터 가능해진 소통의 깊이에 대한 척도가 되며, 그 안에서 변화하고 개관할 수 없을 만큼 다양한 위계로 확대되어가는 인간 본성에 대한 척도가 된다."[76]

야스퍼스는 나치 정권의 몰락 이후 시대적 상황과 관련하여 『죄책론』(1946), 『독일의 책임문제』(1946), 『역사의 기원과 목표』(1949) 등에서 이성적 소통이 가지는 정치철학적 의미를 논의한다. 이때 이성은 개별적 실존의 사적 영역을 넘어 공적 영역에서 요구되는 정치적 책임은 물론 인류의 미래를 위한 통찰의 계기가 된다. 특히 그의 이성철학은 1950년 하이델베르크 강의 『현대의 이성과 반이성』에서 강하게 부각된다. 강의 초반에 그는 과학의 시대에서 왜곡된 이성의 모습으로서 프로이트의 정신분석과 마르크스주의를 비판하는 것으로 시작한다. 나아가 그는 이성이 정치적 소통에서 고유한 역할을 하지 못할 때 국가사회주의와 공산주의 같은 정치적 형태가 발생할 수 있다는 것을 날카롭게 지적한다.[77]

"이성이 상실되면 철학은 상실된다."[78] 이 짧은 문구에서 야스퍼스는 이성이 지성의 협소함이나 이념적 광기에 빠질 수 있음을 지적하

---

75   VE 145.

76   VE 147.

77   VuW 64.

78   VuW 50.

고, 이성적 실존을 통해 정치적 이념과 체재의 모든 차이를 넘어 본래적 인간성을 산출하는 것이 철학의 과제임을 강조한다. 이 과제는 근대로부터 성숙되어온 이성의 자기비판과 자기계몽의 능력을 현재 및 미래 사회를 위해 지속적으로 수행하는 것이다. 그러나 이러한 과제를 경험적 학문(자연, 사회, 문화, 정신의 개별학문)이나 규범을 강조하는 실천적 학문은 수행할 수 없다. 왜냐하면 이러한 학문들은 그때마다 대상영역에 부합하는 이성의 이념, 원리, 개념, 방법에 머물러 있기 때문이다. 이에 대해 야스퍼스는 전통 철학이 강조하는 경험적 지성과 자발적 판단력의 구체적 기능과 수행을 넘어서 있는 이성적 실존을 통한 철학함만이 이러한 과제를 수행할 수 있음을 역설한다.

야스퍼스의 이성개념이 전통적 이성개념과 본질적으로 다른 점은 개별적이며 구체적인 역사적 실존과 연결되어 있다는 사실이다. 고차적 능력으로서 이성은 매 순간 자기존재를 위해 결단하며 행위하는 구체적 인간에게서 온전한 의미를 가진다. 이러한 이성을 야스퍼스는 세 가지 본질적인 특성을 통해 제시한다. 이성은 역동적(dynamisch)이다. 이성은 "확정된 상태가 아니라 운동 속에 있기" 때문이다. 이성의 운동은 확정된 것에 대한 비판에서 나온다. 또한 이성은 통일적 의지를 가지고 있다는 점에서 개괄적(synoptisch) 관점을 가진다. 그리고 이성은 다른 것, 낯선 것에 대해 열려있다. "이성은 그 자체로 경계가 없는 개방성이다."[79] 이런 점에서 실존적 이성은 공리적 원리도 선험적 사고범주도 아니며, 형이상학적 존재범주로 완성되고 종결된 무시간적인 타당성의 체계도 아니다. 야스퍼스의 실존적 이성은 "제한되지 않은 소통

---

[79]   VuW 33 이하.

의지"와 연결되어 소통을 방해하는 갈등적 요소를 그 한계에서 드러내며, 역사적 실존에 진정한 "소통의 공간"을 제공한다. 이 소통의 공간에는 본래적인 근원에 다가가려는 해방적 힘이 작동한다. 이 힘은 "모든 것에서 모든 유한성을 비판적으로 해체할 수 있고 결국 존재하는 모든 것으로부터 거리를 둘 수 있는" 비판적 사유로 이끈다.[80]

실존적 이성의 소통이 개방적이며 비판적이고 해방적이어야 하는 것은 항상 비이성과 반이성에 맞설 수 있어야 하기 때문이다. 실존과 이성은 독립적으로 존재하는 것이 아니라 현실 속에서 소통과 해방을 방해하는 수많은 갈등의 원인과 근거와 대립하면서 함께 작동한다. 비이성의 가장 중요한 원인은 타인들에 대해 우월성을 주장하며 갈등을 확산하는 인간 현존의 의지에서 발생한다. "이성은 연결하지만 단순한 현존은 분리시킨다." 현존의 의지는 자기 자신만을 원하며, 타인을 자신의 현존을 강화시키는 조건으로 삼는다. 이에 대해 이성은 "모든 포괄자를 위해 개방되어 있으며, 자기조명을 통해 모든 결속을 강화하며 실존의 연속성을 실현"한다.[81] 실존적 이성은 자신의 오류를 판별하고 타자와 진정한 관계를 맺을 수 있는 소통과 해방의 공간을 만든다. 자기비판을 통한 타자와의 결속은 갈등의 원인이 되는 주장, 행동, 이해, 확신, 선입견, 선호, 추론, 근거 등을 수정하는 배움의 과정과 그것을 위한 기회를 개방한다. 반대로 비이성은 소통과 해방을 거부하고 그 대신에 모든 부조리, 역설, 미신, 비밀, 마술, 마법, 제례적이고 공격적인 맹목적 파괴, 잘못된 권위 자체를 정당화하여 자기보존과 유지

---

80   VuW 37.

81   VuW 40.

에만 집중함으로써 모든 사회적 갈등의 뿌리가 된다. 반이성에 대립하는 이성은 갈등을 딛고 전진한다. 실존적 이성의 소통은 현존의 의지와 달리 실존 가능성을 위한 현실적 결단을 통해, 즉 실존의 자유에서 자라난다. 따라서 실존적 이성은 인간의 천성적 본성이 아니라 현존의 갈등을 소통으로 이끄는 자유의 도상에 있다.[82]

5. 맺음말

갈등이 일어나는 곳에는 폭력, 파괴, 전쟁, 살상이 저질러진다. 갈등은 부정적인 것이다. 누구든지 이러한 갈등으로 빚어지는 참상을 보면 그런 생각을 할 수밖에 없다. 그럼에도 우리는 여전히 갈등 속에서 살아간다. 갈등은 인간이 살고 있는 곳곳에 편재해 있으며 언제든 일어날 수 있다. 그렇다면 갈등은 전적으로 부정적이기만 한 것인가? 반드시 그렇지는 않다. 다수의 정치학자는 인간이 실제로 함께 살기를 원하게 된 것이 갈등으로부터 시작되었다고 말한다. 대립과 갈등이 오히려 통합적인 민주주의 사회를 구축하는 계기가 되었다는 것이다. 갈등은 자주 긍정적 변화를 이끌어내며 사회 발전의 동력이 된다는 연구는 심리학, 정치학, 사회학, 인류학, 역사학 등을 통해서도 밝혀지고 있다. 이러한 갈등의 긍정적 의미에 대해서는 철학에서도 논의되고 있다. 대표적으로 칸트는 인간 사이의 "항쟁(Antagonismus)"이 세대를 거쳐

---

[82] VuW 42.

이성을 계발하고 나아가 스스로 법과 시장이 작동하는 시민사회를 만들었다고 보며, 이것이 자연의 계획 또는 의도라고 말한다.[83] 이처럼 갈등은 부정적인 측면만이 아니라 긍정적인 측면도 있다.

이렇게 본다면 갈등은 그 자체로 어떤 하나의 관점이나 현상에 대한 설명으로 규정할 수 없다. 양면성을 가지는 이러한 갈등을 어떻게 해명하고, 그에 대한 극복은 어떤 것이어야 하는가? 이러한 갈등의 양면적 구조와 양상들 그리고 그에 대한 극복은 무제약적이며 자유롭게 초월하며 개방적으로 존재하는 인간 실존에 대한 이해로부터 설명될 수 있다. 이에 가장 적합한 설명이 위에서 살펴본 것처럼 현존의 차원을 돌파하여 본래적 자기존재에로 초월하는 실존조명과 다양한 영역의 존재양식을 통합하는 이성적 소통에 대한 논의로 구성되어 있는 야스퍼스의 실존적 소통론이다. 여기에서 실존은 물리적 · 경제적 · 사회적 · 정신적 형태에서 만나는 타자와의 갈등을 거치며 본래적 자기존재를 위한 실존적 소통을 수행한다. 이러한 갈등과 소통의 변증법적 이행은 다양한 형태의 타자 관계와 그에 따른 소통의 형태가 가지는 한계 및 그에 대한 극복의 가능성을 구체적으로 제시하고 있다. 이처럼 본래적 자기를 발견하는 길, 즉 실존조명의 철학함에서 타인과 벌이는 사랑하는 투쟁으로서의 소통은 가능적 자기존재의 실현과 실존적 진리를 획득할 수 있다는 의지를 부여한다. 그리고 실존과 이성은 현존, 의식 일반, 정신, 세계, 초월자의 영역이 가신 소통방식의 한계를 관통하고 총괄하면서도 개체성과 생성 및 변화의 가능성을 고수하며 투명한 개방성을 확장하는 소통을 지향한다. 이처럼 자기존재가 되고자 하

---

83 I. 칸트(이석윤 옮김), 『세계시민적 견지에서 본 보편사의 이념』(책세상, 2003), 38쪽 이하 참조.

는 실존조명의 철학함과 실존적 이성의 소통에 근거한 철학적 논리학의 양 날개를 통해 제시되는 야스퍼스의 실존적 소통론은 심각한 갈등 문제를 안고 있는 이 시대에 대한 비판적 성찰의 기회를 제공할 것으로 여겨진다.

참고문헌

강영안, 『타인의 얼굴』, 현대의 지성, 2005.

박은미, 「의사소통과 실존적 상호소통: 하버마스와 야스퍼스의 소통 개념에 관하여」, 『시대와 철학』 20, 한국철학사상연구회, 2009.

이진오, 「삶의 사실성과 의사소통적 이성: 야스퍼스철학의 현재성에 대한 고찰」, 『철학연구』 102, 대한철학회, 2007.

임의영, 「공공성의 철학적 기초: Karl Jaspers의 실존적 소통과 책임」, 『행정논총』 56(2), 서울대학교 한국행정연구소, 2018.

주혜연, 「현대인의 소통과 고독에 관한 고찰」, 『철학논집』 50, 서강대학교 철학연구소, 2017.

Hegel, G. W. Fr., *Phänomenologie des Geistes*, Hamburg: Felix Meiner Verlag, 1952.

Jaspers, K., *Vernunft und Widervernunft in unserer Zeit*, München: Piper, 1952.

______, *Allgemeine Psychopathologie*, Berlin: Springer, 1953, 6. Aufl.; (송지영 외 옮김), 『정신병리학 총론 1, 2, 3, 4』, 서울: 아카넷, 2014.

______, *Philosophie II- Existenzerhellung*, Berlin: Springer, 4. Aufl., 1973; (신옥희·홍경자·박은미 옮김), 『철학 2』, 서울: 아카넷, 2019.

______, *Vernunft und Existenz*, München: Piper, 1973; (황문수 옮김), 『이성과 실존』, 서울: 서문당, 1976.

______, *Psychologie der Weltanschauungen*, München/Zürich: Piper, 1985.

Kant, I. (이한구 옮김), 『칸트의 역사철학』, 서울: 서광사, 2009.

Kierkegaard, S. (임규정 옮김), 『죽음에 이르는 병』, 서울: 한길사, 2012.

Sartre, J. P. (정소성 옮김), 『존재와 무』, 서울: 동서문화사, 2010.

02
제자백가의 관점에서 본 갈등과 소통

이상익(부산교육대학교 윤리교육과)

1. 서론

인간사회에서 갈등은 왜 발생하며, 어떻게 대처하면 극복할 수 있는가? 이는 동서고금 모든 정치사상가의 공통된 문제의식이다. 유가(儒家)와 법가(法家), 묵가(墨家)와 도가(道家) 등 중국 고대의 제자백가(諸子百家) 역시 자기 시대의 갈등에 대한 진단과 처방을 두고 고심했다. 인간사회에서 구성원 사이에 갈등이 발생하는 까닭은 둘로 대별할 수 있다. 도덕적 차원의 '옳고 그름[是非]'과 경제적 차원의 '이익과 손해[利害]'가 그것이다. 인간의 천성(天性)에는 도덕적 본성과 이기적 본능이 함께 존재하거니와, '시·비(是非) 다툼'은 본성적 차원에서 제기되는 것이며, '이·해(利害) 다툼'은 본능적 차원에서 제기되는 것이다.

인간사회에서 시비(是非)와 이해(利害)는 매우 복합적인 관련을 맺고 있거니와, 양자 가운데 어느 것이 더 본질적인 갈등의 원인인가?[1] 이에 대해 유가와 법가는 사람들이 서로 '이익과 손해'를 다투는 것에 주목했고, 묵가와 도가는 사람들이 서로 '옳고 그름'을 다투는 것에 주목했다. 요컨대 유가와 법가는 갈등의 궁극적 원인은 '각자 자기를 이롭게 하려는 마음[利己心]'에 있다고 인식한 것이요, 묵가와 도가는 갈등의 궁극적 원인은 '각자 자기가 옳다고 여기는 마음[自是心]'에 있다고 인식한 것이다.

유가와 법가는 '갈등의 궁극적 원인은 이기심(利己心)에 있다'는 인식을 공유하면서도 그에 대한 처방은 완전히 달랐다. 유가는 '인간의 이기심을 극복하는 것[克己復禮]'이 소통과 평화의 길이라고 보고, 그 방법론으로 덕치와 예치를 강조했다. 그러나 법가는 인간의 이기심을 극복하는 것은 거의 불가능한 일이라고 보고, 대신 '신상필벌(信賞必罰)'을 통해 인간의 이기심을 통치자의 의도에 맞게 활용할 것을 강조했다.

묵가와 도가는 '갈등의 궁극적 원인은 자시심(自是心)에 있다'는 인식을 공유하면서도 역시 그에 대한 처방은 완전히 달랐다. 묵가는 '통일된 옳음의 기준을 확립하는 것[尙同]'이 평화와 안정의 길이라고 보고, 그 방법론으로 아랫사람이 '윗사람에게 동조하게 할 것[上同]'을 강조했다. 그러나 도가는 옳음의 기준을 통일시키려고 하는 것이야말로 혼란의 근원이라고 보고, 대신 세상 만물을 있는 그대로 긍정하고 방

---

[1]   도덕적 판단은 경제적 이익 추구를 뒷받침해줄 수도 있고 견제할 수도 있거니와, 이러한 맥락에서는 도덕적 판단이 경제적 판단보다 중요하다고 볼 수 있다. 그러나 도덕적 판단은 결국 경제적 이익 추구를 정당화하기 위한 수단이라고 볼 경우, 경제적 판단이 궁극적으로 중요하다고 볼 수 있다. 따라서 양자 가운데 어느 것을 더 본질적인 것으로 보느냐 하는 것은 학파에 따라 다를 수 있다.

임할 것을 강조했다. 이른바 '제물론(齊物論)'과 '재유(在宥)'가 그것이다.

이렇게 정리하고 보면 제자백가의 기본 노선을 분명하게 파악할 수 있을 것이다. 본고에서는 제자백가의 갈등에 대한 진단과 처방에 대해 조명하고, 그들이 제시하는 처방을 소통과 평화라는 관점에서 평가한 다음, 그 함의를 밝혀보고자 한다.

2. "갈등의 원인은 이기심이다"

1) 유가의 처방: 극기복례(克己復禮)

『서경』에서는 정치체(국가)의 성립에 관해 "하늘이 백성을 낳으셨는데, 백성은 욕망이 있기 때문에 군주가 없으면 곧 혼란스럽게 되었다. 하늘이 총명한 사람을 낳아 군주로 삼아 다스리게 하였다"[2]라고 설명한 바 있다. 요컨대 인간은 욕망에 지배당하기 때문에 '자연상태'에서는 갈등과 혼란이 발생할 수밖에 없거니와, 그러므로 하늘[天]이 총명한 사람을 통치자로 임명하여 백성을 다스리도록 했다는 것이다. 한편 『예기』에서는 자연상태에서 혼란이 빚어지는 과정을 다음과 같이 설명한다.

사람이 태어나면서 고요한 것은 타고난 性이요, 사물에 감응하

여 움직이는 것은 性의 욕망이다. 사물이 이름에 지각(知覺)이 알게 되니, 그런 다음에 호오(好惡)가 형성된다. 안으로는 호오가 절제되지 않고 밖으로는 지각이 유혹하여 자신을 반성하지 못하면, 천리(天理)가 소멸된다. 무릇 사물이 사람을 감동시키는 것은 끝이 없는데, 사람의 호오가 절제됨이 없다면, 이것은 사물이 이름에 사람이 사물로 변화하는 것이다. 사람이 사물로 변화한다는 것은 천리를 소멸하고 인욕을 끝없이 추구하는 것이다. 이에 패역(悖逆)·속임·거짓의 마음이 있게 되고, 음란하고 혼란스러운 일들이 있게 된다. 그리하여 강자는 약자를 협박하고, 다수는 소수에게 횡포를 부리며, 지식이 있는 자는 어리석은 자를 속이고, 용기 있는 자는 겁 많은 자를 괴롭힌다. 질병에 걸려도 돌보지 않고, 늙은이·어린이·고아·홀아비들은 마땅한 처우를 얻지 못한다. 이것은 대란(大亂)의 길이다.[3]

이처럼 유가는 인간의 본능적 이기심 때문에 자연상태에서는 혼란이 빚어질 수밖에 없다고 보았으며, 이러한 혼란을 극복하기 위해 통치자가 등장하게 된 것이라고 설명했다. 그렇다면 통치자는 이러한 혼란을 어떻게 극복해야 하는가? 이에 대해 공자는 "법제와 금령(禁令)으로 이끌고 형벌로 질서를 잡으면, 백성은 형벌을 면하려고만 할 뿐 부끄러움이 없게 된다. 덕(德)으로 이끌고 예(禮)로 질서를 잡으면 백성이 부끄러움을 알게 되고 또한 바르게 된다"[4]고 설파한 바 있다. 이러

---

3   『禮記』, 「樂記」.

4   『論語』, 「爲政」 3.

한 맥락에서 유가의 이상적 통치론은 '덕치'와 '예치'로 요약된다.

먼저 '덕치'에 대해 살펴보자. 유가의 덕치론은 『논어』의 "덕으로 정치를 하는 것은 비유컨대 북극성이 제자리에 있으면 여러 별들이 그를 향하는 것과 같다"[5]는 말로 대변된다. 덕으로 백성을 다스리면, 백성을 복종시키려고 노력하지 않아도 백성이 스스로 감복한다는 것이다. 이 밖에도 『논어』에는 덕치와 백성의 자발적 복종을 설파하는 내용이 많이 보인다.

윗사람이 禮를 좋아하면 백성이 감히 공경하지 않을 수 없고, 윗사람이 義를 좋아하면 백성이 감히 복종하지 않을 수 없으며, 윗사람이 信을 좋아하면 백성은 감히 실정을 숨길 수 없다. 이렇게 하면 사방의 백성이 그 아이를 업고서 따라올 것이다.[6]

계강자가 공자께 정치에 대해 묻기를, "만약 무도(無道)한 사람을 죽여서 道가 있는 곳으로 나아가게 한다면 어떻겠습니까?" 공자가 대답하기를, "그대가 정치를 함에 어찌 사람을 죽이겠습니까? 그대가 착해지고자 한다면 백성도 착해집니다. 군자의 德은 바람이요, 소인의 德은 풀이니, 풀 위에 바람이 불면 반드시 눕게 됩니다."[7]

위의 두 인용문에서는 통치자를 '솔선수범하는 존재'로, 백성을

---

5 『論語』, 「爲政」 1.

6 『論語』, 「子路」 4.

7 『論語』, 「顔淵」 19.

'통치자를 본받고 따르는 존재'로 규정하고, 바람이 부는 대로 풀이 눕는 것처럼 통치자가 모범을 보이면 백성은 저절로 감화되게 마련이라고 설명했다.

덕치론의 구도 속에는 '백성을 복종시키기 위한 장치들'이 설정되어 있지 않다. 백성의 복종은 '감화(感化)'에 의해 자발적으로 이루어진다는 것이다. 그렇다면 백성이 통치자의 솔선수범과 인정(仁政)에 감화되는 까닭은 무엇인가? 덕치론은 성선설(性善說)에 기초하거니와, 사람은 누구나 선한 본성을 지니고 있으므로 남들의 선한 행위를 보고는 자신도 선한 행위로 반응하게 된다는 것이다. 군주의 인정(仁政)에 대해서도 마찬가지이다. 맹자는 "왕이 백성에게 인정을 베풀어 형벌을 줄이고 세금을 가볍게 하면, 백성은 열심히 농사짓고 틈나는 대로 효제(孝悌)와 충신(忠信)을 닦아서, 집에 들어가서는 부형(父兄)을 섬기고 밖으로 나와서는 윗사람과 어른을 섬기게 된다"[8]고도 했고, "왕이 인정을 베풀면, 백성은 윗사람을 친하게 여겨서 목숨까지 바치게 된다"[9]고도 했다. 이러한 맥락에서, 유교에서는 '덕치'를 백성을 올바른 길로 이끄는 방법이요, 백성의 자발적 충성과 진정한 복종을 이끌어내는 방법이라고 보았다.

다음으로 '예치'에 대해 살펴보자. 이에 대해서는 먼저 순자의 다음과 같은 말을 살펴보는 것이 좋겠다.

禮는 어디서 기원하는가? 사람은 태어날 때부터 욕망이 있다.

---

8   『孟子』, 「梁惠王上」 5.

9   『孟子』, 「梁惠王下」 12.

욕망하는데 얻지 못하면 추구하지 않을 수 없고, 추구함에 도량(度量)과 한계(限界)가 없으면 다투지 않을 수 없게 된다. 선왕(先王)은 그런 혼란을 싫어하여, 예의(禮義)를 제정하여 각각의 몫[分]을 정한 것이다. 그렇게 함으로써 사람의 욕망을 길러주고, 사람들이 추구하는 것을 채워주어, 욕망으로 하여금 반드시 사물에 막히지 않게 하고, 사물도 반드시 욕망에 모자라지 않게 하였다. 욕망과 사물이 서로 의지하여 자라나게 하였으니, 이것이 禮의 기원이다.[10]

순자는 禮의 본질을 사람들의 욕망에 한계를 가하여 '각각의 몫[分]'을 설정하는 것으로 설명하고, 禮의 기능을 "욕망으로 하여금 사물에 막히지 않게 하고, 사물로 하여금 욕망에 모자라지 않게 함으로써 욕망과 사물이 서로 의지하여 자라게 함"으로 설명했다. '욕망과 사물이 서로 의지함'은 한편으로는 욕망에 일정한 한계를 가하고, 다른 한편으로는 욕망의 대상이 되는 사물을 적절히 공급함으로써 이루어진다. 이는 결국 인간의 욕망에 한계를 설정하여 그 한계 안에서 자신의 몫을 누리도록 유도하는 것이다. 순자는 다음과 같이 말하기도 한다.

성왕(聖王)은 넉넉한 재물을 마름질하여 신분(身分)의 등차(等差)를 분별하니, 위로는 어질고 착한 사람을 꾸며서 귀·천(貴賤)을 밝히고, 아래로는 어른과 어린이를 꾸며서 친·소(親疎)를 밝힌다. 그리하여 위로는 왕공(王公)의 조정으로부터 아래로는 백성의 집에 이르기까지 천하의 모든 사람이 환하게 자기의 자리를 아니, 다

---

10 『荀子』, 「禮論」.

른 이상한 것을 위한 것이 아니라 장차 각자의 몫[分]을 밝혀서 두루 다스림으로써 만세(萬世)를 보전하기 위한 것이다.[11]

위의 인용문에서는 禮의 핵심을 "귀·천(貴賤)과 친·소(親疎)에 따라 각자의 몫[分]을 밝혀서 두루 다스림"으로 설명했다. '귀·천'이란 사회적 지위의 높고 낮음을 뜻하고, '친·소'란 혈연의 가깝고 멂을 뜻하거니와, 禮란 귀·천과 친·소에 따라 각자의 합당한 몫을 설정하여 그에 맞게 대우하는 것이다. 요컨대 '예치'란 사회의 모든 구성원에게 각자의 사회적 지위와 혈연의 친소에 따라 그에 합당한 몫[分]을 설정해주고, 스스로 그 분수를 지키도록 유도하는 것이다. 여기서 알 수 있듯이, 유교의 禮는 두 가지 측면을 지닌다. 첫째는 귀·천과 친·소에 따른 차등을 분명하게 함으로써 사회적 위계질서를 공고하게 만들어주는 것이다. 둘째는 사회 구성원 각자의 욕망을 합리적으로 제한함으로써 자의적 경쟁이나 충돌의 소지를 막고 사회를 안전(安全, 安定)하게 만들어주는 것이다.

이상에서 덕치와 예치에 대해 살펴보았거니와, 유가는 이 둘을 뒷받침하는 것은 바로 '극기복례(克己復禮)'의 마음가짐이라고 보았다. 『논어』에는 다음과 같은 내용이 보인다.

안연이 仁에 대해 묻자, 공자가 말씀하시길, "자기를 이기고 禮로 돌아가는 것이 仁이다. 하루 동안 자기를 이기고 禮로 돌아가면 천하가 仁으로 돌아올 것이다. 仁을 실천함은 자기로부터 말미

11　『荀子』,「君道」.

암으니, 남으로부터 말미암겠는가?" 안연이 말하기를, "청컨대 그 조목을 묻겠습니다." 공자가 말씀하시길, "禮가 아니면 보지 말며, 禮가 아니면 듣지 말며, 禮가 아니면 말하지 말며, 禮가 아니면 움직이지 말라." 안연이 말하기를, "제가 비록 민첩하지 못하나, 청컨대 이 말씀을 일삼겠습니다."[12]

"천하가 仁으로 돌아옴"은 '안정과 평화가 실현되는 세상'을 뜻할 것인바, 공자는 그 단초를 '극기복례'라고 설명했다. 그리고 공자는 이어서 "仁을 실천함은 자기로부터 말미암는다[爲仁由己]"고 부연했다. 우리 자신이 솔선수범하여 각자 덕을 닦고 禮를 실천하면, 안정되고 평화로운 세상이 실현될 수 있다는 것이 유가의 지론이었다. 이처럼 유가는 '우리 모두 도덕적 본성을 발휘하여 이기심을 극복하자'는 노선을 택한 것이다.

2) 법가(法家)의 처방: 신상필벌(信賞必罰)

법가도 인간사회에 정치체가 등장하게 되는 계기를 '자연상태의 혼란'으로 설명한다. 자연상태는 결국 갈등과 혼란에 빠지게 되는바, 이를 해결해줄 사람이 필요하게 되었고, 그리하여 '군주의 통치'가 시작되었다는 것이다. 상앙은 다음과 같이 말한다.

옛날에 백성이 무리 지어 모여 살면서 혼란이 발생하자, (혼란

---

12   『論語』,「顔淵」 1.

을 해결해줄) 윗사람을 두고자 했다. 그렇다면 세상 사람들이 윗사람이 있는 것을 좋아하는 것은 다스림[統治]을 위한 것이다. 지금 군주가 있는데 법이 없으면 그 해로움은 군주가 없는 것과 동일하며, 법이 있는데 그 혼란을 이길 수 없다면 법이 없는 것과 마찬가지이다. 천하가 군주가 없는 것을 불안하게 여기면서도 그 법을 시행하기를 좋아하면, 온 세상이 미혹된 것으로 여긴다. 무릇 천하의 백성을 이롭게 함에는 다스림보다 중대한 것이 없고, 다스림에는 군주를 세우는 것보다 편안한 것이 없다. 군주를 세우는 방법은 법을 시행하는 것보다 좋은 것이 없고, 법을 시행하는 일에는 간인(姦人)을 제거하는 일보다 급한 것이 없으며, 간인을 제거하는 근본은 형벌을 엄격히 하는 것보다 더 좋은 것이 없다. 그러므로 왕자(王者)는 상(賞)으로 (간사함을) 금지하고, 형벌로 (복종을) 권장하며, 과실(過失)을 찾고 선행(善行)을 찾지 않으며, 형벌을 통해 형벌을 없애는 것이다.[13]

위의 인용문은 정치체의 본질에 대한 법가의 관점을 잘 보여주는 것으로, 그 핵심은 다음과 같이 정리된다. 첫째, 자연상태의 혼란을 극복하기 위해서는 '상·하의 위계질서'가 필요하다. 둘째, 군주는 법으로 국가를 다스려야 한다. 셋째, 법이 시행되기 위해서는 군주가 존엄해져야 한다. 넷째, 군주가 존엄해지기 위해서는 포상으로 간사함을 금지하고, 형벌로 복종을 권장해야 한다. 이를 종합하면, '법가적 정치체'란 "신상필벌을 통해 인간사회를 질서 있게 규율하는 체제"라고 정

13　『商君書』,「開塞」.

의할 수 있다. 그렇다면 자연상태는 왜 혼란에 빠지며, 신상필벌이 긴요한 까닭은 무엇인가? 이에 대한 답변은 법가의 인간관에서 찾을 수 있다.

법가의 인간관은 한마디로 인간은 '이기적 존재'요, '타산적 존재'라는 것이다. 먼저 '이기적 존재'라는 측면을 살펴보자. 법가에 의하면, 인간은 태어나면서부터 이익을 좋아하고 손해를 싫어하며, 자신의 이익을 위해서는 무슨 일이든 할 수 있는 존재이다. 상앙은 다음과 같이 말한다.

> 백성은 태어나면서부터 배고프면 음식을 찾고, 힘들면 편안함을 찾으며, 괴로우면 즐거움을 찾고, 치욕을 당하면 영광을 찾으니, 이것이 백성의 성정(性情)이다. 백성은 이익을 추구하느라 예법(禮法)을 잃기도 하고, 명예를 추구하느라 본성의 일정함을 잃기도 한다. 어떻게 그러한 것을 아는가? 지금 도적들이 위로는 군주가 금지하는 것을 어기고 아래로는 신자(臣子)로서의 예법을 잃어서 명예가 더럽혀지고 몸이 위험해져도 오히려 (도적질을) 그치지 않는 것은 이익 때문이다. 저 옛날의 선비들은 옷을 입어도 전혀 따뜻하지 않게 입고, 밥을 먹어도 전혀 배부르지 않게 먹으며, 마음을 괴롭게 하고, 몸을 수고롭게 하며, 오장(五臟)을 손상시키면서도 명성이 더욱 널리 퍼지도록 했는데, 본성의 일정함이 아닌데도 그렇게 한 것은 명예 때문이다. 그러므로 "명예와 이익이 모이는 곳에 백성이 들끓는다"고 말하는 것이다.[14]

---

14 『商君書』, 「算地」.

상앙은 "백성은 태어나면서부터 배고프면 음식을 찾고, 힘들면 편안함을 찾으며, 괴로우면 즐거움을 찾고, 치욕을 당하면 영광을 찾는다"고 했는데, 이는 인간의 '본능적 욕구'일 것이다. 상앙은 본능적 욕구의 대상을 '이익'과 '명예'로 요약했다. 인간은 이익을 추구하느라 '예법'을 잃기도 하고, 명예를 추구하느라 '일정한 본성'을 어기기도 한다는 것이다.[15] 요컨대 인간은 이익과 명예를 위해 무슨 짓이든 하는 존재라는 것이다. 같은 맥락에서 한비자도 다음과 같이 말한다.

> 장어는 뱀과 비슷하고, 누에는 애벌레와 비슷하다. 사람들은 뱀을 보면 깜짝 놀라고, 애벌레를 보면 소름이 끼친다. 그러나 어부는 장어를 손에 쥐고, 아낙네는 누에를 주워 올린다. 이익이 있는 곳에는 모두가 맹분(孟賁)이나 전저(專諸)처럼 용감해진다.[16]

한비자는 사람들이 이익을 위해서는 장어를 손에 쥐고, 누에를 주워 올리는 등의 '소름 끼치는 일'도 할 수 있다고 설명했다. 한비자는 "이익이 있는 곳에는 모두가 맹분이나 전저처럼 용감해진다"고 했거니와, 사람들은 중대한 이익을 위해서는 자신의 목숨도 바칠 수 있다는 것이다.

법가에 의하면, 인간은 이익을 추구하는 '이기적 존재'일 뿐만 아니라, 이익과 손해의 크기를 계산하여 더 큰 이익을 추구하는 '타산적

---

15 여기서 말하는 '일정한 본성'이란 '배고프면 음식을 찾고, 힘들면 편안함을 찾으며, 괴로우면 즐거움을 찾고, 치욕을 당하면 영광을 찾는 것'으로서 역시 '본능적 욕구의 일정함'을 뜻한다. 명예를 추구하는 것 자체가 본능적 욕구인데, '명예를 얻기 위해 본능적 욕구를 어기는 것'은 명예가 주는 이익이 육체적 고통을 감내하는 손실보다 크다는 '타산'에 따른 것이다.

16 『韓非子』,「說林下」.

존재'이기도 하다. 상앙은 다음과 같이 말한다.

> 백성의 본성은 재보고 긴 것을 취하고, 달아보고 무거운 것을 취하고, 헤아려보고 이로운 것을 취한다. 현명한 군주가 이 셋을 신중하게 관찰하면 국가의 통치를 확립할 수 있고, 백성의 능력을 활용할 수 있다.[17]

> 백성의 성정(性情)은 순박하면 노력을 발휘하여 쉽게 힘쓰고, 곤궁하면 지혜를 발휘하여 이익을 저울질한다. 쉽게 힘쓰면 죽음을 가볍게 여기므로 (국가를 위해) 쓰이는 것을 즐거워하고, 이익을 저울질하면 형벌을 두려워하여 힘든 일도 쉽게 맡는다.[18]

위의 두 인용문에 보이는 것처럼, 법가는 이기적이고 타산적인 것을 인간의 본성으로 규정하고, 국가의 통치는 인간의 이러한 본성을 적극 활용해야 한다고 보았다. 이기적이고 타산적인 인간은 최선과 차선 가운데 최선을 택하고, 최악과 차악 가운데 차악을 택하게 마련이다. 이러한 심리를 잘 활용하면 백성이 들판에서 열심히 일하게 할 수 있고, 전쟁터에서 용감히 싸우게 할 수 있다는 것이다. 상앙은 다음과 같이 말한다.

> 무릇 농업은 백성이 힘들게 여기는 일이요, 전쟁은 백성이 무

---

17 『商君書』,「算地」.

18 『商君書』,「算地」.

섭게 여기는 일이다. 그 힘듦을 무릅쓰고, 그 무서운 일을 실행하
는 것은 '계산(計算)' 때문이다. 백성은 살아서는 이익을 계산하고,
죽어서는 명예를 생각하니, 명예와 이익이 나오는 곳을 살피지 않
을 수 없다. 이익이 농업에서 나오면 백성은 온 힘을 다해 농사를
짓고, 명예가 전쟁에서 나오면 백성은 죽음을 각오하고 싸운다. 안
으로는 백성으로 하여금 온 힘을 다해 농사를 짓게 만들면 황무지
가 개간될 것이요, 밖으로는 백성으로 하여금 죽을 각오로 싸우게
만들면 적국을 이길 것이다. 적국을 이기고 황무지를 개간한다면,
앉아서 부강(富强)을 이룰 수 있다.[19]

백성이 용감하면 그들이 원하는 것으로 포상하고, 백성이 비겁
하면 그들이 싫어하는 것으로 처벌한다. 그러므로 비겁한 백성을
형벌로 부리면 용감해지고, 용감한 백성을 포상으로 부리면 목숨
을 바치게 된다. 비겁한 백성이 용감해지고, 용감한 백성이 목숨을
바치면, 국가에 적수(敵手)가 없게 되어 반드시 천하의 왕이 될 수
있다.[20]

상앙은 인간의 이기적이고 타산적인 본성을 이용하면 백성을 일
정한 방향으로 자연스럽게 유도할 수 있다고 보았는데, 그 방법의 핵
심은 포상과 처벌이었다. 상앙은 "백성이 원하는 바로 포상하고, 백성
이 싫어하는 바로 처벌하라"고 했다. 예컨대 전쟁터에서 도망친 사람

---

19 『商君書』, 「算地」.

20 『商君書』, 「說民」.

에게 죽음보다 가혹한 처벌을 가한다면 비겁한 사람도 도망치지 못하며, 전공(戰功)을 세운 사람에게 목숨보다 두터운 포상을 내린다면 용감한 사람은 더욱 용감하게 싸운다는 것이다. 이처럼 포상과 처벌을 적절히 활용하면 '앉아서 부강(富强)을 이룰 수 있고, 천하의 왕이 될 수 있다'는 것이다. 같은 맥락에서 한비자도 다음과 같이 말한다.

> 이익을 좋아하고 손해를 싫어함은 사람의 본성이다. 포상이 두텁고 틀림없으면 사람들이 적(敵)을 가볍게 여기며, 형벌이 무겁고 확실하면 사람들이 전쟁터에서 도망치지 않는다. 오랫동안 싸우면서 임금을 따르는 사람은 백에 하나도 되지 않으나, 이익을 기뻐하고 처벌을 두려워함은 누구나 그렇지 않은 사람이 없다. 민중(民衆)을 거느리는 자가 '누구나 그렇지 않음이 없는 방법'을 외면하고 '백에 하나도 되지 않는 방법'을 따른다면, 이는 민중을 부리는 방법을 모르는 것이다.[21]

한비자는 "이익을 좋아하고 손해를 싫어함은 사람의 본성"이라는 전제 아래, 신상필벌의 방법으로 모든 백성을 완벽하게 통제할 수 있다고 보았다. 이러한 맥락에서, 법가의 법치란 바로 신상필벌의 원칙을 제도화한 것이다.

이상의 내용을 요약해보자. 법가에 의하면, 인간은 이기적 존재로서, 이익을 위해서는 무슨 짓이든 할 수 있다. 그리하여 인간사회는 쉽

---

21   『韓非子』, 「難二」.

게 혼란에 빠지는 것이다. 그런데 인간은 또한 이익과 손해를 계산하여 더 큰 이익을 추구하는 타산 능력을 지니고 있다. 그러므로 인간의 이기심과 타산 능력을 잘 활용하면, 인간을 쉽게 통제할 수 있다는 것이다. 이러한 맥락에서 법가는 신상필벌을 통치의 핵심적 방법으로 삼았다.

3. "혼란의 원인은 시비를 다투는 것이다"

1) 묵가(墨家)의 처방: 상동(尙同)과 상동(上同)

묵자 역시 정치의 본질을 '자연상태의 혼란'을 극복하여 '평화롭고 번영하는 공동체'를 건설하는 것으로 규정했다. 그렇다면 자연상태는 왜 혼란에 빠지게 되는가? 묵자는 그 까닭을 '모두가 인정하는 의(義)'가 없기 때문이라고도 설명하고, '정치의 수장(首長)'이 없기 때문이라고도 설명했다.[22] 묵자는 '모두가 인정하는 의(義)'가 없기 때문에 생기는 혼란에 대해 다음과 같이 설명한다.

옛날에 백성이 처음으로 생겨나 아직 형벌과 정령(政令)이 없던 때에는 대개 "사람마다 그 의(義)가 달랐다"고 말한다. 그러므로 한 사람이면 하나의 의가 있었고, 두 사람이면 두 의가 있었으며, 열 사람이면 열 가지 의가 있었으니, 사람의 수가 많아질수록

---

[22] 그런데 묵자는 모두가 인정하는 義를 확립하는 것이 정치적 수장의 핵심 임무라고 보았으므로 양자는 사실 궤를 같이하는 것이다.

의 역시 더 많아졌다. 그리하여 사람들은 각자 자기의 의를 옳다 여기고 남의 의를 그르다고 여겼으니, 그러므로 서로 그르다고 여 긴 것이다. 그리하여 안으로는 부자(父子)와 형제(兄弟)가 서로 원 망하고 미워하여 뿔뿔이 흩어져 서로 화합할 수 없었으며, 천하의 백성도 모두 물과 불과 독약으로 서로를 해쳤다. 심지어는 남는 힘 이 있더라도 서로 일을 거들어주지 않았고, 재물이 남아서 썩을지 라도 서로 나누어주지 않았으며, 좋은 방도를 숨기더라도 서로 가 르쳐주지 않았으니, 천하의 혼란이 마치 금수(禽獸)와 같았다.[23]

"백성이 처음으로 생겨나 아직 형벌과 정령이 없던 때"란 이른바 '자연상태'를 뜻한다. 묵자에 의하면, 자연상태에서는 사람들이 각자 '자신의 의'를 내세울 뿐 '통일된 의'를 확립할 수 없거니와, 그로 인해 사람들은 각자 자기의 의를 옳다 여기고 남의 의를 그르다고 여기게 되었고, 그 결과 안으로는 부자(父子)와 형제(兄弟)가 서로 원망하고 미 워하여 뿔뿔이 흩어져 서로 화합할 수 없었으며, 천하의 백성도 모두 물과 불과 독약으로 서로를 해치게 되는 등 각종 혼란이 발생했다는 것이다.[24] 묵자는 다음과 같이 말하기도 한다.

23　『墨子』,「尙同上」.

24　묵자는 자기 자신만 사랑하는 利己心이나 자기 가족만 사랑하는 別愛가 '여러 가지 혼란 과 해로움의 근원'이라고 비판하고, 남들도 두루 사랑하는 兼愛가 '여러 가지 이로움의 근 원'이라고 옹호한 바 있다(『墨子』,「兼愛上」,「兼愛下」). 이것에 주목하면 묵자도 혼란의 근원을 '이기심'으로 파악했다고 볼 수도 있겠다. 그러나 묵자가 '사람들이 각자 자기의 義 를 옳다 여긴 결과, 서로 화합하지 못하고 해치게 되었다'고 설명한 것으로 보면, 묵자는 '이기심'조차 '모두가 인정하는 義'가 없기 때문에 생긴 결과라고 파악했던 것이다. 한편, 김영민은 묵자에 대해 "만인의 만인에 대한 투쟁으로 前-정치상태(자연상태)를 정의하고 있음에도 불구하고 욕망이라는 이슈는 묵자의 상상 속에서 두드러지게 의제화되지 않는 다"고 설명한 바 있다(김영민,『중국정치사상사』, 168-169쪽).

무릇 천하가 혼란한 까닭은 정치의 수장(首長)이 없는 데서 생
겨나는 것임이 분명하다. 그리하여 천하의 어질고 유능한 사람을
가려내어 천자(天子)로 삼았다. 천자가 세워졌더라도 그의 힘만으
로는 부족하다고 여겨서, 또 천하의 어질고 유능한 사람을 가려내
어 삼공(三公)으로 삼았다. 천자와 삼공이 이미 세워졌더라도 천하
는 넓고 커서 멀리 떨어진 나라와 이질적인 풍토에서 살아가는 백
성의 시비(是非)와 이해(利害)의 분별을 일일이 알 수 없었기 때문
에 구획 지어 만국(萬國)으로 나누고 제후(諸侯)와 국군(國君)을 세
웠다. 제후와 국군이 이미 세워졌더라도 그들의 힘만으로는 부족
하다고 여겨서, 또 그 나라의 어질고 유능한 사람을 가려 뽑아 정
장(正長)으로 삼았다.[25]

묵자에 의하면, 천자와 삼공, 제후와 국군, 이장과 향장 등 각급의
통치자들은 모두 '천하, 국가, 고을' 등 각급 단위에서 '어질고 유능한
사람'을 선택한 것이다.[26] 위의 인용문에서는 "백성의 시비(是非)와 이
해(利害)의 분별"을 언급하고 있거니와, 각급 통치자들의 임무는 물론
'통일된 의(義)의 기준'을 제시하고 관철함으로써[尙同] "백성의 시비와
이해의 분별"로 인한 혼란을 종식시키는 것이다. 묵자는 이에 대해 다
음과 같이 설명한다.

---

25 『墨子』,「尙同上」.

26 묵자는 그 '선택의 주체'를 명확히 설명하지는 않았다. 다만『墨子』의 전반적 논조로 보면,
어진 사람을 天子로 뽑는 주체는 '하늘[天]'이며, 國君(諸侯)과 三公을 뽑는 주체는 天子
(聖王)요, 里長과 鄕長을 뽑는 주체는 國君인 것 같다(蕭公權, 최명·손문호 공역,『中國
政治思想史』, 247-248쪽 참조).

정장(正長)이 이미 갖추어지자, 천자는 천하의 백성에게 정령 (政令)을 발표하여 말하기를 "선(善)과 불선(不善)을 들으면 모두 그 것을 윗사람에게 고하라. 윗사람이 옳다고 여기는 바를 반드시 모 두 옳다 하고, (윗사람이) 그르다 여기는 바를 반드시 모두 그르다고 하라. 윗사람에게 허물이 있으면 규간(規諫)하고, 아랫사람에게 선 (善)이 있으면 널리 천거하라. 상동(上同)하면서 하비(下比)하지 않 는다면,[27] 이는 윗사람이 상(賞)을 내리고 아랫사람이 기리는 바이 다. 그런데 만일 선과 불선을 듣고서 그것을 윗사람에게 고하지도 않으면서, 윗사람이 옳다 여기는 바를 옳다 하지 못하고 윗사람이 그르다 여기는 바를 그르다 하지 못하며, 윗사람에게 허물이 있으 면 규간하여 바로잡아주지 않고 아랫사람에게 선이 있더라도 찾 아 천거하지 않으며, 하비(下比)하면서 상동(上同)하지 않는다면, 이는 윗사람이 벌(罰)을 내리고 백성이 헐뜯는 바이다"라고 하였 다. 윗사람이 이것으로 상벌(賞罰)을 시행하면, 지극히 밝게 살펴서 틀림이 없을 것이다.[28]

위의 인용문의 취지는 둘로 요약할 수 있다. 첫째, "윗사람이 옳다 고 여기는 바를 반드시 모두 옳다 하고, 윗사람이 그르다고 여기는 바 를 반드시 모두 그르다 하라"는 것이다. 이렇게 윗사람에게 동조하는 것을 묵자는 '상동(上同)'이라 했는데, 모든 백성이 상동한다면 과연 '통 일된 의(義)의 기준'을 확립할 수 있을 것이다. 둘째, 상동(上同)하는 사

---

27   '上同'은 '윗사람이 제시하는 義에 同調하는 것'이며, '下比'는 '아랫사람과 패거리를 지어 서로 허물을 감싸주는 것'이다.

28   『墨子』,「尚同上」.

람에게는 포상과 명예가 따르고, 하비(下比)하는 사람에게는 처벌과 비난이 따르게 하라는 것이다. 묵자는 "천하의 모든 사람은 윗사람의 상(賞)과 명예를 얻고자 하고, 윗사람의 벌(罰)과 비난을 두려워한다. 그러므로 이장(里長)은 천자의 정령에 따라 한 마을의 의(義)를 통일시킬 수 있다"[29]고 했다. 통치자는 상과 벌로 백성을 얼마든지 통제할 수 있다는 것은 법가의 지론이었는데, 묵자도 그에 못지않게 상벌의 효과를 신뢰한 것이다.

그렇다면 백성은 왜 통치자가 옳다고 여기는 바를 반드시 옳다고 해야 하고, 통치자가 그르다고 여기는 바를 반드시 그르다고 해야 하는가? 이는 통치자는 '어질고 유능한 사람'이라고 전제되었기 때문이다. 묵자는 다음과 같이 말한다.

마을의 모든 백성은 향장(鄕長)과 같아지려고 노력하고 감히 하비(下比)하지 않으며, 향장이 옳다고 하는 것을 반드시 또한 옳다고 여기고, 향장이 그르다고 하는 것을 반드시 또한 그르다고 여기며, 자신의 착하지 못한 말을 버리고 향장의 착한 말을 배우며, 자신의 착하지 못한 행실을 버리고 향장의 착한 행실을 배워야 한다. 향장은 진실로 고을의 현자(賢者)이니, 온 고을 사람들이 향장을 본받는다면, 고을이 어찌 다스려지지 않겠는가? (…) 국군(國君)은 진실로 나라의 현자이니, 온 나라 사람들이 국군을 본받는다면, 나라가 어찌 다스려지지 않겠는가? (…) 천자(天子)는 진실로 천하의 인인(仁人)이니, 온 천하 만민이 천자를 본받는다면, 천하가 어

---

29 『墨子』, 「尙同中」.

찌 다스려지지 않겠는가? 천자가 천하를 다스리는 방도를 살펴보면, 무엇인가? 오직 천하의 의(義)를 동일하게 만드는 것이니, 그러므로 천하가 다스려진다.[30]

위에 분명히 보이듯이, 묵자는 '향장·국군·천자'를 '고을·국가·천하의 현자(賢者)'로 규정하고, 따라서 "향민·국민·만민은 자신들의 잘못된 언행을 버리고 향장·국군·천자의 가르침에 따라야 한다"고 주장했다. 이러한 방식으로 천자가 천하의 의(義)를 통일시키면 천하가 다스려진다는 것이다. 그런데 유의할 것은 묵자의 사상에서 천자는 결코 궁극적 권위체가 아니라는 점이다. 묵자의 사상에서 궁극적 권위체는 '하늘[天]'이었다. 따라서 만민은 천자의 가르침에 따라야 하지만, 천자는 또 하늘의 뜻에 따라야 한다. 묵자는 "하늘은 반드시 사람들이 서로 사랑하고 서로 이롭게 하는 것을 원하고, 사람들이 서로 미워하고 서로 해치는 것을 원치 않는다"[31]고 설파한 바 있거니와, '하늘의 뜻'에 따른다는 것은 곧 '겸애'를 실천한다는 의미였다. 묵자는 다음과 같이 말한다.

(萬民이) 이미 천자(天子)와 같아졌어도 아직 하늘[天]과 같아지지 않았다면, 하늘의 재앙은 오히려 그치지 않는다. 그러므로 추위와 더위가 고르지 않고, 비와 눈이 때에 맞지 않으며, 오곡이 익지 않고 여러 가축이 자라지 않으며, 전염병이 돌고 사나운 비바람이

30 　『墨子』, 「尙同中」.

31 　『墨子』, 「法儀」.

계속되는 것은 하늘이 벌을 내리는 것으로서, 장차 아랫사람이 하늘에 상동하지 않는 것을 처벌하려는 것이다. 그러므로 옛날의 성왕(聖王)은 하늘과 귀신이 원하는 바를 밝히고 하늘과 귀신이 미워하는 바를 피해서, 천하의 이익을 추구하고 천하의 손해를 제거한 것이다.[32]

묵자는 "만민이 이미 천자와 같아졌어도 아직 하늘[天]과 같아지지 않았다면, 하늘의 재앙은 오히려 그치지 않는다"고 단언했다. 묵자의 주장은 '백성은 통치자에게 동조해야 한다'는 것이요, 이는 결국 '만민은 하늘의 뜻에 따라야 한다'는 것이었다. 이를 긍정적으로 해석하자면, '우리 모두 자신의 사사로운 생각을 버리고, 하늘의 뜻에 따라 겸애를 실천하자'는 것이었다.

2) 도가(道家)의 처방: 겸양(謙讓)과 재유(在宥)

사람들은 대개 만물에 대해 시·비(是非)와 선·악(善惡)으로 구별하여 한쪽을 긍정하고 한쪽을 부정한다. 그런데 도가는 만물을 있는 그대로 긍정하지 않고 시·비와 선·악으로 구별하는 것이 혼란의 시작이라고 보았다. 예컨대 노자는 시비선악을 구별하는 것에 대해 두 가지로 비판했다. 첫째는 시와 비, 선과 악은 서로 의지하고 있으므로 어느 한쪽만 긍정하거나 부정하는 것은 어불성설이라는 것이다. 둘째는 "자신이 옳고, 남은 그르다"고 주장하면, 남의 지지를 얻을 수 없다는

32　『墨子』, 「尙同中」.

것이다. 첫째와 관련하여 『노자』 제2장에서는 다음과 같이 말한다.

천하가 모두 아름다움[美]이 아름다움임을 아는데, 이는 악(惡)
일 뿐이다. 또한 모두 선(善)이 선임을 아는데, 이는 불선(不善)일
뿐이다. 그러므로 있음[有]과 없음[無]이 서로를 낳고, 쉬운 것과 어
려운 것이 서로를 이루며, 긴 것과 짧은 것이 서로 비교하고, 높은
것과 낮은 것이 서로 기울며, 음(音)과 성(聲)이 서로 조화를 이루
고, 앞과 뒤가 서로 따른다. 그러므로 성인(聖人)은 무위(無爲)의 일
에 처하고 말 없는 가르침을 행한다.

노자는 우리가 시·비, 선·악, 미·추를 구별하여 한쪽을 좋아하
고 한쪽을 미워하는 것에 대해 '잘못된 것'이라고 비판하고, '유(有)'와
'무(無)' 등 이 세상의 온갖 대립적인 것들은 '서로 의존한다'고 설명했
다. 요컨대 우리는 대개 대립적 사물들에 대해 '한쪽은 좋은 것, 한쪽은
나쁜 것'이라고 규정하고, 그리하여 한쪽은 취하고자 하고 한쪽은 버
리고자 하거니와, 노자는 이를 '유위(有爲)' 또는 '인위(人爲)'라고 규정
하여 비판하고, '무위(無爲)' 또는 '자연(自然)'을 권하는 것이다.[33] 둘째
와 관련하여 노자는 다음과 같이 말한다.

발돋움하는 자는 오래 설 수 없고, 큰 걸음으로 걷는 자는 멀리
갈 수 없으며, 스스로 보는 자는 밝을 수 없고, 스스로 옳다고 하는
자는 드러날 수 없으며, 스스로 자랑하는 자는 공(功)이 없고, 스스

33 　요컨대 『老子』 제2장은 『莊子』 「齊物論」의 원류라고 볼 수 있으며, 또한 道家의 齊物論
이 無爲論으로 연결되는 맥락을 보여준다.

로 자만하는 자는 오래 갈 수 없다. 이런 것들은 道에 있어서 '먹다 남은 밥'이요, '쓸데없는 행동'으로서, 사람들이 항상 미워하는 것이다. 그러므로 道가 있는 사람은 그렇게 하지 않는다.[34]

가장 훌륭한 것은 물과 같다. 물은 만물을 잘 이롭게 하면서도 (높은 자리를) 다투지 않고, 뭇사람들이 싫어하는 (낮은) 곳에 처한다. 그러므로 道에 가깝다.[35]

위의 첫째 인용문에서는 '스스로 옳다고 하는 것, 스스로 자랑하는 것, 스스로 자만하는 것' 등 지금까지 사람들이 '훌륭한 것'이라고 추구했던 것들이 사실은 모두 세상을 혼란하게 하는 '어리석은 짓'이라고 설파하고, "그러므로 道가 있는 사람은 그렇게 하지 않는다"고 주장했다. 둘째 인용문에서는 남들에게 은택을 베풀면서도 '겸손하여 다투지 않는 것'이야말로 '道에 가까운 것'이라고 주장함으로써 그것이야말로 우리가 추구해야 할 것이라고 역설했다. 이처럼 노자는 시비 다툼을 지양하고 '겸손하게 처신할 것'을 주장했다면, 장자는 '만물은 평등하다[萬物齊同]'는 관념을 통해 '만물을 있는 그대로 긍정하라'는 결론에 도달했다.

『장자』의 「제물론」에서는 "시·비(是非)가 드러나는 것은 道가 무너지는 까닭이요, 道가 무너짐은 애착이 생성되는 까닭"이라고 설파했다. 사람들이 시·비를 밝게 구별하고자 함으로써 道가 무너지게 되고,

---

34 『老子』24.

35 『老子』8.

道가 무너짐으로써 사사로운 애착이 생기게 된다는 것이다. 이처럼 장자는 당시 사회가 혼란에 빠지게 된 근원을 '옳고 그름을 다툼'에서 찾았다.

> 道는 어디에 숨었기에 진·위(眞僞)가 있으며, 말은 어디에 숨었기에 시·비(是非)가 있는가? 道는 어디에 간들 없겠으며, 말은 어디에 있은들 옳지 않겠는가? 道가 작은 성취에 숨어있고, 말이 화려한 꾸밈에 숨어있기 때문에, 그러므로 유가(儒家)와 묵가(墨家)의 시·비가 있게 된 것이다. 그리하여 저들이 그르다고 여기는 것을 자기는 옳다고 주장하고, 저들이 옳다고 여기는 것을 자기는 그르다고 주장한다. 저들이 그르다고 여기는 것을 자기는 옳다고 주장하고, 저들이 옳다고 여기는 것을 자기는 그르다고 주장하려 한다면, '명석한 인식[明]'으로 하는 것만 못하다.[36]

장자에 의하면, 道는 세상 어디에나 존재하며 모든 사람의 말은 다 진리를 담고 있는데, 사람들은 자기에게만 道가 존재하고 자기 말만 '옳다'고 주장하면서 상대방을 '그르다'고 비판한다는 것이다. 그리하여 당시 여러 학파 사이에 시·비가 어지럽게 횡행하게 된 것에 대해 장자는 '道가 작은 성취에 숨고, 말이 화려한 꾸밈에 숨어있는' 상황으로 묘사했다. 그리고 상대방과 부질없이 시·비를 다투는 것보다는 '명석한 인식'을 추구하는 것이 최선이라고 보았다. 물론 '명석한 인식'이란 '만물제동'을 투철하게 깨닫는 것이다.

---

[36]　『莊子』,「齊物論」.

장자의 제물론은 도추(道樞), 천균(天鈞), 양행(兩行), 물화(物化) 등의 개념을 중심으로 전개된다. 도추(道樞)란 '이것과 저것의 구별' 또는 '옳음과 그름의 구별'을 초탈하는 것이다. 장자는 '도추'를 말하면서 다음과 같이 '조삼모사(朝三暮四)'라는 고사를 소개한다.

> 정신을 수고롭게 하여 '하나'로 만들고, 그것이 본래 '같음'을 알지 못하는 것을 '조삼(朝三)'이라 한다. 무엇을 '조삼'이라 하는가? 저공(狙公)이 원숭이들에게 도토리를 나누어주면서 "아침에 세 개, 저녁에 네 개"라고 하자, 원숭이들이 모두 화를 냈다. 저공이 "그렇다면 아침에 네 개, 저녁에 세 개"라고 하자, 원숭이들이 모두 기뻐했다. 명(名)과 실(實)은 바뀐 것이 없는데 희·로(喜怒)가 작용하는 것은 또한 자신이 옳다고 여기는 것을 따르기 때문이다. 그러므로 성인(聖人)은 시·비(是非)를 조화시켜 '천균(天鈞)'에서 편안히 쉰다. 이것을 '양행(兩行)'이라 한다.[37]

'아침에 세 개, 저녁에 네 개'나 '아침에 네 개, 저녁에 세 개'나 그게 그것이다. 그런데 원숭이들은 각각에 대해 희·로를 달리했다. 이처럼 일상에서의 시·비도 알고 보면 '조삼모사'에 불과한데, 사람들은 일희일비를 거듭한다는 것이다. 이에 대해 장자는 '사람들이 각자 자신이 옳다고 여기는 것을 따르기 때문'이라고 설명하고, "그러므로 성인은 시·비를 조화시켜 천균(天鈞)에서 편안히 쉰다. 이것을 양행(兩行)이라 한다"고 설파했다.

---

37   『莊子』,「齊物論」.

도가는 국가의 통치 역시 '무위[自然]'의 영역으로 인식한다. 도가는 현실의 혼란은 대부분 통치자의 '유위[人爲]'로부터 비롯된다고 본다. 따라서 통치자가 '겸양(謙讓)'과 '재유(在宥)' 등 무위의 자세를 견지해야만 세상이 안정되고 평화로워진다는 것이다.

노자는 겸양을 대표하는 상징으로 '물'을 내세우면서, '세상에서 가장 훌륭한 사람[上善]'은 물처럼 만물을 두루 이롭게 하면서도 남들이 선호하지 않는 낮은 곳에 처함으로써 남들과 경쟁하지 않으니, 그러므로 전혀 허물이 없게 된다고 설파했다.[38] 노자는 개인적 차원에서도 겸양을 칭송했지만, 사회적 차원에서 더욱 겸양을 역설했다. 겸양은 세상을 평화롭고 안정되게 만들 수 있는 진정한 방법이라는 것이다. 노자는 그 까닭을 다음과 같이 설명한다.

굽히면 온전해지고, 구부리면 곧게 펴지고, 움푹 파이면 채워지고, 오래되면 새로워지고, 적어지면 얻고, 많아지면 미혹된다. 그러므로 성인(聖人)은 하나를 품어 천하의 모범이 되니, 스스로를 드러내지 않기 때문에 밝게 빛나고, 스스로 옳다 하지 않기 때문에 돋보이고, 스스로 자랑하지 않기 때문에 공(功)이 있게 되고, 스스로 자만하지 않기 때문에 오래간다. 무릇 오직 다투지 않기 때문에 천하가 그와 다툴 수 없다. 옛날에 이른바 "굽히면 온전해진다"는 말이 어찌 헛된 말이겠는가? 진실로 온전해지면 (모든 사람이) 그에게로 돌아가게 된다.[39]

---

[38]　『老子』8.

[39]　『老子』22.

"굽히면 온전해지고, 구부리면 곧게 펴진다"거나 "적어지면 얻고, 많아지면 미혹된다"는 것은 일상에서 종종 경험할 수 있는 역설이다. 노자에 의하면, 성인은 이러한 역설을 체득하여 모범적으로 실천하는 사람이다. 성인은 진실로 스스로를 드러내지 않기 때문에 밝게 빛나고, 스스로 옳다 하지 않기 때문에 돋보이는 사람이다. 세상 사람들은 이처럼 겸양하는 통치자에게는 자발적으로 귀복(歸服)하는바, 그리하여 천하가 평안해진다는 것이다. 한편 장자는 "천하를 있는 그대로 놓아두어야 한다"는 '재유(在宥)'를 중심으로 '무위이치'를 설명했다.

천하를 "있는 그대로 놓아둔다[在宥]"는 말은 들었어도 천하를 다스린다는 말은 듣지 못했다. '있는 대로 둠'은 천하 사람들이 그 본성을 어지럽힐까 두렵기 때문이며, '놓아둠'은 천하 사람들이 그 덕을 옮길까 두렵기 때문이다.[40]

장자는 이처럼 천하를 다스리지 않고 그대로 놓아두는 것이야말로 올바른 통치라고 주장하고, 인위적 제도로 제약과 구속을 가하는 통치는 도리어 인간의 본성을 파괴하는 비극을 야기한다고 설파했다. 따라서 인위적 통치를 포기하고, "마음을 담담한 곳에 노닐고 기(氣)를 적막한 곳에 부합시켜서 사물의 자연을 따르고 사사로운 욕심을 용납하지 아니하면, 천하가 다스려진다"[41]는 것이다.

40　『莊子』, 「在宥」.

41　『莊子』, 「應帝王」.

4. 제자백가의 처방에 대한 평가

1) 유가와 도가: 소통을 통한 화합

유가와 도가는 혼란과 갈등의 원인을 다르게 진단했음에도 처방에서는 모두 '소통을 통한 화합'을 주장했다. 다만 갈등의 원인을 다르게 진단한 만큼 소통을 위한 방법론 역시 달랐다. 요컨대 혼란과 갈등의 궁극적 원인이 '각자 자기를 이롭게 하려는 마음[利己心]'에 있다고 인식한 유가는 인간의 이기심 자체를 극복해야 한다는 처방을 제시하고, 구체적 방법론으로 덕치와 예치를 주장했다. 통치자가 도덕적으로 모범을 보이면 백성이 감복하여 분수를 지키게 되고, 세상이 평화로워질 수 있다는 것이다. 반면에 혼란과 갈등의 궁극적 원인이 '각자 자기가 옳다고 여기는 마음[自是心]'에 있다고 인식한 도가는 각자 자시심을 버려야 한다는 처방을 제시하고, 구체적 방법론으로 겸양과 재유를 주장했다.

자연상태의 혼란과 갈등을 인간의 이기심의 결과로 본다면, 인간의 이기심을 해소하는 것이 통치의 핵심과제일 것이다. 이러한 맥락에서 유가는 '이기심을 극복하는 길[克己復禮]', 즉 도덕적 계몽을 통해 인간을 변화시키는 길을 선택했다. 그리하여 유가는 한편으로는 정무(政務)의 태반을 교육에 할당하고, 다른 한편으로는 통치자의 솔선수범을 강조한 것이다. 예컨대 『서경』에서는 다음과 같이 말한다.

(堯께서) 능히 위대한 덕을 밝히시어 구족(九族)을 친하게 대하시니 구족이 이미 화목하게 되었다. 백성을 골고루 밝히심에 백성

이 자신의 명덕을 밝히게 되었으며, 만방(萬邦)이 화합하게 하니,
모든 백성이 착하게 변하여 이에 화합하게 되었도다.[42]

『대학』에서는 "통치자가 먼저 자신의 명덕을 밝히고[明明德], 이를
바탕으로 백성을 새롭게 진작시키며[新民], 마침내 지극한 선에 머문다
[止於至善]"고 했다.[43] 위의 인용문에서도 같은 맥락에서 요(堯)가 먼저
자신의 덕을 밝힌 다음, 백성도 덕을 밝힐 수 있도록 지도함으로써 마
침내 "모든 백성이 착하게 변하고, 만방이 화합하게 되었다"고 칭송한
것이다. 이처럼 유가는 통치자가 극기복례를 바탕으로 솔선수범하면
주변 사람들과 소통하여 화목하게 될 수 있고, 백성을 변화시켜서 세
상을 평화롭게 만들 수 있다고 확신했다.

유가의 극기복례는 그 초점이 '이기심의 극복'에 있는 반면, 도가
의 겸양(謙讓)과 재유(在宥)는 그 초점이 '자시심(自是心)의 극복'에 있다.
노자는 무명(無名)과 유명(有名), 무욕(有欲)과 유욕(有欲) 등은 "같은 근
원에서 나왔는데, 이름을 달리한다"고 설명한 바 있고, 또 시·비(是非),
선·악(善惡), 미·추(美醜) 등 이 세상의 온갖 대립적인 것들은 '서로 의
존한다'고 설명한 바 있다. 이것이 실천적으로 의미하는 바는 '시비와
선악을 차별하는 마음'을 버리라는 것이요, 더 나아가 '나는 옳고 남은
그르다고 생각하는 마음'을 버리라는 것이다. 이러한 맥락에서 노자는
"스스로 옳다고 하는 자는 드러날 수 없으며, 스스로 자랑하는 자는 공

42　『書經』, 「虞書」, 〈堯典〉.

43　『書經』, 「虞書」, 〈大禹謨〉에서 "인심은 오직 위태롭고, 도심은 오직 미약하다(人心惟危
道心惟微)"고 규정한 다음 "반드시 도심이 인심을 주재하게 하여 중용을 지키라(惟精惟一
允執厥中)"고 설명한 것도 『大學』의 '明明德'과 궤를 같이한다.

(功)이 없고, 스스로 자만하는 자는 오래 갈 수 없다"고 주장하고, "자신의 밝은 빛을 부드럽게 하고, 세상의 더러운 티끌과 함께하라[和光同塵]"[44]고 설파한 것이다. 노자는 또 다음과 같이 말한다.

> 그 정치가 두루뭉술하면 그 백성이 순박해지고, 그 정치가 예리하게 따지면 그 백성이 흠집이 많게 된다. 화(禍)는 복(福)에 의지하여 나오고, 복은 화에 숨어서 나오니, 누가 그 끝을 알겠는가? 그러므로 언제나 정상(正常)인 것은 없으니, 정상인 것이 다시 기괴한 것이 되고, 좋은 것이 다시 재앙이 된다. 사람들이 이러한 이치를 망각한 것이 아주 오래되었다. 그러므로 성인(聖人)은 방정(方正)하면서도 남을 재단하지 않고, 염결(廉潔)하면서도 남을 비난하지 않고, 곧으면서도 제멋대로 굴지 않고, 빛나면서도 눈부시게 하지 않는다.[45]

위의 내용은 세 가지로 요약된다. 첫째는 정치에서 시비선악을 큰 틀에서만 따지면 백성이 순박해진다는 것이요, 둘째는 시비선악은 상황에 따라 바뀔 수 있다는 것이며, 셋째는 이러한 이치를 잘 아는 성인은 자신은 항상 올바르게 처신하면서도 남에 대해서는 쉽게 재단하지 않는다는 것이다. 이는 요컨대 자시심을 극복함으로써 소통과 화합을 이룰 수 있다는 뜻이다.

장자 역시 제물론을 주장하면서, '시비선악은 본래 평등한 것'이

44　『老子』56.

45　『老子』58.

므로 그것을 구별하거나 차별하지 말라고 설파했다. "백이(伯夷)는 명예를 위해 수양산(首陽山) 밑에서 죽고, 도척(盜跖)은 이익을 위해 동릉(東陵) 위에서 죽었다. 두 사람이 죽은 까닭은 다르지만, 목숨을 해치고 본성을 손상시킨 것은 마찬가지이니, 하필 '백이는 옳고 도척은 그르다'고 말하겠는가?"[46]

시비와 선악이라는 관념을 떨치면, 자기 스스로는 담담하게 소요(逍遙)하며 노닐 수 있고, 남에 대해서는 있는 그대로 긍정[在宥]할 수 있게 된다. 장자는 이러한 세상을 '지덕(至德)이 행해지는 세상'이라고 규정하고, 다음과 같이 말한다.

지덕(至德)의 세상에서는 (…) 백성이 (文字 대신) 노끈을 묶어 사용하고, 자기가 먹는 음식을 달게 여기고, 자기가 입은 옷을 아름답게 여기고, 자기들의 풍속을 즐겁게 여기고, 자기들의 거처를 편안하게 여겼다. 이웃 나라가 서로 바라보이고, 닭이 울고 개 짖는 소리가 서로 들려도 백성은 늙어 죽을 때까지 서로 왕래하지 않았다. 이러한 시대가 지극한 다스림의 시대이다.[47]

이처럼 도가는 사람들이 '시비선악에 매달리는 태도', 더 나아가 '자신은 옳고 남은 그르다는 생각'을 버리면 세상이 저절로 평화롭게 된다고 보았나.

46　『莊子』,「駢拇」.

47　『莊子』,「胠篋」.

2) 법가와 묵가: 압제를 통한 안정

법가는 혼란의 궁극적 원인은 인간의 이기심에 있다고 보았으면서도 이기심을 극복한다는 것은 불가능하다고 보고, 대신 이기심을 통치에 적극 활용하면 원하는 결과를 얻을 수 있다고 주장했다. 이기심을 활용할 수 있는 까닭은 인간이 이기심뿐만 아니라 타산 능력도 지니기 때문이다. 즉 인간은 누구나 최선과 차선 가운데 최선을 택하고, 최악과 차악 가운데 차악을 택하게 마련이므로 이런 심리를 활용하여 포상과 처벌을 시행하면 통치자가 원하는 방향으로 백성을 통제할 수 있다는 것이다. 이러한 맥락에서 법가는 신상필벌(信賞必罰)이 성공적 통치의 지름길이라고 역설했다.

상앙은 "다스려지는 나라는 형벌이 많고 상(賞)은 적으며, 혼란한 나라는 상이 많고 형벌은 적다. 그러므로 왕자(王者)의 나라는 '형벌이 아홉에 상이 하나'인데, 쇠퇴하는 나라는 '상이 아홉에 형벌이 하나'이다"[48]라고 설파했고, 한비자는 "엄격하고 무거운 형벌은 백성이 싫어하는 것이나 국가가 다스려지는 방법이요, 백성을 가엾게 여겨 형벌을 가볍게 함은 백성이 좋아하는 것이나 국가가 위태로워지는 방법이다"[49]라고 설파했다. 이처럼 법가는 신상필벌을 주장하면서도 상보다 벌이 많아야 한다고 보았고, 특히 그 벌은 아주 엄하고 무거워야 한다고 보았다. 그 까닭을 한비자는 다음과 같이 설명한다.

48　『商君書』,「開塞」.

49　『韓非子』,「姦劫弑臣」.

　　무릇 '중형(重刑)을 가해야 그치는 자'들은 경형(輕刑)으로는 꼭
그치지 않으나, '경형을 가해도 그치는 자'들은 중형으로도 꼭 그
친다. 그러므로 위에서 중형을 베풀면 간악(姦惡)이 모두 그치니,
모든 간악이 그친다면 이것이 어찌 백성을 다치게 하는 것이겠는
가? 이른바 중형이란 간악한 자가 이익을 보는 것은 작은데 윗사
람이 형벌을 가함은 큰 것이다. 백성은 작은 이익으로 큰 죄를 무
릅쓰지 않으니, 그러므로 간악함이 반드시 그치는 것이다. 이른바
경형이란 간악한 자가 이익을 보는 것은 큰데 윗사람이 형벌을 가
함은 작은 것이다. 그러면 백성은 그 이익을 사모하여 방자하게 죄
를 범하니, 그러므로 간악함이 그치지 않는 것이다.[50]

　　요컨대 '가벼운 형벌'은 범죄를 예방하는 효과가 미약하나, '무거
운 형벌'은 범죄를 예방하는 효과가 강력하다는 것이다. 이러한 법가
의 지론은 '압제를 통한 안정'으로 요약된다.

　　묵가는 도가와 마찬가지로 혼란을 '옳고 그름을 다툼'이라는 결과
로 인식했다. 묵가와 도가는 모두 정치에서 옳고 그름의 문제에 주목
했지만, 그에 대한 처방은 정반대였다. 도가는 자시심, 즉 자신이 주장
하는 의(義)를 모두에게 관철시키려 함으로써 갈등이 빚어진다고 보고,
각자의 서로 다른 주장을 모두 포용하라고 주장했다. 그런데 이와 반
대로 묵가는 갈등을 '옳음에 대한 통일된 기준'이 없는 결과로 설명하
고, 따라서 통치의 과제는 '옳음에 대한 통일된 기준을 확립하는 것[尙
同]'이라고 보았다. 묵자는 그 방법을 둘로 제시했다.

---

[50]　『韓非子』,「六反」.

첫째는 '상동(上同)'으로서, "윗사람이 옳다고 여기는 바를 반드시 모두 옳다 하고, 윗사람이 그르다고 여기는 바를 반드시 모두 그르다 하라"는 것이다. 묵자는 다음과 같이 말한다.

> 무릇 의(義)란 바로잡는 것이다. 아래로부터 위를 바로잡는 일은 없으며, 반드시 위로부터 아래를 바로잡는다. 그러므로 서인(庶人)은 있는 힘을 다하여 일하더라도 자기 마음대로 바로잡는 일을 할 수 없고, 사(士)가 이를 바로잡는다. 사(士)는 있는 힘을 다하여 일하더라도 자기 마음대로 바로잡는 일을 할 수 없고, 경대부(卿大夫)가 이를 바로잡는다. 경대부는 있는 힘을 다하여 일하더라도 자기 마음대로 바로잡는 일을 할 수 없고, 삼공(三公)과 제후(諸侯)가 이를 바로잡는다. 삼공과 제후는 있는 힘을 다하여 정사를 돌보더라도 자기 마음대로 바로잡는 일을 할 수 없고, 천자(天子)가 이를 바로잡는다. 천자는 자기 마음대로 바로잡는 일을 할 수 없고, 하늘[天]이 이를 바로잡는다.[51]

위의 인용문은 '상동(尚同)'의 방법을 설파한 것으로, 묵자는 "아래로부터 위를 바로잡는 일은 없으며, 반드시 위로부터 아래를 바로잡는다"고 단언했다. 묵자는 최상위의 권위체로 '하늘'을 설정하고 있지만, 현실에서 하늘은 말이 없는 존재일 뿐이니, 이는 결국 온 세상은 천자(天子) 한 사람의 의지에 따라야 한다는 것이다.

둘째는 포상과 처벌로서, 상동(上同)하는 사람에게는 포상과 명예

가 따르고, 하비(下比)하는 사람에게는 처벌과 비난이 따르게 하라는 것이다. 묵자는 다음과 같이 말한다.

> 반드시 백성을 사랑하기에 힘쓰면서 백성을 부리고, 백성이 믿도록 힘쓰면서 백성을 지키며, 부귀(富貴)로써 그들의 앞에서 인도하고, 분명한 벌(罰)로써 그들의 뒤에서 통솔하라. 이와 같이 다스리면, 비록 백성이 나에게 동조하지 않기를 바라더라도 장차 그렇게 될 수 없을 것이다.[52]

위에서 "부귀로써 그들의 앞에서 인도하라"는 말은 두터운 포상으로 백성이 상동하도록 유인하라는 뜻이요, "분명한 벌로써 그들의 뒤에서 통솔하라"는 말은 엄격한 형벌로 하비하는 백성을 통제하라는 뜻이다. 이렇게 하면 "비록 백성이 나에게 동조하지 않기를 바라더라도 장차 그렇게 될 수 없다"는 것이다. 묵자는 "모두가 윗사람의 포상과 명예를 얻고, 비훼(非毀)와 처벌을 피하려고 할 것"이므로 "착한 사람이 상을 받고 포악한 자가 벌을 받으면, 그 나라는 반드시 잘 다스려진다"고 단언한 바 있다.[53] 요컨대 묵자는 인간을 '이익을 추구하고 손해를 회피하는 이기적 존재'로 규정하고, 선상포벌(善賞暴罰)에 의해 상동(上同)을 실현할 수 있다고 장담한 것이다.

통치자가 포상과 처벌로 백성을 얼마든지 통제할 수 있다는 것은 법가의 지론이었는데, 묵자도 그에 못지않게 상벌의 효과를 신뢰한 것

---

52 『墨子』,「尙同下」.

53 『墨子』,「尙同下」.

이다. 묵자는 더 나아가 상동(上同)하는 사람에게는 포상과 명예가 따르고, 하비(下比)하는 사람에게는 처벌과 비난이 따르게 하라고 했다. 그렇다면 이는 획일적 전체주의라는 비판을 면하기 어렵다.

5. 결론: 소통을 위한 제언

　　제자백가의 갈등과 혼란에 대한 인식은 크게 두 계열로 구분해 볼 수 있다. 유가와 법가는 공통으로 '인간의 이기심'이 갈등과 혼란의 근원이라고 보았다. 그런데 그에 대한 처방에서는 서로 방법을 달리했다. 유가는 인정(仁政)과 덕치(德治)를 통치의 바꿀 수 없는 대원칙으로 규정하고, 정치와 교육을 통해 이기적 인간을 도덕적 존재로 변화시키고자 했다[克己復禮]. 유가는 윗사람이 솔선수범한다면 아랫사람을 감화시킬 수 있다는 맥락에서 인간의 도덕적 본성과 교육의 가능성을 신뢰한 것이다. 그러나 법가는 오히려 인간의 이기심을 통치에 적극 활용하고자 했다[信賞必罰]. 법가는 인간을 이기적 존재인 동시에 타산적 존재라고 설명하고, 따라서 신상필벌을 통해 이기적인 백성을 통치자의 의도대로 통제할 수 있다고 주장했다. 이러한 맥락에서 법가는 시대 상황에 따라 통치 방식을 바꾸어야 한다는 변법(變法)을 강조했을 뿐 인간의 이기심을 변화시키는 교육을 강조하지는 않았다.

　　묵가와 도가는 모두 '인간의 자시심'이 갈등과 혼란의 원인이라고 보았다. 묵가는 자연상태에서는 '통일된 올바름의 기준'이 없기 때문에 이러한 갈등이 생긴다고 보았다. 그리하여 묵가는 상동(上同)을 통해 통일된 기준을 확립해야 한다[尚同]고 주장하고, 포상과 처벌로 상동의 사회를 만들 수 있다고 보았다. 그러나 도가는 상동(尚同)이야말로 혼란의 직접적 원인이라고 비판했다. 만물은 본래 제각각 존재하는 것인데, 이를 무시하고 하나의 기준에 따르도록 하려는 데서 혼란이 비롯된다는 것이다. 그리하여 도가는 만물제동(萬物齊同)을 역설하고, 세상 사람들을 "있는 그대로 놓아두라[在宥]"고 역설했다. 그러면 세상의 온갖 혼란이 저절로 사라지게 된다는 것이다.

이제 네 학파의 처방에 대해 '소통'의 관점에서 간단히 논평해보기로 하자. 먼저 유가의 극기복례론의 경우, 유가가 인간의 자율적 도덕성에 주목하고 이를 고양시키려 한 것은 중요한 의미가 있다. 법가가 지적한 것처럼 누구에게나 극기복례는 말처럼 쉽지 않으며, 그리하여 인간사회에서는 늘 갈등과 혼란이 빚어지는 것이다. 그런데 아무리 법치에 힘쓰더라도 구성원 각자의 극기복례를 외면하고는 갈등과 혼란을 극복할 수 없다. 따라서 극기복례론의 의의는 결코 무시할 수 없다.

유가는 극기복례를 주장함과 동시에 '다른 사람들과의 교감(交感)'을 역설했다. 인간사회나 개인의 삶은 남들과의 교감을 통해서만 형통(亨通)해질 수 있다는 것이다. 더 나아가 유가는 "자신의 사심(私心)을 비워야만 남들과 원만하게 교감할 수 있다"고 설명했다. 남들과의 교감을 상징하는 『주역』의 함괘(咸卦)에서 "군자는 자신을 비움으로써 남들을 받아들인다"[54]고 설명한 바 있는데, '咸' 자체가 '사심을 비움으로

---

54   『周易』, 咸卦 象辭: 山上有澤 咸 君子以 虛受人

써 교감한다'는 뜻을 나타낸 것이라 한다.[55] 이렇게 본다면, '극기복례'
는 소통을 위한 전제가 되는 것이다.

　유가와 마찬가지로, 도가도 '소통을 통한 화합'을 추구했다. 다만
유가는 인간의 이기심을 극복하는 데서 소통의 길을 찾았고, 도가는
인간의 자시심을 극복하는 데서 소통의 길을 찾았다. 자시심을 극복한
경지를 노자는 '겸양'으로 설명했고, 장자는 '재유'로 설명했는데, 양자
는 모두 '소통을 통한 화합'을 추구한 것이라 할 수 있다. 그런데 노자
와 장자 사이에는 큰 차이가 있다.

　도가의 지론은 '시비선악은 서로 의존하고 있다'는 것이며, '시비
선악을 차별하지 말자'는 것이었다. 이러한 인식을 공유하면서도 노자
는 "성인(聖人)은 방정(方正)하면서도 남을 재단하지 않고, 염결(廉潔)하
면서도 남을 비난하지 않고, 곧으면서도 제멋대로 굴지 않고, 빛나면
서도 눈부시게 하지 않는다"고 주장했고, 장자는 "선(善)을 행하되 명
예에 가까이 가지 말며, 악(惡)을 행하되 형벌에 가까이 가지 말라. 중
(中)을 따르는 것을 법도로 삼으면, 자기 몸을 보전할 수 있고, 생명을
보전할 수 있으며, 어버이를 봉양할 수 있고, 천수(天壽)를 누릴 수 있
다"[56]고 주장했다. 요컨대 노자는 '자신은 도덕적으로 엄정(嚴正)하게
처신하면서도 남에게는 함부로 도덕적 잣대를 들이밀지 말고 너그럽
게 대하라'는 것이었으나, 장자는 '자신이 앞장서서 시비선악을 초탈
한 자유로운 삶'을 추구한 것이다. 논자의 생각에, 노자의 노선은 '소통
을 통한 화합'에 크게 기여할 수 있는 '순후(醇厚)한 길'[57]이나, '자신의

55　『周易傳義大全』卷12 頁7, 雲峯胡氏小註: 咸取无心之義 以虛受人 无心之感也.

56　『莊子』,「養生主」.

57　栗谷 李珥는『老子』의 정수를 뽑아서『醇言』이라는 책을 편집한 바 있다.

행복을 위해서는 선을 행할 수도 있고, 악을 행할 수도 있다'는 장자의 노선은 오히려 사회적 혼란을 부추길 수 있는 '위험한 길'이다.

법가의 신상필벌론의 경우, 인간의 이기심에 주목하고, 이기심을 이용하여 이기심을 통제할 수 있는 장치로서 포상과 처벌을 강조한 것은 정치공학적으로 중요한 의미가 있다. 문제는 법가가 인간의 이기심만 주목하고 도덕적 본성을 외면함으로써 인간에 대한 '타율적 통제'의 필요성만 강조하고 '자율성의 영역'을 완전히 부정했다는 점이다. 타율적 통제가 인간을 길들일 수 있다 하더라도 인간은 결국 자유와 자율을 꿈꾸는 존재이다. 그러므로 '압제를 통한 안정'이라는 법가적 통치는 일시적 효과만 있을 뿐이다.

묵가의 상동론(尙同論)의 경우, 사회 구성원들이 통일된 옳음의 기준을 공유해야 한다는 것은 매우 당연한 통찰이다. 그러나 묵가가 상동(尙同)의 방법으로 상동(上同)을 강조하고, 포상과 처벌로 이를 뒷받침했던 것은 획일적 전체주의의 위험성을 내포하는 것이다.[58] 물론 묵자는 현자(賢者)가 통치를 맡아야 한다는 전제 아래, 백성은 현자에게 동조해야 한다고 주장했다. 그러나 어질지 못한 통치자들이 수두룩한 현실에서 차라리 유가처럼 '백성 개개인의 주체적 판단'을 독려하는 것이 옳았을 것이다.

---

[58] 劉澤華도 묵자의 尙同論을 '君主 專制主義'를 추구한 것으로 해석한 바 있다[劉澤華, 장현근 옮김, 『中國政治思想史』先秦篇(下), 183-190쪽 참조].

참고문헌

『周易』,『書經』,『禮記』,『論語』

『大學』,『孟子』,『荀子』,『商君書』

『韓非子』,『墨子』,『老子』,『莊子』

김영민,『중국정치사상사』, 서울: 사회평론아카데미, 2021.

墨子(기세춘 옮김),『묵자』, 서울: 바이북스, 2009.

蕭公權(최명·손문호 옮김),『中國政治思想史』, 서울: 서울대학교 출판부, 1998.

劉澤華(주편·장현근 옮김),『중국정치사상사 선진편』上·下, 고양: 동과서, 2002.

莊子(안병주·전호근 옮김),『莊子』1·2·3·4, 서울: 전통문화연구회, 2019.

______(이강수·이권 옮김),『장자』1·2·3, 성남: 길, 2019.

韓非子(이운구 옮김),『한비자』I·II, 파주: 한길사, 2007.

03

주자학은 양명학과 소통할 수 있는가:
근대 시기 영남 유학자들의
양명학에 대한 인식 태도

임종진(경북대학교 철학과)

1. 머리말

중국 명대의 왕수인[1]이 평소 강의하던 내용과 학문을 논한 글들을 모아 간행한 것이 『전습록』인데, 이것이 중국에서 처음 간행된 것은 1518년이다.[2] 그런데 1521년(중종 16) 무렵에 이미 조선의 일부 유학자들 사이에서는 양명학과 관련된 논의가 이루어지고 있었다.[3] 또

---

* 이 글은 고려대학교 철학연구소의 학술지인 『철학연구』 제52집(2015)에 게재된 「근대 시기 영남 유학자들의 양명학에 대한 인식 태도」를 수정·보완한 깃이다.

1 王守仁(1472~1528): 세상에서는 陽明 선생이라고 불렀다. 그는 陸九淵의 학설을 발전시켜 程朱學에 대항했다. 그의 저술 가운데 철학 이론상 가장 중요한 것은 『傳習錄』과 『大學問』이다.

2 이때 간행된 것은 지금의 『傳習錄』 상권이며, 1556년 상·중·하 3권이 전부 간행되었다 [陳來(전병욱 옮김), 『양명철학』(서울: 예문서원, 2003), 658-659쪽 참조].

3 오종일 교수의 연구[「陽明學의 受容과 傳來에 관한 再檢討」(『陽明學』 3, 한국양명학회,

한 왕수인(왕양명)의 학문적 선배라 할 만한 남송 때의 육구연(육상산)[4]에 대한 관심도 이때 이미 조선에 존재하고 있었다.[5] 조선의 공식 국가기록물인 『조선왕조실록』에도 중종 때부터 육상산과 관련된 내용이 등장하기 시작했다.[6] 이러한 상황을 토대로 유추해본다면, 양명학은 조선에 전래된 이후 한동안 새로운 학문으로서 비교적 자유로운 연구가 진행되었으며, 일정한 관심과 호응도 있었다고 판단할 수 있다.[7] 이와 같은 시기에 그러한 경향을 보여준 대표적인 인물로는 남명 조식(1501~1572), 소재 노수신(1515~1590), 치재 홍인우(1515~1554), 동강 남언경(1528~1594) 등이 있다.

그러나 주자학을 유일한 진리로 받아들인 퇴계 이황(1501~1570, 경북 안동)의 비판에 직면하면서부터 양명학은 완전히 다른 운명의 길을

1999), 5-17쪽 및 「陽明 傳習錄 傳來考」(『철학연구』 5, 고려대학교 철학연구소, 1978), 67-86쪽]에 따르면, 현재까지 조선 최초로 양명학이 수용된 정황과 관련해서는 다음 자료를 참조할 필요가 있다. ① 訥齋 朴祥(1474~1530)의 행적을 기록한 「서술」(「敍述」, 『訥齋先生集附錄』 卷2) ② 十淸軒 金世弼(1473~1533)이 朴祥에게 화답하는 시 9수(「又和訥齋」, 『十淸先生集』 卷2) 가운데 陸象山(陸九淵)과 王陽明(王守仁)을 비판하는 내용이 들어있는 시 3수 ③ 후대에 작성된 김세필 관련 기록(「附家先記聞」, 『十淸先生集』 卷4)

4 陸九淵(1139~1193): 象山에서 가르쳤기에 학자들은 상산 선생이라고 불렀다. 그는 太極·無極에 관한 문제와 공부하는 방법에 관하여 朱熹와 장기간에 걸쳐 논쟁을 전개했다.

5 朱熹(1130~1200), 즉 朱子의 논적인 육상산의 학문이 언제 우리나라에 전해졌는지는 명확하지 않다. 다만 주자의 학문이 전해진 시기보다 비교적 늦었을 것이라고 보는 게 합리적인 추론이다. 물론 여말선초의 학자들이 직간접적으로 육상산의 학문을 단편적으로 접했을 가능성은 있다[문철영, 『고려 유학사상의 새로운 모색』(서울: 경세원, 2007), 262-263쪽 참조]. 전래의 하한선을 보수적으로 잡아도 조선의 유학자들은 중종 이전에 이미 어느 정도 육상산의 학문을 접한 것으로 보인다. 이와 관련하여 晦齋 李彦迪(1491~1553)이 1517년(중종 12)에 작성한 「書忘齋忘機堂無極太極說後」라는 글의 첫머리를 그 증거로 제시할 수 있다. 거기에는 "謹按忘齋無極太極辨, 其說蓋出於陸象山, 而昔子朱子辨之詳矣. 愚不敢容贅."(李彦迪, 「書忘齋忘機堂無極太極說後 丁丑 忘齋進士孫叔暾忘機進士曺漢輔皆慶州人」, 『晦齋先生集』 卷5)라는 내용이 들어있다.

6 『朝鮮王朝實錄』 中宗 12年(1517年) 8月 30日 및 中宗 37年(1542年) 5月 7日 기록 참조.

7 송석준, 「양명학의 전래와 수용」(『유학연구』 16, 충남대학교 유학연구소, 2007), 13-14쪽 참조.

걷게 되었다. 이황은 「백사시교전습록초전인서기후(白沙詩敎傳習錄抄傳因書其後)」에서 다음과 같이 천명했다.

왕양명 같은 자는 학술이 크게 잘못되었다. 그의 마음은 강하고 사나워 자기주장만을 내세우며, 그의 말은 장황하고 휘황찬란하여 사람들을 현혹시켜 지키던 것을 잃게 하니, 인의(仁義)를 해치고 천하를 혼란스럽게 하는 자는 반드시 이 사람이 아니라고 하지 못할 것이다. … 궁리(窮理)의 학문을 배격하고자 하여 곧 주자의 학설을 홍수나 맹수의 해로움과 같다고 배척하고, 번거로운 학문의 폐단을 제거하고자 하여 진시황이 책을 태운 것을 공자가 경전을 편찬한 뜻을 본받았다고 하였다. 그의 말이 이와 같은데도 스스로 미치고 미혹하여 본심을 상실한 사람이 아니라고 말하더라도 나는 믿지 않을 것이다. 가령 이런 사람이 임금의 신임을 얻어 그 뜻을 편다면 유학과 이 세상에 미치는 화가 그 어느 나라일지라도 진나라보다 더 심할지 알 수 없다. 그릇된 학설이 사람을 위태롭게 하는 것이 한결같이 이런 지경에 이르니 매우 탄식할 일이다.[8]

이황은 이러한 관점을 일관되게 주장함으로써 양명학을 강력하게

---

8 李滉, 「白沙詩敎傳習錄抄傳因書其後」, 『退溪先生文集』 卷41. "至如陽明者, 學術頗戾. 其心强狠自用, 其辯張皇震耀, 使人眩惑而喪其所守. 賊仁義亂天下, 未必非此人也. … 欲排窮理之學, 則斥朱說於洪水猛獸之災. 欲除繁文之弊, 則以始皇焚書爲得孔子刪述之意. 其言若是, 而自謂非狂惑喪心之人, 吾不信也. 使若人者, 得君而行其志, 則斯文斯世之禍, 未知其孰烈於秦也. 邪說之陷人, 一至於此, 可勝嘆哉." * 한국고전번역원의 〈한국고전종합DB〉(http://db.itkc.or.kr)에 번역문이 있는 자료의 경우에는 그 번역을 참조했음.

비판했다. 이후 사상계의 주류인 조선의 성리학자(주자학자)들에 의해 이황의 이러한 비판이 계승되면서 양명학은 조선에서 금기의 학문으로 배척의 대상이 되었다. 그 결과 조선 시대 내내 양명학은 극소수의 유학자들에 의해 은밀히 연구되는 상황에 처하게 되었다. 특히 양명학 연구의 맹아를 잘라버리는 데 결정적인 역할을 한 이황은 무엇보다 영남학파(퇴계학파)의 출발점이 되는 존재이다. 그렇기 때문에 이후 영남 지방에서는 양명학이 오직 이단 비판과 관련하여 거론될 수 있을 뿐이었다.

그러나 양명학에 대한 이러한 '비판'과 '배척'은 그 자체로 일방적인 단절이라기보다 주자학과 양명학 간의 '사상적 긴장'과 '접촉의 흔적'을 보여주는 지점이라고 해석할 수도 있다. 다시 말해, 양명학은 비판의 대상이 되면서도 동시에 사유의 자극을 제공한 상대로 기능했으므로 이러한 점에서 본다면, 주자학과 양명학은 단절 속에도 일정한 '소통 가능성'을 내포하고 있는 셈이다.

이 글에서는 특히 근대[9]라는 역사적 전환기 속에서 영남의 유학자들이 양명학을 어떻게 인식했는지를 검토해봄으로써 주자학과 양명학의 '소통 가능성'과 그 한계를 함께 살펴보고자 한다. 이를 위해 양명학에 대해 비판적 입장을 견지한 유학자들과 일정 부분 긍정적 시각을 보인 유학자들로 나누어 서술하고자 한다.

---

[9]　여기서는 근대를 대체로 1876년 개항 이후부터 1945년 해방 이전의 시기로 설정하고자 한다.

2. 양명학에 부정적인 근대 시기 영남의 유학자들

근대 시기에 접어들어서도 대다수 영남 유학자들의 양명학에 대한 관점은 대체로 이전 시기의 선배 유학자들과 다름이 없었다. 정통 도학의 계승자로 자임하는 그들은 이황의 양명학 비판의 관점을 계승하여 양명학에 대해 변함없는 비판적 태도를 견지했다. 여기에서는 그 중 한주 이진상, 방산 허훈, 심재 조긍섭을 중심으로 양명학에 대한 그들의 기본적인 인식 태도를 검토하고자 한다.

1) 한주 이진상

조선 말 영남에서 활동한 한주 이진상(1818~1886, 경북 성주)의 양명학에 대한 입장은 어느 누구보다 단호했다. 이진상은 1861년(44세) 저술한 「심즉리설(心卽理說)」이라는 글에서 "이른바 심즉리와 같은 것은 곧 미쳐 날뛰던 양명의 무리가 주장하던 학설이니, 우리 학문을 하는 사람들은 그것이 도를 어지럽히는 것이라고 배척하지 않음이 없었다"[10]라고 양명학을 신랄하게 비판했다. 그런데 그가 이 글을 지은 궁극적인 의도는 퇴계학파(영남학파) 주리론의 연장선상에서 '심즉리'라는 명제를 제시하여 심(心)에서 차지하는 리(理)의 역할을 특별히 강조하고자 한 것이다. 그렇지만 여기에는 하나의 심각한 문제점이 자리 잡고 있었다. 그것은 바로 '심즉리'라는 명제가 왕양명에 의해 주창된 것이라는 사실이다. 그렇기 때문에 왕양명의 심즉리설과 자신의 심즉

---

10   李震相, 「心卽理說」, 『寒洲先生文集』 卷32. "若所謂心卽理, 乃陽明輩猖狂自恣者之說, 爲吾學者莫不斥之爲亂道."

리설을 구분하기 위해 왕양명의 심즉리설에 내재된 문제점을 비판하는 것이 이진상에게는 중요한 문제로 등장한다. 이와 관련해서 이진상은 자신의 「심즉리설」에서 왕양명의 심즉리설을 심즉기설과 다를 것이 없다고 해석하는 전략을 선택했다. 즉 육상산이 말하는 심(心)은 불교의 심(心)과 다를 것이 없기 때문에 그것은 다름 아닌 기(氣)를 말한 것이라는 점을 강조하면서, 그러한 육상산의 학문에 근거를 두고 있는 왕양명의 경우에도 리(理)라고 말하는 것은 바로 기(氣)를 가리키는 것으로 해석했다.[11] 요컨대 이진상은 자신의 '심즉리'와 육왕의 '심즉리'는 글자만 같을 뿐 내용은 다르다고 주장한 것이다.[12]

이진상은 1878년 편찬한 『이학종요(理學綜要)』에서도 주자와 이황의 글, 그리고 명나라 학자인 진건(1497~1567)의 『학부통변(學蔀通辨)』[13]을 근거로 삼아 다음과 같이 양명학을 '기학(氣學)'이라고 비판했다.

또 생각해보니, 양명의 이른바 리(理)라는 것은 곧 우리 유학에서 말하는 기(氣)이다. 특히 기(氣)를 단서로 삼아서 말한다면 양명의 이른바 심(心)이라는 것은 역시 인의예지의 본심이 아니라는 것이 분명하다. 그렇기 때문에 퇴도(퇴계)는 다만 본심의 체용으로 참

---

11   같은 책, 卷32 「心卽理說」. "象山以陰陽爲道, 以精神爲心. 朱子譏之曰, 象山之學, 只在 不知有氣裹之雜. 把許多麤惡底氣, 都做心之妙理, 率意妄行, 便謂無非至理. 又曰, 釋氏 棄了道心, 卻取人心之危者而作用之. 然則象山之所謂心者氣而已. 陽明之學, 原於象山, 而其言曰, 吾心之良知, 卽所謂天理. 致吾心良知於事事物物, 則皆得其理矣. 又曰, 良知 一也. 以其妙用而謂之神, 以其流行而謂之氣, 以其凝聚而謂之精, 安可以形象方所求哉. 眞陰之精, 卽眞陽之氣之母, 眞陽之氣, 卽眞陰之精之父, 陰根陽陽根陰, 非有二也." 참 조.

12   이종우, 『19·20세기 한국성리학의 심성논쟁』(서울: 심산, 2005), 36쪽 참조.

13   陳建은 왕양명이 편찬한 『朱子晩年定論』을 논파하기 위해 『學蔀通辨』을 지었다고 한다 (淸 張夏 撰, 『雒閩源流錄』 卷5 참조).

되고 지극한 리[眞至之理]를 해명하였으며, 심(心)이 리(理)가 아니
라는 것에 대해서는 일찍이 한마디도 언급하지 않았다. 근세에 갑
자기 '심즉기'의 주장이 등장하면서 주재(主宰)의 본체라는 측면을
배제하고 오직 작용이라는 측면만을 주목하였는데, 그 또한 잘못
된 것이다.[14]

생각해보니, 양명이 말하는 천리(天理)라는 것은 곧 (도교에서 말
하는) '정기신(精氣神)' 모두를 의미한다. 그러므로 심(心)을 말할 때
는 몸과 '정신(精神)'의 지각만을 말하고, 성(性)을 말할 때는 '정신
(精神)'의 작용만을 말한다. 그 내세우는 주장의 골자는 오직 기(氣)
의 다양한 갈래에만 매달려 있을 뿐이다. 그렇다면 비록 리(理)라
는 글자를 수없이 내세워서 말한다 해도 (양명의 학술은) 역시 주기
(主氣)의 학술일 따름이다.[15]

그런데 양명학 비판이라는 측면에서 주목할 점은 『이학종요』의
구성 체제이다. 『이학종요』 권21에는 기론(氣論)과 관련된 폐단을 비
판하는 「명제유인기이해리(明諸儒認氣以害理)」와 「명이단주기이멸리(明
異端主氣以滅理)」라는 글이 포함되어 있는데,[16] 「명제유인기이해리」에서

---

14 李震相, 「明異端主氣以滅埋」, 『埋學綜要』 卷21. "又按陽明所謂理卽吾儒之所謂氣. 特
以氣之端緒言之, 則其所謂心者, 亦非仁義禮智之本心, 明矣. 是以退陶只以本心之體用,
明眞至之理, 而未嘗一言及於心之非理. 近世忽有心卽氣之論, 抛却主宰之體而專向作用
上去, 其亦誤矣."

15 같은 책, 卷21 「明異端主氣以滅理」. "按陽明之所謂天理者, 乃精氣神之所會. 故言心, 則
但言形氣神之知覺, 言性, 則但言精神之作用. 其立言骨子, 惟在氣之條理. 然則雖說出百
理字, 亦只是主氣之學."

16 『理學綜要』 〈目錄〉에는 「明諸儒認氣以害理」와 「明異端主氣以滅理」로 표기되어 있지

는 주자의 주장을 근거로 삼아 고자(告子), 순자(荀子), 동중서(董仲舒), 양웅(揚雄), 한유(韓愈), 소식(蘇軾), 호안국(胡安国)과 그의 아들 호굉(胡宏)에 대해 '제유(諸儒)'라 칭하면서 기(氣)를 인식하는 방식이 결국 '리(理)를 해치는 것'이라고 평가했고, 「명이단주기이멸리」에서는 정자(程子), 주자(朱子), 진덕수(眞德秀), 진건(陳建), 이황의 주장을 토대로 노자, 장자, 양주, 도교, 불교, 육상산, 오징(吳澄), 왕양명, 나정암(羅整庵)에 대해 '이단'이라 칭하면서 기(氣)를 위주로 함으로써 결국 '리(理)를 없애는 것'이라고 평가했다.[17] 이와 같이 이진상은 육상산, 왕양명, 심지어 나정암마저 '주기(主氣)'를 내세웠다 하여 '이단'으로 규정하여 유가에서 배제했다. 그렇다면 이러한 사실을 통해 우리는 이진상이 양명학에 대해 극도로 경계하여 강력한 비판 태도를 견지했음을 확인할 수 있다. 이진상이 보여준 양명학에 대한 이러한 극도의 부정적인 인식 태도는 제자인 면우 곽종석(1846~1919, 경남 거창) 등 그의 문하에서 확고하게 이어졌다.[18]

이와 같이 이진상은 주자학(퇴계학)의 영역 안에서 자신의 심성론적 입장의 정당성을 확보하기 위해 의도적으로 양명학 비판이라는 방법을 활용했는데, 이 때문에 뜻하지 않게 이 시기 양명학에 대한 일정한 관심을 촉발시킨 계기를 마련했다고도 해석할 수 있다. 그런데 이진상의 이러한 노력에도 불구하고 그의 심성론적 입장은 결과적으로 발표 당시는 물론이고 그의 사후에도 퇴계학파 내부에서 한동안 극심

만, 본문에는 '明諸儒之學認氣以害理'와 '明異端之學主氣以滅理'로 표기되어 있다.

17 이종우, 『19·20세기 한국성리학의 심성논쟁』(서울: 심산, 2005), 216-217쪽 참조.

18 俛宇 郭鍾錫은 「心性雜記 癸酉」(『俛宇先生文集』 卷128); 「柳省齋(重敎) 心說辨 辛卯」 (『俛宇先生文集』 卷130) 등의 여러 글을 통해 스승인 寒洲 李震相의 심즉리설을 적극적으로 옹호하고 양명학을 비판했다. * 여기서 癸酉年은 1873년이며, 辛卯年은 1891년이다.

한 비판과 배척을 받았다. 특히 이진상의 비판자들은 왕양명의 심즉리를 '기학(氣學)'이라고 비판한 이진상의 논리를 그대로 활용하여 이진상을 비판하기도 했다.[19] 그런데 당시 이진상의 심즉리설에 대한 비판은 심즉리설의 내용과도 일정 부분 관계가 있겠지만, 명분론적 사고가 강한 정통 주자학자들의 입장에서는 무엇보다 '심즉리'라는 명제 자체가 왕양명의 주장과 동일하다는 데 큰 거부감을 가졌을 것이다. 이것은 조선 성리학에서 형식이 내용을 압도해버린 대표적인 경우라고 평가할 수 있다.

2) 방산 허훈

방산 허훈(1836~1907, 경북 구미)은 조선 말기의 영남을 대표하는 유학자 중 한 사람이다. 이황의 가르침을 철저하게 신봉한 그는 주자학을 제외한 다른 학문이나 사상에 대해 비판과 배척의 입장을 고수했다. 그 속에는 당연히 양명학도 포함되어 있었다. 양명학 비판과 관련해서 그가 지은 「왕양명집을 읽고(「讀王陽明集」)」라는 시를 한번 살펴보자.

> 공자의 경전 편찬을 가혹한 진나라에 비유하고
> 주자의 궁리지학 또한 미친 듯 비난했네.
> 왕양명은 속마음이 선(禪)이라는 것을 가리지 말라
> 불교를 따르는 담양대사는 부친을 그르치게 하였다.[20]

---

19 그 대표적인 경우가 舫山 許薰이다. 그런데 허훈의 며느리가 寒洲 李震相의 딸이므로 허훈과 이진상은 사돈 관계라는 가까운 사이였다.

20 이상의 부분에 대해 허훈은 다음과 같은 설명을 덧붙였다. 퇴계께서 이르시기를, "양명의

마음의 이치를 거론하면서 마음을 알지 못하니

그런 까닭에 이 학설이 사람을 해롭게 함이 깊다.

가리킨 근본이 다르다는 말을 하지 말라

결국에는 잘못된 길에 다 같이 빠져드네.[21]

이 시를 통해 우리는 먼저 허훈의 양명학 비판이 기본적으로 이황의 관점을 계승하고 있다는 점을 확인할 수 있다. 즉 허훈은 양명학에 대한 비판과 관련해서 불교의 선(禪)과 다를 바 없다는 이황의 입장을 공유하고 있으며, 이와 관련해서 특히 양명학의 심즉리설이 근본적으로 잘못된 것이라는 점을 지적했다. 그렇다면 허훈은 특히 왕양명의 '심즉리설'이 어떤 점에서 문제가 있다고 보았을까? 이와 관련해서는 허훈이 지은 「심설(心說)」을 살펴볼 필요가 있다. 「심설」은 면우 곽종석의 '심설'을 비판하는 형식을 취하고 있지만 실제로는 허훈과 같은 시대에 활동한 곽종석의 스승인 한주 이진상의 '심즉리설'을 비판하기 위

학술은 매우 잘못된 것이다. 窮理의 학문을 배격하고자 하여 곧 朱子의 학설을 홍수나 맹수의 해와 같다고 배척하고, 번거로운 학문의 폐단을 제거하고자 하여 진시황이 책을 태운 것을 공자가 경전을 편찬한 뜻을 본받았다고 하였다." 『弇州集』에 이르기를, "왕석작이 양명의 위패를 모시는 일과 관련하여 논하여 말하기를, '대부(왕양명)는 패유(우두머리 노릇 하기 좋아하는 선비)이다. 겉으로는 선비 같으나 마음으로는 불교를 따르는 것 같다'라고 하니, 그의 딸 曇陽仙師가 막아서 초고를 삭제하였다" 한다(退溪云, 陽明學術頗戕. 欲排窮理之學, 則斥朱說於洪水猛獸之害. 欲除繁文之弊, 則以始皇焚書爲得孔子刪述之意. 弇州集云, 王錫爵議陽明從祀云, 大夫覇儒也, 外似儒心似禪. 其女曇陽仙師沮之, 削草). * 허훈의 설명은 성호 이익(1681~1763)의 글인 「王陽明」(『星湖僿說』 卷9 〈人事門〉)을 인용한 것으로 보인다. 이황의 말은 본래 「白沙詩教傳習錄抄傳因書其後」(『退溪先生文集』 卷41)에 나오는 것이다. 그런데 허훈의 설명에서 '曇陽仙師'는 『성호사설』을 따른다면 '曇陽大師'로 고쳐야 한다.

21　許薰, 「讀王陽明集」, 『舫山先生文集』 卷4. "刪述宣尼比虐秦, 朱門窮理亦狂嗔. 覇儒莫掩禪腸肚, 護法曇娘卻誤親. 心理云云不識心, 由來此說禍人深. 休言所指原頭異, 畢竟迷途一轍尋." * 『舫山先生文集』의 번역은 『國譯舫山全集』(남만성 · 김철희 옮김, 서울: 성균관대학교 출판부, 1983)을 참조했다.

해 지은 것인데, 그 안에는 왕양명에 대한 비판도 포함되어 있다. 허훈의 「심설」에 나오는 '심즉리설'에 대한 핵심적인 비판은 다음과 같다.

왕양명이 '심즉리'라는 설을 주창하다가 마침내 선(禪)의 구덩이에 빠졌는데, 퇴계 이 선생이 글을 지어 물리치니 이 땅에서는 다시는 논의가 되지 못했다. 근래에 또 '심즉리'라는 주장이 있으니, 그 가리키는 뜻은 양명의 주장과 같지 않다. 리(理)를 위주로 하고 기(氣)를 배척하니 우리의 학문에 공이 있을 것 같지만, 그 주장에는 그렇지 않은 내용이 들어있다. 그 학설을 주장하는 자는 마음이 리(理)와 기(氣)를 겸하는 것[心合理氣]을 통체(統體)라고 말하고, 마음이 곧 리(理)라는 것[心卽理]을 본체(本體)라고 말한다. 그렇다면 본체는 당연히 통체에 앞서서 있어야 할 것인데, 이때는 다만 리(理)만 있다가 통체 때에 이르러 홀연히 군더더기 같은 기(氣)가 별안간에 나타나서 마음의 통솔을 받게 된다는 말인가? 더구나 기(氣)를 억제하고 리(理)를 위주로 함이 지나쳐서 기(氣)의 영역을 침탈하여 리(理)의 영역에 전부 귀속시키게 된다. 그리하여 리(理)를 높인다는 것이 도리어 리(理)를 낮아지게 하고, 기(氣)를 낮춘다는 것이 도리어 기(氣)를 높아지게 한다. … 그렇다면 심즉리설은 마침내 기(氣)를 리(理)로 인식하는 것으로 귀결된다. 그리하여 그 폐단은 양명의 견해와 그다지 멀지 않게 되니, 탄식하지 않을 수 있겠는가?[22]

---

22 같은 책, 卷11 「心說」. "王陽明創爲心卽理之說, 卒墮禪坑. 退陶李子辭而闢之, 無容更議. 近世又有心卽理之說, 其指意與陽明不同. 主理斥氣, 若可有功於斯學然, 此有不然者. 爲其說者, 以心之兼理氣, 謂之統體, 以心卽理, 謂之本體. 然則本體當在統體之前,

요컨대 이황의 '심합리기설'로도 충분한데 한주 이진상 계열에서는 구태여 '심즉리'라고 함으로써 결과적으로 '기(氣)를 리(理)로 인식하는' 상황이 초래되며, 이것은 왕양명의 주장과 크게 다를 바 없다는 것이 허훈의 주된 비판 내용이다. 그렇다면 허훈 역시 왕양명의 '심즉리'가 다름 아닌 '심즉기'라고 규정하면서, 바로 그 점을 토대로 이진상을 비판한 것이다. 또한 이진상이 『논어』와 관련된 자신의 저술에서 "'마음이 척도를 넘어가지 않는다'라는 말은 바로 '마음이 곧 리이다[心卽理]'라는 뜻이다"라고 말한 데 대해 "공자 같은 위대한 성인도 오히려 '70세에 이르러서야 마음이 하고자 하는 것을 따라도 척도를 넘어가지 않는다'라고 말씀하셨으니, 하물며 보통 사람의 경우에 있어서랴! 만약 '심즉리'라는 말에 기대어 마음이 하고자 하는 것을 따른다면 결과적으로 반드시 양명의 학문과 같게 될 것이니, 이 주장은 우리 학문의 진리에 방해가 되지 않겠는가?"라고 비판했다.[23] 여기서 허훈은 왕양명의 주장이든 이진상의 주장이든 간에 '심즉리'라는 주장이 결과적으로 마음에 대한 일방적인 낙관론으로 흐르고, 이에 따라 개인의 주체성과 개성을 지나치게 강조하면서 발생하게 되는 사회적 문제점을 강하게 의식한 것으로 보인다.[24]

是時只有理而已. 及其統體之時, 忽有贅疣之氣, 驀然現出, 爲心之所統耶. 況抑氣主理之過, 侵奪氣之界分, 全屬理之田地. 尊理而理還卑, 卑氣而氣還尊. … 然則心卽理之說, 終歸於認氣爲理, 而其流弊則與陽明之見, 不甚相遠, 可勝歎哉."

23 같은 책, 卷13「李寒洲論語箚義辨」. "十五志學章. 心不踰矩, 則心卽理: 以夫子之大聖, 尙云至七十然後, 從心所欲不踰矩, 則況衆人乎. 若靠心卽理, 而從心所欲, 則必同歸於陽明之學矣, 斯言非吾道之蔀障乎." 참조.

24 최재목, 「근대 영남 유학계에서 실학의 계승과 양명학 수용의 문제」(『철학논총』 13, 새한철학회, 1997), 149쪽 참조.

3) 심재 조긍섭

19세기 말을 거쳐 20세기에 이르게 되면서 시대의 변화에 따라 영남의 유학자들도 서양문명과 완전히 무관한 상태로 지낼 수는 없게 되었다. 이에 따라 서양문명에 대해 관심을 갖고 연구한 영남의 유학자들도 등장하는데, 그렇다면 이들은 양명학에 대해 어떤 태도를 보여주었을까? 이와 관련해서는 서로 다른 두 개의 길이 존재한다. 하나는 여전히 양명학을 비판하는 입장이며, 또 하나는 양명학을 긍정하는 입장이다. 전자와 관련되는 동시대의 대표적인 인물로는 성와 이인재(1870~1929, 경북 고령)[25]와 심재 조긍섭(1873~1933, 경남 창녕)을 거론할 수 있는데, 여기서는 심재 조긍섭을 중심으로 살펴보고자 한다.

조긍섭은 서양문명에 대해 일정한 관심을 가지고 관련되는 글도 남겼지만, 기본적으로 비판적인 입장에서 서양문명을 바라보았다. 그는 퇴계학파의 전통을 충실히 계승하여 이황의 심합리기설을 토대로 한주 이진상 계열의 심즉리설과 율곡학파의 심즉기설을 비판했다.[26] 즉 그는 "마음이라는 것은 기(氣)가 모여 있는데 리(理)를 갖추고 있는 것이라고 말하면 옳지만 심즉기, 심즉리라고 말하면 옳지 않다"[27]라고

25　省窩 李寅梓는 서양문명, 특히 서양 고대철학에 대해 큰 관심을 갖고 연구했으며, 그 결과 우리나라 서양철학 연구의 초기에 이루어진 대표적인 저술인 『古代希臘哲學攷辨』을 집필했다. 그런 한편으로 면우(곽종석)의 제자로서 한주(이진상)의 심즉리설을 옹호하는 입장에서 양명학을 비판했다. 그의 양명학 비판과 관련해서는 深齋 曺兢燮에게 보낸 편지(주 40 및 41 참조) 외에 다음 자료 참조. 李寅梓, 「太極動靜說考證」, 『省窩集』 卷3.

26　이종우, 『19 · 20세기 한국성리학의 심성논쟁』(서울: 심산, 2005), 145쪽 참조. 이 비판과 직접 관련되는 조긍섭의 저술이 「讀寒洲李氏心卽理說」과 「心問」이다.

27　曺兢燮, 「心問上」, 『巖棲先生文集』 卷17. "言心者曰是氣之所聚而具理者則可, 而曰心卽氣心卽理則不可也." * 조긍섭의 문집은 『深齋先生文集』(『深齋集』)이라는 제목의 판본도 존재하는데, 수록된 글에서 일부 차이점이 있다. 거기에는 「讀寒洲李氏心卽理說」이

말했다. 왜냐하면 심(心)을 리(理)라 하여 높이는 자는 그 폐단이 미쳐서
제멋대로 하는 데로 흐를 것이고, 심(心)을 기(氣)라고 하여 낮추는 자는
두려워 기가 죽고 지나치게 공손한 행위로 흐르기 때문이다.[28] 그런데
조긍섭의 양명학 비판은 허훈과 마찬가지로 이진상의 심즉리설에 대
한 비판과 밀접하게 연계되어 있다.

옛날에 성인을 배우다가 선학(禪學)에 빠진 줄 스스로 알지 못
하였던 사람도 그 조술하는 것은 또한 누가 성현의 뜻을 도외시한
사람이 있었습니까. 육상산의 '덕성을 높인다[尊德性]'는 것은 자사
(子思)의 말씀이었고, 왕양명의 '양지를 이룬다[致良知]'는 것은 맹
자의 뜻이었습니다. 다만 천하의 사물을 폐하고 경박하게도 빠르
고 남다른 것을 스스로 기뻐하였던 까닭에 이른바 덕성이라고 한
것이 참된 덕성이 아니었고, 이른바 양지라고 한 것이 참된 양지가
아니었는데도 성인의 문하에 죄인 됨을 스스로 깨닫지 못하였을
뿐입니다. 지금에는 본심에만 오로지 일삼아 천하의 기(氣)를 폐
하려고 하니, 저는 또 그 다다를 곳을 알지 못하겠습니다. 만약 기
(氣)를 폐한 것이 아니라 바탕삼아 사용할 뿐이고, 종처럼 부리는
것일 따름이라고 한다면, 저 육상산이라는 사람이 어찌 일찍이 독
서하지 않았겠으며, 왕양명이라는 사람이 어찌 일찍이 사물을 접
하지 않았겠습니까. 비슷한 것을 채워서 그 의미를 다 헤아렸다고
여겼기 때문에 '책을 폐하고 사물을 끊었다'라고 하는 것일 뿐입

「讀心卽理說」로 표기되어 있다.

28　같은 책, 卷17「性尊心卑辨」. "謂心是理而尊之者, 其弊流於猖狂自恣, 則謂心是氣而必
卑之者, 不或流於蒠荏足恭之爲乎." 참조.

니다. 그렇지 않다면 육상산의 '육경이 모두 나의 각주'라는 주장
이 기(氣)는 리(理)의 하인이 된다고 말하는 것과 무엇이 다르겠으
며, (육상산의) '너의 귀는 저절로 밝고, 눈은 저절로 밝아진다'는 설
이 정의(情意)와 지각(知覺)이 모두 리(理)라는 뜻과 무엇이 다르겠
습니까.[29]

면우 곽종석에게 보낸 이 편지에서 조긍섭은 기(氣)를 배제하고 리
(理)만 강조하는 이진상의 심즉리설이 결과적으로 '기(氣)를 리(理)로 여
기는 양명학[陽明之以氣爲理]'[30]과 다를 바 없게 된다고 비판했다. 조긍섭
은 근본적으로 주자성리학을 사상적 토대로 삼고 있기 때문에 이를 근
거로 하여 양명학에 대해 일관되게 비판적인 입장을 견지했다.

왕양명은 일찍이 주자의 뜻을 깊이 연구하지도 않고 제멋대로
논박했으니, 이것으로 어찌 주자가 잘못되었다고 비난하기에 충분
하겠는가? 내가 이와 관련하여 「격물설」 한 편을 지어서 논증하였
는데, 이로써 왕양명의 오류를 조금 바로잡았다.[31]

---

29   같은 책, 卷8「上郭俛宇先生 辛丑」. "古之學聖人而不自知其陷於禪者, 其所祖述亦孰有
外聖賢之旨者哉. 象山之尊德性則子思之言也, 陽明之致良知則孟子之意也. 但以廢天下
之事物, 而沾沾以徑捷殊絶者自喜. 故所謂德性者非眞德性, 所謂良知者非眞良知, 而不
自覺其爲聖門之罪人耳. 今也欲專事於本心, 而廢天下之氣, 吾又不知其所屆矣. 若曰, 非
廢氣也, 資用之而已, 僕役之而已, 則夫象山者何嘗不讀書, 陽明者何嘗不接物. 以其充類
至義之盡, 故曰, 廢書而絶物耳. 不然則六經皆我注脚之說, 何異於氣爲僕役之云, 汝耳自
聰目自明之說, 何異於情意知覺, 皆理之旨哉."

30   같은 책, 卷16「讀寒洲李氏心卽理說」참조.

31   같은 책, 卷17「讀滄江金氏古本大學章句」. "陽明未嘗深究朱子之意, 而妄加駁論, 此豈
足以病朱子哉. 愚有格物說一首論此, 頗正陽明之謬." * 조긍섭의 양명학 비판과 관련해
서는 여러 편지글 외에 다음 자료 참조. 曺兢燮,「讀寒洲李氏心卽理說」(『巖棲先生文集』
卷16);「心問」(『巖棲先生文集』卷17);「格物說」(『巖棲先生文集』卷17);「讀滄江金氏

　　그런데 양명학과 관련해서 조긍섭의 교유관계를 살펴보면 흥미로운 측면이 포착된다. 바로 창강 김택영(1850~1927),[32] 경재 이건승(1858~1924),[33] 난곡 이건방(1861~1939)[34]과의 교유이다.[35] 이건승과 이건방은 모두 조선 양명학의 외로운 등불을 이어온 강화학파에 속하는 인물들이며, 역시 강화학파인 영재 이건창(1852~1898)과 교유한 김택영은 부분적으로 양명학에 동조의 태도를 보인 인물이다.[36] 그럼에도 양명학에 대한 조긍섭의 강경한 비판적 입장은 변함이 없었다. 1915년 김택영은 조긍섭에게 "중국을 보면, 동쪽 집에 사는 주자의 계승자가 왕양명을 비난해도 서쪽 집에 사는 왕양명의 계승자는 노여워하지 않으며, 왕양명 쪽에서 주자 쪽을 비난해도 주자 쪽 역시 그와 마찬가지로 노여워하지 않는데, 유독 우리나라는 그렇지 않으니, 무엇 때문일까요?"[37]라는 내용이 담긴 편지를 보냈다. 그렇지만 조긍섭은 1924년 "그러나 양지설을 논박한 글 한 편[38]은 우리나라에도 없을 뿐만 아니

古本大學章句」(『巖棲先生文集』卷17) 등.

32　滄江 金澤榮의 또 다른 호는 韶濩堂主人이며, 을사늑약이 체결된 후 1905년 중국으로 망명하여 그곳에서 사망했다.

33　耕齋 李建昇은 구한말의 대표적인 문장가이자 강화학파에 속하는 寧齋 李建昌의 아우이며, 蘭谷 李建芳의 재종형이다.

34　蘭谷 李建芳은 재종형인 李建昌과 함께 학문을 익혔다.

35　『巖棲先生文集』卷8에는 滄江 金澤榮에게, 卷9에는 耕齋 李建昇과 蘭谷 李建芳에게 보낸 조긍섭의 편지가 실려 있다.

36　유명종, 『성리학과 양명학』(서울: 연세대학교 출판부, 1994), 389-419쪽 참조.

37　金澤榮, 「答曹深齋牘 乙卯」, 『合刊韶濩堂集補遺』卷2. "以中州觀之, 東家之朱子裔, 罵王陽明, 西家之王裔不敢怒. 王之罵朱, 朱亦如之, 而吾邦獨否, 何也."

38　金憲基가 지은 「駁王陽明致良知說」(『堯泉集』卷2)이라는 글이다. 4,300여 자로 구성된 이 글은 王陽明의 致良知說를 비판하는 내용을 담고 있는데, 『初庵先生全集』에는 卷3「答許允衡大學問目 辛巳」에 포함되어 있다. 이 글이 실려 있는 『堯泉集』과 『初庵先生全集』은 개성 출신의 성리학자인 金憲基(1774~1842)의 문집인데, 같은 개성 출신인 滄江 金澤榮에 의해 1881년에는 『初庵先生全集』으로, 1921년에는 『堯泉集』으로 중간되

라, 명·청 이래 왕양명의 학설을 물리친 사람이 수십 명이지만, 이 설과 같이 통쾌한 것은 보지 못하였습니다. 다만 이 한 편의 글은 우주에 뻗칠 만하니, 제 마음이 좀 심하게 치우쳐서 저도 모르게 말투가 여기에 이르렀습니다"[39]라는 내용을 담은 편지를 이건승에게 보냈으니, 양명학에 대한 조긍섭의 부정적인 태도는 한결같은 것이었다. 조긍섭은 또한 1925년쯤에도 양명학과 관련해서 성와 이인재와 편지를 통해 토론하기도 했는데,[40] 이인재가 보낸 편지에서 "(왕양명의) '양지설'을 반박한 요천의 주장을 존형께서 일찍이 극구 찬양하였기 때문에 돌아온 뒤에 곧 상세히 완미해보았습니다"[41]라는 내용이 나오는 것을 보면 조긍섭의 변함없는 반양명학적인 태도를 재확인할 수 있다.

3. 양명학에 긍정적인 근대 시기 영남의 유학자들

우리나라의 근대 시기는 역사상 유례가 없는 격변의 시대였다. 과거와 현재, 동과 서가 교차하는 이러한 역사적 상황 속에서 영남의 유

였다. 조긍섭은 김택영의 요청으로 이 중간본의 서문을 지었다. 初庵과 堯泉은 모두 김헌기의 호이다.

39　曹兢燮, 「答李耕齋 甲子」, 『巖棲先生文集』 卷9. "然駁良知說一篇, 不但吾東所未有, 明淸以來闢王學者數十家, 未見如此說之洞快. 只此一篇, 足以橫亘宇宙, 所以區區傾服之甚, 不覺其詞氣之至此."

40　曹兢燮, 「答李汝材寅梓 乙丑」(『巖棲先生文集』 卷10)과 李寅梓, 「與曹仲謹」(2)(『省窩集』 卷2) 및 「與曹仲謹」(3)(『省窩集』 卷2) 참조. * 여기에는 김헌기가 지은 「駁王陽明致良知說」이 논의의 실마리가 되었다.

41　李寅梓, 「與曹仲謹」(2), 『省窩集』 卷2. "堯山駁良知說, 尊兄曾極口讚揚, 故歸卽詳玩." *『省窩集』에서 '堯山'으로 표기된 것은 '堯泉'의 誤字이다.

학자들 사이에서도 그 변화의 추세를 파악하고 적절히 대응하려는 움직임이 나타나기 시작했다. 이들은 서양문명을 적극적으로 이해하려고 했고, 이를 바탕으로 유학의 새로운 변화를 모색했으며, 그 과정에서 자연스럽게 양명학에 대해서도 긍정적인 인식 태도를 보여주었다. 이와 관련해서 그들이 근본적으로 유학자로서의 사상적 정체성을 끝까지 유지했다는 점도 간과해서는 안 되는 중요한 사항이다. 이러한 계열에 속하는 인물 중에서 여기서는 석주 이상룡, 위암 장지연, 동산 유인식의 양명학에 대한 인식 태도를 살펴보고자 한다.

1) 석주 이상룡

석주 이상룡(1858~1932, 경북 안동)은 1911년 초 중국으로 망명하여 후에 임시정부 초대 국무령에 추대되기도 한 독립운동가로 잘 알려진 인물이다. 학문과 사상적 측면에서 말한다면, 그는 당시 보수적인 정통 유학자로는 드물게 끊임없는 학문적·사상적 진화를 보여준 대표적인 경우라고 할 수 있다. 그는 어린 시절부터 퇴계학파의 학통을 정통으로 계승한 인물인 서산 김흥락(1827~1899)과 의병장으로 유명한 척암 김도화(1825~1912) 같은 당대 안동의 대표적인 유학자들의 문하를 출입하면서 정통 유학자로서 학문을 연마했다.[42] 그러나 1906년 이후에는 근대화된 강력한 일본제국주의에 맞서기 위해서는 완전히 새로운 방식의 국권회복 방안을 모색해야 한다는 사실을 분명히 인식했다. 그 결과 주자학의 세계를 넘어서서 서양의 다양한 학술과 사상을 연구

---

[42]　西山 金興洛과 拓庵 金道和는 모두 定齋 柳致明(1777~1861, 경북 안동)의 문인이다.

한 후 애국계몽운동으로 사상적 전환을 하게 되었다. 그 당시 그의 사회의식은 이미 보수적인 유학자의 틀에서 벗어나 공화주의에까지 도달했으며, 이후 그의 사상적 변화는 마침내 사회주의 이론에 대한 긍정적 평가로까지 나아가게 된다.[43]

그렇다면 이상룡은 양명학에 대해 어떻게 인식했을까? 이상룡은 명대 왕양명의 학문을 기본적으로 송대의 육상산과 같은 계열로 파악했다. 그리고 육상산과 왕양명의 학문이 모두 대승불교의 선종(禪宗)이 변화해서 나타난 것으로 이해했다.[44] 그러나 양명학을 불교와 연관되었다고 인식하는 것은 이상룡의 경우 부정적인 평가가 아니다. 왜냐하면 이상룡은 불교 자체에 대해서뿐만 아니라 송명유학의 성립과 관련해서도 불교가 기여한 측면을 긍정적으로 평가했기 때문이다.[45] 그렇기에 왕양명에 대한 이상룡의 평가는 매우 호의적이었다. 즉, 왕양명의 학문은 "공정한 마음으로 헤아려보면, 중국의 천여 년 동안의 학계에서 하나의 새로운 경지를 열었다고 할 수 있다"[46]는 것이 이상룡의 기본입장이다. 양명학에 대한 긍정적인 평가는 이미 1911년 초 만주로 망명할 때의 상황을 기록한 「서사록(西徙錄)」에서도 찾아볼 수 있다. 이상룡은 망명하는 도중에 국한문으로 작성된 『왕양명실기』[47]를 읽게

43　石洲 李相龍에 대한 이상의 설명은 임종진, 「석주 이상룡의 「공교미지」에 대한 분석」(『철학논총』 44, 새한철학회, 2006), 378-380쪽 참조.

44　李相龍, 「孔敎微旨」, 『石洲遺稿後集』(발행지 불명: 석주이상룡기념사업회, 1996), 208쪽 참조.

45　같은 책, 「孔敎微旨」, 204쪽 참조.

46　같은 책, 「孔敎微旨」, 208쪽. "然平心論之, 於中國千餘年學界上, 可謂闢一新境."

47　白巖 朴殷植(1859~1925)이 1910년 완성한 저술이며, 원래의 서명은 『王陽明先生實記』이다. 박은식은 대한민국 임시정부(상하이) 제2대 대통령을 역임한 독립운동가이자 사학자이다. 이상룡과 박은식은 비슷한 시기에 만주로 망명했으며, 1925년 7월에는 박은식이

된다. 그는 양명학 자체뿐만 아니라 왕양명이라는 인물에 대해서도 긍정적으로 평가했다. 특히 "그 정신은 오늘날 더욱 절실히 필요함에도 주자학에 매몰된 조선은 조금이라도 주자학과 합치되지 않는 것은 이단사설로 배척하는 폐단에서 벗어나지 못하고 있으니, 나라를 구할 길이 요원하다"고 탄식했다.[48] 그러나 말기 양명학파의 폐단, 이른바 양명좌파에 대해서는 매우 비판적이었다. 즉 공허한 언설과 기존의 사회질서를 무시하는 행동은 "자신에 대해서도 조그마한 실천의 유익함도 없을 뿐만 아니라 사회와 관련해서도 실용과는 더욱 멀어졌으니",[49] 이로 인해 양명학이 사라지게 되었다는 것이 이상룡의 평가이다.[50]

2) 위암 장지연

위암 장지연(1864~1921, 경북 상주)은 1905년 을사늑약이 강제로 체결되자 『황성신문』에 「시일야방성대곡(是日也放聲大哭)」이라는 논설을 써서 일제에 항거한 언론인으로 우리에게 잘 알려진 인물인데, 또한 애국계몽가, 사학자로 활동한 인물이기도 하다. 그런데 그의 일생을 통해 사상적 근간을 구성한 가장 주요한 요소는 유학사상이다. 언론을 통해 나타난 개혁사상과 자강사상의 바탕을 이루고 있는 것도

이상룡을 국무령으로 추천해 선출하게 한 다음 자신은 대통령직을 사임한 일도 있었다.

48　李相龍,「西徙錄」,『石洲遺稿』(서울: 고려대학교 출판부, 1973), 271쪽 上 참조.

49　李相龍,「孔敎微旨」,『石洲遺稿後集』(발행지 불명: 석주이상룡기념사업회, 1996), 208쪽. "非但對於自己少無實踐之益, 對於社會去實用愈遠."

50　이상의 내용은 임종진,「석주 이상룡의「공교미지」에 대한 분석」, 392쪽을 토대로 재구성한 것이다.

유학사상이었다.[51] 장지연의 유학사상은 그 학맥이 영남의 퇴계학파에서 비롯된 것이다. 먼저 그의 가문을 중심으로 해서 이와 관련된 측면을 살펴보면, 조선 중기 때 퇴계 이황의 학통을 계승한 여헌 장현광(1554~1637)이 그의 12대조이며, 구한말 영남의 대표적인 유학자 사미헌 장복추(1815~1900, 경북 칠곡)가 그의 고조부뻘 되는 인물이다. 이러한 유교 가문에서 태어난 장지연은 가학(家學)의 전통 속에서 자연스럽게 주자학적 성리학에 대한 기본적인 이해에 도달한 것으로 보인다. 또한 장지연은 19세(1882년) 때부터 당시 영남의 거유인 방산 허훈으로부터 학문을 전수받았다.[52] 특히 방산 허훈을 통해 근기남인학파의 실학사상을 접할 수 있었던 것은 그의 사상 형성에 중요한 계기가 되었다.[53]

30대 이후 서울에서 활동하면서부터 그는 언론을 통한 애국계몽운동과 유교개혁운동에 적극적으로 참여했다. 이 과정에서 장지연은 양명학과 연관된 인물들과 교유하게 된다. 창강 김택영과는 정부기관인 사례소(史禮所)에서 『대한예전(大韓禮典)』을 함께 편찬했다. 그리고 백암 박은식과는 1909년 9월 공자의 대동사상을 종교적 차원으로 끌어올린 '대동교(大同敎)'를 조직하여 유교개혁운동을 전개했으며, 이 과정에서 박은식은 주자학을 넘어서서 양명학을 주창하여 유교를 개혁하고자 했다.[54] 이러한 노력의 일환으로 박은식은 양명학을 체계적으

---

51 최영성, 「해설-장지연의 유교관과 『조선유교연원』」[『조선유교연원(1)』, 서울: 솔, 1998], 7쪽 참조.

52 이상의 내용은 임종진, 「위암 장지연의 유교관에 대한 검토: 퇴계학파의 근대적 변용에 관한 일 고찰」(『철학연구』 91, 대한철학회, 2004), 261-262쪽 참조.

53 최영성, 「해설-장지연의 유교관과 『조선유교연원』」, 5쪽 참조.

54 "대동교운동은 양명학과 강유위의 대동사상을 우리 사회의 시대적 현실 속에서 유교개혁사상의 독특한 모범으로 계발한 것이라 할 수 있다."[금장태, 『한국근대의 유학사상』(서울: 서울대학교출판부, 1999), 203쪽]

로 소개하기 위해 『왕양명선생실기』를 저술했다.[55] 이와 같은 인적 교유관계는 양명학에 대한 장지연의 인식에 일정 부분 영향을 끼친 것으로 보인다.[56]

양명학에 대한 장지연의 관점을 파악하기 위해서는 무엇보다 그의 대표적인 저술인 『조선유교연원』[57]에 실린 양명학 관련 부분을 중점적으로 검토해볼 필요가 있다. 장지연은 퇴계 이황이 양명학을 비판하기 위해 쓴 「전습록논변(傳習錄論辯)」과 「백사시교전습록초전인서기후(白沙詩教傳習錄抄傳因書其後)」를 초록하여 「왕양명전습록변(王陽明傳習錄辨)」(상, 하)이라는 제목으로 『조선유교연원』에 수록했다. 그런데 「왕양명전습록변」(하)의 뒷부분에는 양명학자인 계곡 장유(1587~1638)의 『계곡만필』과 실학자인 성호 이익(1681~1763)의 『성호사설』에서 인용한 글이 들어있다. 장유의 글은 주자학에만 쏠려 있는 조선의 학술을 강하게 비판하는 내용이다. 그리고 이익이 주장한 것은 세상이 잘못된

55　白巖 朴殷植은 1910년 『王陽明實記』를 완성하고서 韋庵 張志淵에게 서문을 청했다. 그리고 장지연이 서문을 쓰기로 응낙한 데 대해 감사의 뜻을 전한 박은식의 답신이 『朴殷植全集』에 수록되어 있다[黃麗生, 「日帝時期韓儒朴殷植的開化意識與陽明學」(『臺灣東亞文明研究學刊』 第8卷　第2期(總第16期), 臺北: 國立臺灣大學人文社會高等研究院, 2011), 頁　277-279 참조]. 그런데 1910년에 발간된 잡지 『少年』에 게재된 『王陽明先生實記』에 들어있는 「王陽明實記序」의 저자는 박은식이다.

56　장지연은 특히 박은식과 오랫동안 교유했다. 1898년 창간된 『皇城新聞』에서는 함께 주필로 활동했고, 1909년에는 공동으로 大同教를 창립하여 親日儒林 단체인 大東學會(나중에 孔子教로 개명함)에 대항했다(黃麗生, 「日帝時期韓儒朴殷植的開化意識與陽明學」, 頁　276-277 참조).

57　『朝鮮儒教淵源』은 한국유학사에 대한 최초의 체계적이고 통사적인 서술이다. 이로부터 근대적 의미에서 한국인에 의한 한국유학사 연구가 본격적으로 시작되었다고 볼 수 있다. 원래 이 글은 1917년 『每日申報』에 연재되었는데, 1922년 단행본으로 간행되었다. 그 기본 내용은 箕子를 우리나라 유교의 기원으로 삼으면서 신라시대 이후의 유교 역사를 서술했다. 특히 장지연은 조선시대의 유교를 다루면서 성리학뿐만 아니라 양명학과 반주자학계열의 학자들도 모두 거론했으며, 지역적으로 보더라도 기호와 영남의 유학을 비교적 객관적으로 서술했을 뿐만 아니라 관서와 관북 지역의 유학자도 소개했다(임종진, 「위암 장지연의 유교관에 대한 검토: 퇴계학파의 근대적 변용에 관한 일 고찰」, 278-279쪽 참조).

이유가 이단 때문은 아니며, 공자가 이단에 대해 언급한 의도는 전공하는 것을 금지했으나 엄중히 배격한 것은 아니고 오히려 '작은 도라도 볼 만한 것이 있다'는 범위에 속하는 것이라는 내용이다. 이와 같은 간접적인 자료를 통해 양명학에 대한 장지연의 입장이 일반적인 주자학자의 강한 부정적인 인식과는 차이가 난다는 점을 알 수 있다. 양명학에 대한 장지연의 보다 긍정적인 평가는 조선양명학의 대표적인 인물인 하곡 정제두(1649~1736)에 대한 서술에서 확인할 수 있다.

> 만약 학문이 조금이라도 정주학과 다른 점이 있으면 요란스럽게 떠들어 공격해 이단으로 배척하였다. 공은 홀로 이런 데 마음을 쓰지 않고 전적으로 왕양명의 양지의 학문을 강구하였으며, 그의 독실한 효제는 금옥과 같아서 사람들이 모두 우러러 존경하였고 다른 말이 없었다. 조선의 학자 가운데 화담(서경덕)은 장횡거의 학문을 칭술하였고, 하곡은 왕양명을 칭술하였으니, 정주학 이외의 학문을 한 학자는 다만 이 두 학자가 있을 뿐이다.[58]

이와 같이 하곡 정제두에 대한 비교적 긍정적인 평가와 더불어 장지연은 『조선유교연원』의 「정제두」 항목 뒷부분에 경직된 학문 풍토와 실천의 결여를 비판하는 성호 이익의 말을 덧붙였다. 그렇다면 「왕양명전습록변」과 「정제두」 항목에서 인용한 계곡(장유)과 성호(이익)의 말은 결국 장지연 자신이 하고 싶은 말이 아니었을까? 그렇다고 장지연이 양명학을 완전히 긍정적으로 평가한 것은 아니다. 이와 관련해서

---

58 장지연(조수익 옮김), 『조선유교연원(2)』(서울: 솔, 1998), 24쪽.

는 조선유학과 양명학의 관계에 대한 장지연의 기본인식을 살펴볼 필요가 있다.

퇴계 당시에 왕양명의 문집이 비로소 중국으로부터 전해졌다. 퇴계는 왕양명의 양지설·양능설이 육상산의 선학(禪學)을 원류로 해서 나온 것이 분명하다고 여겨서 통렬히 배척하였다. 이에 따라 세상 사람들은 모두 양명학이 선학(禪學)이라고 알고는 한 목소리로 공박하였다. 이로부터 양명학은 조선의 유학계에 자리 잡고 발전할 수 없게 되었고, 그 뿌리와 싹이 오래도록 끊어졌다. 그러므로 조선유학의 학술은 오로지 송대 유학자들 중에서 염락관민의 계통만을 이어받아 순수하게 그 학문의 올바른 길을 얻게 되었다.[59]

장지연은 양명학이 전래된 초기에 이황이 양명학을 선학, 즉 불교와 다를 바 없다고 강하게 비판했기 때문에 결국 이 땅에 양명학이 제대로 뿌리를 내리지 못하게 된 것으로 이해했다. 또한 그 결과 이후 조선의 유학은 오직 주자 계통의 성리학만이 존재하게 되었는데, 장지연은 이러한 성리학을 비교적 긍정적으로 평가한 것이다. 이것은 장지연의 관심이 상대적으로 여전히 주자성리학 쪽에 좀 더 머무르고 있다는 것을 보여주는 증거가 될 수 있다. 이와 관련해서는 명말의 유명한 양

---

59 張志淵,「朝鮮儒敎觀」,『韋庵文稿』(서울: 국사편찬위원회, 1956) 卷9, 402-403쪽. "退溪之時, 王陽明文集始自中國出來. 退溪以其良知良能之說, 出於陸象山禪學之源流分明, 痛加排斥. 於是世人皆知陽明之爲禪學, 而一辭攻駁. 自是陽明之學, 不得接跡於儒界, 而根苗永絶矣. 所以鮮儒之學, 專係宋儒氏濂洛關閩之統, 而純乎其門路之得正矣."

명학자인 이탁오(1527~1602)에 대한 장지연의 비판적인 기록을 살펴볼 필요가 있다.

명 왕조 때의 이탁오(이지)라는 자는 왕양명의 문인인데, 명 왕조 때의 여러 신하에 대한 열전을 찬술하였다. 그는 열전에 포함시킨 인물들의 절반 정도를 양명학과 관련된 인물들로 억지로 채워 넣고는 시대를 대표할 만큼 사람들에게 너무나 잘 알려져서 빼버릴 수 없는 인물들과 뒤섞어놓았다. 그러나 자신과 다른 입장의 사람들에 대해서는 반드시 한두 개의 단점을 거론하여 명예가 손상되도록 하였다. 예를 들면 구준[60]의 전기를 지으면서, "경산(구준)은 내각에 들어가기를 도모하여 일찍이 떡을 만들어 임금의 입에 이르도록 시장에서 팔았는데, '상서떡'이라고 불렀다. 이 떡이 사람들을 거쳐서 대궐에 들어가게 되었는데, 임금이 그 떡을 먹고 기뻐서 마침내 구준을 발탁하여 내각에서 일하도록 했다"고 서술했는데, 이러한 설명은 너무나 가소로운 것이다. 구준이 어찌 하나의 떡을 이용하여 내각의 학사가 되기를 도모했겠는가?[61]

물론 이탁오는 양명학의 극단을 보여준 경우이기는 하지만, 이를

---

60 丘濬(1420~1496)은 明의 瓊州 瓊山人으로 字는 仲深이고, 號는 深菴·瓊山先生·瓊臺이다. 朱子學에 정통했고, 저서로는 『大學衍義補』, 『家禮儀節』 등이 있으며, 문집으로는 『瓊臺集』이 있다.

61 張志淵, 「如是觀四」, 『韋庵文稿』卷9, 417쪽. "明朝李贄卓吾者, 王陽明之門人, 撰明朝諸臣列傳. 其所立傳者, 强半陽明學中人, 雜以一時聞人表表著稱, 昭不可掩者. 然於異己人, 必以一二短處攙入以浼之. 其爲丘濬傳云, 瓊山欲圖入內閣, 嘗造爲餅子, 適上之口, 賣諸市, 名曰尙書餅. 因人流入大內, 上食而悅之, 遂擢瓊山爲內閣, 此說極可笑, 瓊山豈以一餅子, 圖爲內閣學士耶."

통해 일부 양명학자들에게서 나타나는 독단적이고 거리낌 없는 태도
와 행동양식에 대해 장지연이 어느 정도 부정적인 인식을 갖고 있었다
는 것을 알 수 있다.

3) 동산 유인식

양명학에 긍정적인 입장을 보여준 근대 시기 영남의 유학자로는
동산 유인식(1865~1928, 경북 안동)을 빼놓을 수 없다. 그는 성리학자이
자 의병장인 척암 김도화(1825~1912, 경북 안동)의 문하에서 수학했으며,
1895년에는 석주 이상룡 등과 함께 을미사변에 항거하는 의병을 조직
하여 투쟁하는 등 초기에는 위정척사의 입장을 견지한 전형적인 유학
자였다.[62] 그러나 유인식은 1903년경 서울을 왕래하면서 위암 장지연,
단재 신채호 등과 만나서 토론하고 신서적을 접하면서부터 점차 사상
적인 변화를 일으키게 된다.[63] 이후 그는 향리에서 계몽운동에 투신하
면서 지역 유림계는 물론 가문으로부터도 배척받게 된다. 그렇다고 그
가 유학을 버린 것은 아니다. 오히려 주자학 중심에서 벗어나 보다 폭
넓게 유학을 받아들였다.

유학과 관련된 그의 관점의 변화는 율곡 이이의 개혁경장사상에
대한 긍정적 평가와 학문적 성향에서 같은 시기의 퇴계 이황과 차별성

---

62 이후 사상적 변화를 겪은 석주 이상룡과 東山 柳寅植은 1907년 대한협회를 창설할 때도
협력했다[柳寅植, 「略歷」, 『東山文稿』(영주: 東山先生紀念事業會, 1978) 〈附錄〉, 143-
144쪽 참조].

63 柳寅植, 「上金拓菴先生」, 『東山文稿』, 9-10쪽 및 「略歷」, 『東山文稿』 〈附錄〉, 143쪽 참
조. * 丹齋 申采浩(1880~1936)는 장지연과도 밀접한 관계가 있다. 그는 1905년 황성신문
사 사장인 장지연의 초청으로 『황성신문』의 기자가 되어 논설을 쓰면서 본격적으로 언론
을 통한 애국계몽운동을 전개했다(금장태, 『한국근대의 유학사상』, 185쪽 참조).

을 보인 영남의 대유학자 남명 조식(1501~1572, 경남 합천)의 학문을 배워야 한다는 주장에까지 이르렀으며,[64] 퇴계 문하의 인물 중에는 누구보다 서애 류성룡(1542~1607, 경북 안동)의 경세적 실천과 업적을 높이 평가했다.[65] 그렇다면 유인식이 이들 유학자를 긍정적으로 평가한 공통된 이유는 무엇일까? 그것은 바로 시대적 상황의 변화에 대처하는 그들의 강력한 '개혁정신'이라고 할 수 있다. 유인식이 양명학에 대해 긍정적인 관점을 가지게 된 것도 이러한 차원에서 비롯된 것으로 보인다.

> 원나라와 명나라 때는 풍조가 바뀌어서 들은 것만 그저 읊조리는 공허한 이론의 폐단만 남게 되었다. 그러므로 왕양명이 치양지(致良知)의 학설을 주창하였고, 오늘날에 이르러서는 왕학(양명학)이 온 세상에 퍼지게 되었다. 이러한 모든 일은 당시의 폐단 때문에 비롯된 것이니, 그러한 커다란 변화는 생겨나지 않을 수 없는 상황이었다.[66]

이와 같이 유인식은 양명학이 주목받게 된 상황을 실천이 사라진 시대가 직면한 문제점을 해결하기 위한 불가피한 흐름으로 인식했다. 또한 유인식은 집안의 젊은이에게 보낸 편지에서 "남명 조식은 배우는 사람들에게 강학을 가르치지 않고 모두 그 자질에 따라 마음을 북돋우는 데 힘쓰도록 하였고, 왕양명은 그 제자들에게 반드시 깨우치도록

---

64 같은 책, 「答洪致裕 丁巳」, 28-29쪽 참조.

65 같은 책, 「答洪致裕 丁巳」, 29쪽 참조.

66 같은 책, 「答洪致裕 丁巳」, 28쪽. "元明之世轉爲口耳之弊, 故陽明倡出致良知之說, 而至今王學遍天下, 是皆因一時之弊, 而大運自不得不爾也." * 같은 맥락의 글이 柳寅植, 「太息錄」, 『東山文稿』, 101쪽 및 119쪽에도 나온다.

하였으니, 옛사람들이 공부에 힘을 쏟는 순서를 알 수 있다"[67]라고 말하여 왕양명에 대한 호의적인 입장을 보여주었다.

이와 함께 류성룡에 대한 유인식의 언급을 통해서도 육왕학에 대한 유인식의 관점을 엿볼 수 있다.

> (서애가) 학술을 논하면서 '학문에 힘쓰고 덕성을 높인다'고 말하지 않고, '덕성을 높이고 학문에 힘쓴다'고 말했으니, 그 학술의 선후 순서를 알 수 있다.[68]

공부와 관련된 육왕학의 입장은 『중용』의 개념으로 표현하면, 경전의 연구와 연관된 '도문학(道問學)'에 대해 심성의 도덕 함양과 연관된 '존덕성(尊德性)'의 우선성을 강조하는 것이다.[69] 유인식의 표현만으로 판단한다면 류성룡의 관점은 이러한 육왕학과 유사한 점이 있다. 물론 류성룡은 그의 스승인 퇴계 이황과 마찬가지로 기본적으로 양명학(육왕학)에 대해 비판적인 입장이다. 그러나 그는 무조건적인 반대 입장과는 조금 달리 해석할 수 있는 여지를 남기기도 했다.[70] 류성룡은 자신의 문인인 우복 정경세(1563~1633, 경북 상주)에게 보낸 답신에서 "다만 『중용』에서도 '덕성을 높이고 학문에 힘쓴다[尊德性而道問學]'라

67　같은 책, 「與族孫圭元」, 54쪽. "曹南冥, 對學者, 不教以講學, 擧因其資品而激勵之. 王陽明, 對門生, 必提醒之. 古之人用工次第, 可知矣."

68　같은 책, 「答洪致裕 丁巳」, 29쪽. "其論學曰, 不曰道問學而尊德性, 曰尊德性而道問學, 則其先後次第可見也."

69　陳來(안재호 옮김), 『송명성리학』(서울: 예문서원, 2004), 288-289쪽 참조.

70　유인식은 바로 이 점에 주목했다. 柳寅植, 「答洪致裕 丁巳」, 『東山文稿』, 28쪽 및 柳寅植, 「太息錄」, 『東山文稿』, 102쪽 참조.

고 말했지 '학문에 힘쓰고 덕성을 높인다[道問學而尊德性]'고는 하지 않았다. 그 선후를 다투는 것이 별것 아닌 것 같지만, 마침내 최종적인 결과가 어떠할지를 생각하지 않을 수 없을 따름이다"[71]라고 말했다. 유인식의 언급도 여기에서 연유한 것인데, 이와 관련해서 다음과 같은 류성룡의 글(가)과 유인식의 글(나)을 비교해보자.

(가) 원나라와 명나라 이후로 학술은 더욱 분열되니, 도문학을 주장하는 학파를 주자학이라 말하고 존덕성을 주장하는 학파를 육왕학이라 하였다. 이 두 학파는 서로 대립하여 마치 뭇사람이 모여서 소송하는 것 같아서 세상의 올바른 도리는 날마다 떨어지고 인심은 날마다 무너지니, 알지 못하겠다. 어느 편이 옳고 어느 편이 그른가? 자사(子思)가 이미 말하기를, "덕성을 높이고 학문에 힘쓴다[尊德性而道問學]"고 하였다. 요지는 한쪽에만 치우쳐 다른 쪽을 폐할 수 없는데, 각각 한쪽만 주장하면서 서로 이기려고 다투는 것은 무엇 때문인가?[72]

(나) 존덕성과 도문학은 새의 날개, 수레의 바퀴와도 같으니 한쪽을 없앨 수 없다. 그러므로 주자는 육상산의 학술이 오직 존덕성만을 위주로 한다고 여겨서 배척하였다. 만약 오직 도문학만을 위

---

71 『西厓先生年譜』 卷2 「萬曆 32年(甲辰年 先生 63歲) 9月」. "但中庸言尊德性而道問學, 不曰道問學而尊德性. 所爭先後幾何, 畢竟向望歸宿處, 不可不思耳."

72 柳成龍, 「策問(三首)」, 『西厓先生文集』 卷14. "元明以後學術益裂. 其主於道問學者, 謂之朱學, 其主於尊德性者, 謂之陸學. 呶呶爭辨, 有若聚訟. 以此世道日下, 人心日壞. 未知何者爲得, 而何者爲失耶. 子思旣曰尊德性而道問學. 要之不可偏廢, 而各主一偏, 有若爭勝者, 又何耶."

주로 하면서 존덕성을 내버려둔다면 그 폐단은 도리어 육학(육왕
학)보다 심한 것이다.[73]

류성룡은 그야말로 '중용'의 입장을 다시 한번 강조했다고 볼 수도
있겠지만, 조선이 주자학의 사회라는 점을 고려한다면 결과적으로는
육왕학에 상대적으로 유리한 입지를 마련해준 것으로도 해석할 수 있
다. 이제 이러한 내용을 토대로 말한다면, 류성룡에 대한 유인식의 언급
이 육왕학과 완전히 무관한 맥락에서 나온 것이라고 할 수 있겠는가?

4. 맺음말

'소통(疏通)'이란 정보의 단순한 교환이나 수용이 아니라, 서로 다
른 입장과 세계관을 가진 이들이 차이를 인정하고 대화함으로써 공통
의 사유 지대를 찾거나 자신의 사유를 재구성하는 성찰적 대화의 과정
으로 해석할 수 있다. 이런 의미에서 우리는 철학이나 사상의 역사에
서도 '소통'이라는 개념을 적용해볼 수 있다.

이 글에서는 근대의 전환기에 주자학을 사상적 기반으로 삼고 있
는 영남의 유학자들이 사상적 타자인 양명학을 어떻게 인식했는지, 그
에 따라 어떠한 사상적 소통 양상이 존재했는지를 살펴보았다. 특히

---

[73] 柳寅植,「太息錄」,『東山文稿』, 101쪽. "尊德性道問學, 如鳥翼車輪, 不可偏廢. 故朱子
以陸氏之專主尊德性而斥之也. 若專主道問學一邊而遺却尊德性, 則其弊反有甚於陸學
矣."

주자학과 양명학이 실제로 소통이 가능했는지를 직접적으로 묻기보다는 그러한 소통을 시도했던 '역사적 흔적들'에 주목했다.

근대 시기 영남의 유학자들은 시대의 전환기에 직면하여 사상적 측면에서 기존의 주자학 일존주의(一尊主義)를 견지하는 입장과 주자학 이외의 사상에 대해 보다 개방적인 태도를 취하는 입장으로 구분된다. 양명학에 대해 전자는 양명학 비판이라는 방식을 통해 주자학과 양명학의 차이점을 드러내면서 주자학적 정체성을 재확립하는 계기로 삼았으며, 후자는 국권(國權)의 쇠퇴와 국가의 멸망으로 이어지는 시대 상황 속에서 이러한 현실을 타개하기 위한 실천적 필요성에서 양명학에 대해 적극적인 관심을 보여주었다. 양명학에 대한 단순한 수용이나 배척을 넘어서는 이러한 인식 태도는 한편으로는 주자학과 양명학 상호 간의 사상적 긴장을 의식하면서도 다른 한편으로는 자신을 되돌아보는 성찰의 계기로 받아들이는 사상적 유연성 혹은 대화의 가능성을 보여준 것으로 해석할 수 있다. 어쩌면 이러한 태도야말로 사유의 진정한 소통일지도 모른다.

근대 시기의 전통사상 내부에서 이루어진 주자학과 양명학 사이의 사유의 긴장과 대화 가능성을 살펴본 이 글은 단순히 과거를 회고하는 작업이 아니라, 오늘날에도 사유와 사유가 어떻게 소통할 수 있는가에 대한 성찰의 실마리가 될 수 있을 것이다. 다시 말해, '주자학은 양명학과 소통할 수 있는가?'라는 질문은 단순히 과거의 철학사를 회고하는 것이 아니라, '차이를 마주한 사유가 어떻게 자신을 확장해나갈 수 있는가?'라는 오늘의 문제 제기이기도 하다.

참고문헌

『朝鮮王朝實錄』, 서울: 國史編纂委員會, 1968.

郭鍾錫, 『俛宇先生文集』(『俛宇集』, 韓國文集叢刊 340-344), 서울: 민족문화추진회, 2004~2005.

금장태, 『한국유학의 心說』, 서울: 서울대학교 출판부, 2002.

______, 『한국근대의 유학사상』, 서울: 서울대학교 출판부, 1999.

金澤榮, 『合刊韶濩堂集補遺』(『韶濩堂集』, 韓國文集叢刊 347), 서울: 민족문화추진회, 2005.

金憲基, 『初庵先生全集』(『初庵全集』, 韓國文集叢刊 續114), 서울: 한국고전번역원, 2011.

______, 『堯泉集』(『重編金堯泉先生集』), 刊寫地不明, 1921.

柳成龍, 『西厓先生文集』(『西厓集』, 韓國文集叢刊 52), 서울: 민족문화추진회, 1990.

문철영, 『고려 유학사상의 새로운 모색』, 서울: 경세원, 2007.

송석준, 「양명학의 전래와 수용」, 『유학연구』 16, 충남대학교 유학연구소, 2007, 6-30쪽.

오종일, 「陽明學의 受容과 傳來에 관한 再檢討」, 『陽明學』 3, 한국양명학회, 1999, 5-17쪽.

______, 「陽明 傳習錄 傳來考」, 『철학연구』 5, 고려대학교 철학연구소, 1978, 67-86쪽.

유명종, 『성리학과 양명학』, 서울: 연세대학교 출판부, 1994.

柳寅植, 『東山全集』, 영주: 東山先生紀念事業會, 1978.

李相龍, 『石洲遺稿後集』, 발행지 불명: 석주이상룡기념사업회, 1996.

______, 『石洲遺稿』, 서울: 고려대학교 출판부, 1973.

李彦迪, 『晦齋先生集』(『晦齋集』, 韓國文集叢刊 24), 서울: 민족문화추진회, 1988.

李瀷, 『星湖僿說』, 서울: 景仁文化社, 1970.

李寅梓, 『省窩集』, 서울: 亞細亞文化社, 1978.

이종우, 『19·20세기 한국성리학의 심성논쟁』, 서울: 심산, 2005.

李震相, 『寒洲先生文集』(『寒洲集』, 韓國文集叢刊 317-318), 서울: 민족문화추진회, 2003.

______, 『理學綜要』(『寒洲全書』 2), 서울: 亞細亞文化社, 1980.

李滉, 『退溪先生文集』(『退溪集』, 韓國文集叢刊 29-31), 서울: 민족문화추진회, 1989.

임종진, 「석주 이상룡의 「공교미지」에 대한 분석」, 『철학논총』 44, 새한철학회, 2006, 377-406쪽.

______, 「위암 장지연의 유교관에 대한 검토: 퇴계학파의 근대적 변용에 관한 일 고찰」, 『철학연구』 91, 대한철학회, 2004, 257-295쪽.

張志淵(조수익 옮김), 『조선유교연원』, 서울: 솔, 1998.

______, 『韋庵文稿』, 서울: 국사편찬위원회, 1956.

張夏, 『雒閩源流錄』, 濟南: 齊魯書社, 1996.

曺兢燮, 『巖棲先生文集』(『巖棲集』, 韓國文集叢刊 350), 서울: 민족문화추진회, 2005.

______, 『深齋先生文集』(『深齋集』), 서울: 景文社, 1980.

陳來(안재호 옮김), 『송명성리학』, 서울: 예문서원, 2004.

______(전병욱 옮김), 『양명철학』, 서울: 예문서원, 2003.

최영성, 「해설-장지연의 유교관과 『조선유교연원』」, 『조선유교연원(1)』, 서울: 솔, 1998.

최재목, 「근대 영남 유학계에서 실학의 계승과 양명학 수용의 문제」, 『철학논총』 13, 새한철학회, 1997, 121-152쪽.

한국고전번역원, 〈한국고전종합DB〉(http://db.itkc.or.kr)

許薰, 『舫山先生文集』(『舫山集』, 韓國文集叢刊 327-328), 서울: 민족문화추진회, 2004.

______(남만성·김철희 역), 『國譯舫山全集』, 서울: 성균관대학교 출판부, 1983.

黃麗生, 「日帝時期韓儒朴殷植的開化意識與陽明學」, 『臺灣東亞文明研究學刊』第8卷 第2期(總第16期), 臺北: 國立臺灣大學人文社會高等研究院, 2011, 頁271-312.

04
틈으로 서로 통하다:
K-소통(疏通)의 원류를 찾아서

조윤경(국립경국대학교 동양철학과)

1. 들어가며

현재 한국 사회는 대립과 갈등이 만연하고 있다. 2025년 한국 사회에서 대다수 시민은 다양한 집단 간 갈등이 매우 심각하다고 인식하고 있다. 그 가운데 정치·이념의 양극화가 가장 심각하지만, 계층·세대·성별·지역 갈등이 이를 둘러싸고 복합적으로 얽혀 대립과 갈등이 상호 증폭되고 있다. 정치권과 언론은 이러한 갈등을 중재하기보다 오히려 편 가르기와 선동을 통해 증폭시킨다는 비판을 받고 있다. 이러한 첨예한 대립과 갈등 상황에서도 공동체 의식을 회복하고 사회통합을 이루어야 한다는 시민의 열망 또한 공존한다. 사회 분열을 극복하고 소통과 통합으로 나아가야 하는 시대적 과제에 관해 고민하다가 문득 '소통'이라는 말이 담고 있는 의미를 다시 곱씹어보게 된다. 현대 한국 사회의 핵심 가치 중 하나인 '소통'은 진정 무엇을 의미하는가?

현재 '소통' 개념에 관한 학술적 논의는 대체로 이를 서구의 'communication' 개념과 동등하게 간주하는 전제하에 이루어지고 있다. 예를 들어, 이도희·이은서는 위키백과사전과 교학사 한국어 사전을 근거로 "소통(communication)의 사전적 의미는 '서로의 의견을 나누면서 정보를 교환하기도 하고, 서로 간의 이해와 도모를 하면서 상호작용하는 것'으로 정의되고 있다"고 지적한다.[1] 이러한 동일시는 근대 이후 서구 패권 아래 한국인의 사고방식과 생활양식 자체가 서구적으로 변화했으며, 오늘날 학술 생태계 역시 서구 중심의 패러다임 위에서 작동한다는 점에서 일정 부분 타당하다. 그러나 한국어 '소통' 개념이 지닌 고유한 맥락과 정서적 뉘앙스가 충분히 조명되지 못하고, 단순히 'communication'의 번역어로 환원되는 경향이 나타나는 것은 아쉬운 지점이다.

국립국어원 『표준국어대사전』은 '소통(疏通)'을 "1. 막히지 아니하고 잘 통함. 2. 뜻이 서로 통하여 오해가 없음"으로 정의한다.[2] 그러나 이 간략한 정의만으로는 한국어 화자들이 '소통'이라는 말을 사용할 때 드러나는 정서적·문화적 함의를 온전히 설명하기 어렵다. '소통(疏通)'은 현대 동아시아 3국인 한·중·일 모두에서 사용되는 어휘이지만, 특히 한국에서는 정치, 교육, 직장, 가정 등 사회 전반에 걸쳐 핵심어로 정착했고 일상에서 사용 빈도도 상대적으로 높다. 이는 한국 사회에서 '소통'이 단순한 의사 교환을 넘어 사회적 신뢰와 관계 형성의 중심 개념으로 기능함을 시사한다.

---

1   이도희·이은서, 「'소통'을 생각해보다: Q-방법론을 활용하여」[『한국콘텐츠학회 논문지』 25(1), 한국콘텐츠학회, 2025], 556쪽.

2   https://stdict.korean.go.kr/search/searchResult.do

따라서 각국에서의 구체적 용례와 언어적 뉘앙스를 비교해보면, 'K-소통'이 지닌 문화적 특수성을 일정 부분 확인할 수 있다. 물론 소통 개념의 역사적 전개와 의미망의 단면을 세밀하게 분석하려면 정교한 방법론 설계가 요구된다. 그러나 본고는 'K-소통'의 원류를 고대 한반도의 철학적 사유에서 찾는 데 초점을 두고 있으므로 현대 한·중·일 3국 간 소통 개념의 의미 차이에 대해서는 각국의 대표 사전 정의와 용례를 간략히 검토하는 수준에서 논의를 제한했다.

그 결과 '막힌 것을 뚫어 통하게 하다'라는 소통의 기본적·물리적 의미는 세 언어에서 공통되나, 추상적 차원에서는 서로 다른 문화적 함의를 띤다는 점을 확인할 수 있었다.

우선, 대표적 중국어 사전인 『현대한어사전(现代汉语词典)』 제3판 개정판과 제7판은 소통을 "양측의 뜻을 전달하고 양측의 갈등을 조정하다"라고 정의한다.[3] 또한 『응용한어사전(应用汉语词典)』 제1판은 "양측 간에 조정을 행하여 서로의 뜻을 전달하고 이해시켜 갈등이나 분쟁을 피하게 하다"라고 정의한다.[4] 예를 들어, "일반적으로 분위기를 누그러뜨리고, 관계를 원활하게 하여[疏通], 적극적으로 갈등을 해소하는 것이 올바른 해법이다"[5]라는 현대 중국어 문장에서 '소통'은 '분위기 완화'와 실질적 '분쟁 해결' 사이에 위치하여 막힌 소통의 통로를 열어 상호 오해와 갈등을 조정하는 의미로 사용되었다. 이처럼 중국어에서 소통은 물리적 장애를 제거하여 통하게 한다는 일차적 의미에서

3　中国社会科学院语言研究所词典编辑室(编), 『现代汉语词典』第3版·修订本(北京: 商务印书馆, 2002), p. 1170; 『现代汉语词典』第7版(北京: 商务印书馆, 2016).

4　商务印书馆辞书研究中心(编), 『应用汉语词典』(北京: 商务印书馆, 2000), p. 1167.

5　"常言道: '冤家宜解不宜结', 通常情况下, 缓和气氛, 疏通关系, 积极化解, 才是正确的思路."(https://www.mbachina.com/html/xw/201911/204845.html)

파생해 구체적 문제해결에 초점을 둔 실용적이고 목표 지향적 성격을 띤다.

한편, 대표적 일본어 사전인 『고지엔(広辞苑)』 제6판은 소통을 "의사가 통하는 것, 이치[条理]가 잘 통하는 것"으로 풀이한다.[6] 일본어에서 '소통'은 대개 '의사소통(意思疎通)'의 형태로 사용되며, 체계적 정보 전달과 명확한 상호 이해 절차에 초점을 둔다. 공식 문서에서 '의사소통'과 같이 '소통'이라는 표현이 빈번히 등장하는 데 비해, 일상에서는 '커뮤니케이션(コミュニケーション)'이나 '대화(対話)' 같은 표현이 '소통'이 가지는 기능적 측면과 절차적 측면을 대체하는 경우가 많아 일본어에서 '소통'의 사용 빈도는 한국어보다 현저하게 낮다.

반면 한국어에서 '소통'은 중국어나 일본어에서 보이는 단순한 문제해결이나 의사소통의 차원을 넘어 보다 풍부한 의미를 지니며, 사용 빈도도 상대적으로 높다. 한국어에서 주목할 만한 점은 소통의 물리적 의미는 거의 퇴색하고 정서적 의미가 강화되어 당사자들 간의 직접적 대화를 통한 상호 이해나 "마음이 통하는" 감정적 교류와 정서적 공감이 핵심을 이룬다는 점이다. 또한 '소통'은 정치, 사회, 교육, 경영, 인간관계, 예술 등 수많은 분야에서 핵심 키워드를 차지하며, 따라서 한국인의 일상 언어에서 자주 나타난다. 이 시대를 살아가는 한국인에게 '소통'은 자기 생각을 진솔하게 표현하고 타인의 의견을 경청하여 합의점을 찾아가는 적극적이고 개방적인 태도로 이해된다. 반대로 '불통(不通)'은 진정한 소통을 차단하여 대화와 관계를 단절시키는 부정적 태도를 지시한다. 이처럼 '불통'이 지닌 고립과 폐쇄의 어감은 '소통'

6　新村出(編), 『広辞苑』 第6版(東京: 岩波書店, 2008).

의 긍정성을 역설적으로 부각하고 있다. 나아가 한국에서 소통은 사회 구성원의 의견을 수렴하여 민주적 의사결정을 가능하게 하는 과정을 대변한다. 따라서 소통은 단순히 갈등을 해결하기 위한 수단이 아닌, 그 자체로 민주주의 사회를 실현하는 핵심 가치로 여겨진다.

이처럼 '소통'은 한국인의 고유한 핵심 가치를 잘 드러내는 어휘 가운데 하나다. 따라서 이 장에서는 광범위한 의미와 다양한 가치를 담지하고 있는 '소통'의 스펙트럼 가운데 고대 백제의 소통 철학에 초점을 맞추어 한국철학에서 '소통'의 고유한 의미와 '소통'에 내재한 변증법적 사유체계를 고찰하고자 한다.

2. 소통 개념의 형성과 의미의 변천

이 절에서는 고대 한반도의 소통 철학으로 들어가기 전에 먼저 중국 고전문헌 속 '소통(疏通)'의 형성과 의미 변천의 맥락을 간략히 살펴보고자 한다. '소통'은 현대 한국어·중국어·일본어에서 중요 어휘로 쓰이지만, 그 의미의 변천 과정이 충분히 조명되었다고 보기는 어렵다. 따라서 여기서는 중국 고전문헌에서 '소통'이 최초로 등장하는 용례를 살펴보고, 한대에서 남북조 전후에 이르기까지 그 의미의 변천 과정을 통시적으로 추적해본다.

'소통'은 본래 '소(疏, 트다)'와 '통(通, 통하다)'의 결합으로 형성된 단어다. '疏'의 핵심 의미가 바로 '通'이고, 두 글자 모두 막힌 곳을 뚫어 흐르게 한다는 물리적 소통의 기본 의미가 공통되므로 '소통'은 동의중복(同義重複)으로 이루어진 복합어 성격을 지닌다. '소통'의 현존하는 가장 이른 문헌 용례는 전한(前漢)으로 소급된다. 그 가운데 하나는 『사기(史記)』「하거서열전(河渠書列傳)」의 "황하로 하여금 머물 수 있는 곳은 머물게 하고, 머물 수 없는 곳은 (물길을) 소통시켰다"[7]라는 언급으로, 소통은 우(禹)가 범람을 다스리기 위해 물길을 터서 흐름을 원활케 한 상황을 가리킨다. 한편 같은 책 「오제본기(五帝本紀)」에서는 전욱(顓頊)을 묘사하면서 "고요하고 깊어 계책이 있고, 소통하여 사물을 안다"[8]라고 했는데, 이는 그가 사물의 본질을 꿰뚫고 일을 처리하는 지혜를 갖추었다는 뜻이다. 두 용례를 종합하면, 사마천(司馬遷, BC145?~BC86?) 시대에 이미 '소통'은 물길을 트는 등의 물리적 개통에서 사리에 막힘없는 정신적 통찰이라는 의미가 파생되어 두 차원을 동시에 가리키는 독립어로 통용되었음을 알 수 있다.

정신적 통달로서의 의미는 『예기(禮記)』「경해(經解)」에서도 뚜렷하게 나타난다. "그 나라에 들어가면 그 교화를 알 수 있다. … 소통하여 멀리 아는 것이 『서경』의 가르침이다"[9]라는 공자의 인용은 『서경』을 배우면 사리에 널리 통달하여 먼 과거의 일까지 꿰뚫어 알게 되는 교육적 효과가 있음을 의미하는데, 여기서 '소통'은 지식과 이해가 막힘없이 통하는 상태를 가리킨다. 이러한 정신적 통달은 개인의 성품을 묘사할 때도 동원된다. 예를 들어, 『한서(漢書)』「광형전(匡衡傳)」의 "대개 총명하고 소통된 자는 지나치게 세밀하게 살피는 것을 경계해야 하

7　『史記』「河渠書列傳」: 令河可處者, 處之, 不可處者, 疏通之.

8　『史記』「五帝本紀」:　靜淵以有謀, 疏通而知事, 養材以任地, 載時以象天, 依鬼神以制義, 治氣以教化, 絜誠以祭祀.

9　『禮記』「經解」: 入其國, 其教可知也 … 疏通知遠, 『書』教也.

고, 견문이 적은 자는 꽉 막혀 편협해지는 것을 경계해야 한다"[10]라는 문장에서 '소통'은 사고가 막힘없이 트여 사리에 두루 통하는 개방적 성품을 가리킨다.

한대 경학에서는 이러한 의미가 학술적 엄밀성과 객관적 논증을 반영하는 방향으로 확장된다. 『한서』「유림전(儒林傳)」의 "같은 스승 전왕손(田王孫) 문하의 양구하(梁丘賀)가 소통하고 증명했다"[11]는 기록이 대표적이다. '소통하고 증명했다(疏通證明之)'의 구체적인 내용은 다음과 같다. 양구하는 '전왕손은 시구(施讎)의 곁에서 임종'했는데, '그 당시 맹희(孟喜)는 고향인 동해(東海)에 돌아가 있었다'는 객관적 사실관계를 들어 스승이 임종 시 역가(易家)에서 전해지는 음양재변(陰陽災變)을 관찰하고 예측하는 방법을 기록한 책을 자신에게만 전수해주었다는 맹희의 주장이 논리적으로 모순되어 거짓임을 증명했다. 당대 주석가 안사고(顔師古, 581~645)는 이 대목에서 "소통은 분별한다는 말과 같다"[12]고 정의한다. 다시 말해,「유림전」에 나타난 소통은 의혹과 난점을 명확하게 해결하기 위해 사실과 허위를 논리적으로 분석하고 구별하는 행위이다.

위진(魏晉) 시기를 지나 남북조(南北朝) 시기로 넘어오면 '소통'은 물리적 의미보다 정신적·사회적 맥락에서 인물의 성격이나 학식을 묘사하는 말로 널리 사용된다. 예컨대, 『후한서(後漢書)』에서는 "조포(曹褒, ?~102)는 학문이 넓고 기품 있으며 사리에 소통하여 특히 예제 연구

10 　『漢書』「匡衡傳」: 蓋聰明疏通者戒於大察, 寡聞少見者戒於雍蔽.

11 　『漢書』「儒林傳」: 同門梁丘賀疏通證明之.

12 　『漢書』顔師古註: 疏通猶言分別也.

[禮事]를 좋아하였다",[13] 또 "포(褒)는 젊어서부터 뜻이 독실하고 도량이 컸으며, 성인이 되자 가학(家學)을 이어받아 학문이 넓고 기품 있으며 사리에 소통하여 …"[14]라고 하여 조포의 학문이 해박하고, 따라서 사리에 막힘 없이 통하는 지적 능력을 겸비했음을 나타낸다. 또한 죽림칠현의 한 사람인 "산도(山濤, 205~283)의 아들 산간(山簡, 262~312)은 소통하여 고결하면서 소박한 성품이었다"[15]라는 『세설신어(世說新語)』「상예(賞譽)」의 품평에서 '소통'은 사람됨이 막힘없어 시원스럽고 사람들과 격의 없이 지내는 기질을 드러낸다. 따라서 남북조 시기의 '소통'은 자유분방함을 나타내는 어휘로 확장되어 사리에 자유자재로 통하는 학문적 경지, 시원시원하면서 통 큰 성격, 틀에 얽매이지 않는 기질을 나타내게 된다.

남북조 시기에는 경전과 이론을 주석하고 해설하는 풍조가 한층 활발해지며, '소통'은 경전의 뜻을 소통시키는 것, 곧 의미를 명료하게 풀어 설명하는 행위를 뜻하게 된다. 유협(劉勰, 465?~520?)은 『문심조룡(文心雕龍)』「주계(奏啟)」에서 상주문[奏]과 계문[啟] 등 관방 문서를 다루며 "상주문의 문체는 본디 밝고 공정하며 돈독하고 성실함을 근본으로 하고, 변석하여 소통함을 으뜸으로 한다"[16]고 했다. 여기서 '소통'은 '변석(辨析)'과 결합하여 사안을 논리적으로 분석한 뒤 막힘없고 명확하게 전달하는 역량을 가리킨다. 즉 인물의 성격이 활달하여 교류가 원활하거나 학문이 넓어 사리에 통달한 차원을 넘어, 명확하고 논리적

---

13   『後漢書』卷3: 曹褒博雅疏通, 尤好禮事.

14   『後漢書』卷3: 褒少篤志, 有大度, 結髮傳充業, 博雅疏通 ….

15   『世說新語』「賞譽」: 濤子簡, 疏通高素.

16   『文心雕龍』「奏啟」: 夫奏之爲筆, 固以明允篤誠爲本, 辨析疏通爲首.

인 의사소통의 규범적 가치가 '소통'의 의미에 편입된다.

이러한 '소통'의 분석적이고 논리적인 함의의 확대는 남북조 시대에 체재가 확립된 의소(義疏)와 밀접한 관련이 있다. 동진(東晉)의 법숭(法崇)으로부터 비롯하여 법태(法汰), 승부(僧敷) 등 불교 승려들이 다수의 경전 의소를 저술했다고 전하며,[17] 중국의 승려들은 방대한 불교 경론을 한문으로 풀어 설명하면서 난해한 교의를 막힘없이 이해할 수 있도록 소통시키는 것을 과제로 삼았다. 한편 의소의 기원과 관련해서는 후한 말 은사 기자훈(薊子訓)이 『주역(周易)』을 읽으며 "작은 문소를 지었다[小小文疏]"는 기록 등 유교 경학 내부에서 이미 '소(疏)'와 유사한 조목별 해설 전통이 싹트고 있었다.[18] 따라서 남북조 시기 불교의 강설과 주석 작업이 활발해지면서, 중국 경학 전통과 불교의 주석 전통이 상호작용하여 의소학(義疏學)이 탄생하여 유행하게 되었다고 볼 수 있다.

이후 수당 시기 '소통'은 명랑하고 포용적인 성품을 나타내게 된다. 예를 들어, 당대 편찬된 『진서(晉書)』에서는 서진(西晉)의 장수 왕준(王濬, 206~286)이 "만년에 지조를 바꾸어 마음이 소통하고 환히 통달하여 도량이 넓고 큰 뜻을 품게 되었다"[19]라고 묘사한다. 여기서 '소통'은 왕준의 성격이 막힘없이 탁 트이고 명랑하게 변화했다는 것을 비유하기 위해 사용되었다. 그리고 또 다른 당대 편찬 기록인 『주서(周書)』「양태전(梁臺傳)」에서 "양태의 성품은 소통하여 자신을 용서하듯 타인

17　牟润孙, 『注史斋丛稿』(北京: 中华书局, 2009), p. 100.

18　谷继明, 「南北朝儒家讲经与撰疏之再检讨」(『孔子研究』 2022年第6期, 中国孔子基金会, 2022), p. 34.

19　『晉書』: 晩乃變節, 疏通亮達, 恢廓有大志.

을 대하였다",[20] "과감하고 담대한 결단력은 미치기 어려웠다",[21] "백성을 다스리고 정사를 볼 때는 더욱 인애로운 마음으로 처리했다"[22]라는 진술은 그가 타인과의 관계에서 개방적이고 포용적인 태도를 지닌 인물이었음을 보여준다. 이처럼 수당 시기 마음이 탁 트여 도량이 넓으며 호방한 인물 묘사는 남북조 '소통'의 자유분방함과 결을 같이한다.

한편, 공영달(孔穎達, 574~648)은 남북조 의소 전통을 계승하고 체계화했다. 그는 『예기정의(禮記正義)』 서문에서 "'소(疏)' 자의 본래 뜻인 '통(通)'을 '의(義)'라는 개념과 결합하면, '의소'란 곧 경문을 소통하여 의리를 넓게 드러낸다는 의미가 된다"[23]고 했다. 여기서 '疏通經文'은 문자 그대로 경전 구절을 막힘없이 풀어 해석하는 것을 뜻한다. 경전을 주석하여 그 뜻을 막힘없이 통하게 하여 독자가 명확히 이해하도록 돕는 의소의 기능은 자연스레 사상적 소통이라는 철학적 함의로 이어진다. 당대 천태의 담연(湛然, 711~782)은 『법화문구기(法華文句記)』에서 "'소(疏)'란 의미를 통하게 하는 말이며, '기록하는 것(記)'이기도 하다. 또 '소(疎)'라고 발음하니, 곧 소통(疏通)·소조(疏條)·소루(疎鏤)이다"[24][25]라고 해설한다. 여기에서 '소통'은 막힌 곳[疑滯·文難]을 풀어내고 경전의 핵심 논지를 관통하여 대의[通意]를 밝히는 기능, '소조'는 장·절·

---

20 『周書』「梁臺傳」: 臺性疏通, 恕己待物.

21 『周書』「梁臺傳」: 果毅膽決, 不可及也.

22 『周書』「梁臺傳」: 至於蒞民處政, 尤以仁愛為心.

23 『禮記正義』: '疏'取本義'通', 與'義'體結合, 所謂'義疏'者, 則有疏通經文, 發揮義理之意. '疏'取引申義'記', 與'義'體結合, 所謂'義疏'者, 則有講演經義, 記錄成文之意.

24 『法華文句記』卷1(T34, p. 151a13-14): 疏者, 通意之辭, 亦記也. 又疎音即疏通、疏條、疎鏤也.

25 소를 '의미를 통하게 하는 말'과 '기록하는 것' 두 가지로 나누어 언급한 것은 공영달의 서문과 일맥상통한다.

구의 조목[條]을 나누고 구조를 체계적으로 배열하는 기능,[26] '소루'는 자구·어법·음훈 등을 세공하듯 정밀하게 주석하는 기능을 가리킨다. 이처럼 남북조에서 수당으로 넘어가면서 '소통'은 전체 맥락을 관통하는 역할이 강조되었고, 교의와 사상의 소통과 융합이라는 새로운 차원으로 나아가는 토대를 마련하게 되었다.

정리하면, '소통'은 전한 문헌에서 이미 물길을 트는 물리적 행위와 사리에 통달한다는 정신적 경지로 병용되었고, 후한대에는 사실 판단과 논증의 기술어로 기능했으며, 남북조 시기에는 탁 트인 성품, 학문적 개방성, 사회적 포용성을 기술하는 어휘로 확장되었다. 남조의 문체론에서 '소통'은 논리적 분석을 통해 막힘없고 명확하게 전달하는 논증적 서술과 연결되고, 남북조에서 수당기까지의 의소학의 정신과 경전을 해석하는 방법론을 나타낸다. 그 결과 '소통'은 막힌 것을 트고 대의에 이르게 하는 원리로서, 분열된 것을 연결하고 이질적인 것을 통합시켜 궁극적 질서를 실현하는 후대 동아시아 사상 발전의 동력이 되었다.

---

26 『문심조룡(文心雕龍)』「서기(書記)」편에서 공문서 유형을 설명하면서 "소(疏)란 '펼치다[布]'라는 뜻이다. 사물의 유형을 펼쳐서 배치하고, 핵심 요지를 뽑아내어 본래 의도를 드러내는 것이므로 간단한 증서나 짧은 글을 '소'라 부른다(疏者, 布也. 布置物類, 撮題近意, 故小券短書, 號為疏也)"라고 했는데, 여기서 '布置物類'는 疏條(항목화·구조화)에 해당하므로 이러한 의소 체계는 남북조에서 비롯된 것이라고 볼 수 있다.

3. 고구려 승랑의 이원적 범주

이 절의 목적은 백제 혜균(慧均)의 소통 사유를 읽어내기 위한 사상적 맥락으로서, 『대승사론현의기(大乘四論玄義記)』 제1권 「초장중가의(初章中假義)」에 제시된 삼론종(三論宗)의 이원적 범주를 소개하는 데 있다. 혜균의 저술은 원효(元曉, 617~686)의 『대승기신론소(大乘起信論疏)』보다 약 60년 앞서며, 한반도에서 성립한 문헌 가운데 현존하는 최고(最古) 문헌으로서 고대 백제의 사상사를 복원하는 데 중요한 단서를 제공한다.[27] 여기서는 혜균이 상세히 논한 범주들 가운데 승랑(僧朗)이 관중(關中)의 구마라집(鳩摩羅什, S. Kumārajīva, 350-309 혹은 344-313) 사상 계보를 이었다고 밝힌 횡수(橫竪) · 소밀(疏密) · 쌍척(雙隻) · 단복(單複)에 초점을 맞춘다.[28]

승랑은 남북조 시기 중국에서 활동한 고구려 출신 사상가로, 중국 각지의 다양한 불교사상을 흡수하고 중관(中觀) 사유를 재정비하여 삼론학의 기초를 놓았다. 승랑은 구마라집 사후 열반학과 성실학이 유행하며 쇠퇴했던 중관 사상을 다시 전면에 내세운 학파인 삼론종을 창시했으며, 양 무제에게 사상적 영향을 주어 동아시아불교에 '대승'이라는 이념을 정착시키는 데도 크게 공헌했다. 그는 여러 다른 대승 교리들을 통합적으로 접근하는 해석학적 체계를 세웠는데, 그 가운데 중도(中道)와 가명(假名)의 밀접한 상관관계를 주장하는 중가의(中假義)는 그의 대표적 학설이다. 그는 중도와 가명의 관계를 "유도 아니고 무도 아

---

27 최연식, 「백제 찬술문헌으로서의 《大乘四論玄義記》」(『韓國史研究』 136, 한국사연구회, 2007), 8-24쪽.

28 이하의 해석 기준은 원칙적으로 혜균의 『대승사론현의기』의 내용을 따른다.

니지만 그럼에도 유이고 그럼에도 무이다[非有非無, 而有而無]"[29]라는 명제로 개진하여 초월적 중도가 다양한 현상세계와 대칭적 상관성을 이룬다고 보았다. '중도가 곧 가명이고, 가명이 곧 중도'인 중가의에서는 붓다의 가르침, 즉 대승 경전의 여러 가르침은 모두 붓다의 깨달음에 존립 근거를 두고 있으며, 깨달은 자는 각양각색의 현상과 어떠한 장애도 없이 자유롭게 소통하고 가르침을 펼칠 수 있음을 보여준다.

승랑이 중도 이후에 연결한 가명은 훗날 승랑의 손제자이자 혜균의 스승인 법랑(法朗, 507~581)의 '성가중(成假中)' 개념과 상통한다. 법랑은 언어가 끊어지고[言語道斷] 마음 작용이 완전히 소멸한[心行處滅] 중도실상의 궁극적 깨달음을 향할 때 자칫 공의 구렁텅이, 즉 허무주의에 빠질 위험이 상존한다고 보았다.[30] 따라서 이를 방지하기 위해 다시 유·무의 작용을 일으켜 '가명 → 중도 → 가명'의 순환을 이루어 대승의 가르침이 계속 이어지도록 하는 것이 성가중의 골자라는 점에서 중가의의 정신을 계승한다.

승랑은 중도의 평면에서 무한히 펼쳐지는 가명의 형식을 설명하기 위해 기존의 본말(本末)·체용(體用)·내외(內外) 같은 중국철학의 범주를 그대로 쓰지 않고, 횡수·소밀·쌍척·단복이라는 새로운 분석 틀을 제안한다.[31] 이 새로운 범주들은 중생에게 만연한 이분법적 고정관념과 이에 기반한 차별에 고착되지 않으면서도 다양한 중생의 현실을 외면하지 않고 그들과 소통하는 깨달음의 방편이다. 불보살이 중생에게 펼치는 가르침의 다양한 형식을 반영한 이원적 범주들은 이분법에

---

29   慧均, 최연식 校注, 『校勘 大乘四論玄義記』(서울: 불광출판사, 2009), 76-78쪽.

30   같은 책, 92쪽.

31   같은 책, 106쪽.

서 벗어난 '평등한 이원성'을 포착하여 깨달음의 세계와 현실 세계를 연결한다.[32] 그러므로 삼론종에서는 이 범주들에 관해 알지 못하면 불보살이 설법한 대승 경전의 진정한 함의를 이해할 수 없다고 본다.

삼론종에서 사용되는 다양한 이원적 범주 가운데 승랑으로부터 직접 계승된 것으로 확인된 범주로는 횡수·소밀·쌍척·단복이 대표적이다. 혜균은 "장안의 도융(道融, 355~434) 스님이 『유마경(維摩經)』을 주석하면서 '구마라집 스님께서 "만약 횡수·소밀·쌍척·단복의 뜻을 알지 못하면 결코 대승 경전의 의미를 이해할 수 없다"고 하셨다'고 말씀하셨다"[33]는 승랑의 전언을 보존한다. 이로써 중국불교에서 이 네 범주를 통해 대승불전을 이해하려는 시도는 구마라집과 그의 제자들로부터 유래한 오래된 해석학적 전통임을 알 수 있으며, 이를 보편적 사유로 발전시키고 관중의 중관학파와 삼론종의 전통을 연결했던 인물이 승랑이라는 점도 확인된다.

1) 횡수(橫竪): 수평적 전개와 수직적 상승

횡수는 수평적 전개와 수직적 상승의 양상을 동시에 가리킨다. 횡은 가로를 지칭하고 수는 세로를 지칭하므로 서로 수평적인 관계를 논의하는 것을 '횡론'이라고 하고, 수직적이고 초월적인 차원으로 이끌어주는 논변을 '수론'이라고 한다. 경전이나 논서에 나오는 구절은

---

32 이원적 범주들에 관한 자세한 내용은 다음 논문 참조. 조윤경, 「삼론종의 이원적 범주 연구: 『大乘四論玄義記』 제1권 「初章中假義」의 소밀(疏密), 횡수(橫竪), 단복(單複), 쌍척(雙隻), 통별(通別)에 대한 논의를 중심으로」(『불교학연구』 47, 불교학연구회, 2016), 55-83쪽.

33 같은 책, 106쪽.

그 맥락에 따라 횡론일 수도 수론일 수도 있다. 예를 들어, 길장(吉藏, 549~623)은 『이제의(二諦義)』에서 삼론종의 횡수 범주를 『중론(中論)』의 삼시게(三是偈)에 적용해 삼시게의 무애함을 다음과 같이 횡과 수 두 갈래로 규정한다. 첫째, "인연으로 생기한 법을 나는 공이라고 말한다"는 구절은 유와 공이 수평적 관계에서 무애하게 호응하는 횡론이다. 둘째, "가명이 곧 중도"라는 구절은 둘[二]과 둘이 아님[不二]이 서로 다른 차원에서 상호 무애함을 지칭하므로 수론이다.[34]

일상적 비유로 말하면, 서로 나란히 지어진 쌍둥이 빌딩 A와 B를 'AB'로 연결해 나열한 평면도가 횡이라면, 한 건물의 지하층과 지상층을 'A非A'로 겹쳐 보이게 하는 단면도는 수에 가깝다. 그러나 이는 어디까지나 비유일 뿐이다. 엄밀히 말해 경전에 나오는 특정 구절이 횡인지 수인지는 고정된 것이 아니라 그 구절이 출현한 맥락에 따라 판정된다. 승랑에게 중요한 것은 대승 경전의 언표가 담고 있는 내용과 실질적 기능을 따라 경문이 횡을 의미하는지 수를 의미하는지를 정확히 포착하는 일일 뿐 형식적 표지 하나만으로 단정할 일이 아니다. 삼론종에서 수평적 논의와 수직적 논의는 그 특징이 다를 뿐 모두 깨달음으로 인도하는 궁극적인 가르침이기에 횡수 자체는 어느 한쪽이 우월하거나 열등하지 않다.

---

34 吉藏, 『二諦義』 上卷(T45, p. 85b06-12): 言立義者, 因緣無礙二諦, 如『中論』所說, "因緣所生法, 我說即是空, 即是假名, 即是中道", 橫竪皆無礙. '假即中', 即竪無礙: 二不礙不二, 不二不礙二, 二爲不二用, 不二爲二用. '因緣生法, 我說即是空', 即橫無礙: 有不礙空, 空不礙有, 有爲空用, 空爲有用.

2) 소밀(疏密): 성김과 세밀함

‘소밀’ 범주의 ‘소’는 이 장의 주제인 ‘소통’의 한 축을 이루고 있다. 그러나 2절에서 다룬 ‘소통’에서 ‘소’는 대개 “막힌 것을 통하게 하다”라는 뜻으로 사용되었으나,[35] ‘소밀’에서의 ‘소’는 “사물 사이의 거리가 멀다. 사물의 부분 사이의 간격이 넓다”[36]라는 의미이다. 소밀은 삼론종을 제외한 다른 불교 사상에서는 잘 나타나지 않는 비교적 생소한 범주라고 할 수 있다. 혜균이 제시한 소밀을 구분하는 핵심 기준은 어떤 구절이 두 법에 관계되는지 혹은 한 법에서 비롯되는지다.[37] 말하자면, 소(疏)는 두 가지 다른 법 사이의 관계성을 나타내므로 ‘성기다’라는 의미이고, 밀(密)은 한 법에만 범위를 한정하여 다시 일으킨 것을 나타내므로 ‘세밀하다’라고 풀이할 수 있다.[38]

예를 들어, 혜균은 ‘공유’라는 구절을 소(疏)에 해당한다고 본다. 공과 유 두 법은 ‘공이기 때문에 유이고, 유이기 때문에 공이 있는’[39] 상호 연유하는 관계이기 때문이다. 이와 같은 두 법 사이에는 일정한 간격이 있을 수밖에 없으므로 그 관계를 ‘성기다[疏]’라고 표현한다. 비유

---

35 민중서림 편집국,『漢韓大字典』제2판 제7쇄(서울: 민중서림, 2003), 1373쪽.

36 中国社会科学院语言研究所词典编辑室(编),『现代汉语词典』第3版·修订本(北京: 商务印书馆, 2002), p. 1170.

37 慧均, 최연식 校注,『校勘 大乘四論玄義記』, 107쪽: 問: 何意空有爲疏, 不有有、不空空爲密耶? 答: 空有兩法相由: 由空故說有, 因有故說空, 此則爲疏. 若不有有、不無無, 只於一法上更起, 故爲密也.

38 ‘밀’은 일반적으로 촘촘함·빽빽함·긴밀함 등으로 번역할 수도 있으나, 여기서 ‘세밀함’을 역어로 선택한 것은『대승사론현의기』의 ‘한 법’ 기준을 분명히 하기 위해서이다. 혹시라도 ‘두 법’의 관계성을 형용하는 것으로 오해할 만한 표현은 모두 배제했다.

39 같은 책, 107쪽: 爲此見故, 法師更△進之, 明由空故有, 因有故有空, 此語爲疏, 若空不空, 若有不有, 此語爲密. 此則漸進之義也.

하면, '나-너'라는 구절은 나와 너라는 두 존재 사이에 언제나 일정한 틈을 전제하므로 소(疏)이다. 이러한 두 존재 사이의 틈은 갈라짐/나누어짐을 의미하지만, 동시에 나와 너의 소통이 가능하기 위한 조건이기도 하다. 반면 혜균은 '유가 아닌 유[不有有]'나 '무가 아닌 무[不無無]'라는 구절을 밀(密)에 해당한다고 설명하는데,[40] 유나 무 중 한 법에만 논의를 국한하여 그것의 긍정과 부정의 관계를 논하기 때문에 세밀하다[密]고 할 수 있다. 비유하면, '나 아닌 나' 혹은 '너 아닌 너'라는 구절은 '나' 혹은 '너' 가운데 하나에 범위를 한정하여 표층에 드러나지 않은 심연의 의미를 세밀하게 논할 수 있으므로 밀(密)이다.

소밀도 앞의 횡수와 마찬가지로 위계적 개념이 아니다. 소와 밀 모두 중도에 들어가는 방편의 형식이자 동시에 대승 경전과 논서의 언어형식이다. 예를 들어, 『열반경(涅槃經)』에는 "유무(有無), 비유비무(非有非無)" 같은 성긴 구절도 있고, "귀비귀(鬼非鬼), 비귀비비귀(非鬼非非鬼)" 같은 세밀한 구절도 있다.[41] 승랑은 대승 경전과 논서의 가르침을 단순히 표층적 언어·문자로 환원할 수 없는 불보살의 방편교화로 보았으며, 자신의 잣대로 가르침의 수준을 가늠하는 일[예컨대, 당시의 '오시교(五時敎)' 같은 경전 분류]을 경계했다.

---

40   같은 책, 107쪽.
41   같은 책, 108쪽.

3) 쌍척(雙隻): 짝 개념과 홀 개념

삼론종에서 쌍척은 짝 개념과 홀 개념의 구분이다. 두 항이 짝(대칭)을 이루는 한 쌍 전체를 가리킬 때는 '쌍(雙)', 그중 어느 한 항만을 지칭할 때는 '척(隻)'이라 한다.[42] 비유하면, 구두 한 켤레, 양말 한 켤레, 장갑 한 켤레는 모두 쌍이고, 그 가운데 왼발이나 오른발 한 짝, 왼손이나 오른손 한 짝은 척이다. 따라서 '쌍척' 범주는 짝을 이루는 하나의 개념쌍 안에서 지칭 대상의 범위를 구분하기 위해 사용된다. 예를 들어, 혜균은 '유무'나 '거·래(去來)'처럼 서로 마주한 두 항을 밝히면 '짝 개념[雙]'이고, '유불유'나 '불유유', '불래래(不來來)'[43] 등 한 항에서만 긍정과 부정을 전개하면 '홀 개념[隻]'이라고 정의한다. 또한 『열반경』의 "마치 원앙 등의 새가 슬피 우는 것처럼 상과 무상 등은 짝을 이루어 서로 떨어지지 않는다(如鴛鴦等鳥啼, 常無常等, 雙不相離)"라는 문장은 쌍(雙)의 전형이고, "기린이 홀로 감(麒麟獨一之行)"이라는 구절은 척(隻)의 대표적인 예이다.[44] 삼론사들의 해석에 따르면, 깨달은 자의 시각에서 바라본 세상은 평등하게 짝을 이룬 대칭적 상관관계로 나타난다. 나아가 쌍과 척은 서로를 전제하는데, 짝 개념은 하나의 짝을 이루는 두 항을 수반하고 있고, 각 항을 단독으로 지시하는 홀 개념 또한 이미 짝을 전제한 명칭이다.

---

42 김성철, 『승랑: 그 생애와 사상의 분석적 탐구』(파주: 지식산업사, 2011), 254쪽.

43 慧均, 최연식 校注, 『校勘 大乘四論玄義記』, 111쪽.

44 같은 책, 112쪽.

4) 단복(單複): 단층적 의미와 중층적 의미

마지막으로 단복은 의미의 층이 홑겹인지 혹은 여러 겹인지 가리키는 범주이다. 단복은 문자 그대로 단수와 복수를 가리키며, 따라서 사상적으로 단(單)은 하나의 층위에서 성립하는 단층적 의미, 복(複)은 둘 이상의 층위가 층층이 겹쳐지는 중층적 의미를 뜻한다. 예를 들어 혜균은 '비유비무'와 '유불유, 비유비불유'가 각각 단과 복에 해당한다고 설명한다. '비유비무'는 서로 대립하는 두 항인 유와 무를 동시에 부정하면서 하나의 층위에서 초월적 의미를 성립시키므로 단층적 논의다. 이에 비해 '유불유, 비유비불유'는 '유불유'라는 층위와 이를 중복하여 부정한 '비유비불유'라는 층위가 포개져 작동하므로 중층적 논의가 된다. 비유하면, 한 가족이 단층집에서 생활하는 것은 '단'이며, 성장한 아이들에게 독립된 공간을 마련해주기 위해 2층·3층을 증축하면 '복'이다.

특히 3중의 이제(二諦)를 중층적으로 쌓은 승랑의 '삼중이제(三重二諦)'설과 4중의 이제를 중층적으로 쌓은 후대 '사중이제(四重二諦)'설은 이 단복 범주를 적용해 구축한 것이다. 중층적 이제설은 다양한 맥락에 따라 여러 의미와 기능으로 호환되는데, 그 가운데 점진적인 3단계 혹은 4단계를 설정하여 교화 대상의 집착과 미혹을 버리도록 하는 점사의(漸捨義)가 대표적이다.

요컨대, 승랑이 제시한 횡수·소밀·쌍척·단복이라는 네 범주는 대승 경전의 언표를 넘어 그 작동 원리를 정밀하게 포착하기 위한 해석학적 렌즈로 기능한다. 횡수는 수평적 전개와 수직적 상승이라는 양

방향으로 경문의 길을 열고, 소밀은 관계의 틈을 전제하는지 혹은 빈 틈없이 채워진 하나의 내부 작용인지 구별하며, 쌍척은 짝과 짝의 한 쪽(흘)을 적용하여 지시 범위를 명료화하고, 단복은 의미의 층이 단층적인지 중층적인지 밝혀 가르침의 구조를 해석한다. 이 이원적 범주들은 중도의 깨달음 이후 무궁무진하게 전개되는 가르침의 다양한 모습을 조명하며, 다양한 중생이 처한 현실을 외면하지 않고 각 중생에게 적확한 교화를 펼치기 위해 고안된 방편이다. 따라서 각 방편의 이름은 달라도 그것들 사이에 어떤 위계나 우열은 있지 않다. 또한 이 범주들은 후대 삼론사들이 자신의 사상을 전개하는 방법론으로 작용했으며, 다음 절에서 다룰 혜균의 변증법적 소통 철학은 이 이원적 범주들을 재해석해 탄생한 대표적 예다.

4. 백제 혜균의 변증법적 소통

이 절은 백제 혜균의 '소통(疏通)' 사유가 어떻게 구체적으로 조직되는지를 보여주기 위해 「초장중가의(初章中假義)」를 중심으로 삼론종의 이원적 범주인 소밀·횡수·단복·쌍척·통별이 혜균의 독자적 배열 속에서 어떻게 작동하는지 고찰한다. 앞에서도 언급했듯이, 이 범주들은 삼론사들이 대승 경전의 의미를 이해하고 자신의 사상을 펼치는 공통된 방법론이다. 다만 혜균은 이원적 범주들과 관련하여 다른 삼론사의 문헌에서 보이지 않는 독창적 시각을 제시하며 '소(疏)'와 '통(通)'을 새롭게 연결하는 철학적 사유를 구축한다. 한편, 혜균이 고유한 사상

체계를 세울 수 있었던 이면에는 전한 시대부터 형성되어 혜균 당대에도 널리 사용된 '소통'이라는 언어와 남북조부터 체계화되기 시작한 불교의 의소(義疏) 전통의 영향이 있었을 것으로 추정할 수 있다.

횡수·소밀·쌍척·단복 범주는 멀리는 구마라집, 가까이는 승랑에 연원하지만, 현전 텍스트에서 그 운용 기준을 명확히 규정하는 것은 혜균의 『대승사론현의기』이다. 여기서 그는 개별 범주의 두 항을 분리하고 이들을 다시 엮어 '소(疏)-수(竪)-단(單)-쌍(雙)-통(通)'과 '밀(密)-횡(橫)-복(複)-척(隻)-별(別)'이라는 이중 프레임으로 재편한다. 이 과정에서 표면적으로 이질적인 항들이 서로 관통되어 복합적인 변증법적 사유체계를 이루게 된다. 그 결과 자아와 타자 사이를 가르는 간극을 넘어, 서로 평등하게 짝을 이루며 보편으로 통하는 '소통' 철학이 탄생한다.

1) 소밀과 횡수의 교차

혜균은 승랑이 언급한 횡수·소밀·쌍척·단복 가운데 소밀 범주를 규정하는 것으로 논의를 시작한다. 앞서 소(疏)는 두 법 사이의 '성긴' 관계, 밀(密)은 한 법에 범위를 한정하여 심화시키는 '세밀한' 전개를 뜻한다고 했다. 소는 '공유(空有)' 구절처럼 둘을 마주 세워 "공이기 때문에 유, 유이기 때문에 공"이라는 상호의존 관계를 드러내지만, 둘 사이에는 벌어진 틈이 있기에 비로소 소통할 수 있다. 반대로 밀은 '유는 유가 아니다(有不有)'처럼 오직 유에 범위를 한정하여 긍정과 부정을 오가며 현상적 유를 넘어서는 심연에 이르기에 세밀하다[密]고 할 수 있다. 그런데 혜균에 의하면, 중도에 들어가기 위해서는 소와 밀 모두 양변을 동시에 초월해야 한다. 다시 말해, '공유' 구절에서 서로 갈라진 '공'과 '유'를 함께 부정한 '비공비유' 및 '유불유' 구절에서 '유'와 '불유'를 함께 부정한 '비유비불유'는 양변을 지양하고 중도에 들어간다. 따라서 혜균의 중도 사상은 '非A非B'(둘의 동시 초월)와 '非A非不A'(하나의 내적 초월)라는 두 가지 형식논리로 요약할 수 있다.

여기서 주목할 점은 혜균이 서로 독립된 소밀과 횡수를 특정 구절들을 통해 교차시킨다는 사실이다. 그는 먼저 전통적인 횡수 해석을 적용하여 소와 횡, 밀과 수를 연결한다.[45] 예를 들어 둘을 나란히 세운 '유무' 명제는 동일 층위의 수평적 관계[橫論]이고, '유불유' 명제는 '유가 아님[不有]'이라는 자기 내적 부정을 통해 수직으로 상승하는 수론(竪論)이다.[46]

그런데 혜균은 한 걸음 더 나아가 횡을 병렬적 전개[傍開], 수를 융합적 전회[合轉]로 재해석한다. 이 해석을 양변을 초월한 복합구('非A非B', '非A非不A')에 적용하여 앞선 소-횡, 밀-수의 대응을 전복하고 소-수, 밀-횡의 새 연대를 구축한다. 구체적으로, 본래 횡의 구조였던 '유무'의 양변을 동시 부정하여 '유무', '비유무' 같은 복합문을 이루면, 유와 무가 서로를 관통해 지양하여 '유도 아니고 무도 아닌' 초월적 위상으로 합전(合轉)한다. 반대로 수직적 상승(수론)의 기제를 내포한 '유불유'도 '무불무'와 나란히 놓이면 거시적으로 병렬적 전개(횡론)의 한 축을 이룬다. 그러므로 '유불유'의 양변과 '무불무'의 양변을 각각 따로 동시 부정한 '비유비불유'와 '비무비불무' 역시 횡론으로 읽힌다.

---

45 慧均, 최연식 校注, 『校勘 大乘四論玄義記』, 108쪽.

46 같은 책, 108쪽.

이 가운데 혜균이 강조하는 것은 두 법이 합하여 그 성질이 완전히 변하는 소-수이다. 대척점에 있는 자타가 만나 함께 변화할 때 비로소 진정한 초월이 이루어지기 때문이다. 반대로 타자와의 상관성을 배제한 자기 내적 초월은 아무리 치밀한 부정을 통해 스스로의 한계를 극복해도 보편을 획득하지 못한 채 수평적 논의에 머문다. 혜균은 대승의 궁극적 깨달음이 현실에서 대립적으로 나타난 자아와 타자[自他]의 변증법적 통합으로 성취됨을 역설한다.

2) '非A非B': 자타의 합일과 초월

자타의 변증법적 합일이 궁극적 초월, 즉 해탈로 이어진다는 혜균의 철학은 '非A非B'라는 중관 논법 형식으로 집약된다. 이는 스승 법랑이 가르침의 무애한 작용을 드러내기 위해 운용한 사구(cātuskotika) 논법을 계승한 것으로,[47] 법랑은 서로 대립하는 양변을 동시에 초월하는 '非A亦非B'를 '둘이 아님[不二]'이자 중도로 규정한다. 혜균은 '非A非不A' 형식이 보여주는 자기 내부의 초월만으로는 보편에 이르기 어렵다고 본다. 비록 끊임없이 봉착한 자신의 한계를 극복하고 발전하지만, 타자와의 만남을 배제한 자기초월은 큰 틀에서 타자의 초월과 나란히 평행선을 그리며 병렬적 전개에 머물 수 있기 때문이다. 반면 '非A非B'는 서로 대립하던 자아와 타자의 만남에서 둘을 함께 부정해 '자

---

[47] 법랑이 개진한 사구 논법은 크게 두 가지 형식으로 분류된다. 하나는 중관학의 대표적인 사구 형식으로 '是A', '非A', '亦A亦非A', '非A非非A' 형식으로 표현할 수 있다. 다른 하나는 상반되는 A와 B라는 개념을 두고 'A亦B', 'A亦非B', '非A亦B', '非A亦非B', 즉 두 개념의 긍정과 부정을 조합한 네 가지 경우이다. 특히, 법랑은 후자를 주로 사용한다.

아도 아니고 타자도 아닌' 완전히 새로운 변혁을 일으킨다. 그러므로
붓다의 깨달음을 목표로 하는 대승 수행자는 나와 대립하는 타자를 외
면하면 안 되며, 오히려 누구보다 적극적으로 만나고 소통해서 보편의
문을 열어야 한다. 다만 혜균이 '非A非B'를 선호한다고 해서 '非A非
不A'를 부정하는 것은 아니다. 후자 역시 평행 궤도를 뚫고 나와 자타
가 통합할 때 궁극적 초월로 전회할 수 있으므로 두 형식 모두 깨달음
으로 갈 가능성은 열려있다.

3) 소(疏)-수(竪)-단(單)-쌍(雙)-통(通)의 연결

혜균은 위의 두 형식을 다시 단복·쌍척·통별(通別) 범주에 적용
해 표면적으로 일관성 없어 보이는 이원적 범주들의 각 항을 두 이론
체계로 재조합하여 '소(疏)-수(竪)-단(單)-쌍(雙)-통(通)'과 '밀(密)-횡(橫)-
복(複)-척(隻)-별(別)'이라는 '이원적 사유체계'를 세운다.

혜균은 '유무', '비유무'를 소-수의 연대 위에서 단(單)과 쌍(雙)에
배당한다. 소-수 연대에 속하는 '非A非B' 논법에서는 단 한 번의 부정
[非]으로 A와 B 양변을 떠나 더 이상의 논의를 전개할 필요 없는 궁극
적 초월[竪]에 도달했으므로 단층적[單] 논변이다. 또한 둘이 마주 선 대
칭이므로 짝[雙]을 이룬다.[48] 반대로 '유불유', '무불무', '비유비불유',
'비무비불무'는 밀-횡의 연대 위에서 복(複)과 척(隻)으로 귀속된다. 밀-
횡 연대에 속하는 '非A非不A'나 '非B非不B' 논법에서는 A와 B가 병
렬적으로 전개되며, 이때 A나 B는 또다시 자기 내적 부정을 통해 상층

48　같은 책, 111쪽: '有無'則約兩法相對明, 故是雙.

의 논변을 층층이 겹쳐 전개할 수 있으므로 중층적[複] 논변이다. 그리고 '非A非不A'에서는 A만 언급하고 B를 지시하지 않으므로 홑[隻] 개념이다.[49]

이 재조합은 혜균의 고유한 독법이다. 개별 범주를 독립적인 의미로 고정하지 않고, 두 갈래 큰 물줄기로 소통시키며 역동적 해석을 창조했다. 특히 그가 강조한 '소-수-단-쌍'의 '非A非B' 변증법은 일시에 이루어지는 단층적[單] 초월이며 대칭적[雙] 구조임을 시사한다. 혜균은 이 이원적 프레임을 뒤에서 다룰 통별 범주로 확장한다.

4) '보편[通]'에 대하여

혜균은 통(通)을 '소-수-단-쌍'의 연대에, 별(別)을 '밀-횡-복-척'의 연대에 편입시킨다. '소'로 시작하는 연대가 '통'으로 귀결되는 발상은 혜균 당시 '소통'이라는 복합어가 널리 통용되던 언어 환경을 고려할 때 지극히 자연스럽다. 통별은 삼론 문헌 바깥에서도 폭넓게 쓰이는 상대 개념이다. 주목할 것은 이원적 범주론의 유래를 전하는 승랑의 언급에는 '통별'이 보이지 않음에도 혜균이 자신의 이원적 사유체계의 종착점으로 '통별'을 배치했다는 점이다. 혜균에게 '통별'은 '소-수-단-쌍'과 '밀-횡-복-척'을 각각 보편과 개별로 귀결시키는 마지막 매듭이다. 통은 '보편/일반', 별은 '개별/특수'를 뜻한다. 혜균에 따르면, '유무'는 어느 한 곳에 국한되지 않고 어디서나 운용되므로 보편[通]이고,

---

49　같은 책, 111쪽: '有不有'等, 一往一法上開有, 開有不有, 故是隻也.

'유불유', '무불무'는 각 항 안에서 별도로 전개되므로 개별[別]이다.[50] 여기서 통과 별은 그 자체만으로는 의미가 고정되지 않는 상호 규정적 개념이라는 점이 앞의 소밀·횡수·단복·쌍척과 구별된다. 일반은 특수에 상대하여 성립하고, 특수는 일반에 상대하여 성립한다.[51]

다시 '소통'으로 돌아오면, 전한 이래 물리적 소통과 정신적 소통이 공존했으나 같은 뜻의 '소'와 '통'이 결합한 복합어라는 점은 공통되었다. 본래 삼론종의 '소밀'에서 '소'는 '통'과 동의(同義)가 아니라 '밀'과 대조되는 '거리가 멂/틈이 넓음'[52]의 뜻으로 쓰이며, 삼론 교학의 맥락에서 '두 법', 즉 명제를 이루는 두 항을 지시하는 언어로 전용되었다. 그리고 백제 혜균에 와서 '소밀'의 '소'가 독립하여 '수-단-쌍'을 거쳐 '통'으로 재조합되면서, '소통'은 대립의 국면으로부터 보편[通]을 도출하는 행위로 변용된다. 이는 '틀에 얽매이지 않고 자유분방한 성품'이나 '경전 의미의 명료화'를 나타냈던 남북조의 함의보다 한층 역동적이고 복합적이다. 구체적으로 혜균의 '소통' 철학은 삼론학의 '둘이면서 둘이 아닌(二不二)' 변증법적 중도 사상이 투영되어 멀리 떨어진 두 대립항(자아와 타자)이 소통의 주체가 되어 둘 사이의 간극을 극복하고 함께 보편으로 통한다는 점을 역설한다. 이러한 양 항의 변증법적 회통은 고대에서 현대에 이르는 한국 사회를 관통하는 소통 원리와도 맞닿아 있다.

또한 혜균이 말하는 '보편'은 논리적으로 구성된 보편이 아니라,

---

50 같은 책, 113-114쪽: 邊約前諸義, 以有無, 疏密橫竪雙單語明之, 但任運通方, 故言通. 別有不有無不無, 密橫隻語明之, 以從有別開不有, 無別開不無, 故言爲別也. 인용문의 '密橫'은 연문으로 간주.

51 같은 책, 113쪽. 而言通別者, 不他爲義, 通是對別明也. 通別別通, 故言通別也.

52 商務印書館辞書研究中心(編), 『应用汉语词典』(北京: 商务印书馆, 2000), p. 1166.

현실의 대립과 충돌을 통과하여 성립하는 보편이다. 길장은 A와 A를 제외한 나머지의 통칭인 不A를 '일반 상대'로 규정하는데,[53] 혜균은 이러한 관점을 격렬히 비판한다.[54] 혜균에게서 보편은 긍정과 부정의 치밀한 논리성보다 현실에서 대립하고 갈등하는 A와 B가 진정으로 소통하고 통합함으로써 획득된다. 그러므로 '非A非不A' 형식이 담지하는 자기 내적 초월은 한계를 지니며, 타자와의 만남과 소통이 반드시 수반되어야 한다. 아울러 혜균의 보편은 A와 B가 'A도 아니고 B도 아닌(非A非B)' 초월에 함께 이르렀을 때, 갈등하던 A와 B의 흔적은 없어도 각자의 개별적 특수성이 소거되는 것이 아니라 A와 B가 평등하게 대칭을 이루어 드러난다. '소-수-단-쌍-통'의 체계가 말하는 진정한 '소통'은 대립하는 개별 주체의 합일과 초월로 갈등이 해소되고, 자타의 특수성이 본래 평등한 짝이었음을 자각하는 보편으로의 회귀를 함축한다.

5. 나가며

이 장은 현대 한국어에서 '소통(疏通)'이 타 언어권과 견줄 때 유난히 두드러진 핵심 가치로 자리 잡았고, 중국이나 일본에서 쉽게 드러

---

[53] 吉藏, 『二諦義』 中卷(T45, p. 95c13-15); 『中觀論疏』 6卷(T42, p. 97b27-29); 『仁王般若經疏』 中卷(T33, p. 338c20-23).

[54] 慧均, 최연식 校注, 『校勘 大乘四論玄義記』, 114쪽: 若用有無爲別, 有不有等爲通者, 則破疏密義宗也.

나지 않는 특별한 의미를 품고 있다는 문제의식에서 출발했다. 한국어의 소통은 단순한 문제해결이나 의사 전달의 차원을 넘어 새로운 철학적 가치를 내포하며, 그 원류를 거슬러 올라가면 백제 혜균의 소통 철학이 놓인다. 정치·경제·문화 전반에서 분절과 양극화, 온라인 확증 편향 같은 대립과 갈등에 직면해 있는 지금 한국 사회에 '서로 다른 둘이 만나 보편을 구성하는' 혜균의 소통 철학이 던지는 메시지는 무엇일까?

혜균은 '소밀'에서 '밀'과 대조를 이루며 둘 사이의 틈을 상징하는 '소'를 '수-단-쌍'으로 연결하고, 이 체계를 '통'으로 귀결시킨다. '소'는 애초에 막힌 곳을 뚫어 흐르게 한다는 점에서 '통'과 뜻을 같이하며, 같은 의미 계열의 두 글자가 겹쳐 '소통'이라는 복합어가 형성되었다. 그런데 이 '소'가 혜균의 이원적 사유체계('소-수-단-쌍-통'과 '밀-횡-복-척-별')라는 새로운 해석 속에서 둘 사이의 간극을 드러내 현실의 대립을 가시화하게 되었다. 나아가 '소통'은 '소'에서 '통'으로의 변증법적 전회를 통해 대립의 국면을 보편[通]으로 전환한다는 함의를 얻게 된다. 다시 말해, 혜균은 법랑으로부터 '양변의 동시 지양과 통합'이라는 중도 논리를 계승하여 '소통'의 철학을 구축함으로써 '막힘없이 통달한다'는 기존의 해석을 넘어서는 복합적이고 역동적인 소통의 의미를 열었다. 여기서 '통'은 미리 고정된 표준이 아니라 현실에서 대립하는 당사자들이 통합을 통해 새로 생성하는 보편이며, 그 핵심 형식인 '非A非B'는 독립적 개체의 치밀한 자기초월('非A非不A')만으로는 닿을 수 없는, 상대와의 진정한 만남과 소통을 통해서만 열리는 보편이다.

혜균으로부터 시작된 변증법적 소통의 계보는 신라 원효의 화쟁·회통으로 이어진다. 원효는 혜균의 『대승사론현의기』를 접했을 가능성이 크고, 혜균의 이원적 범주에 나타난 자타 합일의 변증법은 원효의 무이중도(無二中道)를 구성하는 논리적 토대 가운데 하나로 이해될 수 있다. 혜균에게 이제(진제와 속제)는 서로 만나 소통할 때 보편[通]에 이르고, 이때 이제와 중도는 상즉(相卽) 관계를 이룬다. 마찬가지로 원효의 무이중도는 이제 양변을 지양하고 평등과 무차별을 실현한 경지다. 『화엄경소(華嚴經疏)』 서문에서 원효가 무애(無礙)를 "크지도 않고 작지도 않으며, 촉박하지도 않고 여유롭지도 않으며, 움직이지도 않고 고요하지도 않으며, 하나도 아니고 다수도 아닌"[55] 경지로 묘사한 대목은 서로 대립하는 두 견해를 동시에 초극하는 수평적 회통을 보여 준다. 현실의 대립을 관통해 보편으로 나아가려는 원효의 화쟁 논법과 회통의 논리 구조는 혜균의 '소-수-단-쌍-통' 사유체계와 호응한다. 양자의 지향이 완전히 동일하다고 단정할 수는 없지만, 혜균의 변증법적 소통 철학이라는 사상적 토양 위에서 한국 철학을 대표하는 화쟁·회통이 꽃필 수 있었다고 볼 수 있다.

오늘날 한국 사회는 갈등의 골이 깊어 건전한 논쟁보다 감정적 대립과 상대 진영에 대한 혐오로 기울고 있으며, '소통이 가능한가?'라는 회의론도 고개를 든다. 그러나 혜균의 관점에서 소통은 바로 양측 사이에 벌어진 그 틈에서 시작된다. 갈등과 대립은 사회가 성숙으로 나아가는 계기일 수 있다. 갈등을 무화(無化)하려 들면 한쪽의 침묵을 강요하게 되고, 서로를 배제한 채 각 진영 안에서 자기 논리를 강화하기만 하면 개별 주체들은 보편에 이르지 못한 채 흩어져 평행선만을 그을 뿐이다.

---

[55]　元曉, 『華嚴經疏』「晋譯華嚴經疏序」(H0007, p. 495a07): 原夫無障無礙法界法門者, 無法而無不法, 非門而無不門也. 爾乃非大非小, 非促非奢, 不動不靜, 不一不多.

　따라서 'K-소통'은 상대의 현존을 전제로 한다. 갈등의 주체들은 서로 갈라진 대립 국면을 인정하되 열린 마음으로 상대의 주장을 경청하는 데서 출발해야 한다. 어느 쪽이든 자기 정당화의 논리와 아집에 갇히면 소통은 성립하지 않는다. 자타가 서로 연결되어 공존하는 존재임을 인정하고, 자기 입장을 일부 유보하며 타자의 견해를 수용할 여지를 열어둔다는 전제하에 비로소 소통의 시도가 가능하다. 그러므로 상대와의 공존을 거부하는 혐오, 인신공격, 인권침해 같은 행위는 소통의 대상에서 자연스럽게 배제된다.

　나아가 'K-소통'의 목적은 자신의 주장을 관철하거나 상대를 굴복시키는 데 있지 않다. 설득과 타협 또한 서로에 대한 심화된 이해를 바탕으로 통합으로 나아가게 하는 과정이다. 이때의 보편은 미리 주어진 기준이 아니라 대립하던 주체들의 만남 속에서 새롭게 생성되는 지향점이며, 자타가 평등하게 짝을 이루어 상생하는 원리다. 이 만남이 수평적 구도를 깨뜨려 어느 한쪽이 소멸하는 결과를 초래한다면 그것은 진정한 소통이 아니다. 결국 틈을 인정하고 그 틈을 지나 서로 통하여 보편으로 함께 전회(轉回)하는 'K-소통'이 한국형 민주주의의 근간 원리로 기능하여 우리 사회가 대립과 갈등을 넘어 성숙한 사회로 발돋움하기를 기대한다.

참고문헌

『禮記』

孔穎達,『禮記正義』

吉藏,『仁王般若經疏』(『大正藏』 33)

______,『中觀論疏』(『大正藏』 42)

______,『二諦義』(『大正藏』 45)

湛然,『法華文句記』(『大正藏』 34)

令狐德棻 等,『周書』

劉義慶,『世說新語』

劉勰,『文心雕龍』

班固 撰, 顏師古 注,『漢書』

房玄齡 等,『晉書』

范曄,『後漢書』

司馬遷,『史記』

谷继明,「南北朝儒家讲经与撰疏之再检讨」,『孔子研究』 2022年第6期, 中国孔子
　　基金会, 2022, 33-43页.

김성철,『승랑: 그 생애와 사상의 분석적 탐구』, 파주: 지식산업사, 2011.

牟润孙,『注史斋丛稿』, 北京: 中华书局, 2009.

민중서림 편집국,『漢韓大字典』 제2판 제7쇄, 서울: 민중서림, 2003.

商务印书馆辞书研究中心(编),『应用汉语词典』, 北京: 商务印书馆, 2000.

新村出(編),『広辞苑』 第6版, 東京: 岩波書店, 2008.

元曉,『華嚴經疏』(『한국불교전서』 1)

이도희·이은서,「'소통'을 생각해보다: Q-방법론을 활용하여」,『한국콘텐츠학회 논
　　문지』 25(1), 한국콘텐츠학회, 2025, 555-563쪽.

조윤경,「삼론종의 이원적 범주 연구:『大乘四論玄義記』 제1권「初章中假義」의 소
　　밀(疏密), 횡수(橫竪), 단복(單複), 쌍척(雙隻), 통별(通別)에 대한 논의를 중심

으로」, 『불교학연구』 47, 불교학연구회, 2016, 55-83쪽.

中国社会科学院语言研究所词典编辑室(编), 『现代汉语词典』 第3版·修订本, 北京: 商务印书馆, 2002.

______, 『现代汉语词典』 第7版, 北京: 商务印书馆, 2016.

최연식, 「백제 찬술문헌으로서의 《大乘四論玄義記》」, 『韓國史研究』 136, 한국사연구회, 2007, 1-27쪽.

慧均, 최연식 校注, 『校勘 大乘四論玄義記』, 서울: 불광출판사, 2009.

국립국어원 표준국어대사전(https://stdict.korean.go.kr/main/main.do)

MBAChina "与上司发生冲突后怎么办?"(https://www.mbachina.com/html/xw/201911/204845.html)

정종모(부산대학교 철학과)

1. 들어가며

현대 한국 사회의 여러 병리적 현상의 근저에는 갈등의 다면적 분출이 자리하고 있다. 세대나 성별 간의 대립과 충돌, 수도권과 지방의 격차와 소외, 자산과 소득 격차에 따른 상대적 박탈감, 정치적 갈등과 분열, 온라인 커뮤니티상의 집단주의 심화, 이주민이나 소수자에 대한 차별과 혐오 등 복잡다단한 갈등의 현실을 우리는 매일 목도하고 있다. 한편, 이러한 현상은 대중문화나 예술작품에서 우리 시대의 징후로서 곧잘 드러나곤 한다. 예컨대 봉준호 감독의 「기생충」(2019)은 현대 자본주의 사회의 계층 갈등과 소통의 단절을 다루고 있으며, 박찬욱 감독의 「어쩔 수가 없다」(2025)는 고용 불안이 초래하는 생존 투쟁과 노동자 간의 갈등을 그리고 있다. 두 영화 모두 한국 사회의 불안과 비극을 '웃프게' 그리고 있다는 공통점이 있으며, 영화적 상상력을 가미하여 현실적 갈등의 비극성을 더욱 극적으로 표현한다. 소설로 눈을 돌리면 한강의 『채식주의자』(2007) 또한 개인의 욕망과 사회적 규범의 충돌을 그리고 있다는 점에서 갈등을 주제로 한 작품이다.

그렇다면 이상과 같은 현대사회의 갈등 양상과 소통 부재의 원인이나 배경은 무엇인가? 사회문화적 각도에서 접근한다면 자본주의의 발전, 계층의 분화, 정보통신 기술의 발달, 다원주의적 가치관의 확산 등을 생각해볼 수 있다. 다시 말해 우리는 이해관계의 충돌 같은 다분히 근대적 또는 현대적 갈등 양상에 직면해 있다. 그렇다면 갈등의 분석과 처방도 근대적 인간관이나 근대적 세계관과 연동해서 논의하는 것이 자연스럽다. 그러나 본 연구는 각도를 조금 달리하여 전근대적 인간관, 세계관이라 할 수 있는 성리학 전통에 착안하여 갈등과 소통 문제를 다루고자 한다. 다시 말해, 성리학에서 논의될 수 있는 소통 이성의 가능성을 구성해보는 것이 본 연구의 목적이다. 주지하듯이 유학 전통의 한 부분으로서 성리학은 천리(天理)나 인의예지(仁義禮智)를 인간 본성의 토대로 상정하며, 이에 기초하여 주체의 덕성과 도덕 실천이 가능하다고 본다. 따라서 기본 원리상 갈등 자체의 다양한 양상을 다면적으로 분석하여 경험적·기능적 해결을 도모하거나, 평균적 인간의 개별적 욕망과 합리적 이성의 접점을 모색하는 방식을 선호한다고 보기는 어렵다. 다시 말해, 성리학 전통에서는 사회적 갈등을 해결하고 구성원의 소통을 강화하는 방법으로 마음의 정화와 덕성의 함양을 통한 욕망의 제거나 조화의 추구를 지향하는 경향이 두드러진다. 그러나 본 연구에서는 인간의 본연적 덕성에 대한 확신 및 개인의 선행과 수신(修身)에 대한 강조에서 한 걸음 더 나아가 갈등과 소통 문제를 다

루고자 한다. 즉, 필자는 성리학 전통이 인륜적 관계나 공동체의 조건
에서 어떻게 타자와의 소통을 가능케 하는 공적 감각이나 소통 이성을
형성할 수 있는지에 관해 다룰 것이다.[1]

이상의 접근이 유의미한 이유는 오늘날의 갈등이 이해의 충돌을
넘어 서로의 존재 의미를 망각하거나, 언어와 감정을 무력하게 하는
근본적인 소통의 위기에서 유래하기 때문이다. 그리고 이러한 상황은
인간이 본래 지닌 도덕적·정서적 소통 능력이 어떻게 자각되고 회복
될 수 있는지에 대한 철학적 성찰을 요구한다. 성리학이 인간의 도덕
적 이성을 신뢰하고 공동체의 조화를 지향한다고 할 때, 거기에는 소
통 이성이나 공적 감각에 대한 사유의 실마리가 담겨 있다고 할 수 있
다. 이러한 문제의식 속에서 본 연구는 중국 성리학의 핵심 인물인 이
정(二程) 형제, 즉 정명도(程明道, 이름은 顥, 1032~1085)와 정이천(程伊川, 이
름은 頤, 1033~1107) 형제의 사유를 통해 인간 내면의 공정함과 예(禮)의
소통 구조 및 감응(感應)의 원리를 탐색하고자 한다.

간단히 본 연구의 논점과 논의 방향을 요약하면 다음과 같다. 성
리학 전통에서 소통은 단순히 정보나 감정의 교환이 아니다. 그것은
세계와 인간, 인간과 인간이 서로 감응하는 존재론적 사건으로 이해
된다. 그리고 그러한 감응의 가능성은 천리(天理)의 투영으로서 마음
의 허령성(虛靈性)과 외부를 향한 개방성에서 나온다. 이러한 마음의 역
량을 이정 형제는 '공(公: 공정함)' 개념을 통해 설명한다. 그들이 보기에

---

1   참고로 정치적 이성의 작동 방식으로서 성리학의 공적 이성 구성과 소통의 방식을 다룬 논
    의는 기존에도 여러 연구가 있다. 몇 가지를 예로 들면 다음과 같다. 박영도, 「유교적 공공
    성의 문법과 그 민주주의적 함의」(『동방학지』 154, 연세대학교 국학연구원, 2013); 나종
    석, 「주희 공(公) 이론의 민주적 재구성의 가능성」(『철학연구』 128, 대한철학회, 2013);
    김나윤, 「유가적 정치문화에서 공론과 소통」(『범한철학』 116, 범한철학회, 2025).

‘인(仁)’이 주체 내면의 도덕 의지와 역량을 의미한다면, ‘공’은 자기중심적 사사로움이 제거된 상태를 뜻하며, 그럼으로써 사회적·인륜적 관계 속에서 요구되는 보편적 사유의 가능성과 공적 소통의 역량과 연계된다. 이러한 맥락에서 보면, 이정 형제의 철학은 주체가 어떻게 도덕적 가능성을 토대로 타자와 소통하고 공존할 수 있는지를 탐구하고 있다. 특히 정이천은 이러한 이해를 바탕으로, ‘경(敬)’과 ‘예(禮)’를 통해 마음의 공정함이 타자와의 관계 속에서 구체적으로 구현되는 과정을 보다 체계적으로 설명했다. 주목할 점은 이정 형제의 철학에서 예란 단순한 규범적 형식이 아니라 마음의 공정함이 타자와의 관계 속에서 기능하는 ‘소통의 질서’로 이해된다는 점이다. 그리고 마음의 공정함이 예의 지평에서 타자와의 관계를 형성할 때, 인간은 타자와의 진정한 소통을 의미하는 ‘감응’의 경지에 이르게 된다. 따라서 본 연구는 이러한 해석을 토대로, 이정 형제의 철학을 ‘소통의 철학’이라는 관점에서 재해석하고자 한다.

부연하면, 이상과 같은 접근은 성리학에 대한 개념적 해명을 넘어 현대적 의미에서 소통의 윤리, 관계의 윤리로 확장될 수 있다. 오늘날의 갈등 및 소통의 위기는 감정의 과잉이나 이해의 충돌을 넘어 마음의 위기이자 자기성찰의 위기라고 할 수 있다. 공정함을 통한 자기성찰, 예를 통한 타자 존중, 감응을 통한 상호 공명은 현대의 갈등 국면에서 여전히 유효한 원리이다. 아래에서는 더욱 구체적으로 이정 형제의 철학이 어떻게 소통의 가능성을 제시하는지 논의해보고자 한다.

2. 이정 형제의 갈등 이해: 마음의 구조와 관련하여

갈등과 소통 문제에 착안하여 이정 형제의 철학을 다룰 때 먼저 직면하게 되는 부분은 주체의 내면적 갈등과 그 해소이다. 성리학의 관점에서 볼 때, 공동체의 갈등이나 타자와의 갈등은 결국 내면적 갈등의 연속이자 확장이며, 이정 형제도 그러한 입장을 공유한다. 따라서 이정 형제의 갈등론을 해명하기 위해서는 먼저 그들이 말하는 내면적 갈등의 유래와 구조를 고찰할 필요가 있다. 이 절에서는 먼저 인간의 내면적 갈등에 대한 그들의 논의를 일별하고, 타자와의 갈등이나 공동체에서의 갈등에 관한 논의의 예비로 삼고자 한다.[2]

먼저 이정 형제는 근원적으로 인간이란 내면의 갈등과 분열을 겪는 존재라고 규정한다. 그들이 보기에 인간은 천명(天命)에 따른 본연지성(本然之性)을 갖추고 있지만, 하나의 생명으로서 기질(氣質)을 함께 부여받기 때문에 육체적 욕망은 물론 심리적·감정적 편향을 벗어날 수 없다. 또한 이들 기질적 요인은 대상에 대한 지각과 반응을 가능하게 하는데, 그래서 정명도는 "사람의 마음은 외부의 경계에 따라 출입에 정해진 때가 없는데, 사람들이 그것을 깨닫지 못한다"[3]라고 말한다. 정명도의 말은 맹자를 소환한 것으로서 일찍이 맹자는 "공자께서 말씀하시길 '붙잡으면 보존되고, 놓으면 잃어버린다. 들고 나는 데 일정한

---

2 본 연구에서는 논문의 성격상 정명도와 정이천 철학을 엄밀하게 구별해서 논의를 진행하지는 않는다. 또한 각 어록의 발화자 표기에 대해서도 그것이 정명도의 것인지, 정이천의 것인지, 아니면 발화자를 특정할 수 없는 내용인지 등의 고증적 문제에 대해서는 일일이 그 근거를 제시하지 않는다. 이에 대해서는 문헌 내의 발화자 표기나 학계의 분석을 고려해서 지칭할 것이다.

3 程顥, 程頤, 『二程遺書』, 卷2下: "人心緣境, 出入無時, 人亦不覺."

때가 없고 그 향방을 알지 못한다'라고 했으니, 이는 사람의 마음을 말씀하신 것이리라"[4]라고 했다. 이처럼 맹자와 정명도 모두 인간이 마음의 지각 능력으로 인해 외부의 자극에 노출되어 있고, 심리적 활동과 변화를 겪을 수밖에 없다고 보았다. 이러한 자극과 반응, 활동과 변화는 그 자체로 내면적 혼란과 갈등의 원인이 되는데, 그러한 유동 상태를 주재(主宰)하고 극복하는 것이 주체나 마음의 핵심적 역할이다. 정명도는 말한다.

> 성인께서 진실함[忠]과 미더움[信]을 언급한 곳이 많은데, 인간의 도리는 단지 진실함과 미더움에 달려 있다. "성실하지 않으면 사물이 없고", "마음이 들고 나는 데 일정한 때가 없고, 그 향방을 알 수 없으니" 이것이 곧 사람의 마음이다. 만약 진실함과 미더움이 없다면 어떻게 다시 사물이 있을 수 있겠는가?[5]

정명도는 『중용(中庸)』 25장의 '불성무물(不誠無物)'이라는 표현과 앞서 언급한 『맹자』의 구절을 언급하면서, 특정한 방향성이 없는 지각 작용과 마음의 활동을 진실함과 미더움을 통해 붙잡고 주재해야 한다고 말한다. 이정 형제가 보기에 인간은 마음의 활동과 지각 능력으로 인해 외부 자극에 반응하지 않을 수 없다. 그런데 이는 달리 말해서 외부의 자극 때문에 유혹과 갈등의 계기가 항시 존재한다는 것을 뜻한다. 그래서 정이천은 마치 집주인이 도적의 침입을 걱정하듯이 우리 마음

---

4   孟子, 『孟子』, 「告子上」: 孔子曰, "操則存, 舍則亡. 出入無時, 莫知其鄉." 惟心之謂與?

5   程顥, 程頤, 『二程遺書』, 卷11: 聖人言忠信者多矣, 人道只在忠信. 不誠則無物, 且"出入無時, 莫知其鄉"者, 人心也. 若無忠信, 豈復有物乎?

도 늘 불안에 처해 있다고 말한다. 정이천은 마음에 잡다한 생각이 끊이지 않아서 걱정이라는 제자의 질문에 다음과 같이 대답한다.

> 그것은 마치 다 쓰러져가는 집에서 도적을 막는 것과 같다. 동쪽에서 한 사람이 들어와 미처 쫓아내지 못했는데 서쪽에서 또 한 사람이 들어오는 처지이다. 왼쪽과 오른쪽, 앞과 뒤 사방으로 도적을 쫓느라 쉴 틈이 없다. 사방이 비고 허술하여 애초에 도적이 침입하기 쉬우므로 마음을 안정시킬 겨를이 없다. (…) 무릇 마음에 확고한 중심이 잡혀 있으면 채워지고, 채워지면 외부의 근심이 침입할 수 없게 되므로 자연히 걱정할 것이 없게 된다.[6]

정이천은 마음의 중심을 굳건히 함으로써 내면의 분란을 잠재울 수 있다고 말한다. 이러한 논점은 위에서 말한 진실함과 미더움을 통해 주재를 확립하라는 말과 다르지 않다. 정명도 또한 「정성서(定性書)」라고 일컬어지는 편지글에서 생각의 분열에 대한 나름의 처방을 내린 적이 있다.[7] 결국 이정 형제가 보기에 인간은 누구나 외부 대상에 이끌림으로써 내면의 분란과 갈등을 겪는다. 그러한 처지는 물레방아가 쉼 없이 돌거나 매달린 거울이 사물을 이리저리 비추는 상황처럼 끊임없는 유동 상태이다.[8] 결국 그 과정에서 마음의 주재나 중심을 확립해야

---

6 程顥, 程頤, 『二程遺書』, 卷1: 此正如破屋中禦寇, 東面一人來未逐得, 西面又一人至矣, 左右前後, 驅逐不暇. 蓋其四面空疎, 盜固易入, 無緣作得主定. (…) 蓋中有主則實, 實則外患不能入, 自然無事.

7 「정성서」의 내용에 대해서는 다음 참조. 馮友蘭(박성규 옮김), 『중국철학사(하)』(서울: 까치글방, 2007), 517-526쪽.

8 이러한 비유를 통해 마음을 설명한 부분에 대해서는 다음 참조. 程顥, 程頤, 『二程遺書』,

하는데, 이정 형제는 내면의 분란과 갈등이 결국 객기(客氣)나 인심(人心)에 유래한다고 파악하면서 그러한 객기나 인심을 통솔하는 마음의 역량, 즉 마음 주재의 토대를 의리(義理)나 도심(道心)에 둔다. 이정 형제는 말한다.

> 의리와 객기는 항상 갈등 관계에 놓여 있다. 양자가 얼마나 확장하고 위축되는지 살펴보면 거기에서 군자와 소인의 구별이 나타난다. 의리가 점차 증대되면 자연스럽게 앎이 생겨나고, 객기가 점차 줄어들고 약해진다. 마침내 그것을 완전히 소멸시키면 위대한 현인이 된다.[9]

> "인심은 위태롭다"라는 것은 인욕을 말하고, "도심은 은미하다"라는 것은 천리를 말한다. "오직 순수하게 하고 전일하게 하라"는 것은 그것에 이르는 방법을 말하고, "그 중도를 택하라"는 것은 그것을 실천하는 방법을 말한다.[10]

정리하면, 지각과 인식의 주체로서 마음은 갈등과 분열을 경험한다. 그것은 도덕적 본성을 뜻하는 의리와 기질적 성향의 돌출인 객기

卷2下: 人心作主不定, 正如一箇翻車, 流轉動搖, 無須臾停, 所感萬端. 又如懸鏡空中, 無物不入其中, 有甚定形? 不學則却都不察, 及有所學, 便覺察得是爲害. 著一箇意思, 則與人成就得箇甚好見識? 心若不做一箇主, 怎生奈何?

9 程顥, 程頤, 『二程遺書』, 卷1: 義理與客氣常相勝, 又看消長分數多少, 爲君子小人之別. 義理所得漸多, 則自然知得, 客氣消散得漸少, 消盡者是大賢.

10 程顥, 程頤, 『二程遺書』, 卷11: "人心惟危", 人欲也. "道心惟微", 天理也. "惟精惟一", 所以至之. "允執厥中", 所以行之.

의 이원적 분열로 설명될 수 있다. 이정 형제는 『서경』 「대우모(大禹謨)」의 "인심은 위태롭고 도심은 은미하다. 오직 순수하게 하고 전일하게 하여 그 중도를 택하라(人心惟危, 道心惟微. 惟精惟一, 允執厥中)"라는 표현을 활용하는데, 이는 곧 인간이 수시로 도심과 인심의 교전(交戰)에 직면한다는 뜻이다. 그러나 여기서 지적해야 할 점은 이정 형제가 그러한 내면의 갈등을 인간의 본연적 사태로 간주하지는 않는다는 사실이다. 이정 형제에게 그러한 상태는 다만 의리(義理)와 도심이 객기와 인심에 의해 우발적·일시적으로 은폐된 비본래적 사태에 불과하다. 인간의 이원성이 초래하는 내면의 갈등과 분열은 천리에 대한 앎이 회복되고, 도심의 주재력이 제고되면 해소될 수 있다. 이처럼 이정 형제는 마음의 이원적 분열 구조가 심리적 갈등을 유발하지만, 그러한 분열은 앎을 확충하고 도덕 의지를 고양함으로써 극복된다고 보았다. 그리고 이러한 공부의 과정은 내면의 정화나 마음의 주재를 통해 천리나 의리의 주재를 확충하는 과정이라고 할 수 있다.

한편, 이정 형제가 보기에 공동체 내의 갈등 또한 개인의 갈등과 마찬가지로 인심으로 인해 천리나 도심이 은폐된 상황에서 초래된다. 따라서 구성원들이 앎과 의지를 통해 도심을 발휘함으로써 천리를 공동체나 인륜 관계에 투영되게 한다면, 정치적·사회적 갈등도 극복될 수 있다. 따라서 관건은 여전히 주체 각자가 어떻게 자신의 내면에서 천리를 회복하는가이다. 그러나 그렇다고 해서 사회적 갈등 해소의 초점이 모두 개인의 덕성으로 환원되는 것은 아니다. 물론 수기안인(修己安人) 또는 수신제가치국평천하(修身齊家治國平天下)라는 말이 대변하듯, 유학에서는 타자에 대한 윤리나 사회적 실천 문제에서 개인의 덕성을 가장 중시한다. 이런 이유로 성리학에서도 사회적 갈등의 고유한 논리 및 소통의 방법론에 대한 논의가 부족했으며, 도덕과 정치의 구별에 대한 감각도 상대적으로 약했다. 결국 유학자들은 주로 인륜의 지평에서 정치적·사회적 문제를 개인의 덕성과 도덕을 통해 해결하려 했다. 성리학자와의 대비 속에서 실학자들이 경세치용(經世致用), 이용후생(利用厚生)의 가치를 중시했다고 평가하는 것도 그들이 기존의 문법을 벗어나 역사적·경험적·현실적 문제의 객관성과 독립성에 착안했다고 보기 때문이다. 이처럼 성리학은 기본적으로 개인의 덕성과 수신을 발판으로 사회적 도덕으로 나아간다. 그러나 그렇다고 해서 이정 형제를 비롯한 성리학자들이 정치적 갈등이나 사회적 문제의 해결을 개인의 덕성으로만 수렴시킨다고 할 수는 없다. 이정 형제만 하더라도 예컨대 사회적 갈등과 소통 부재의 근본 원인을 덕성의 상실에 두면서도 예론(禮論), 역학(易學), 춘추학(春秋學) 등 다양한 지평에서 역사적·경험적 갈등의 양상을 범주화하고, 구체적 대안을 모색하고자 했다. '갈등'과 '소통'이라는 주제의 관점에서 이정 형제의 논의를 파악하기 위해서는 이러한 경학(經學)과 경세학(經世學)의 측면도 함께 고려하는 것이 필요하다. 그러나 이는 본 연구의 범위를 벗어나는 것이다. 아래에서는 논의의 폭을 제한하여 '타자와의 갈등'이라는 주제와 연관하여 그들이 어떻게 마음의 기능을 이해하고, 그에 근거하여 공적 감각 또는 소통 이성을 구성했는지 다루고자 한다.

3. 소통의 논리와 실천: 공정함과 예

앞서 언급했듯이, 이정 형제의 철학에서 마음은 갈등을 겪는 중심 지위를 차지한다. 그러나 그러한 갈등은 인간의 본래적 순수성이 오염된 비본래적 사태에 불과하다. 마음은 그러한 편향과 갈등이 발생하는 장소이지만, 또한 자신의 한계를 극복하는 가능성과 토대를 함께 제공한다. 일찍이 정명도는 "리(理)와 마음은 하나이다. 다만 사람들이 그것을 하나로 하지 못할 따름이다"[11]라고 하여 마음과 리의 본원적 합일을 강조했다. 한편 그는 이러한 마음의 순수성과 본래성을 원천에서 나오는 맑은 물에 비유하면서, 그러한 맑음의 후천적·현실적 오염이 부득이한 사태이지만 동시에 맑게 하려는 노력을 통해 언제나 극복될 수 있는 문제라는 견해를 밝히기도 했다.[12] 인식론 차원에서 보면 그러한 오염은 일종의 편향을 뜻하는데, 그래서 그는 "사람의 마음은 얽매이는 바가 없어야 한다"[13]고 했다. 여기에서 편향이나 얽매임은 결국 자기중심성에서 유래하는 것이며, 존재론적으로는 인간의 기질적 요인, 즉 육체적·감성적 욕망과 관련된다. 그 때문에 이정 형제는 "무릇 사람은 육체를 갖고 있고, 그래서 사욕(私欲)을 추구하는 이치를 갖게 되는데, 그것을 도와 합일시키는 것은 당연히 어렵다"[14]고 말한다. 결국 육체적 욕망 및 그에 따른 자기중심성을 탈피하는 것이 도(道)나 리(理)를 회복하는 관건이 된다. 위에서 언급했듯이 이정 형제는 이러한 자

---

11 程顥, 程頤, 『二程遺書』, 卷5: 理與心一, 而人不能會之爲一.

12 이에 대해서는 다음 참조. 馮友蘭(박성규 옮김), 『중국철학사(하)』, 512-513쪽.

13 程顥, 程頤, 『二程遺書』, 卷11: 人心不得有所繫.

14 程顥, 程頤, 『二程遺書』, 卷3: 大抵人有身, 便有自私之理, 宜其與道難一.

기중심성을 포괄적으로 '인심'이라 칭하면서 '도심'과 대비시킨다.[15] 그런데 여기에서 주목할 점은 도심이 내면의 순수한 도덕적 의지를 뜻하기도 하지만, 동시에 타자와 소통할 수 있는 공정한 마음을 가리키기도 한다는 사실이다. 다시 말해 도심은 안으로는 성선(性善)을 실현하는 주체의 도덕적 바탕이지만, 밖으로는 공동체에서의 소통을 가능하게 하는 실천적 역량이기도 하다. 이정 형제는 그러한 마음의 두 가지 역량을 설명할 때 '공(公: 공정함)' 개념을 자주 사용한다. 정이천은 말한다.

공정하면 하나가 되지만, 사사로우면 갖가지로 나뉜다. 지극히 온당함은 하나로 귀결하므로 정미한 의리가 두 개일 수는 없다.[16]

인(仁)의 도는 규정하기가 어렵다. 오직 공정함이 가장 가깝지만, 공정함을 바로 인으로 삼을 수는 없다.[17]

정이천이 공과 사를 대비시킬 때, 그 일차적인 의미는 마음의 이원적 갈등을 유발하는 보편적 마음과 개체적 욕망의 대립을 가리킨다. 그러나 그것은 동시에 인륜적 관계에서의 소통과 단절을 의미하기도 한다. 먼저 "공정하면 하나가 된다"라는 것은 주체의 마음이 불편부당

---

15 예컨대 다음의 논의를 참조할 수 있다. 程顥, 程頤, 『二程遺書』, 卷23: 人心私欲, 故危殆. 道心天理, 故精微. 滅私欲則天理明矣.

16 程顥, 程頤, 『二程遺書』, 卷15: 公則一, 私則萬殊. 至當歸一, 精義無二.

17 程顥, 程頤, 『二程遺書』, 卷3: 仁道難名, 惟公近之, 非以公便爲仁.

(不偏不黨)한 상태, 즉 편향이 없는 상태를 뜻한다.[18] 그리고 특히 "하나가 된다"라는 말은 그러한 공정하고 객관적인 인식을 통해 타자와 소통하고 합일할 수 있음을 의미한다. 이와 달리 "사사로우면 갖가지로 나뉜다"라는 것은 욕망과 주관이 뒤섞이면서 갈등과 분열을 낳는 상태를 의미한다. 결국 이정 형제가 말하는 '공정함'이란 첫째로 나의 주관에 편향이 없는 상태를, 둘째로 타자에게 열려 소통 능력을 발휘할 수 있는 상태를 뜻한다. 그런데 그러한 마음의 능력은 어디까지나 본성으로서의 인(仁)을 근거로 삼는다는 점에서 본성의 발현에 해당할 뿐 본성 자체는 아니다. 다시 말해, 아무런 편향 없이 외부에 대한 공감과 소통의 역량을 발휘하는 과정과 실천이 곧 공정함이다. 정이천은 말한다.

인(仁)의 도는 요컨대 단지 '공(공정함)'이라는 글자로 포괄할 수 있다. 공정함은 인의 이치일 뿐이니 공정함 자체를 바로 인으로 환원해서는 안 된다. 공정하여 인도(人道)를 체인(體認)할 수 있기 때문에 인(仁)이 된다. 공정하므로 남과 나를 함께 살피게 된다. 인하게 되므로 서(恕)를 실천하고 남을 사랑할 수 있게 된다.[19]

여기에서 "공정함은 인의 이치일 뿐"이라는 말은 공정함이 인을

---

18 장횡거 또한 일찍이 '공평(公平)'이라는 개념을 통해 그러한 불편부당한 마음의 역량을 강조하기도 했다. 다음 참조. 張載, 『經學理窟』, 「義理」: 心既虛則公平, 公平則是非較然易見, 當爲不當爲之事自知. 또한 다음 참조. 張載, 『橫渠易說』: 須放心寬快公平以求之, 乃可見道.

19 程顥, 程頤, 『二程遺書』, 卷15: 仁之道, 要之只消道一公字. 公只是仁之理, 不可將公便喚做仁. 公而以人體之, 故爲仁. 只爲公, 則物我兼照. 故仁, 所以能恕, 所以能愛.

가능케 하는 근원적 원리라는 말이 아니라, 인이 발현되는 하나의 실천 논리나 역량이라는 의미이다. 그런 맥락에서 "공정하여 인도를 체인할 수 있기 때문에 인이 되는" 것이라고 말하고 있는데, 그러한 태도는 나아가 남의 마음을 살피고 입장을 헤아리는 '서(恕)'의 실천으로 이어진다. 이런 이유로 정이천은 『논어』의 남을 세워주고 통달하게 해준다는 '서'의 논리를 거듭 공정함의 실천으로 해석한다.

> 공자께서 "인은 자기가 서고 싶으면 남을 세워주고, 자기가 통달하고 싶으면 남을 통달하게 해줘야 하니 가까운 곳에서부터 자각할 수 있으면, 인의 방법이라고 할 만하다"라고 말씀하셨다. 내가 일찍이 공자께서 인으로 사람들을 가르치신 내용에 대해 말할 때 오직 이 부분의 말씀이 완전하다고 말했으니 요지는 공(공정함)을 벗어나지 않는다."[20]

주지하듯이 여기에서 언급된 공자의 말은 보통 '서'의 원리를 반영하는 것으로 이해된다.[21] 그런데 정이천은 한 걸음 더 나아가 이를 공정함으로 해석하고 있다. 그렇다면 정이천이 말하는 '서'는 상대적으로 말해 타자에 대한 관용과 연민이라는 감정의 차원이라기보다 편향 없는 객관적인 태도로 타자를 대하고, 그럼으로써 타자를 위하라는 형식적 요구에 대한 강조라고 할 수 있다. 다시 말해, 정이천은 일관되

---

20 程顥, 程頤, 『二程遺書』, 卷9: 先生曰: "孔子曰, '仁者, 己欲立而立人, 己欲達而達人, 能近取譬, 可謂仁之方也.', 己嘗謂孔子之語仁以教人者, 唯此爲盡, 要之不出於公也."

21 『論語』의 해당 구절은 다음과 같다. 『論語』, 「雍也」: 子貢曰, "如有博施於民而能濟衆, 何如? 可謂仁乎?" 子曰, "何事於仁! 必也聖乎! 堯·舜其猶病諸! 夫仁者, 己欲立而立人, 己欲達而達人. 能近取譬, 可謂仁之方也己."

게 공과 사의 대비 속에서 보편의 입장으로의 도약을 강조할 뿐 아니라, 그것을 위해 내면의 정화(淨化)나 인식의 투명성을 넘어 타자와의 관계 속에서 자신을 성찰할 수 있어야 한다고 강조한다. 이러한 관점은 정명도 또한 다르지 않다. 그는 말한다.

> 사람이 이 하나의 몸을 내려놓아 공정하게 천지 만물 가운데에 던져놓고서 똑같이 간주한다면 구애받을 것이 뭐가 있겠는가?[22]

> 사람들은 단지 사사롭게 행동하면서 자기 한 몸에서만 생각을 일으키므로 도리를 볼 때 자신을 작게 여긴다. 그러나 이 몸을 내던져서 모두 만물 속에 있는 하나의 물건으로 똑같이 간주한다면 얼마나 쾌활하겠는가?[23]

흥미롭게도 정명도는 "(자신을) 공정하게 천지 만물 가운데에 던져놓는다"라거나 "몸을 내던져서 모두 만물 속에 있는 하나의 물건으로 간주한다"라고 분명히 말한다. 이는 자기중심성이나 주관성을 탈피하여 보편적 입장에서 사고하고, 타자를 자신과 다르지 않게 대우한다는 의미이다. 여기에서 '공정하게'라고 번역한 '공공(公共)'이라는 단어의 경우, 이정 형제가 자주 쓰지는 않았지만, 훗날 주자에 이르면 그 사용 빈도가 높아졌을 뿐 아니라 그 의미 또한 '공정하게', '공동으로' 등

---

22 程顥, 程頤, 『二程遺書』, 卷2上: 人能放這一箇身, 公共放在天地萬物中, 一般看則有甚妨礙?

23 程顥, 程頤, 『二程遺書』, 卷2上: 人只爲自私, 將自家軀殼上頭起意, 故看得道理小了他底. 放這身來 都在萬物中一例看, 大小大快活?

으로 확장된다.[24] 우리는 여기에서 이정 형제의 공정함 또는 공공에 대한 관점을 공감과 소통의 차원에서 해석할 수 있다. 다시 말해, 사사롭지 않음 또는 공정함에 대한 강조는 일차적으로 천리나 의리에 도달하기 위해 보편적 사유에 대한 요구이다. 그리고 그것은 위에서 말했듯이 단순히 감정으로서의 공감과 연민이 아니라, 타자의 입장에 서서 판단할 수 있는 마음의 능력과 구체적 실천을 통해 실현된다. 그렇기 때문에 공정함에 대한 이정 형제의 강조는 인식론 차원에서 편향이 없는 보편적 입장을 지닐 것을 요구하는 동시에, 관계론적으로는 타자와의 평등한 소통이 가능할 수 있는 담론의 공간에 대한 요구를 함축한다. 그러한 평등한 소통의 공간은 자기중심성을 내려놓아야 가능하다는 점에서 상호 존중이 실현되는 '예'의 공간으로 표현되기도 한다. 이정 형제는 다음과 같이 극기복례(克己復禮)에 대한 해석을 통해 그러한 보편적 인식으로의 도약은 물론 평등한 소통을 가능케 하는 담론의 공간에 대한 지향을 드러낸다.

당체가 또 물었다. "'극기복례'가 어떻게 인(仁)이 될 수 있는 것입니까?" 정이천이 대답했다. "예가 아닌 곳이 바로 사사로운 마음이니, 이미 사사로운 마음이라면 어떻게 인을 얻을 수 있겠는가? 사람은 모름지기 자기의 사사로움을 온전히 극복한 후에 단지 예만 남아야 인의 공간이 된다."[25]

---

24   참고로 주자의 철학에서 '공공(公共)'의 의미와 용례에 대해서는 다음 논문을 참조할 수 있다. 성현창, 「주희 철학에 있어서의 공공의 의미」(『철학논총』 75, 새한철학회, 2014).

25   程顥, 程頤, 『二程遺書』, 卷22上: 棣又問, "克己復禮, 如何是仁?" 曰, "非禮處便是私意. 既是私意, 如何得仁? 凡人須是克盡己私後, 只有禮, 始是仁處.

정이천은 여기에서 사사로움과 예를 대비시킨다. 그런데 사사로움은 물론 개체적 욕망을 뜻하는 것이지만, 예와의 대비 속에서는 주관적 고립 또는 타자와의 단절이라는 의미를 함께 부여받는다. 정이천이 극기(克己)를 설명하면서 복례(復禮)를 말할 때, '자기극복'이란 단순히 욕망의 절제나 제거를 뜻하는 것이 아니라, 타자나 공동체의 지평에서 사유하는 인식의 확장을 뜻한다. 물론 욕망의 극복을 통한 인식의 보편화 가능성은 인식의 공간적 확장을 가능하게 하는 중요한 전제이다. 그러나 그러한 보편화는 단순히 내면과 주관의 순수성에 대한 요구에 그치는 것이 아니라, 위에서 언급했듯이 자신을 만물과의 관계 및 타자와의 관계 속에 위치시킬 것을 재차 요구한다는 점에서 인식의 다면화 또는 다원화를 지향한다. 따라서 '극기복례'는 내면적 차원에서 일차적으로 사욕의 극복을 함축하지만, 그것은 재차 경(敬)과 서(恕)의 논리와 연계되면서 공적 지평에서 발휘되는 소통의 논리로 발전한다. 정이천은 말한다.

"예가 아니면 보지 말고, 예가 아니면 듣지 말고, 예가 아니면 말하지 말고, 예가 아니면 행동하지 말라"고 했는데, 보고 듣고 말하고 행동하는 것에 있어 예에 전일한 것이 바로 인이다. 인과 예 사이에는 구별이 없다. 공자께서 중궁에게 "문을 나서면 큰 손님을 맞이하는 듯하며, 백성을 부릴 때에는 큰 제사를 받들듯이 하라. 자기가 원하지 않는 일을 남에게 강요하지 말라"고 말했는데, 무릇 군자가 이렇게 마음을 쓰고, 이렇게 마음을 지닐 수 있다면, 불인이 어떻게 끼어들 수 있겠는가? 그 근본을 한마디로 집약하자

면 곧 "생각에 사특함이 없다(思無邪)"는 것이다.[26]

정이천은 『논어』의 '극기복례' 장과 '중궁문인(仲弓問仁)' 장의 내용을 종합적으로 해석하면서 인과 예의 관계를 심화시켜 논한다. "예가 아니면 보지 말라"는 공자의 명령은 자칫 예를 단순한 외적 규범이나 형식적 준수의 차원으로 간주하게 할 수 있다. 그러나 정이천은 이러한 해석을 경계하며, 극기복례의 예가 궁극적으로는 인의 실천이라는 점을 강조한다. 그는 '중궁문인' 장의 내용을 인용하면서, 예의 실천이란 외적 절차의 문제라기보다 타인에 대해 공경한 마음을 지니는 것임을 분명히 한다. 결국 예의 정신은 엄격한 형식이 아니라, 마음의 경(敬)과 서(恕)에 달려 있다. 그것은 손님, 조상, 귀신을 대할 때 필요한 경건함이나 공경의 마음에서 출발한다.[27] 즉, 예는 타인을 존중하고 자신을 절제함으로써 관계의 조화를 실현하는 내적 태도이며, 그러한 경지야말로 '생각에 사특함이 없는' 상태이다. 정이천에게 있어서 인(仁)

---

26 程顥, 程頤, 『二程遺書』, 卷25: "非禮勿視, 非禮勿聽, 非禮勿言, 非禮勿動", 視聽言動一於禮之謂仁, 仁之於禮非有異也. 孔子告仲弓曰, "出門如見大賓, 使民如承大祭, 己所不欲, 勿施於人." 夫君子能如是用心, 能如是存心, 則惡有不仁者乎? 而其本可以一言而蔽之曰"思無邪".

27 이러한 손님에 대한 공경의 사유는 서양철학의 담론과 비교해서 논의할 여지가 있다. 참고로 서동욱은 『오뒷세이아』의 "모든 나그네와 걸인은 제우스에게서 온다니까요. (…) 축복받은 신들께서는 손님에 대한 가혹한 행위를 좋아하지 않고, 오히려 정의와 인간들의 도리에 맞는 행동을 존중하시지요"라는 구절을 인용하면서 서구 전통에 드러난 타자에 대한 성찰과 환대의 윤리를 거론한다. 한병철 역시 「들길 대화」에서 하이데거는 손님에 관하여 이렇게 언급한다. '그는 경청할 수 있으며, 더구나 아주 공손하게 그럴 수 있어서, 이 주요한 몸짓과 태도로 인해 그는 내가 보기에 단적으로 손님이다.' 광활한 풍경 앞에서 하이데거의 안주인은 자신을 손님으로 경험한다. 그녀는 하늘과 땅 사이를 방문 중인 손님이다. (…) 그녀의 수줍음은 경청을 심화한다"라고 하여 손님의 메타포가 같은 윤리적 의미를 논한다. 다음 참조. 서동욱, 『타자철학』(서울: 반비, 2022), 24쪽; 한병철(전대호 옮김), 『관조하는 삶』(파주: 김영사, 2024), 78-79쪽.

은 예(禮)를 떠나 존재할 수 없고, 예는 인의 구체적 실현 방식으로서 공경과 서의 정신을 내면화하는 행위이다. 따라서 예의 실천은 곧 인의 실천이며, 이는 내면적 순수성과 외적 관계의 조화를 동시에 지향하는 도덕적 수양 과정이라 할 수 있다.

이상의 내용을 정리하면 이렇다. 이정 형제에게 마음은 단순히 심리적 주체가 아니라 본성과 감정, 인식과 실천이 교차하는 장소이다. 마음은 사욕과 편향이 돌출되는 장소이지만, 동시에 그것을 극복할 수 있는 도덕적 가능성의 근거이기도 하다. 이러한 이중적 성격은 정명도의 "리와 마음은 하나이다"라는 명제에서 드러나듯, 마음이 바로 리의 구현 장소임을 전제로 한다. 그러나 인간은 기질과 욕망으로 인해 사사로움의 유혹과 오염에 노출되어 있다. 그러므로 도덕적 주체가 된다는 것은 이러한 사사로움을 극복하고 천리의 보편성을 회복하는 과정이다. 이때 '공정함'은 바로 그 극복의 실천 논리를 대표한다. 공정함은 내적으로는 주관적 편향의 극복을 이끌며, 외적으로는 타자와 만물을 함께 살피는 인식의 확장을 추동한다. 그리고 무엇보다 공정함은 타자에 대한 공감과 소통을 가능하게 하는 마음의 역량으로 작용한다. 한편, 공정함으로 해석된 인은 단순한 감정적 연민과 동정이 아니라 타자의 입장을 헤아릴 수 있는 공평무사한 판단의 실천을 함축하며, 이 경우의 공정함은 예나 서(恕)의 정신과 깊이 연결된다.

한 가지 덧붙이면, 이정 형제에게 극기복례는 단순한 욕망의 억제가 아니라 공정함과 서의 정신이 실현되는 보편적 소통의 공간을 회복하는 과정이다. 예의 실천은 '사무사'의 순수성을 바탕으로 하되, 궁극적으로는 타인에 대한 존중과 관계적 조화를 구현하는 방향으로 나아간다. 결국 이정 형제의 공과 사, 도심과 인심의 대립은 마음의 정화에서 시작해 관계의 조화로 확장되는 윤리적 실천의 논리이며, 공정함은 그러한 내면적·사회적 통합을 매개하는 핵심 개념이다. 아래에서는 이정 형제의 철학에서 도덕 주체의 내면적 수양이 예의 공간을 매개로 어떻게 사회적 소통의 윤리로 이어지는가를 특히 '감응' 개념을 중심 으로 살펴보도록 하겠다.

4. 소통의 존재론적 지평: 공정함에서 감응으로

앞 절에서는 공정함과 예의 개념이 어떻게 소통의 논리와 연계되 는지 논의했다. 먼저 공정함은 내면의 편향 없음과 외부와의 소통 역 량이라는 의미를 지닌다. 그리고 그러한 특성은 인의 내면성과 도덕성 을 보편적 인식의 가능성으로 확장함은 물론, 예의 사회성에 투영되어 타자와의 소통 논리를 제공한다. 이 절에서는 한 걸음 더 나아가 이상 과 같은 이정 형제의 철학적 관점이 어떻게 존재론의 지평 위에서 타 자에 대한 소통의 논리로 확장되고, 실천의 동력을 제공하는지 살펴보 고자 한다.

먼저 위에서 보았듯, 극기복례는 단순히 내면의 사욕을 제거하는 과정이 아니다. 그것은 오히려 내성에 갇힌 자아를 넘어 시선을 외부 로 확장하고, 타인의 관점에 설 수 있는 능력을 길러가는 과정이다. 그 리고 그렇게 회복되는 예란 공동체의 질서에 순응하기 위한 수동적 내 면화가 아니라, 자기중심성을 해체함으로써 공공(公共)의 감각을 되살 리는 실천이다. 예컨대 『논어』에는 공자가 태묘(太廟)에서 매번 물었다

는 대목이 나온다. 이를 본 어떤 사람이 그러한 태도를 힐난하자 공자
는 "이것이 바로 예다"라고 대답했다.[28] 이에 대해 정이천은 "비록 알
면서도 재차 물었으니 공경함과 삼감이 지극한 것이다"라고 풀이한
다.[29] 내면에 갇힌 자아는 자신이 알고 있다는 자만에 머물러 외부와
의 관계를 단절한다. 공자는 예의 정신을 그러한 단절을 끊고 타자에
게 묻고 교감하는 태도에서 찾았다. 이는 곧 극기복례의 함축과 통한
다. 정이천 또한 이러한 입장을 계승한다. 그는 "공경함을 갖추면 극복
해야 할 자아가 없어진다. 그 시작은 네 가지를 끊는 것[絶四]을 통해야
한다"[30]라고 말하면서, 공경함은 단순히 내면의 엄숙성을 말하는 것이
아니라 독단적 자아로부터의 탈피를 위한 조건이라는 점을 확인한다.
이러한 관점은 "공경함이 곧 예이다. 공경하면 극복해야 할 자아가 없
어진다"[31]라는 설명이나, 『논어』의 '네 가지를 끊음'을 "사사로운 생각
을 멋대로 하지 않았고, 독단적이지 않았으며, 억지를 부리지 않았고,
자기중심적 의식이 없었다"라고 설명하는 것을 통해서도 드러난다.[32]
결국 이정 형제가 보기에 자기중심성으로부터의 탈피는 조상과 귀신,
손님 같은 타자에 대한 포용과 환대의 가능성을 열어준다. 태묘에서는
경건함을 통해 조상의 임재를 느낄 수 있고, 인륜 관계에서는 공경함
을 통해 손님을 맞이할 수 있다. 이렇게 본다면, 예의 공간이란 곧 자아

---

28 다음 참조. 『論語』, 「八佾」: 子入太廟, 每事問. 或曰, "孰謂鄹人之子知禮乎? 入太廟, 每
    事問." 子聞之曰, "是禮也."

29 다음 참조. 程顥, 程頤, 『二程遺書』, 卷22上: 謝用休問, "入太廟, 每事問." 曰, "雖知亦問,
    敬謹之至.

30 程顥, 程頤, 『二程遺書』, 卷15: 敬則無己可克, 始則須絶四.

31 程顥, 程頤, 『二程遺書』, 卷15: 敬卽便是禮, 無己可克.

32 다음 참조. 程顥, 程頤, 『二程遺書』, 卷6: 子絶四, 毋自任私意, 毋必爲, 毋固執, 毋有己.

가 물러나며 타자와 천리를 맞이하는 환대의 공간이다. 이러한 내면적이면서도 실천적인 공간을 확보할 때, 인간은 위로는 천명(天命)과 천리(天理)에 응하고, 아래로는 타자와 소통할 수 있게 된다.[33]

한편, 이정 형제가 말하는 소통의 필연성과 당위성은 존재론적 차원에서 '감응(感應)'의 원리를 통해 그 의미가 더욱 구체적으로 해명된다. 감응이란 존재와 존재 사이, 사물과 사물 사이에 성립하는 상호 교섭의 원리이다. 정이천은 『주역』 함괘(咸卦)의 "군자는 마음을 비워 타인의 마음을 받아들인다(君子以虛受人)"라는 구절을 다음과 같이 풀이했다.

사람이 마음을 비우면 상대의 마음을 받아들일 수 있고, 마음이 꽉 차면 받아들일 수 없다. 마음을 비우는 것은 내가 없는 것이다. 마음속에 사사로운 주인이 없으면, 감응하여 통하지 못할 것이 없다. 계산하여 수용하고 합치할 것을 선택하여 받아들이는 것은 감응에 대해 언제나 소통하는 성인의 도리가 아니다.[34]

본래 『주역』 64괘 가운데 31번째 괘에 해당하는 함괘는 일차적으로는 남녀의 감응을 상징하는데, 여기에서 함(咸) 자는 곧 감(感) 자를

---

33 참고로 김상환은 『공자의 생활난』에서 상호감응과 화답의 원리로서 공자의 인(仁)을 독해하고 있다. 예컨대 그는 다음과 같이 말한다. "인(仁)이 제사나 환대 같은 예의 실천 속에서 발현되는 어떤 마술적인 힘이라면, 그 힘은 구체적으로 어떤 힘인가? 우리는 앞에서 주자가 인을 '생명력'으로 정의하는 것을 보았다. 그렇다면 생명력으로서의 인은 최종적으로는 어떻게 정의할 수 있는가? 아마 주변 환경과 더불어 자발적으로 감응하고 화답하는 능력으로 돌아가서 정의할 수 있을 것이다. (…) 인의 원초적 의미는 착한 마음 사이에서 일어나는 상호감응과 화답에서 찾을 수 있다." 김상환, 『공자의 생활난』(성남: 북코리아, 2016), 94-95쪽. 한편 같은 책에서 김상환은 소통과 감응의 맥락에서 공자의 철학을 다채롭게 해명하고 있는데, 대표적으로 다음 내용을 참조할 수 있다. 97-101쪽, 108-110쪽, 122-129쪽.

34 정이천 주해(심의용 옮김), 『주역』(파주: 글항아리, 2016), 636-637쪽.

의미한다. 주목할 점은 정이천의 해석에서 감응이란 단순한 정서적 공감이 아니라, 사적인 주체를 비움으로써 존재의 근원적 의미를 확인하는 과정인 동시에 현실에 소통의 질서를 구축하는 과정이라는 점이다. 또한 함괘 구사효(九四爻)의 "올바름을 굳게 지키면 길하여 후회가 없어진다. 왕래하기를 끊임없이 하면 친구만이 너의 생각을 따른다(貞吉, 悔亡, 憧憧往來, 朋從爾思)"라는 구절에 대해 정이천은 재차 다음과 같이 타자와의 감응의 맥락에서 해설한다.

> 감응하는 도는 통하지 않는 바가 없으나, 사사롭게 관계하는 바가 있으면 감응하여 통하는 데에 해로우니 후회가 있게 된다. 성인이 세상의 마음을 감동시키는 것은 마치 춥고 더우며 비 오고 해 뜨는 것과 같이 통하지 않음이 없고, 반응하지 않는 것이 없으니, 역시 올바름을 굳게 지켰기 때문일 뿐이다. 올바름이란 마음을 비워서 아집이 없는 것을 말한다. (…) 만약 끊임없이 마음이 갈팡질팡 왕래하면서 사사로운 마음으로 상대를 감동시키면 생각이 미치는 사람은 감동시켜 마음을 움직일 수 있으나 생각이 미치지 못하는 사람은 감동시킬 수가 없다. 이것이 같은 부류의 친구들만이 너의 생각을 따른다는 말이다. 관계가 얽혀 있는 사람과의 사사로운 마음을 가지고 하나의 측면과 한 가지 일만을 주장한다면, 어찌 확연하게 통하지 않는 것이 없을 수 있겠는가?[35]

함괘에 대한 정이천의 해석은 성리학의 소통 이론을 대표한다고

---

35   위의 책, 642-643쪽.

해도 과언이 아니다. 그가 말하는 소통의 관건은 사적인 자아와 아집을 극복함으로써 보편적 소통, 열린 소통으로 나아가는 것이다. 그런 이유로 정이천은 함괘의 "친구들만 너의 생각을 따른다"라는 상황을 비판한다. 그것은 마치 『논어』에서 "소인은 뇌동할 뿐 조화를 이루지 못한다(小人同而不和)"라고 말한 상황과 다르지 않다. 즉, 그러한 상황은 나와 같거나 비슷한 논리나 감각을 공유하는 사람들 사이에서 성립하는 동질성의 확인이나 제한적 소통에 불과하다. 그러나 진정한 소통은 오히려 나와 공유할 수 없는 지점을 지닌 타자와 감응할 때 도래한다. 그래서 정이천은 나의 주관적 생각으로 도달하지 못하는 사람을 감동시키는 경지를 말한다. 그러한 대상은 일본의 사상가 가라타니 고진(柄谷行人)의 표현을 빌리면 "멋대로 이쪽이 감정이입을 한다거나 내면화해버리지 않는 타자"라고도 말할 수 있다.[36] 정이천의 감응론 역시 타자를 자기 내부로 흡수하거나 동화시키지 않는, 타자 자체의 논리를 존중하는 소통의 사유로 볼 수 있다. 이러한 타자중심성의 논리를 이정 형제는 "사물을 사물로써 대하는 것" 또는 "사물을 사물에 맡겨두는 것"이라 설명한다.

> 사물의 처지에서 사물을 대하고, 자기의 처지에서 사물을 대하지 않으면 사적인 자아가 없게 된다. (…) 무릇 하늘이 사물을 낳음에 긴 것도 있고 짧은 것도 있으며, 큰 것도 있고 작은 것도 있다. 군자는 그 큰 것을 얻었으니, 어찌 작은 것을 크게 만들 수 있겠는

---

36 예컨대 가라타니 고진은 보편성을 공동주관성(공공성)을 통해 기초 지으려고 한 하버마스의 시도에 대해 '멋대로 이쪽이 감정이입을 한다거나 내면화해버리지 않는 타자', 예컨대 '아직 태어나지 않은 미래의 인간'에 대한 고려가 없다는 점에서 진정한 보편성을 건립할 수 없다고 비판한다. 다음 참조. 가라타니 고진(조영일 옮김), 『근대문학의 종언』(서울: 도서출판b, 2012), 246-247쪽.

가? 천리가 이와 같으니 어찌 거스를 수 있겠는가? 천하의 큰 것으로써 다양한 만물에 대해 한결같은 마음으로 대처한다면 반드시 요체를 얻는 것이 타당하다.[37]

만약 사물을 각기 그 사물에 맡겨둘 수 있다면 자연히 도리에서 벗어나지 않게 된다.[38]

여기에서 사물이란 단순한 객체가 아니라 주체 밖의 타자를 의미한다. 따라서 "사물의 처지에서 사물을 대한다"라는 것은 타자를 자신의 기준으로 재단하지 않고, 타자 자체의 논리에 맡겨두는 태도를 뜻한다. 또한 "다양한 만물에 대해 한결같은 마음으로 대한다"라는 것은 주관적 마음을 비우고 천리의 보편성에 따라 타자를 대한다는 뜻이다.[39] 결국 이정 형제에게 예와 공경[敬], 그리고 감응은 서로 단절된 개념이 아니라 하나의 내적 연쇄를 이룬다. 공경은 예의 근본이자 근거이며, 공경을 통해 자아가 비워지고 물러날 때 감응의 가능성이 열린다. 이렇게 보면 극기복례를 통해 구현되는 예는 단지 사회적 규범의 준수가 아니라, 자아의 경계가 물러난 자리에서 성립하는 주체와 타자

---

[37] 程顥, 程頤, 『二程遺書』, 卷11: 以物待物, 不以己待物, 則無我也. (…) 夫天之生物也, 有長有短, 有大有小. 君子得其大矣, 安可使小者亦大乎? 天理如此, 豈可逆哉? 以天下之大, 萬物之多, 用一心而處之, 必得其要, 斯可矣.

[38] 程顥, 程頤, 『二程遺書』, 卷18: 若能物各付物, 便自不出來也.

[39] 정이천의 언급은 다음과 같은 장횡거의 언설과 같은 의미를 드러낸다. 張載, 『正蒙』「大心」: 以我視物則我大, 以道體物我則道大. 故君子之大也大於道, 大於我者容不免狂而己. 번역하면 다음과 같다. "나를 중심으로 사물을 보면 내가 크고, 도를 중심으로 사물과 나를 감싸면 도가 크다. 그러므로 군자가 크다고 할 때의 큼은 도에 있다. 큼이 나에게 있으면 아마도 광인이 되는 것을 면치 못할 것이다."

의 공존과 소통의 존재 방식이다.

한편, 이정 형제에게 주체와 타자가 공존하고 소통하는 예의 공간은 천리의 공간이기도 하다. 그들에게 사물은 타자이며, 동시에 천리이다. 다시 말해, 천리는 타자의 도래 속에, 또는 타자와의 만남 속에 존재한다. 비록 천리가 선험적으로 만물에 부여된다고 해도 그것은 추상적 이념으로서 사물 너머에만 잠재적으로 존재하는 것이 아니다. 그것도 결국 인간의 주체적 노력과 인륜적 관계의 장을 통해서만 파악되고 실현될 수밖에 없다. 그래서 정명도는 "만물은 모두 각각의 리가 지니고 있으니, 그것을 따르면 순조롭고 그것을 거스르면 혼란하다. 각자 그 리를 따른다면 어찌 자기의 힘을 수고롭게 하겠는가"[40]라고 했다. 인륜적 차원에서 이 말을 해석하면, 모든 사람은 리의 담지자로서 도덕적 본성을 지닐 뿐 아니라, 그러한 가능성을 실현할 수 있는 인식 능력과 실천 능력을 타고난다. 결국 인륜이란 천리가 인간적 관계 속에서 구체화되는 방식이며, 타자와의 만남에서 비로소 실현되는 질서라고 할 수 있다. 그러므로 정이천은 존재와 존재의 만남의 중요성을 다음과 같이 강조할 뿐 아니라, 세계를 감응의 총체로 보고 있다.

천지가 만나지 않으면 만물이 생겨나지 않는다. 군신(君臣)이 만나지 않으면 정치가 흥성하지 않는다. 성인과 현인이 만나지 않으면 도와 덕이 형통하지 않는다. 사물이 만나지 않으면 공용이 완성되지 않는다. 만남의 도는 얼마나 위대한가?[41]

40　程顥, 程頤,『二程遺書』, 卷11: 萬物皆有理, 順之則易, 逆之則難, 各循其理, 何勞於己力哉?

41　程顥, 程頤,『二程粹言』: 天地不相遇, 則萬物不生. 君臣不相遇, 則政治不興. 聖賢不相

천지에 어찌 안과 밖이 있겠는가? 천지의 바깥을 말한다면 이
는 천지를 이해하지 못한 것이다. 사람이 천지 안에 있는 것은 물
고기가 물속에 있는 것과 같다. 물고기가 물속에 있을 때는 오히려
물이 있다는 사실을 특별히 느끼지 못한다. 그러나 일단 물 바깥으
로 나오면 비로소 꼼짝할 수 없다는 사실을 깨닫는다.[42]

첫째 인용문에서 정이천은 만남의 도를 예찬하는데, 이는 감응의
도와 다르지 않다. 그에 따르면, 사물과 사물이 서로 만나 감응할 때 존
재의 공용이 드러나고, 주체와 타자가 만나 감응할 때 인륜과 도덕의
가치가 완성된다. 또한 둘째 인용문을 정이천의 "이 세상에는 다만 하
나의 감(感)과 응(應)이 있을 뿐이다. 이것 말고 달리 무슨 일이 있겠는
가?"[43]라는 말과 연계해서 보면 결국 물고기가 물에서만 살 수 있듯이,
인간도 필연적으로 감응의 필연성과 총체성 속에서만 존재한다는 뜻
으로 읽을 수 있다. 두 인용문을 종합해서 논의하자면, 감응의 대상은
인륜적 차원에서는 손님이나 타자이지만, 존재와 인식의 차원에서는
그 모든 것이 리의 현현이다. 그러므로 사물이나 타자와의 만남은 곧
천리(天理)와의 만남이기도 하다. 그런데 타자의 입장에서 보면, 나 또
한 리의 담지자이다. 인간은 그러한 천리의 총체성을 벗어날 수 없다.
성인이란 이러한 필연적 연관 및 상호적 만남 속에서 각자의 리를 깨
닫고, 그것들을 소통시키는 자이다. 정이천은 "성인의 마음은 존재한

遇, 則道德不亨. 事物不相遇, 則功用不成. 遇之道, 大矣哉!

42　程顥, 程頤, 『二程遺書』, 卷2上: 天地安有內外? 言天地之外, 便是不識天地也. 人之在天
地, 如魚在水, 不知有水, 直待出水, 方知動不得.

43　程顥, 程頤, 『二程遺書』, 卷15: 天地之間, 只有一箇感與應而已. 更有甚事?

적도 없고, 존재하지 않은 적도 없다. 무릇 성인의 도는 안과 밖을 합일시키고, 만물을 자신의 일부로 삼는다"[44]라고 했다. 성인은 내부와 외부, 주체와 타자의 경계를 넘어 양자를 관통하며, 그 만남 속에서 천리의 통일을 체현하는 존재라고 할 수 있다. 정이천은 그러한 과정을 안회의 노력에 빗대어 설명한다.

> (맹자가 성스러움에 대해 말한) "위대하여 자신을 변화시킨다"란 다만 리와 내가 하나가 된 경지를 가리킨다. 아직 변화를 이루지 못한 사람은 척도를 사용해서 물건을 재는 것과 같아서 그 일을 할 때 어긋남을 면치 못한다. 거의 변화되는 경지에 이른 사람이라면 자기가 곧 척도이고, 척도가 곧 자기가 될 것이다. 안회가 바로 이러한 수준이었다. 만약 완전한 변화를 이루었다면 공자와 같았을 것이다. (…) 다만 안회는 비록 성인의 경지를 보았지만 직접 이르지는 못했다.[45]

안회에게 공자는 단순한 스승이 아니라 성인이자 천리의 현현이었다. 『논어』의 해당 대목에서 공자는 앞에 있는 듯하다가도 뒤에 있어 결코 온전히 포착되거나 도달할 수 없는 존재로 그려진다. 이처럼 성인의 경지는 고정된 목표가 아니라, 끊임없이 자신을 드러내고 물러서는 유동하는 리 자체이다. 그것은 불변의 법칙이라기보다 만남과 감

---

44 程顥, 程頤, 『二程遺書』, 卷3: 聖人之心, 未嘗有在, 亦無不在, 蓋其道合內外, 體萬物.

45 程顥, 程頤, 『二程遺書』, 卷15: "大而化之", 只是謂理與己一. 其未化者, 如人操尺度量物, 用之尚不免有差, 若至於化者, 則己便是尺度, 尺度便是己. 顔子正在此, 若化則便是仲尼也. (…) 顔子見之, 但未至爾.

응 속에서 스스로 드러나고 실현되는 관계적 원리라 할 수 있다. 정이천은 "사물(타자)과 나는 리를 하나로 하므로 저것을 밝히면 이것 역시 분명해진다. 이것이 바로 안과 밖을 합일시키는 도이다"[46]라고 말했다. 그가 강조하는 것은 단순히 주체와 타자가 이미 동일한 리를 소유한다는 사실이 아니다. 그것은 오히려 함께 하나의 리를 지향하는 과정 또는 서로를 향해 나아가는 과정이 결국 천리의 체인(體認)이라는 사실을 드러낸다. 따라서 정이천이 말하는 리의 통일은 정태적 일치가 아니라, 서로를 향한 응답과 조율의 관계 속에서 이루어지는 동적 합일이다. 이러한 합일을 향한 끊임없는 노력은 천리와의 교감이자, 타자와의 소통을 향한 근원적 충동이라 할 수 있다.

　　결론적으로 말해 이정 형제의 철학은 내향적 또는 내면적 수양론을 넘어, 윤리학 또는 실천철학 차원에서의 소통의 철학으로 확장된다. 주체는 공경을 통해 자아를 비우고, 상호 소통의 공간인 예의 질서에 참여한다. 그리고 다시 주체는 타자와의 감응을 통해 보편적이고 다원적인 성격을 갖는 천리를 함께 주조해나간다. 이처럼 감응을 통해 타자와 천리의 질서에 참여하는 인간상은 현대적 의미에서 말하자면 자아의 비움과 성찰을 통한 타자 수용의 윤리를 보여준다. 이정 형제가 말하는 "사물을 사물에 맡긴다"라는 태도 또한 곧 타자를 있는 그대로 수용하고 긍정하는 환대의 윤리를 지향하는데, 그러한 지향은 현실에서는 구체성을 갖춘 예의 공간을 창출하고, 이론적으로는 인간과 세계가 서로를 비추며 통하는 감응의 존재론에 근거를 둔다.

---

[46]　程顥, 程頤, 『二程遺書』, 卷15: "物我一理, 纔明彼卽曉此, 合內外之道也."

5. 나가며

이상으로 갈등과 소통의 차원에서 이정 형제의 철학이 갖는 의미를 논의했다. 현재의 관점에서 그들의 사유를 갈등 해소를 위한 '소통의 철학'으로 재조명하는 것은 단지 전통 철학에 대한 문헌적 해석을 넘어 오늘날 인륜성의 위기를 성찰하는 중요한 시사점을 제공한다. 간단히 그들의 논지를 정리하면, 이정 형제에게 인간의 수양과 예의 실천은 단순히 내면의 도야나 규범의 준수를 뜻하지 않는다. 그것은 자아의 경계를 허물고, 타자와 더불어 천리를 구현해가는 관계적 실천이다. 공정함과 공경함은 그러한 관계를 가능하게 하는 마음의 태도이며, 예 또는 극기복례의 과정은 그러한 마음이 사회와 현실 속에서 구체성을 얻는 조건이고 형식이다. 그리고 예와 극기복례의 세계는 고정적 형식이나 수동적 억압이 아니라, 주체와 타자가 감응하고 교통하는 열린 장(場)이다. 이곳에서 인간은 자기중심적 사유를 극복하고, 타자와 천리, 그리고 만물과 더불어 존재한다.

이정 형제의 철학은 '인의 내면성'과 '예의 사회성'을 함께 고려할 뿐 아니라, 도덕적 인간이 자기 내부의 편향을 극복하고 타자와의 소통을 가능하게 하는 구조를 보여준다. 그들이 제시한 '공정함-극기복례'의 논리 또는 '공경함-예-감응'의 논리는 성리학 전통을 내면성의 철학에서 구원할 수 있는 통로를 제시한다. 그들은 천리를 추상적 법칙으로 고정하지 않고, 만남과 감응 속에서 살아있는 원리로 이해했다. 이러한 관점에서 소통의 토대로서의 감응은 단순히 상호 커뮤니케이션으로서의 소통이 아니라, 오히려 존재의 근원적 방식으로 기능한다. 주체는 타자와 감응할 때 완성되고, 천리는 그 감응의 흐름 속에서 드러난다. 결국 이정 형제가 말한 예의 세계도 천리와 인간, 자아와 타자가 함께 호흡하며 존재해나가는 관계의 질서를 이루는 공간이라 할 수 있다. 거듭 강조하지만, 이정 형제에게 만남과 응답, 공존과 소통은 단지 사회적 관계의 기술이 아니라, 세계의 근원적 질서이자 천리의 운동 그 자체이다. 성인은 그러한 감응의 질서 속에서 자아와 타자, 안과 밖, 인간과 천리를 통합하는 존재이다. 이정 형제의 감응론에 기초한 소통의 철학은 주체와 타자를 하나의 관계망 속에서 이해하려는 근대 이후의 소통 철학이나 타자 윤리학에도 요긴한 시사점과 대화의 공간을 제공할 수 있으리라 기대된다. 끝으로, 정치적으로 갈등 관계에 놓였던 왕안석을 대하는 정명도의 태도를 보여주는 내용 한 단락을 소개하고 논의를 마치고자 한다.

정명도가 근래 오사례와 함께 왕안석 학문의 오류에 관해 논하면서 오사례에게 말했다. "나를 위해 왕안석에게 모두 전달해주십시오. 나 또한 감히 스스로 옳다고 할 수는 없습니다. 그리고 만일 무슨 대꾸가 있거든 바라건대 논의를 주고받기를 바랍니다. 이것은 천하의 공정한 이치이니, 피차의 구별이 없습니다. 분명하게 판별할 수 있다면 왕안석에게 유익하지 않다면 반드시 나에게 유익할 것입니다.[47]

---

[47]　程顥, 程頤, 『二程遺書』, 卷1: 伯淳近與吳師禮談介甫之學錯處, 謂師禮曰, "爲我盡達諸介甫, 我亦未敢自以爲是. 如有說, 願往復. 此天下公理, 無彼我. 果能明辨, 不有益於介甫, 則必有益於我."

참고문헌

『論語』

『孟子』

가라타니 고진(조영일 옮김),『근대문학의 종언』, 서울: 도서출판b, 2012.

김나윤,「유가적 정치문화에서 공론과 소통」,『범한철학』116, 범한철학회, 2025, 159-186쪽.

김상환,『공자의 생활난』, 성남: 북코리아, 2016.

나종석,「주희 공(公) 이론의 민주적 재구성의 가능성」,『철학연구』128, 대한철학회, 2013, 138-165쪽.

박영도,「유교적 공공성의 문법과 그 민주주의적 함의」,『동방학지』154, 연세대학교 국학연구원, 2013, 65-83쪽.

서동욱,『타자철학』, 서울: 반비, 2022.

성현창,「주희 철학에 있어서의 공공의 의미」,『철학논총』75, 새한철학회, 2014, 385-404쪽.

張載,『張載集』, 北京: 中華書局, 2010.

정이천 주해(심의용 옮김),『주역』, 파주: 글항아리, 2016.

程顥, 程頤,『二程集』, 北京: 中華書局, 2004.

馮友蘭(박성규 옮김),『중국철학사(하)』, 서울: 까치글방, 2007.

한병철(전대호 옮김),『관조하는 삶』, 파주: 김영사, 2024.

II

갈등 대응의
실천적 지평

06

'가짜뉴스', 소셜미디어, 그리고 증언의 인식론

권홍우(경북대학교 철학과)

1. 서론

구체적인 사례에서 무엇이 소위 '가짜뉴스'[1]에 해당하는지에 대해서는 극단적으로 의견이 갈릴지 모르겠으나, 가짜뉴스로 인해 우리 사회가 엄청난 사회적 비용을 치르고 있으며, 그것이 점차 심화되고 있는 사회적 갈등의 주요 원인이 되고 있다는 점에는 이견이 있을 것 같

---

* 이 글은 대한철학회의 학술지인 『철학연구』 제176집(2025)에 게재된 「'가짜뉴스', 소셜미디어, 그리고 증언의 인식론」을 수정한 것이다.

[1] 비교적 최근까지도 '가짜뉴스'는 '소셜미디어 등을 통해 사회적으로 유포되는 거짓 정보'를 의미하는 중립적인 용어로 쓰였으나, 최근에는 이 표현이 특정 정치 세력에 의해 다른 세력을 비판하는 말로 악용되면서 '허위정보(misinformation)' 같은 표현이 선호되는 경향이 있다. 그러나 '허위정보'라고 할 경우, 소셜미디어를 통해 유포되는 정보뿐만 아니라 모든 종류의 거짓정보를 포괄하는 것으로 읽힐 수 있다는 단점이 있다. 이런 이유로 본 논문에서는 '가짜뉴스'라는 용어를 사용하기로 한다.

지 않다. 실제로 가짜뉴스가 여론 형성에 영향을 미쳐 선거나 중대한 정책 결정에 무시할 수 없는 영향력을 행사하고 있다고 볼 증거가 있다.[2] 역사적으로도 가짜뉴스로 인해 사회 전체가 해악을 입게 되는 사례가 왕왕 있었으나, 아무래도 가짜뉴스 문제가 이렇게까지 심각한 사회적 문제로 대두된 것은 유튜브를 비롯한 소셜미디어 등의 매체를 통한 가짜뉴스의 빠르고 광범위한 유포 탓이라고 보는 것이 합당하다.[3] 우려를 더하는 것은 기술의 발전으로 앞으로도 이런 추세가 더 심화될 가능성이 커 보인다는 점이다.

더 심각한 문제는 이런 문제에 대한 뾰족한 해법이 보이지 않는다는 데 있다. 가짜뉴스 문제에 대한 현재 우리 사회의 대응은 주로 '악한 생산자'와 '순진한 소비자'라는 이분법에 기반해 있는 것으로 보인다. 금전적 또는 정치적 이익을 얻기 위해 소셜미디어의 플랫폼을 악용해서 의도적으로 가짜뉴스를 생산하고 유포하는 자들이 있으니, 사회는 이런 '악한 생산자'의 정보 생산 및 유포 활동을 금지하거나 규제해야 한다는 것이 한 가지 생각이다. 보통 이는 이른바 '팩트체킹'이라는 이름으로 구체화되는데, 적어도 명백히 거짓인 정보를 가려내 그 생산과 유포를 근본적으로 차단 또는 억제하고자 시도한다. 그러나 이런 규제는 표현의 자유를 제한할 수 있다는 또 다른 심각한 문제에 부

---

2 흔히 언급되는 다른 나라의 사례로, 2016년 미국 대통령 선거, 영국의 브렉시트(Brexit) 투표 결과 등이 있다.

3 예를 들어, 소셜미디어상 거짓 뉴스가 참인 뉴스에 비해 훨씬 더 빠르게 전파된다는 것을 입증하는 연구 결과가 있다. S. Vosoughi, et al., "The Spread of True and False News" (*Science*, vol. 359, 2018)를 보라. 역사적인 사례와의 비교를 비롯하여 가짜뉴스의 전파 경로를 다룬 저서로 S. van der Linden, *Foolproof: Why Misinformation Infects Our Minds and How to Build Immunity* (New York: W. W. Norton & Company, 2023) 중 특히 5장을 참조하라.

딪힌다. 존 스튜어트 밀(J. S. Mill)이 그토록 표현의 자유를 강조한 이유 중 하나는 아무리 거짓인 것이 분명해 보이는 정보라도 그것을 규제하는 것이 장기적으로 사회에 더 심각한 해악을 끼칠 수 있다는 것이었음을 상기하자. 게다가 도대체 누가 '팩트'를 '체킹'한다는 말인가? 권력을 쥐고 있는 정부에 맡기는 건 고양이에게 생선을 맡기는 격이다. 민간에 맡기더라도 사정이 그다지 나아질 것 같지 않다. 최근에는 AI에 기대는 방법이 부각되고 있으나, 현존하는 AI가 '팩트'와 정보를 직접 비교하는 것이 아니라 기껏해야 해당 정보와 인간이 기존에 생성해놓은 정보들 사이의 정합성을 따질 뿐이라는 점을 고려할 때, 이것이 본질적인 해법이 될 수 있을지 의문이다. 다른 한편, '순진한 소비자' 쪽에 집중하는 사람들은 문제의 근본 원인을 가짜뉴스를 순진하게 믿어버리는 인식 주체 쪽에서 찾고자 할 것이다. 이런 사람들은 '미디어 리터러시' 교육을 강조하는 경향이 있다. 소셜미디어 플랫폼의 작동 방식이나 자가 팩트체킹 방법 등에 대한 미디어 교육이 강조된다. 이런 접근법은 당장에는 어느 정도의 효과를 거둘지 모르나 궁극적으로 개개인의 인식적 책임을 강조한다는 점에서 이 역시 근본적인 해법이 될지는 의심스럽다.

본 논문의 목적은 소셜미디어에 의한 가짜뉴스 확산 문제를 **인식론적 관점**에서 고찰하여 이런 문제에 대한 새로운 통찰을 얻고자 하는 데 있다. 소셜미디어와 가짜뉴스의 문제에 관련해서 인식론 및 관련 철학 분야들에서 기여할 바가 있어 보임에도 이에 대한 직접적인 논의가 많지 않았던 것은 아쉬운 일이다.[4] 그럼에도 필자는 현대 인식론이

---

4   대표적인 예외로 최근에 출간된 다음의 논문 모음집이 있다. S. Bernecker, et al., *The Epistemology of Fake News* (Oxford University Press, 2021). 그러나 필자가 취하고 있는 방

이러한 문제를 다루기에 적합한 개념적·이론적 도구들을 발전시켜왔다고 본다. 특히 본 논문에서 출발점으로 삼고자 하는 이론적 도구는 20세기 후반 이래 영미권 철학계에서 비교적 활발히 논의되어온 '증언의 인식론(epistemology of testimony)' 영역이다. 증언의 인식론은 말 그대로 다른 사람의 증언에 기반한 믿음 형성이 어떤 규칙을 따르는지, 그것이 정당화된다면 어떤 방식으로 정당화되는지를 연구하는 분야이다. 가짜뉴스의 확산이 상당 부분 소셜미디어에 기인한다는 점에서, 그리고 소셜미디어에 의한 믿음 형성은 증언에 기반한 믿음 형성의 일종으로 볼 수 있다는 점에서 이런 이론적 도구가 가짜뉴스의 문제를 다루는 데 유용하게 적용될 수 있으리라 기대할 수 있다.

본 논문에서 필자가 주장하고자 하는 바는 대략 다음과 같다. 증언적 믿음의 정당화에 대한 전통적 입장인 '환원주의'에 따르면, 증언에 기반한 믿음이 정당화되기 위해서는 인식 주체의 관점에서 그 증언의 신뢰성에 대한 믿음 및 그에 대한 정당화가 요구된다. 그러나 필자는 증언적 믿음에 대한 환원주의는 이론적으로 유지되기 힘들뿐더러 우리의 문제를 다루기에 적합한 도구가 되지 못한다고 주장한다. 증언이 믿음을 직접적으로 정당화할 수 있다고 보는 '비환원주의'의 입장을 취했을 때, 믿음 주체가 가진 다른 배경지식이 아니라 증언이 신빙성을 유지하기 위한 '외재적' 조건이 중요성을 갖게 된다. 필자는 증언에 의한 믿음 형성의 관행이 인식적 정당성을 얻기 위해서는 적절한 '대화 격률'이 사회적 규범으로 유지되는 것이 요구된다고 주장한다. 그러나 현재 소셜미디어에서의 대화 공간은 이런 규범의 작동을 어렵

향과 다르게, 편집자들이 이 책의 서문에서 증언의 인식론이 가짜뉴스를 다루기에 적합한 도구가 아니라고 명시적으로 주장한다(같은 책, pp. 2-3 참조).

게 만드는 특징을 갖는다는 것이 핵심 문제이다. 이런 진단으로부터 필자는 가짜뉴스의 확산 문제에 대해 '악한 생산자'와 '순진한 소비자'의 이분법에서 벗어나 사회의 책임을 강조하는 새로운 해법을 찾아볼 것을 제안하고자 한다.

이하의 논의는 다음과 같이 진행된다. 2절에서는 증언의 인식론에 대한 고전적인 환원주의 입장을 개관하고, 이런 입장에서 소셜미디어 증언에 기반한 믿음의 인식적 정당성 문제를 살펴본다. 3절에서는 증언이 그 자체로 즉각적이고 '일견적인' 정당화를 부여할 수 있다는 비환원주의적 입장을 개진하고 방어하면서, 동시에 그 정당화의 토대에 대해 탐구할 필요가 있음을 주장한다. 4절에서는 증언이 부여하는 정당화의 토대를 그라이스적(Gricean) '대화 격률'과 사회적 규범에서 찾아보고자 할 것이다. 5절에서는 앞의 논의를 기반으로 소셜미디어 환경에서 이런 규범이 작동하지 않는 이유를 진단한다. 6절에서는 문제에 대한 몇 가지 개선 방안을 고려해보면서 논문을 마무리한다.

2. 증언의 인식론: 환원주의

우리가 갖고 있는 의견 또는 믿음 중 상당수는 다른 사람을 통해 간접적으로 획득된 것이다. 오늘 하루에 필자가 이런 방식으로 알게 된 것 몇 개만 예로 들어보겠다. 일전에 주문한 소파가 오늘 배달 예정임을 아내로부터 들어 알게 되었다(아내는 또 그것을 문자 메시지를 통해 알게 되었다). 이메일을 통해 학술지의 투고 마감일이 모레라는 것을 알게 되었다. 대통령 지지도가 다소 하락 추세라는 것은 신문에서 읽어 알게 됐고, 미국 시카고 지역에 군 투입이 임박했다는 것은 자동으로 추천된 유튜브 영상에서 보고 알았다. 친구가 지인의 부친상을 '공유' 형식으로 카카오톡에 올린 것을 보고 그것을 알게 되었다. 시장 거래가 이타심을 몰아내는 효과가 있다는 것은 수업 준비를 위해 읽고 있는 책에서 배웠다. 그리고 중간중간 챗GPT와의 대화를 통해 얻게 된 정보도 추가하자. 이렇게 보면 오늘 새롭게 알게 된 것 중 상당수가 누군가로부터(또는 무엇인가로부터) 전해 들은 것이다.

어떤 명제 p가 있을 때, 어떤 인식 주체가 p와 관련된 사실을 직접(경험적이든 아니면 다른 방법으로든) 확인해서가 아니라, **p를 내용으로 가진** 어떤 것을 듣거나 보고 그 결과로 p를 믿게 될 때, 그 어떤 것을 '증언'이라 부르고 그렇게 획득된 믿음을 '증언적 믿음'이라고 부르기로 하자. 여기서 '어떤 것'은 전형적으로는 어떤 사람의 말이나 글이 되겠지만, (가짜뉴스 확산의 중요한 매개가 되는) 소셜미디어상의 영상이나 리트윗, 공유 등도 이런 의미의 증언에 포함된다고 볼 수 있다. 챗봇에서 자동으로 생성된 메시지나 챗GPT 같은 대화형 인공지능의 답변은 어떨까? 차후에 이런 것들을 증언으로부터 배제해야 할 이유가 있는 것으로 드러날지 모르지만, 지금 단계에서는 이런 것들도 증언에 포함되는 것으로 가정해도 해가 되지 않을 것이다.

우리의 인식적 삶에서 증언적 믿음이 차지하는 비중을 고려할 때, 인식론이 전통적으로 증언적 믿음의 정당화 문제를 다루는 데 다소 소홀했다는 점이 의아하게 느껴질 수도 있을 것 같다. 그러나 사실 여기에는 그럴 만한 이유가 있다. 전통적인 인식론에서는 증언에 의한 믿음 획득을 고유한 위상을 가진 믿음 획득 방식이라고 생각되지 않았기 때문이다. 전통적 인식론에서 증언적 믿음은 증언 사실에 대한 직접적인 경험(즉 누가 말하는 것을 청각적으로 들었다든지, 책에 어떤 글귀가 쓰여 있는 것을 시각적으로 봤다든지 하는 지각적 경험)과 그로부터의 논리적 추론의 산물이라고 여겨지는 경향이 있었다. 증언적 믿음을 이런 식으로 보는 입장은 '환원주의(reductionism)'라고 불린다.

조금 더 자세히 분석해보자. 환원주의는 기본적으로 증언적 믿음이 인식 주체의 입장에서 다음과 같은 **추론**을 통해 얻어지는 것으로 본다.

P. X가 p라고 말한다.
C. 그러므로 p이다.

엄밀히 말하면 전제(P)와 결론(C) 사이에는 아무런 논리적 관련성이 없으므로 환원주의는 이런 추론에 둘을 연결할 수 있는 전제가 암묵적으로 포함된 것으로 본다. 간단히 말해, X의 증언이 '신뢰할 만한 것'이라는 전제가 필요하다는 것이다. 그 암묵적 전제를 명시적으로 추가하면, 증언적 믿음은 다음과 같은 추론을 통해 얻어지는 것으로 볼 수 있다.

P1. X가 p라고 말한다.
P2. X의 증언이 신뢰할 만하다.
C. 그러므로 p이다.

이렇게 생각할 때, 증언으로부터의 추론은 '통계적 삼단논법'("x는

F이다. 대부분의 F는 G이다. 따라서 x는 G이다.")이라 불리는 귀납 추론과 상당히 유사한 패턴의 추론이다. 이런 견해에서는 어떤 인식 주체가 증언에 기반해서 갖게 된 믿음(즉, C에 대한 믿음)이 인식적으로 정당화되는지의 여부는 P1과 P2를 믿는 것이 정당화되느냐의 여부에 달려 있다. 결국 환원주의에 따를 때, 어떤 특정 경우에 인식 주체의 증언적 믿음이 정당화되는가에 대한 질문은 결국 그 인식 주체가 증언의 신뢰성을 믿는 것에 있어 정당화되는지 여부에 결정적으로 의존하게 된다.

그렇다면 어떤 요소들이 P2의 정당성, 즉 해당 증언의 신뢰성을 결정할 수 있을까? 존 로크(John Locke)가 처음 제시한 것으로 제니퍼 네이글(Jennifer Nagel)이 제공하는 목록 중 일부는 다음과 같다.[5]

① 증언자의 수
② 증언자의 진실성 및 전문성
③ 증언자가 증언을 제공하는 목적
④ 반대 증언의 존재 여부

사실 이런 목록은 비형식 논리 교과서에서도 흔히 볼법한 것이다. 예를 들어, 많은 전문가가 그들의 전문 영역에 있는 주제에 대해 하나의 목소리를 낸다면, 증언의 신뢰성은 그만큼 커진다. 전문가라 하더라도 상업적 광고에 등장해서 하는 얘기라면 그 증언 제공의 목적이 사익에 있을 가능성이 크므로 신뢰성은 그만큼 약해진다. 반대되는 증언들이 있으나 애써 그것을 외면하고 한 사람의 증언에만 의존했다면

---

5   J. Nagel, *Knowledge: A Very Short Introduction* (Oxford: Oxford University Press, 2014), p. 74.

그것도 신뢰성을 약화시키는 요소이다, 등등. 다시 한번 강조하지만, 환원주의에 따르면 증언의 신뢰성을 검토해야 할 인식적 책임은 바로 인식 주체에게 있다. 인식 주체가 이를 정당화하기 전까지는 증언적 믿음은 인식적으로 정당화되지 않는다는 것이다.

필자는 궁극적으로 증언적 믿음이 정당화되기 위해서는 인식 주체가 증언의 신뢰성에 대한 정당화된 믿음을 갖고 있어야 한다는 환원주의적 견해를 거부할 것이다. 그러나 그전에 이런 견해에 비추어 소셜미디어로부터 얻게 되는 증언적 믿음의 인식적 정당성을 간략히 따져보도록 하자. 특별히 관심 있게 보고자 하는 부분은 신뢰성의 관점에서 소셜미디어에서 획득한 증언적 믿음이 일상적인 증언적 믿음과 견주어 어떤 차이점을 갖는지, 그 차이점이 인식론적으로 유관한지 하는 것이다.

① 증언자의 수: 소셜미디어의 성격상 어떤 정보는 순식간에 많은 사람에게 공유되며, 이 때문에 같은 정보를 여러 곳에서 공유받는 경우도 비일비재하다. 여러 사람이 나에게 같은 뉴스를 전달해주었다는 것은 그 뉴스의 신뢰성을 높여주는 것으로 간주될 것이다. 더군다나 그 메시지에 '좋아요'가 많이 달렸다는 것도 신뢰성을 높여주는 요인이 될지 모른다. 그런 점에서 인식 주체의 입장에서 보자면, 한두 사람으로부터 들은 증언에 비하면 소셜미디어상 증언의 인식적 위상은 나쁘지 않아 보인다. 적어도 이 기준이 소셜미디어에서 특별히 더 불리하게 작용한다고 볼 이유는 없어 보인다.

② 증언자의 진실성 및 전문성: 소셜미디어에 의한 뉴스 생산의 가장 큰 특징 중 하나는 뉴스의 성격을 가진 정보가 기자 등 특정 종류

의 교육을 받은 전문가에 의해서만 이루어지지 않는다는 점이다. 게다가 출처 자체가 불분명한 정보도 상당히 많다. 이는 인식론적 관점에서 소셜미디어상 증언의 약점으로 생각될 수 있으나, 사실 상황은 그렇게 단순하지 않아 보인다. 소위 '레거시미디어'가 전문성을 독점하는 것에 대한 반발도 존재하기 때문이다.

③ 증언자가 증언을 제공하는 목적: 이 측면은 아마도 전통적인 의미에서의 증언과 비교해서 가장 크게 차이가 나는 점 중 하나일 것이다. 소셜미디어의 한 가지 특징은 정보 생산이 일종의 수익모델이 되었다는 점이다. 예를 들어 유튜브에서는 조회 수에 따라 직접적으로 금전적 수익이 주어지기도 하며, 또 '팔로워'가 많아지면 그만큼 모종의 직간접적인 이익을 볼 수 있다. 이는 자극적인 가짜뉴스를 생산할 동기를 부여하는 것으로 보인다. 또 한 가지는 소셜미디어상 가짜뉴스가 정치 세력에 의해 의도적이고 조직적인 방식으로 유포되는 경우가 적지 않다는 점이다.[6] 어쨌든 이 부분은 적어도 우리가 환원주의적 입장을 취할 경우 증언적 믿음의 인식적 정당성을 특히 약화시키는 요소로 작용할 가능성이 커 보인다.

④ 반대 증언의 존재 여부: 이 기준은 아마도 인식 주체가 인지하고 있는 반대 증언이 있는지의 여부뿐만 아니라, 반대 증언이 있는지 충분히 고려했는지 여부를 판단한다고 보는 게 합당하다. 즉, 해당 증언에 반대되는 증언을 쉽게 찾을 수 있음에도 애써 눈감고 있다면 이

---

6 특히 이런 세력이 '봇(bot)'을 사용해 인위적으로 대규모 확산을 시도하는 경우가 있어 문제는 더 심각해지는데, 본 논문에서 봇에 의한 피해는 논외로 하도록 하겠다. 봇의 실제 영향력 정도에 대해서는 Lazer, D. M. J. et al., "The Science of Fake News" (*Science*, vol. 359, 2018)를 참조할 것.

기준을 어기게 된다는 것이다. 이렇게 본다면, 이 기준과 관련해서도 소셜미디어는 기존에 존재하지 않은(또는 적어도 정도가 약한) 환경을 만들어내는 경향이 있다. 잘 알려졌듯이 소셜미디어에서는 사용자의 검색 기록 등에 기반하여 게시물을 자동 추천하는 방식으로 '개인맞춤화'된 정보를 제시하기 때문이다. 이 때문에 사용자는 지속적으로 자신과 유사한 생각을 가진 사람들의 게시물에 반복 노출되면서, 그만큼 반대 증언에 노출될 가능성이 줄어들게 된다.[7] 이는 분명히 소셜미디어에서 증언의 인식적 지위를 약화시키는 요소가 되는 것으로 보인다.

이런 간략한 진단으로부터 환원주의적 관점에서 소셜미디어상 증언적 믿음의 인식적 지위에 대한 종합 평가를 내려보자. 적어도 언뜻 보기에는 소셜미디어상 증언에 의한 믿음 획득이 오프라인에서의 증언적 믿음에 비해 인식론적으로 다소 열등하다고 볼 이유가 있는 것으로 보인다. 특히 '증언자가 증언을 제공하는 목적' 측면에서 그러하다. 또 맞춤형 뉴스 제공 등으로 반대 증언의 존재에 눈감게 하는 환경도 소셜미디어상 증언에 기반한 믿음의 정당성을 악화시키는 문제라고 볼 만하다. 결국 환원주의의 입장을 따랐을 때, 소셜미디어상 증언에 의존해서 믿음을 형성하는 인식 주체인 개개인에게 좀 더 신중을 기하라고, 그래서 증언의 신빙성을 스스로 확보하기 전까지는 믿지 말라고 권고할 이유는 충분해 보인다. 바로 '미디어리터러시'를 기르라고 요

---

7 이런 현상은 최근에 '인식적 챔버(epistemic chamber)'라는 이름으로 불리며 사회과학자들에게 주목을 받고 있다. 대표적인 논의로 C. T. Nguyen, "Echo Chambers and Epistemic Bubbles" (*Episteme*, vol. 17, 2020)와 C. Sunstein, *#Republic: Divided Democracy in the Age of Social Media* (Princeton: Princeton University Press, 2018). 앞의 것은 특히 그 인식론적 (부정적) 함의에 대한 심도 있는 논의를 담고 있다.

구해야 할 이유이다.

　그러나 인식 주체에게 이런 식의 요구를 하는 것이 지나치게 과도한 것은 아닌지 따져볼 여지가 있다. 사실 생각해보면, 환원주의를 엄격히 따를 경우 보다 전통적인 형태의 오프라인 증언에 기반한 믿음들의 상황도 크게 낫지 않을 가능성이 커 보이기 때문이다. 이는 궁극적으로 우리가 '비환원주의'를 진지하게 고려할 이유를 제공하게 될 것인데, 다음 절에서 살펴보도록 하자.

3. 증언적 정당화에 대한 비환원주의

　필자가 보기에 증언적 믿음의 정당성에 대한 환원주의의 핵심 문제는 그것에 따를 경우 우리가 일상적으로 의존하는 대부분의 증언조차 그 기준을 충족하지 못할 가능성이 크다는 점에 있다. 예컨대 길에서 처음 만난 낯선 사람에게 길을 물어 믿음을 형성하는 것이 인식적으로 정당화된다고 할 수 있을까? 한 사람에게서 나온 증언이니 거기에 의존하는 것은 문제가 있는 것 아닌가? 반대 증언은 없는지도 고려해야 하는 것 아닌가? 주류 신문의 기사에 근거한 신념은 어떠한가? 내가 즐겨보는 신문이 충분한 전문성을 갖추고 있다고, 또 사익에 상관없이 공익적인 보도를 내고 있다는 것을 정당화할 수 있을까? 사실 일반적인 사람의 경우라면 이런 것에 대한 믿음 또한 다른 사람의 증언에 기반해서 믿고 있을 가능성이 크다. 즉, 사람들이 신뢰성 있는 신문이라고 말하기 때문에 그렇게 믿는 것이다. 그렇다면 그런 사람들의 신뢰성은 또 어떻게 확보되는가? 이런 질문이 꼬리에 꼬리를 물고 계속될 가능성이 크며, 결국 인식 주체가 증언의 신뢰성에 대해 믿는 것이 정당화되어야 한다는 요건은 많은 경우에 충족되지 못할 가능성이 크다. 게다가 더 큰 문제는 이렇게 정당화 근거를 추적해나가다 보면, 결국에는 순환 논증의 늪에 빠질 가능성이 크다는 점이다.[8]

필자는 이런 생각이 증언적 믿음에 대한 환원주의를 거부해야 할 강력한 이유를 제공한다고 생각한다. 어쨌든 이런 이유로 환원주의는 현대 인식론자들 사이에서 더 이상 인기 있는 입장이 아니라는 점을 지적하고 논의를 진행해보도록 하자.

증언적 믿음에 대한 비환원주의에 따르면, 증언적 믿음은 추론에 기반한 믿음보다는 경험에 기반한 지각적 믿음과 심리학적으로나 인식론적으로 더 유사하다.[9] 지각적 믿음의 경우를 생각해보자. 예컨대 내 눈에는 내 앞에 빨간 토마토가 있는 것으로 보이고, 이에 기반해서 나는 내 앞에 빨간 토마토가 있다고 믿게 된다. 이때 나는 어떤 과정을 거쳐서 이런 믿음에 도달하며, 나의 지각적 경험은 어떻게 나의 지각적 믿음을 정당화할까? 지각적 믿음의 경우 '환원주의'에 대응하는 생각은 지각적 경험이 다음과 같은 추론을 통해 나의 믿음을 정당화한다고 보는 것이다.

---

8 증언의 인식론의 초창기 발전에서 중요한 역할을 한 코디(Coady)는 증언적 믿음에 대한 환원주의를 채택할 경우, 극단적인 회의주의에 빠질 수밖에 없음을 설득력 있게 논증한다. C. A. J. Coady, "Testimony and Observation" (*American Philosophical Quarterly*, vol. 10, 1973)을 참조할 것.

9 사실 증언이 인식론의 독자적인 주제로 논의되기 시작한 것은 비환원주의 입장이 설득력 있는 대안으로 옹호되기 시작하면서부터라고 할 수 있다. 대표적으로 다음과 같은 문헌이 있다. C. A. J. Coady, *Testimony: A Philosophical Study* (New York: Oxford University Press, 1994) 및 G. Evans, *The Varieties of Reference* (Oxford: Oxford University Press, 1982), 6장. 특히 에반스는 증언적 믿음과 지각적 믿음의 유사성을 설득력 있게 논의한다.

P. 내 시각 경험에 따르면 내 앞에 빨간 토마토가 있는 것으로 보
   인다.

C. 따라서 내 앞에 빨간 토마토가 있다.

증언적 믿음에 대한 환원주의에서처럼 여기에는 전제와 결론 사이에 논리적 관계가 없으며, 따라서 이 추론은 "나의 지각 체계가 정상적으로 작동한다"거나 "나는 꿈을 꾸고 있거나 시뮬레이션 속에 있는 것이 아니다"라는 추가 전제에 의해 매개되어야 한다. 그러나 환원주의에서와 똑같은 논리로 지각적 정당화에 대한 이런 견해는 회의주의의 늪에 빠지게 될 것이 거의 분명하다. 이런 추가 전제가 정당화되기 위해서는 궁극적으로 또 다른 경험에 의존해야 할 텐데, 그럴 경우 명백히 순환에 빠질 수밖에 없기 때문이다.

대안적인 생각은 지각적 믿음 획득에 정당화가 필요한 다른 믿음이 개입되어 있지 않으며, 경험 그 자체로 지각적 믿음에 대한 정당화를 부여한다고 보는 것이다.[10] 이런 견해에 따르면, "내 시각 경험에 따르면 내 앞에 빨간 토마토가 있는 것으로 보인다"라는 취지의 믿음이 아니라 바로 그런 경험을 가지고 있다는 사실 자체가 나의 믿음에 정당화를 부여한다. 지각적 경험이 지각적 믿음에 부여하는 인식적 정당성은 그것이 또 다른 믿음의 정당화에 의존하지 않는다는 점에서 '즉각적(immediate)'이다. 물론 그 경험을 신뢰하지 말아야 할 합당한 이유가 있는 경우에 그 정당화는 효력을 잃을 수 있고, 반박될(defeated) 수

10　이런 식의 지각적 정당화의 관점을 가장 체계적으로 전개한 철학자는 필자가 알기로 제임스 프라이어이다. 다음을 참조하라. J. Pryor, "The Skeptic and the Dogmatist" (*Noûs*, vol. 34, 2000).

있다. 가령, 내가 평소와는 다른 조명 환경에 있다고 생각할 이유가 있거나, 아니면 조금 더 극단적으로 내가 꿈을 꾸고 있거나 가상현실 안에 있다고 생각할 이유가 있는 경우가 그런 경우다. 그러나 이런 것이 그저 가능성에 머무르는 한 이는 '잠재적 반박자'일 뿐이다. 그런 점에서 지각 경험이 부여하는 정당화는 '일견적(prima facie)' 정당화이다.

필자가 이해하는 증언적 믿음에 대한 비환원주의의 핵심 아이디어는 바로 같은 생각이 증언이 부여하는 인식적 정당화에도 적용된다는 것이다. 이런 관점은 타일러 버지(Tyler Burge)의 다음 인용문에 분명히 드러난다.

"어떤 사람이 어떤 명제가 참으로 제시되고 그것이 그가 이해할 수 있는 것이라면, 그렇게 하지 않을[즉, 그것을 참으로 받아들이지 않을] 더 강한 이유가 없는 한 그는 그것을 참으로 받아들일 권리를 가진다(entitled)."[11]

타인의 증언은 다른 추가적인 믿음 없이도 그것 자체로 해당 믿음에 즉각적 정당화를 부여할 수 있다. 예를 들어, 내가 어떤 콜센터에 전화를 걸어 담당자를 연결해줄 것을 요청하자, "지금은 담당자가 부재 중입니다"라는 답변이 돌아온다면 나는 그 증언만으로도 그 내용을 믿는 것이 정당화된다. 물론 상대가 진실을 말하고 있지 않다고 생각할 이유가 있다면(가령, 전화 응대자가 평소에 이런 문제에 대해 거짓말을 많이 한다는 것을 알고 있다든지, 아니면 내가 찾고 있는 담당자의 목소리가 전화 뒤로 희미하게 들린

---

[11] T. Burge, "Content Preservation" (*The Philosophical Review*, vol. 102, 1993), p. 457.

다든지 하는 것을 알고 있다면) 정당화는 무효화될지도 모른다. 그러나 그런 반박자가 없는 한 콜센터 직원의 신뢰성에 대한 아무런 정보가 없다고 하더라도 그 사람의 말을 그대로 받아들이는 것이 정당화된다. 어떤 면에서 증언적 믿음의 정당성에 대한 비환원주의는 인식 주체에게 정당화의 부담을 덜어주는 효과를 갖는다. 인식 주체에게 그 신뢰성에 대한 '증명의 부담'을 지우지 않기 때문이다.

그렇다면 소셜미디어상의 증언적 믿음에 대해서도 같은 기준이 적용되어야 하지 않을까? 여기서도 마찬가지로 일반적인 조언은 "신뢰성에 대한 근거를 갖추기 전까지는 믿지 말라"가 아니라, "신뢰성을 의심할 이유가 없는 한 믿어도 된다"가 될 수 있을 것이다. 이런 점에서 앞 절에서 살펴본 로크적 조건들은 '잠재적 반박자'가 될 수 있는 요소들을 열거한 것이라 할 수 있다. 예를 들어, 공유받은 정보가 특정 정치 세력이 여론을 호도하려는 목적으로 의도적으로 올린 것임을 알게 된다면, 그 내용을 그대로 믿는 것이 정당화되지 않을 것이다. 그러나 그러한 증거가 없는 한 게시물 내용을 믿는 것이 적어도 '일견적'으로는 정당화된다고 보는 것이 그럴듯해 보인다. 오프라인에서 증언에 기반해서 (반대 증거가 없는 경우) 즉각적으로 믿는 인식적 관행을 비난할 이유가 없듯이, 소셜미디어에서도 증언에 기반해서 즉각적으로 믿는 인식적 관행을 비난할 수 없는 것 아닌가?

그러나 그렇게 판단하기는 아직 이르다. 증언적 믿음의 정당화에 대한 비환원주의적 견해는 인식 주체의 부담을 상당히 완화시키는 것이 사실이지만, 그 완화된 부담을 누군가는(또는 무엇인가는) 져야 하기 때문이다. 지각적 믿음의 경우를 다시 생각해보자. p에 대한 지각 경험이 그 자체로 p에 대한 믿음을 정당화한다고 했지만, 메타적인 수준에서 여전히 다음과 같은 물음을 유의미하게 할 수 있다. 토마토가 빨갛게 보인다면, 그것을 근거로 토마토가 빨간색이라고 믿는 건 정당화되고, 그것이 녹색이라고 믿는 것은 정당화되지 않는 이유는 무엇인가? 다시 말해, p에 대한 경험이 p를 믿는 것을 정당화할 수 있는 근거는 무엇인가? 또 증언이 갖는 증거적 효력은 무엇으로부터 나오는 것일까?

물론 세부 사항으로 들어가면 복잡해지겠지만, 지각 경험의 경우 이에 대한 비교적 명백한 답이 있다. '외재론적(externalist)'인 입장을 취해서 그런 믿음 획득 과정의 신빙성(reliability)에 호소하는 것이다.[12] 우리가 p에 대한 지각 경험으로부터 p에 대한 지각적 믿음을 형성하는 과정은 신빙성 있는 과정인데, 우리의 지각 기관이 만들어진 방식으로 인해 그것은 우리가 처해 있는 환경에 대해 비교적 정확한 정보를 전달하는 경향이 있기 때문이다. (여기서 주의해야 할 것은 신빙성에 대한 인식 주체의 믿음이 아니라 신빙성의 사실 자체가 경험이 해당 믿음에 부여하는 정당성의 토대가 된다는 것이다.)

그렇다면 증언에 의한 믿음 획득은 어떤가? p에 대한 증언으로부터 p에 대한 믿음에 도달하는 과정은 어떻게 신빙성이 보장되는가? 증언은 대부분 정상적인 상황에서 사실을 있는 그대로 전하는 경향이 있는가? 그 근거는 무엇인가? 증언적 믿음의 경우, 지각적 믿음과 같이 어떤 자연적인 인과관계나 지각 기관이 연루되어 있는 것이 아니라, 증언자라는 또 다른 인식 주체가 연루되어 있기 때문에 여기서 상황은 훨

12　잘 알려졌듯이, 이런 입장의 선구자는 앨빈 골드만(Alvin Goldman)이다. 자신의 후기 논문에서 골드만은 (본문에서 필자가 했듯이) 즉각적 정당화의 토대로 신빙성에 호소한다. 다음 논문을 참조하라. A. I. Goldman, "Immediate Justification and Process Reliabilism" (Q. Smith, ed., *Epistemology: New Essays*, Oxford: Oxford University Press, 2008).

씬 더 복잡할 수밖에 없다. 또, 통상적인 오프라인에서는 신빙성이 보장되지만, 어떤 이유로 소셜미디어에서는 그렇지 않을 가능성도 배제할 수 없다. 다음 절에서 이 문제를 조금 더 파고들어가 보자.

4. 증언적 정당화의 기반으로서의 '대화 격률'

앞 절에서 보았듯이, 증언이 증언적 믿음에 대한 즉각적 정당화를 부여한다는 것을 인정하더라도 이것의 외재적인 기반이 무엇인지는 별개로 해야 할 질문이다. 필자가 보기에, 특히 증언적 믿음에 대한 비환원주의적 정당화가 소셜미디어의 맥락에서도 그대로 적용되는지 판단하기 위해 이는 필수로 해야 할 질문이다. 증언의 인식론에 대한 문헌에서 이에 대한 체계적인 논의를 찾아보기 어렵지만, 필자는 이 맥락에서 '대화 함의(conversational implicature)'의 화용론을 개척한 폴 그라이스(Paul Grice)의 저작에서 유용한 단서를 찾을 수 있다고 생각한다.[13]

그라이스는 대화를 합리적인 개인들 사이의 협력적이고 합목적적인 활동으로 간주한다. 그가 드는 비유 하나는 이런 것이다. 두 사람이 함께 자동차를 수리하고 있다고 해보자. 두 사람은 공통의 목적을 가지며 그 목적하에 서로의 행동을 조율하게 된다. 이런 협력 활동이 제대로 이루어지기 위해서는 두 사람의 행동이 모종의 규범 인도를 받는 게 필요할 것이다. 마찬가지로 대화라는 협력 활동도 공통의 목적

13　P. H. Grice, *Studies in the Ways of Words* (Cambridge: Harvard University Press, 1989) 중 2장 "Logic and Conversation". 이는 1967년 행해진 한 강연에 기반한 원고이다.

을 이루기 위해서는 규범의 인도를 받아야 한다. 그는 대화를 규제하는 규범들을 '대화의 격률(conversational maxims)'이라 부르는데, 다음의 네 가지가 포함된다.[14]

> ① 양의 격률: 당신의 기여가 대화의 현재 목적상 요구되는 만큼의 정보를 담도록 하라.
> ② 질의 격률: 당신의 기여가 참인 것이 되도록 노력하라(즉 거짓이라고 믿는 것은 말하지 말고, 적절한 근거를 결여한 것은 말하지 말라).
> ③ 관계의 격률: 관련성을 유지하라.
> ④ 태도의 격률: 명료하게 말하라.

여기서 물론 우리가 주목할 것은 "당신의 기여가 참인 것이 되도록 노력하라"(이하 "진실을 말하라"라고 줄여 말하겠다)는 질의 격률이다.[15] 이런 격률이 우리의 대화에서 실제로 지켜진다고 가정해보자. 그렇다고 해서 대화자의 증언이 반드시 참이라는 보장이 생기는 건 아니지만, 대화자는 가급적 참인 것, 즉 자신이 보기에 참인 근거가 있는 것을 말하고자 할 것이다. 그리고 대화자들이 대부분의 경우 이런 격률을 지킨다면, 대화상 증언의 일반적인 신빙성이 확보될 것이라고 기대할 수 있다. 결국 우리는 증언이 부여하는 즉각적인 인식적 정당성에 대한

---

14   *Ibid.*, pp. 26-27 참조.

15   티머시 윌리엄슨(Timothy Williamson)은 '주장(assertion)'의 규범은 "진실을 말하라"나 "증거가 있는 것을 말하라"가 아니라 "아는(know) 것을 말하라"라는 것이라고 주장한다. T. Williamson, *Knowledge and Its Limits* (New York: Oxford University Press, 2000), 11장 참조. 필자는 윌리엄슨의 주장에 설득력이 있다고 생각하지만, 본 논문의 목적상 "진실을 말하라"와 "아는 것을 말하라" 사이에 큰 차이가 없을 것으로 보기 때문에 그라이스의 견해에 따른다.

근거의 단서를 얻을 수 있게 된다는 말이다.

그러나 격률은 격률일 뿐 일반적으로 사람들이 그것을 따른다는 보장은 어디서 나오는가? 그라이스는 이렇게 말한다.

> "이러한 가정의 토대는 무엇인가? 뻔하지만 (당연히 어떤 수준에서) 적절한 한 가지 대답은 사람들이 실제로 이런 방식으로 행동한다는 것이 널리 인정된 경험적 사실이라는 것이다. 사람들은 어릴 때부터 그렇게 행동하는 법을 배웠고, 그러한 습관을 유지하며, 실제로 그 습관에서 크게 벗어나려면 상당한 노력을 해야 한다. 거짓말을 지어내는 것보다 진실을 말하는 것이 훨씬 쉬운 것처럼 말이다."[16]

그라이스가 글을 썼던 50여 년 전만 해도 적어도 인식론적 목적에서는 이 정도로 충분했을 것 같다. 사실상 사람들이 일상적인 대화에서 거짓보다는 진실을 말하는 경우가 많다는 것은 충분히 경험적으로 확립된 것으로 여겨질 수 있었을 것이고, 그것으로 증언의 신빙성 문제는 어느 정도 해결되기 때문이다. 그러나 우리의 맥락에서는 그렇지 않다. 새로운 영역으로 확대된 대화를 고려해야 하기 때문에 이 영역에서도 이런 가정이 성립하는지, 또 성립해야 할 이유가 있는지 살펴보는 것이 중요하다.

그라이스의 진정한 통찰은 이 지점에서 나온다. 그는 다음과 같이 말한다.

---

16 *Ibid.*, pp. 28-29.

"나는 표준적인 대화 관행을 단순히 모든 또는 대부분의 사람이 **실제로** 따르는 것으로서만이 아니라, 우리가 따르기에 **합당한** 어떤 것으로, 우리가 포기해서는 **안 되는** 것으로 볼 수 있기 바란다. … 나는 협력 원칙과 격률을 따르는 것이 합당하다는(합리적이라는) 것을 다음과 같은 방식으로 보일 수 있었으면 좋겠다. 대화와 의사소통의 중심이 되는 목표(예컨대 정보를 주고받고, 타인에게 영향을 주고 영향을 받는 것)에 관심이 있는 누구라도 일반적으로 협력 원칙 및 격률에 따라 대화가 진행된다고 가정할 때만 이익이 되는 대화 참여에 관심을 가질 것이다."[17]

합리적인 대화 참여자들은 공통의 목적을 가지고 있으며, 그 목적을 달성하기 위해서는 격률을 따라야 할 유인이 있다는 것이다. 따라서 대화 참여자가 일반적으로 합리적이라는 전제하에 증언의 신뢰성에 대한 가정은 일종의 선험적(*a priori*) 근거를 갖게 된다.

그러나 그라이스 자신이 인정하듯이, 대화의 본성으로부터 합리적인 사람들이 격률을 따를 것이라는 예측을 도출하려는 그의 시도가 완수된 것으로 보이지는 않는다. 필자가 보기에 특별히 문제가 되는 부분은 대화가 공통의 목적을 갖는다는 부분이다. 길거리에서 낯선 사람과 짧게 나누는 대화나 말다툼 같은 것에 무슨 공통의 목적이 있겠는가? 게다가 이런 대화에서 격률을 지킬 경우 어떤 '이익'을 기대할 수 있는지 생각하기 쉽지 않다.

이 맥락에서 필자는 그라이스적인 통찰을 보완하기 위해 '사회

---

[17] *Ibid.*, p. 29.

적 규범'에 대한 논의에서 영향력 있었던 크리스티나 비치에리(Cristina Bicchieri)의 아이디어를 빌려오는 것이 유용할 것이라고 생각한다.[18] 비치에리의 이해 방식에 따르면, 간략히 말해서 사회적 규범이란 각 개인이 (같은 사회에 속하는) 사람들 대부분 어떤 상황에서 특정한 방식으로 행동할 것이라고 기대하고(믿고) 있고, 그리고 자신 역시 그런 식으로 행동하리라는 기대를 받고 있다고 믿기 때문에 지켜지고 유지되는 행위의 규칙성이다. 각 개인은 어떤 경우에는 이런 기대가 정당하다는 이유로, 또 어떤 경우에는 이런 규칙성에 따르지 않을 경우 모종의 불이익을 받을 수 있다는 이유로 이런 기대에 부응하는 방식으로 행동하게 된다. 여기서 '불이익'이란 "위반자에 대한 뒷담화나 공개적 비난, 공공연한 배척이나 불명예" 같은 것들을 포함할 수 있다.[19] 정확히 같은 그림이 대화의 격률에도 적용될 수 있다. 대화에 참여하는 사람들은 상대방이 이런 격률에 따라 발언할 것이라고 기대하고, 자신도 그런 기대를 받고 있다고 생각한다. 그리고 많은 사람이 대화에서 이런 격률이 유지될 필요성에 공감할 것이며, 어떤 경우에는 격률에 따르지 않을 경우 공공연한 비난이나 평판에서의 불이익을 감수해야 함을 알고 있다. 따라서 대화자들은 대화의 격률을 따르는 방식으로 행동하게 된다. 그러한 상호 기대가 모든 유형의 상황에서 필연적으로 생겨나는 것은 아님에 유의해야 한다. 그러나 일단 어떤 식으로 그러한 기대가 생겨나게 되면 사람들은 격률을 따르게 되고, 결과적으로 그러한 기대

---

18 C. Bicchieri, *The Grammar of Society: The Nature and Dynamics of Social Norms* (New York: Cambridge University Press, 2006). 사회적 규범에 대한 이론을 '대화 격률'에 적용한 것은 비치에리의 것이 아니라 필자의 것이다.

19 *Ibid.*, p. 8.

가 다시 강화되는 구조로 행동 패턴이 규칙화된다. 그런 식으로 격률은 안정화된 규칙성으로 자리 잡게 되어 사회적 규범이 유지된다는 것이 핵심 아이디어다.

지금까지의 논의를 정리해보자. 증언적 믿음에 대한 비환원주의에 따르면, 증언은 그 자체로(즉, 다른 추가 믿음 없이도) 해당 내용을 갖는 믿음을 정당화하는 힘을 갖는다. 일상적 대화의 맥락에서는 특별한 반박자가 없는 한 증언에 근거한 믿음 형성은 일정 부분 정당화될 수 있다. 그런데 그런 정당화가 무조건적으로 이루어지는 것은 아니다. 증언적 믿음의 신빙성을 지탱해주는 외적인 조건이 성립해야 한다. 필자는 그라이스와 비치에리의 통찰에 기반해서 일상적인 대화의 맥락에서 증언의 신빙성은 사회적 규범이 작동한다는 사실에 의해 지탱되는 것이라고 제안했다.

그렇다면 이제 우리가 해야 할 핵심 질문은 이것이다. 소셜미디어의 대화 공간에서도 일반적인 대화 공간에서와 마찬가지로 '질의 격률' 같은 것이 사회적 규범으로서 자리 잡고 있다고 볼 이유가 있을까? 만일 그렇지 않다면 그 이유는 무엇인가? 본 논문의 직접적인 주제는 아니지만, 이 맥락에서 챗GPT 같은 대화형 인공지능과의 '대화'를 생각해보는 것도 도움이 될 것이다. 실제로 이미 사람들은 믿음 획득에 있어서 챗GPT의 '증언'에 빈번히 의존하고 있으며, 그 의존도는 앞으로도 증가할 것이 분명하다. 챗GPT 같은 시스템으로부터 얻은 증언이 인간의 증언처럼 즉각적 정당화를 부여한다고 할 수 있을까? 앞선 논의에 따르면, 이런 대화의 맥락에서 '질의 격률' 같은 것이 지켜질 것으로 기대될 수 있는가에 달려 있다.

잠정적이긴 하지만, 필자가 보기에 적어도 현재 수준에서 이에 대한 답은 부정적이라고 볼 상당한 이유가 있다. 챗GPT의 대답 산출은 합목적적 행위와는 거리가 멀다. 아무리 결과적으로 뛰어날지라도 사실은 데이터에 확률적으로 기반한 문자열 산출에 의해 작동하고 있는 것일 뿐이다. 물론 프로그램 설계상 챗GPT도 모종의 규칙을 따르고 있을 가능성을 배제할 수는 없다. 그러나 그런 규칙이 챗GPT가 작동하는 방식에 내재적인 것이 아닌 한, 그리고 GPT의 작동 방식이 베일에 가려져 있는 한 그런 규범이 적용된다고 기대할 선험적인 이유는 없는 것으로 보인다. 누군가가 다음과 같이 추론한다고 해보자.

P. 챗GPT가 p라고 말했다.
C. 따라서 p는 참이다.

여기에서야말로 우리는 로크적인 조언에 따라 챗GPT의 신뢰성을 따져 그 증언을 받아들일지를 결정해야 할 처지에 놓이게 된다. (챗GPT 스스로 다음과 같이 권고하는 이유이다. "ChatGPT는 실수할 수 있습니다. 중요한 정보는 재차 확인하세요.")

그렇다면 우리의 주제인 소셜미디어에서의 증언은 어떨까? 챗GPT의 경우와 달리, 이 영역에서 대화자는 인간이라는 점에서 전통적인 대화와 닮아있으므로 대화의 규범이 준수될 것이라고 기대할 수 있을까? 아니면 소셜미디어 플랫폼만이 갖는 어떤 특수성 때문에 대화의 사회적 규범이 확립되기 어렵거나 불가능한 이유가 있을까?

5. 소셜미디어에서의 증언과 사회적 규범

필자는 증언 자체만으로 믿음을 형성하는 관행이 인식적으로 정당화되는 것은 우리의 대화가 "진실을 말하라" 같은 격률의 지배를 받기 때문이라고 주장했다. 그라이스는 마치 합리적인 개인들이 모인 대화에서는 이런 격률이 지켜지는 것이 필연적인 것처럼 말했지만, 필자는 적절한 (비치에리의 의미에서) 사회적 규범의 존재라는 우연적 조건에 의해 지탱되는 것으로 보았다. 만일 이것이 옳다면, 사회적 규범이 적절히 작동하지 않는 대화의 영역이 존재하는 것이 가능하고, 이런 영역에서는 증언에 의존하여 믿음을 형성하는 관행의 인식적 정당성이 담보되지 않을 가능성이 생긴다. 그럼에도 그런 영역에서 우리가 증언에 의존하여 믿음을 형성하는 관행을 유지한다면, 정당화되지 않는 믿음이 양산되는 결과가 나올 것이다.

필자는 바로 이것이 소셜미디어 공간에서 벌어지고 있는 일이라고 생각한다. 우선 소셜미디어의 대화 공간에서도 증언에 의한 믿음 형성의 관행을 그대로 따르고 있다는 점부터 지적해보자. 사실 경험적으로 뒷받침되어야 할 부분이긴 하지만, 소셜미디어의 게시물이나 그것의 공유 같은 행위는 보다 전통적인 형태의 증언과 정확히 같은, 또는 적어도 상당히 유사한 효과를 지니는 것으로 보인다. 사람들이 (다르게 생각할 이유가 없는 한) "전방에 자동차 충돌 사고가 났습니다"라는 낯선 사람의 말을 듣고 즉각적으로 이를 믿는 것 같이, 사람들은 (특별히 다르게 생각할 이유가 없는 한) 소셜미디어에서 공유된 정보를 읽고 즉각적으로 그것을 믿는 경향이 있다는 것이다. 게다가 그 정보를 여러 사람으로부터 공유받았거나 거기에 많은 '좋아요'가 달려 있다면, 이는 마치 많은 증언자가 한목소리로 같은 증언을 하는 듯한 효과를 일으킬 수도 있을 것이다. 다시 말해, 사람들이 오프라인과 온라인 증언에 대해 다른 식으로 반응한다고 볼 이유는 없다는 것이다. 마치 경험에 즉각적으로 믿음으로 반응하는 것처럼, 증언에 즉각적으로 믿음으로 반응하는 것은 사람들이 거의 본능적으로 갖고 있는 습성일지도 모르겠다.

그런데 문제는 소셜미디어 공간에서의 대화에서는 일상 대화에서처럼 "진실을 말하라" 같은 격률이 사회적 규범으로서 지켜지고 있다고 보기 어렵다는 데 있다. 한 가지 문제는 리트윗, 공유, '좋아요' 등을 통해 전달되는 방식 자체가 근본적으로 애매성(ambiguity)을 띤다는 것이다. 식당이나 영화 리뷰에서 '좋아요'는 취향의 표현이다. 그러나 어떤 사용자가 올린 정치적 주장이나 뉴스 기사에 대한 '좋아요'는 도대체 무엇을 뜻하는가? 동의한다는 의미인가, 아니면 진실이기를 바란다는 뜻인가? 아니면 단순히 흥미로운 아이디어를 담고 있다는 뜻인가? 소셜미디어상 가짜뉴스의 주요한 확산 경로로 지목되는 리트윗과 공유 역시 애매하기는 매한가지이다. 어떤 사용자가 공유를 통해 어떤 메시지나 뉴스를 전달할 때, 그 사용자가 그것을 승인하고 동의한다는 것인지, 내가 듣고 싶었던 뉴스라는 것인지, 아니면 그냥 흥미롭다는 것인지, 심지어는 난센스라는 것인지 그 의도를 추측하는 것이 불가능한 경우가 많다. 그러나 문제는 그런 애매성을 가진 공유 행위들이 마치 통상적인 증언인 양 종종 규범의 지배를 받는 것처럼 간주되어 그것을 읽는 사람에게는 믿음 형성의 근거가 된다는 점이다.

이런 현상을 단적으로 보여주는 것은 수년 전에 많이 회자되었던 도널드 트럼프의 사례이다. 레지나 리니(Regina Rini)가 소개한 내용을 인용해보자.

2015년 11월, 도널드 트럼프는 백인 살인 피해자의 81%(실제 수치는 15%)가 흑인에 의해 살해된다는 조작된 통계가 포함된 인포그래픽을 트위터에 올렸다. 폭스뉴스의 빌 오라일리가 이에 대해 문제를 제기하자, 트럼프는 이렇게 답했다. "빌, 내가 모든 통계를 일일이 확인하겠습니까? 그건 그냥 리트윗이었을 뿐이에요. 제가 쓴 게 아니라고요."[20]

트럼프가 애초에 이 내용을 리트윗한 진짜 의도가 무엇이었는지는 알 수 없다. 중요한 것은 그가 아무런 거리낌 없이 "그건 그냥 리트윗이었을 뿐이에요"라고 말했다는 사실 자체이다. 이 말은 "리트윗한 것에 불과하기 때문에 그것이 거짓이라고 해서 나를 탓하지 말라"는 취지의 말로 들린다. 트럼프가 이런 말을 한 건 물론 그것이 그 스스로에게나 다른 사람에게 적절한 변명으로 통했기 때문일 것이다(물론 이것이 '좋은' 변명이었다는 뜻은 아니다). 같은 내용을 트럼프가 오프라인으로 기자 앞에서 말했다고 가정해보자. 나중에 거짓임이 밝혀지고 해명을 요구받는다면, 자신의 실수를 인정하거나 적어도 어떤 식으로든 당황스러움을 나타내지 않을 수 없었을 것이다. 이런 경우, "그건 그냥 말한 것일 뿐이에요"라고 말하는 것은 대단히 부적절해 보이며, 그것이 스스로에게나 다른 사람들에게 적절한 변명으로 인식될 리도 없다. 이는 바로 일상적인 맥락에서 "진실을 말하라"는 격률이 작동하고 있기 때문이라고 보

---

20 R. Rini, "Fake News and Partisan Epistemology" (*Kennedy Institute of Ethics Journal*, vol. 27, 2017), p. 47. 리니가 이를 통해 지적하고자 했던 것도 리트윗이 애매성을 띠고, 그것이 가짜뉴스 확산에 기여한다는 것이었다. 그러나 필자의 논의는 이를 사회적 규범의 부재와 연관시킨다는 점에서 리니의 논의와는 차이가 있다.

는 것이 합당하다. 이와 대조적으로, "그건 그냥 리트윗이었을 뿐이에요"라는 말이 변명이 된다는 것은 리트윗에 대해 "진실을 말하라"는 격률이 사회적 규범으로서 작동하지 않는다는 것을 방증한다.

그러나 다시 말하지만, 트럼프의 리트윗을 읽은 많은 사람은 그것을 보통의 증언처럼 받아들이고 해당 내용을 믿게 되었을 것이다. 겉보기에는 똑같은 믿음 획득의 방식이지만, 소셜미디어에서는 사회적 규범의 부재로 인해 신빙성이 현저히 떨어질 수밖에 없으며, 따라서 그 인식적 정당성은 심각하게 훼손될 수밖에 없다.

그래서 필자가 보기에 이러한 고찰로부터 우리가 얻을 수 있는 결론은 다음과 같은 것이다. 사람들은 소셜미디어 공간에서도 오프라인에서와 똑같은 방식으로 증언에 기반해 즉각적으로 믿음을 획득하는 경향이 있지만, 오프라인에서의 증언과 달리 소셜미디어에서의 증언(특히 공유나 '좋아요' 형태의 증언)은 인식적 정당화의 역할을 하지 못하는데, 그것은 바로 소셜미디어 공간에서는 "진실을 말하라" 같은 격률이 사회적 규범으로 유지되지 못하기 때문이다. 간단히 말해, 문제의 근원은 인식적 관행과 규범적 상황의 불일치에 있다는 것이다.

6. 개선 방안?

그렇다면 이런 상황을 어떻게 개선할 수 있을까? 위의 결론에 따르면 우리는 두 가지 해결책을 생각할 수 있다. 첫째, 우리의 인식적 관행을 바꾸어 규범적 상황에 맞추는 것이다. 둘째, 규범적 상황을 개선해 우리의 인식적 관행에 정당성이 부여될 수 있도록 하는 것이다. 우리의 논의가 본질적으로 철학적인 탓에 다소 추상적인 수준에 머무를 수밖에 없지만, 각각을 조금 더 구체적으로 살펴보자.

첫 번째는 우리의 인식적 관행을 규범적 상황에 맞도록 개혁하는 것이다. 이는 소셜미디어를 더 이상 전통적 의미의 대화 공간, 즉 그라이스적 격률이 작동하고 신뢰할 만한 증언이 오가는 공간으로 간주하기를 포기하는 것을 의미한다. 소셜미디어에서 인식 주체들의 믿음 획득 방식 자체를 개혁해야 한다는 말이다. 이는 본질적으로 소셜미디어를 통한 증언의 경우, 2절에서 살펴본 환원주의로 돌아가는 것이 방법이 될 것이다. 즉, 다음과 같은 전통적 추론 모형을 다시 채택해야 한다는 것이다.

P1. X가 p에 관한 정보를 리트윗했다.
P2. X가 리트윗하는 정보는 신뢰성을 갖는다.
C. 그러므로 p이다.

이런 관행을 확립하는 것에 논리적인 불가능성은 없겠지만, 필자가 보기에 이런 방향은 현실성이 떨어질 뿐만 아니라 바람직하지도 않다. 앞에서 지적했듯이, 누군가의 증언을 듣고 이를 즉각적으로 믿는 습성은 자신이 본 것을 즉각적으로 믿는 습성만큼이나 우리 본능에 내재된 것일 가능성이 크다. 아무리 미디어리터러시 교육을 한다고 한들, 소셜미디어에서의 증언을 오프라인의 증언과 같은 방식으로 간주하는 습관이 근본적으로 바뀔지 의심스럽다. 이런 방향이 바람직하지 않다고 보는 것은 다음과 같은 이유 때문이다. 이런 모델이 지배적인 관행이 된다면 소셜미디어는 정보 공유의 공간으로서 기능을 상실할 가능성이 커 보인다. 그 대신 대화의 규범이 더 이상 작동하지 않고 아무런 말이나 내뱉는 '쓰레기통'으로 전락할지도 모른다. 그곳에서 공유와 '좋아요', 리트윗은 대놓고 개인적 취향, 희망, 심지어 적의를 표현하는 방법이 될지 모른다. 오늘날처럼 사람들이 소셜미디어 증언에 크게 의존하는 세상에서는 이러한 전환은 집단적 무지와 인식적 야만 상태를 초래할 수 있다.

두 번째 접근은 인식적 관행에 정당성이 부여될 수 있도록 사회적 규범을 형성하는 방법을 찾는 것이다. 다시 말해, 소셜미디어의 대화 공간을 정상적 대화의 공간, 즉 대화의 격률이 안정적으로 유지되는 공간이 되도록 만드는 것이다. 사실 사회적 규범이 없는 곳에서 인위적으로 사회적 규범을 형성하는 것은 대단히 어려운 일임이 알려져 있다. 그럼에도 지금까지의 논의를 바탕으로 적어도 두 가지 방향을 생각해볼 수 있다.

하나는 소셜미디어에서 앞서 지적했던 의사표현 행위의 애매성을 줄이는 방법을 찾는 것이다. 한 가지 예를 들어보자. 다른 사람의 메시지를 전달할 때는 반드시 자신의 '주장(assertion)' 속에 인용 형태로 전달하도록 플랫폼을 개선하는 것을 생각해볼 수 있다. 사실 보통의 글로 치자면, 리트윗이나 공유는 다른 사람의 말에 인용부호를 붙여 인용한 뒤에 아무 말도 덧붙이지 않고 제시하는 것과 다르지 않다. 보통의 글에서라면 그런 인용은 주장 또는 증언으로 성립될 수조차 없는 것이다. [논리학에서 배우는 언어적 표현의 '사용(use)'과 '언급(mention)' 구분의 관점에서 보자면, 사실 인용된 표현은 인용구 전체를 '언급'하는 명사구에 해당하며, 당연히 명사구는 단독으로는 아무런 완결된 생각도 표현하지 못한다!] 예를 들어, 사용자의 공유가 온전한 주장의 형태를 갖추도록 공유자 자신의 코멘트를 반드시 추가하여 공유글을 인용하도록 플랫폼에서 강제하는 방법이 있을 수 있다. "나는 이 게시물에 동의한다", "이런 흥미로운 뉴스도 있다", "이거 봤을지 모르겠는데 조금 의심스럽다" 등의 코멘트를 덧붙인다면, 그것을 읽은 사람이 인용된 내용 자체를 그대로 믿어버리는 경향을 조금 줄일 수 있을지 모른다. 적어도 "그건 그냥 리트윗이었을 뿐이에요"라는 식으로 변명할 여지는 줄어들 수 있을 것이다. 이렇게 된다면, "진실을 말하라"라는 격률이 작동하기에 훨씬 수월한 환경이 만들어질 것이라고 추측할 수 있다.

또 다른 한 가지는 합리적 행위자라면 격률을 따를 수밖에 없도록 적절한 유인을 제공하는 것이다. 앞에서 보았듯이, 그라이스와 비치에리가 공통으로 가졌던 중요한 아이디어는 규범이 작동하고 유지되기 위해서는 합리적인 행위자가 그것을 따르도록 하는 유인이 있어야 한다는 것이다. 거짓을 말하고도 아무런 불이익을 받지 않는 환경이라면 당연히 참인 것만 말하려는 동기는 줄어들 수밖에 없다. 그래서 플랫폼 자체에 모종의 외적 유인을 설계하여 합리적 행위자가 대화의 규범을 따르도록 하지 않는 한, 사회적 규범이 형성되고 안정적으로 유지될 것이라고 기대하기 어렵다. 예를 들어, 거짓 정보를 리트윗한 사용자의 평판 점수를 낮추는 방식의 '평판 메커니즘' 같은 것이 하나의 가능성이 될 수 있을 것이다.

이런 방법은 인식 주체에게 추가적인 요구를 하거나 정보 생산 행위 자체를 규제하는 것이 아니라, 대화가 이루어지는 공간 자체에 대한 재편을 요구한다는 점에 주목하자. 소셜미디어 공간에서의 가짜뉴스 문제의 책임 가운데 적어도 일부는 사회에 있다는 것이다.

이와 관련해서 마지막으로 한 가지 문제를 언급하면서 논의를 마치도록 하자. 이러한 개입이 어떤 식으로 '표현의 자유'를 침해하게 될까? 복잡한 이슈가 연루되어 있긴 하겠지만, 필자가 보기에 이런 생각은 잘못된 것이다. 표현의 자유가 존재하기 위해서는 적절한 규범에 의해 규제되는 대화 공간의 존재가 필수이다. 나의 말이 나의 의도대로 상대방에게 받아들여지지 못하는 상황이 만들어진다면, 그게 오히려 표현의 자유가 침해되는 상황일지도 모른다. 마치 시장경제에서 개인들 간에 자유로운 거래가 가능하기 위해서는 계약을 강제할 수 있는 규범과 제도가 필요하듯, 개인들 간에 자유로운 의사표현이 가능하기 위해서는 대화 공간에서 적절한 규범이나 제도가 작동해야 한다. 이를 마련하고 유지하는 것은 사회 전체의 책임이다.

참고문헌

Bernecker, S., A. K. Flowerree, and T. Grundmann, eds., *The Epistemology of Fake News*, Oxford: Oxford University Press, 2021.

Bicchieri, C., *The Grammar of Society: The Nature and Dynamics of Social Norms*, New York: Cambridge University Press, 2006.

Burge, T., "Content Preservation," *The Philosophical Review,* vol. 102, 1993, pp. 457-488.

Coady, C. A. J., "Testimony and Observation," *American Philosophical Quarterly* vol. 10, 1973, pp. 149-155.

______, *Testimony: A Philosophical Study*, New York: Oxford University Press, 1994.

Evans, G., *The Varieties of Reference*. Oxford: Oxford University Press, 1982.

Goldman, A. I., "Immediate Justification and Process Reliabilism," in Q. Smith, ed., *Epistemology: New Essays*, Oxford: Oxford University Press, 2008.

Grice, H. P., *Studies in the Way of Words*, Cambridge: Harvard University Press, 1989.

Lazer, D. M. J. et al., "The Science of Fake News," *Science*, vol. 359, 2018, pp. 1094-1096.

Nagel, J., *Knowledge: A Very Short Introduction*, Oxford: Oxford University Press, 2014.

Nguyen, C. T., "Echo Chambers and Epistemic Bubbles," *Episteme*, vol. 17, 2020, pp. 141-161.

Pryor, J., "The Skeptic and the Dogmatist," *Noûs*, vol. 34, 2000, pp. 517-549.

Rini, R., "Fake News and Partisan Epistemology," *Kennedy Institute of Ethics Journal,* vol. 27, 2017, pp. 43-64.

Sunstein, C., *#Republic: Divided Democracy in the Age of Social Media*, Princeton: Princeton University Press, 2018.

van der Linden, S., *Foolproof: Why Misinformation Infects Our Minds and How to Build Immunity*, New York: W. W. Norton & Company, 2023.

Vosoughi, S. et al., "The Spread of True and False News," *Science*, vol. 359, 2018, pp.

1146-1151.

Williamson, *Knowledge and Its Limits*, New York: Oxford University Press, 2000.

07
사회적 합의의 인식론:
진리주의에서 베이즈주의로

이영의(동국대학교 철학과)

1. 들어가는 말

다양한 의견과 가치관이 충돌하는 현대사회에서 사회적 합의의 중요성은 날로 증대하고 있지만, 그 형성 과정에 대한 학문적 해명은 여전히 어려운 과제로 남아 있다. 기존 사회인식론은 대체로 합리적 소통의 규범적 조건이나 과학적 지식 생산의 이상적 절차에 초점을 맞춰왔기 때문에 설사 그 설명이 타당하더라도 '합리성'의 이상화된 틀과 '과학자 공동체'의 맥락에 국한된 상대적 이론이라는 한계를 안고 있다. 예를 들어, 골드만(Goldman)의 사회인식론은 사회적 합의에 대한 정태적이고 규범적인 설명을 제시한다. 그의 이론은 합의의 이상적 목표와 조건을 규명하는 데 유용하지만, 현실의 복잡한 사회적 상호작용 속에서 신념이 어떻게 역동적으로 변화하고 수렴하는지를 설명하기에는 한계가 있다.

이러한 문제를 극복하고 개인 신념의 갱신과 사회적 합의 형성 과정을 적절히 설명하기 위해 이 글에서는 베이즈주의 예측 모형(Bayesian predictive model)을 제안한다. 이 모형에 따르면, 고유한 사전 신념을 지닌 행위자들은 타인의 의견이나 주장을 새로운 증거로 간주하여 베이즈 정리에 따라 신념을 갱신함으로써 사회적 합의에 도달한다. 이 과정은 사회적 합의가 고정된 상태가 아니라, 지속적인 정보 교환과 신념 갱신을 통해 확률적으로 수렴하는 동적 메커니즘이다. 베이즈주의 예측 모형은 행위자들이 다양한 정보를 어떻게 처리하며, 합의 상태를 어떻게 확률적으로 예측하고 최적의 소통 전략을 결정하는지 정량적으로 모형화한다. 이러한 접근은 사회적 합의를 보다 현실적이고 계산할 수 있는 방식으로 분석함으로써 갈등 해결과 공공 정책 수립에 실용적인 통찰을 제공할 수 있다.

2. 갈등, 소통, 사회적 합의의 역학

사회적 합의(social consensus)는 단순한 다수결에 의한 표면적 의견 일치나 권력에 의해 강제된 동의를 넘어선다. 그것은 공동체 구성원들이 특정 사안에 대해 숙고하고 합리적인 논의를 거쳐 공유한 신념이나 결론을 도출하는 역동적인 과정에 기반하기 때문에 단순한 동의나 강제적 동의와 질적으로 구분되어야 한다.

하버마스(Habermas)는 『의사소통행위 이론』(1981)에서 진정한 합의는 권력이나 이익으로 대변되는 전략적 행위의 산물이 아니라, 이해

지향적이고 논변의 타당성과 설득력에 의해 자발적으로 도출되는 의사소통 행위의 결과라고 주장했다. 그러므로 의사소통 행위의 과정은 모든 행위자가 동등한 참여 기회를 가지는 이상적 담화 상황을 전제로 하며, 이 과정에서 도출된 합의는 논변의 합리성에 기반한 사회적 정당성을 확보한다.

사회적 합의는 또한 사회적 차원과는 다른 인식적 차원을 갖는다. 골드만은 『사회적 세계 속의 지식』(1999)에서 개별 주체의 지식 습득에 초점을 맞추는 전통 인식론에서 벗어나 공동체 차원의 진리 추구를 다루는 사회인식론을 제시했다. 골드만에 따르면, 합리적 합의 과정은 진리 지향적이며, 공동체가 더 정확하고 신뢰할 수 있는 정보를 기반으로 하는 과정이다. 합리적인 논의는 참가자들의 참된 신념 형성을 촉진하고, 오류를 제거하며, 집단적 판단의 정확성을 높이는 기능을 수행한다. 하버마스가 강조한 절차적 정당성은 이러한 인식적 가치를 달성하기 위한 필수 조건이다. 사회적 합의는 사회가 직면한 복잡한 문제에 대한 최선의 해결책을 모색하는 집단적 탐구 과정이므로 과정의 정당성뿐만 아니라 결과가 진리에 부합하는지에 의해서도 평가되어야 한다.

사회적 갈등은 일반적으로 사회를 분열시키고 통합을 저해하는 부정적 현상으로 간주되어왔지만, 반드시 그렇게 볼 필요는 없다. 사회적 갈등은 합리적 소통의 맥락에서 합의를 끌어내는 '인식적 촉매'라는 기능을 수행할 수 있기 때문이다. 갈등은 안정된 신념 체계에 인식적 충격을 주어 행위자들이 자신의 신념을 재고하고 더 강력한 증거를 찾도록 유도하는 역할을 한다. 서로 충돌하는 견해를 가진 행위자들은 논의를 통해 서로의 관점을 이해하고, 자신의 주장을 뒷받침하는 증거를 제시하며, 결국 신념의 수렴을 모색하게 된다. 이와 관련하여 사회적 갈등은 다음과 같이 두 가지 기능을 갖는다.

첫째, 갈등은 정보의 비대칭성을 해소한다. 갈등을 통해 개별 행위자는 자신의 고유한 정보와 증거를 공동체와 공유하며, 결과적으로 공동체는 더 풍부하고 다양한 증거를 고려할 수 있다. 이처럼 인지적 이질성은 집단 의사결정의 질을 향상하는 핵심 메커니즘이 될 수 있다. 집단 양극화나 정보 캐스케이드 같은 집단 의사결정의 병리적 현상은 이질성의 부재, 즉 정보가 지나치게 한 방향으로 흐르거나 동질적인 의견만이 강화될 때 발생한다(Sunstein, 2006). 합리적 소통은 집단 구성원들이 소수의 의견을 무시하고 다수의 의견을 맹목적으로 따르는 경향을 억제하며, 다양한 관점이 균형 있게 논의되도록 돕는다. 민주사회에서 인지적 다양성은 문제 해결 능력을 향상하는 핵심 요소이며, 합리적 갈등은 집단 지성의 형성에 이바지하는 필수 요소이다.

둘째, 갈등은 적절한 소통을 통해 행위자들의 신념을 재검토하게 유도하는 성찰을 제공한다. 하버마스가 강조한 '강제되지 않은 더 나은 논변'은 합리적 소통의 본질을 잘 보여준다. 여기서 더 나은 논변은 단순히 논리적으로 타당한 논변에 그치는 것이 아니라 더 포괄적인 증거를 제시하고, 다양한 관점을 통합하며, 기존의 논변이 포착하지 못했던 중요한 요소를 드러내는 논변을 말한다. 이러한 논변이 작동하기 위해서는 '개방성' 같은 당위가 전제된다. 예를 들어 논의 과정에서 각 행위자는 자신의 논변이 타인의 더 설득력 있는 논변으로 반박될 경우, 자신의 신념을 수정할 수 있는 개방적인 태도를 지녀야 한다. 이러한 과정은 단순히 자신의 견해를 옹호하는 '토론'을 넘어, 상호 이해와 신념 수정을 목표로 하는 '대화'로 발전하여 집단 학습에 이르게 된다.

사회적 합의의 복잡성을 이해하기 위해 '원자력 발전소 건설'을 둘러싼 논쟁을 살펴보자. 이 논쟁은 단순히 '찬성'과 '반대'의 이분법적 갈등이 아니다. 오히려 각기 다른 인식적 지위와 가치 체계를 가진 행위자들 간의 다층적인 의견 충돌로 이해해야 한다. 논쟁에 참여한 행위자 집단은 그 인식적 특징에 따라 다음과 같이 크게 세 가지 담론 집단으로 나누어 분석할 수 있다.

① 정부 및 산업계

주로 발전소의 안전성, 효율성, 경제적 이익에 대한 기술적·경제적 합리성에 관심을 둔다. 이들의 주장은 확률적 위험 분석, 에너지 수급 모형, 생애주기 분석 같은 정량적 데이터와 기술적 전문성에 기반한다. 이들은 주장과 논증의 신뢰성을 중시하며, 가장 경제적이고 안전한 기술적 대안을 찾는 것을 목표로 한다. 이들은 증거 기반 지식의 우위를 주장함으로써 자신들의 인식론적 지위를 확립하려 한다.

② 환경 단체

원자력 발전소가 야기할 수 있는 방사성 폐기물 문제, 생태계 파괴, 미래 세대에 미칠 잠재적 위험 등 장기적인 가치와 규범적 합리성에 초점을 맞춘다. 이들의 주장은 과학적 데이터를 넘어 지속가능성이나 예방 원칙 같은 윤리적 가치를 포함한다. 특히 예방 원칙은 과학적 불확실성 하에서 잠재적 위험을 피하는 조처를 강조하는 규범적 틀을 제공하며, 이는 과학기술자들의 위험 허용 수준에 대한 확률적 접근과 근본적으로 충돌한다. 이들은 불확실성과 잠재적 위험에 대한 윤리적 고려의 우위를 통해 자신들의 인식론적 지위를 확립하려고 한다.

③ 지역주민

발전소 건설로 인한 지역경제 활성화라는 실용적 이익과 개인적·가정적 차원에서 체감되는 안전 문제라는 실존적 불안 사이에서 상반된 신념을 갖는다. 이들의 입장은 개인적 경험과 직접적인 이해관계에 크게 좌우되며, 그 지식은 '상황적 지식(situated knowledge)'으로 분석될 수 있다(Haraway, 1988). 이들의 불안을 '님비 현상'이나 이기적인 행동으로 이해하는 것은 절차적 정의에 대한 정당한 요구를 간과하는 것이다. 지역주민의 지식은 정책 결정 과정에서 흔히 과소평가되지만, 상황적 진리 추구에 필수 요소이다.

담론 집단 사이에서 발생하는 논쟁은 단순히 과학적 사실만 제시한다고 해결될 수 없다. 이는 벌린(Berlin, 1991)이 말한 '가치 다원주의'와 롤스(Rawls, 1993)가 말한 '합당한 다원주의'의 구체적 사례를 보여준다. 원자력 발전소 건설을 둘러싼 갈등은 객관적 진리에 대한 단순한 의견 차이가 아니라, 합리적이면서도 상호 충돌하는 가치들이 공존하는 복잡한 문제를 내포한다.

이러한 갈등을 해결하고 효과적인 정책을 마련하기 위해서는 다양한 인식적 지위를 가진 행위자들이 동등하게 참여하여 과학적 증거와 더불어 경제적·환경적·사회적 가치들을 종합적으로 고려하는 숙고적 합의가 필요하다. 이 과정은 단순한 데이터의 통합을 넘어, 각 담론 집단이 채택하는 합리성 틀 자체에 대한 메타 숙고를 요구한다. 메타 숙고는 논의의 전제, 증거의 가치 판단 기준, 합리성의 정의에 대한 근본적인 합의를 추구하는 상위 수준의 논의를 의미한다.

이 글은 갈등 해소와 합리적 소통을 위한 사회적 합의를 메타 숙고로 보고 분석하는 두 가지 유력한 모형, 즉 골드만의 진리주의 모형과 베이즈주의 예측 모형을 검토하여 그 적용 가능성과 한계를 심층적으로 논의한다.

3. 골드만의 진리주의 모형

골드만은 자신의 저서 『사회적 세계 속의 지식』(1999)에서 사회 제도가 개인의 참된 신념 형성을 얼마나 효과적으로 돕는지를 다루는 사회인식론을 제안했다. 이 이론에 따르면, 사회인식론의 궁극적인 목표는 진리를 탐구하는 것이고, 사회적 합의는 진리로 수렴하는 데 초점을 맞춘다. 이런 진리 추구 과정에서 증언의 신뢰성은 합의를 끌어내는 핵심 기준으로 작용한다. 이 글에서는 골드만의 합의 과정을 분석하고, 이를 배심원단 심의라는 구체적인 사례에 적용해 사회인식론의 가능성을 살펴본다.

1) 진리주의

전통적 인식론이 개인의 지식 형성에 초점을 맞춘다면, 골드만의 사회인식론은 사회적 상호작용과 집단적 의사결정 과정이 지식 형성에 미치는 영향을 분석한다는 점에서 중요한 전환을 가져온다. 그는 사회적 제도가 지식 획득이라는 인식론적 목표를 얼마나 효과적으로 달성하는지 평가하는 데 초점을 맞추기 때문에 그의 이론은 결과주의적 인식론의 대표적인 사례로 여겨진다. 골드만에 따르면, 사회인식론의 핵심은 '어떤 사회 제도가 개인들의 참된 신념 형성을 가장 잘 촉진하는가?'에 있다.

이런 맥락에서 진리주의(veritism)는 골드만 모형의 핵심 요소다. 진리주의는 인식적 가치의 궁극적인 원천이 진리라는 주장을 담고 있다. 즉, 신념이나 신념 체계의 가치는 그것이 진리에 얼마나 가까운지에 따라 결정된다. 골드만은 이런 인식적 가치를 'V-값(veritistic value)'이라고 부른다. 이제 "2026년 북중미 월드컵에서 한국 축구대표팀이 16강에 진출할 것이다"라는 주장(X)에 대한 행위자 A의 시점 t에서 믿음의 정도(주관적 확률, P)가 0.3이었지만, t+1에서 0.75로 증가했다고 가정해보자. 그러면 이러한 믿음의 정도 P는 다음과 같이 표현된다.

$$P_{A,t}(X) = 0.33$$
$$P_{A,t+1}(X) = 0.75$$

이제, 시점 t+1에서 X에 대한 A의 V-값을 살펴보자. X가 참이라면, $V_{A,t}(X) = 0.33$이고, $V_{A,t+1}(X) = 0.75$가 된다. 반대로 X가 거짓이라면, $V_{A,t}(X) = 0.67$이고, $V_{A,t+1}(X) = 0.25$가 된다. 따라서 X가 참인 경우 V-값은 0.42만큼 증가하고, 거짓인 경우 0.42만큼 감소한다(1999, pp. 87-90). 이는 특정 행위자 A의 V-값 변화를 추적한 예다. 사회적 합의는 여러 구성원이 참여하므로 전체 구성원의 V-값을 극대화하는 방향으로 나아가야 한다.

진리주의의 또 다른 핵심 개념은 '신빙성(reliability)'이다. 신빙성은 특정 과정이나 정보원이 참인 신념을 산출할 경향을 의미한다. 골드만은 신뢰성을 다음과 같이 정의한다. 어떤 대상(과정, 방법, 시스템 등)이 신뢰성을 갖추기 위해서는 두 가지 조건이 충족되어야 한다. 첫째, 그것은 믿음을 산출하는 종류의 것이어야 한다. 둘째, 그것이 산출하는 믿음 가운데 참인 믿음의 비율이 특정 임곗값이나 기준값을 충족해야 한다. 결국 신뢰성은 높은 진리 비율의 믿음을 생성하는 경향이다. 이는 신뢰성에 대한 정언적인 개념이지만, 참인 믿음의 비율에 비례하는 양적인 개념으로도 쉽게 확장하여 사용할 수 있다(1986, p. 26). 예를 들어, 신념 형성 과정이 참인 명제에 대해 참인 신념을 산출할 조건부 확률이 높을 때, 그 신뢰성은 높아진다. 사회적 맥락에서 특정 증언, 정보원, 의사소통 채널의 신뢰성은 매우 중요한 판단 기준이 된다. 신뢰성 있는 정보는 진리 수렴을 촉진하는 반면, 신뢰성이 낮은 정보는 오류를 퍼뜨리고 합의를 방해할 수 있다.

2) 합의 과정

골드만 모형에서 사회적 합의는 각 행위자가 증언의 신빙성을 평가하고, 이를 바탕으로 자신의 신념을 계속해서 갱신해나가는 역동적인 과정의 결과로 나타난다. 이 과정은 다음과 같은 논리적 흐름을 따른다.

4단계 합의 과정(1999, 4장, 5장)

단계 1. 초기 신념 형성: 행위자 i는 명제 P에 대해 B{i, 0}라는 초기 신념을 형성한다.

단계 2. 증언의 수용 및 평가: 행위자 i는 다른 행위자 j로부터 증언 T_i를 받고, T_i의 신빙성 $R(T_j)$를 주관적으로 평가한다.
신빙성 평가는 증언자의 전문성, 성실성, 일관성, 증언 내
용의 내적 및 외적 정합성 등을 기반으로 이루어진다.
단계 3. 신념 갱신: 행위자 i는 $R(T_j)$를 기반으로 자신의 기존 신념
$B(i, t)$를 $B(i, t+1)$로 갱신한다. $R(T_j)$가 높을수록 신념 갱
신에 미치는 영향은 커진다. 이는 합리적 신념 갱신의 원
리를 따른다.
단계 4. 수렴 및 합의 도출: 이 과정이 반복되면서 모든 행위자가
신뢰할 수 있는 정보원을 통해 참인 신념으로 수렴하면,
사회적 합의가 형성된다.

이 과정의 핵심은 '인식적 신뢰'이다. 행위자들은 특정 정보원이
나 전문가를 인식적으로 신뢰함으로써 그들의 증언을 받아들이게 되
며, 이것이 개인의 한정된 경험을 넘어 사회적 지식이 확산하는 기반
이 된다. 골드만은 증언이 지식 전파의 주요 수단임을 인정하며, 신빙
성 있는 정보원이 제공하는 증언이 지식의 진리 추적(truth-tracking) 기능
을 수행한다고 본다.

3) 배심원단 심의

법정의 배심원단 심의 과정은 골드만 모형의 진리주의적 합의 과
정을 매우 잘 보여주는 구체적인 사례다. 이 과정은 사회적 합의가 어
떻게 개인의 신념 갱신을 통해 진리로 수렴해나가는지를 효율적으로
설명한다.

(1) 인식적 목적

배심원단 심의는 단순히 피고인의 유무죄를 결정하는 것을 넘어, 실제 유무죄라는 진리를 탐색하는 인식적 목적을 가진다. 각 배심원은 "피고인이 유죄인가?" 또는 "피고인이 무죄인가?"라는 명제에 대한 최종 신념을 형성해야 하며, 이 신념이 법적 진실과 일치해야 한다는 규범적 요청을 받는다. 이는 골드만의 진리주의적 접근과 근본적으로 일치하며, 법적 판단의 정당성이 인식론적 질에 좌우됨을 시사한다.

(2) 증거의 신빙성과 신념 갱신

배심원들은 심의 과정에서 증언, DNA 분석 결과, 법의학 보고서, 문서 증거, 변호인과 검사의 논변 등 다양한 정보를 접한다. 각 배심원은 이러한 정보원들의 신빙성을 개별적으로 평가하고, 이를 바탕으로 자신의 신념을 지속적으로 갱신한다. 이 과정은 다음과 같은 증거의 인식론적 위계를 따른다.

① 목격자 증언

목격자의 증언은 상황에 따라 신빙성이 낮게 평가될 수 있다. 사건 발생 시 조명이 어둡거나 목격자가 극심한 스트레스 상태였다면, 그 증언의 정확성 또는 신빙성은 낮다고 판단될 수 있다. 심리학 연구(예: Loftus, 1996)는 인간 기억의 취약성과 재구성 가능성을 보여주는데, 이는 목격자 증언의 신빙성 평가에 중요한 근거를 제공한다. 따라서 배심원은 목격자의 증언을 피고인의 유무죄에 대한 강력한 증거로 받아들이기보다 다른 보강 증거가 필요하다고 판단할 수 있다.

②DNA 분석 결과

DNA 분석 결과는 과학적이고 객관적인 증거로 간주되어 일반적으로 매우 높은 신빙성을 가진다. DNA 증거가 피고인의 유죄를 강력하게 시사할 경우, 배심원들은 이 증거의 높은 신빙성을 인정하고 자신의 신념을 유죄 방향으로 강하게 갱신할 가능성이 크다. 이는 DNA 분석 과정이 오류 발생 가능성이 매우 낮은 '신빙성 있는 과정'이라는 인식이 광범위하게 공유되기 때문이다.

③전문가의 증언

법정에는 종종 법의학자, 과학자, 심리학자 등 전문가가 출석하여 전문적 의견을 제시한다. 배심원들은 이들 전문가의 전문성, 학력, 경력, 의견의 논리적 일관성 등을 고려하여 증언의 신빙성을 평가한다. 반면, 비전문가의 피상적이거나 추측성 발언은 낮은 신빙성을 가진다고 판단할 것이다.

(3) 진리 지향적 집단적 합의

배심원단의 심의는 개별적 신념 갱신을 넘어선다. 배심원들은 서로의 증거 해석, 신념, 논변을 공유하고 토론하는 과정을 통해 상호 영향을 주고받는다. 이러한 상호작용은 개별 배심원이 자신의 신념을 재평가하고, 미처 고려하지 못했던 증거나 관점을 인지하게 함으로써 더욱 합리적인 신념 갱신을 유도한다. 궁극적으로 배심원들 간의 합의는 모든 배심원이 충분한 증거를 바탕으로 동일한 참된 신념(실제 유무죄)으로 수렴했을 때 발생한다.

여기서 합의는 단순한 다수결이 아니라 만장일치를 요구하는 경우가 많으며, 이는 오류 가능성을 최소화하고, 모든 구성원이 강한 증거 기반의 신념을 공유하도록 강제함으로써 '진리 지향적 합의'를 더욱 강화하는 제도적 장치이다. 합의가 이루어지지 않을 때, 이는 참된 신념에 도달할 충분한 증거가 없거나 증거에 대한 합리적 해석의 차이가 크다는 판단을 시사한다.

(4) 한계

위에서 살펴봤듯이, 골드만 모형은 진리 추구를 핵심으로 한다는 장점이 있으나, 다음과 같은 한계를 갖고 있다.

① 진리 개념의 모호성

모든 사회적 합의가 명확한 '객관적 진리'를 목표로 하지는 않는다. 예를 들어, 미학적 판단이나 도덕적 가치에 대한 합의는 객관적인 진리보다 상호 주관적인 합의 형성에 더 가깝다. 골드만 모형은 이러한 영역의 합의를 분석하는 데 있어 진리 개념이 모호하다는 한계를 가진다.

② 신빙성 평가의 주관성

신빙성을 어떻게 객관적으로 측정하고 평가할 것인가에 대한 심각한 문제가 있다. 신빙성 판단은 종종 행위자의 기존 신념이나 인지적 편향에 영향을 받기 쉽다(Lackey, 2008). 특히 입증 편향(confirmation bias)은 행위자가 자신의 기존 신념과 일치하는 증언의 신빙성을 과대평가하고, 일치하지 않는 증언의 신빙성을 과소평가하게 만들어 진리로의 수렴을 방해한다.

③ 인식적 불의

골드만 모형은 권력 불균형이나 사회적 편견이 인식적 신빙성 평가에 미치는 영향을 충분히 설명하지 못한다. 특정 집단에 속한 개인의 증언은 부당하게 낮은 신빙성을 부여받을 수 있으며, 이는 그들의 지식이 공동체에 전달되지 못하게 하는 증언적 불의(testimonial injustice)를 야기할 수 있다(Fricker, 2007).

이러한 비판은 골드만 모형의 타당성에 강한 의문을 제기한다. 우리는 골드만 모형의 한계를 극복하기 위해 그것을 베이즈주의(Bayesianism) 같은 확률적 접근과 결합하거나, 사회 네트워크 이론과 통합하여 정보 흐름과 신빙성 평가의 역학을 더 정교하게 모형화할 수 있다. 이러한 수정 및 확장 전략은 골드만 모형의 진리주의적 틀이 사회적 합의의 규범적 목표를 제공하고, 다른 이론적 도구들이 그 목표를 향한 실제 경로와 장애물을 분석하는 데 도움이 될 수 있다는 인식에서 출발한다. 그러나 이 글에서는 그러한 수정 전략을 다루지 않고 곧바로 골드만 모형에 대한 강력한 경쟁 모형인 베이즈주의 모형을 검토할 것이다.

4. 베이즈주의 모형

기존 사회인식론은 사회적 합의의 특정 측면에 초점을 맞추어왔다. 그 대표적 예인 골드만 모형은 '진리 지향성'을 강조하며 사회 제도가 개인의 참된 신념 형성을 얼마나 잘 촉진하는지를 정태적으로 평가한다. 그러나 골드만 모형은 합의가 어떻게 발생하는지에 대한 '동적 설명'을 제공하는 데 한계를 보인다. 즉, 합의 형성 과정을 실시간으로 추적하고 미래의 합의 상태를 예측하는 데는 한계가 있다. 이 글은 기존 사회인식론의 이러한 한계를 극복하고 사회적 합의의 역동성을 포착하기 위해 베이즈주의 모형을 제안한다. 이 모형은 행위자의 신념 갱신을 확률적으로 모형화하고, 이를 통해 집단적 합의의 발생 가능성을 예측할 수 있다는 장점이 있다.

1) 예측처리 모형

예측처리 모형(predictive processing model)은 현대 인지과학에서 가장 영향력 있는 이론 중 하나이다. 이 모형은 뇌를 외부 세계의 정보를 단순히 수동적으로 받아들이는 기관이 아니라 '적극적으로 예측을 생성하고 오류를 최소화함으로써' 세계를 능동적으로 추론하는 기관으로 본다.

'예측 기관'으로서의 뇌라는 생각의 기원은 폰 헬름홀츠(von Helmholtz, 1867)의 무의식적 추론(unconscious inference) 개념으로 거슬러 올라가는데, 최근 신경과학, 통계학, 기계학습 이론의 발전에 힘입어 베이즈주의의 틀 안에서 정교하게 형식화되었다(Friston, 2010).

뇌는 세계에 대한 생성 모형(Generative model)을 유지하며, 모형을 통해 끊임없이 다음에 들어올 감각 신호를 예측한다. 구체적으로, 뇌는 외부 환경으로부터 감각 입력을 받아들이고, 과거 경험 및 학습된 지식을 바탕으로 이를 처리하여 환경의 현재 상태를 나타내는 내부 표상(internal representation)을 생성한다. 이 내부 표상이 바로 모형의 근간이 되며, 이를 기반으로 뇌는 세계의 미래 상태나 결과를 예측한다.

뇌의 예측이 실제 감각 입력과 일치하지 않을 경우 예측 오류(prediction error)가 발생한다. 예측 오류는 모형의 예측과 실제 세계로부터 들어오는 감각 입력 간의 불일치 또는 차이를 정량화한 것이다. 모형의 예측이 정확할수록 예측 오류는 작아진다. 뇌는 예측 오류, 즉 새로운 정보(예측에서 벗어난 부분)만을 상위층으로 전달함으로써 불필요한 정보처리를 줄이고 인지적 효율성을 극대화한다.

프리스턴(Friston, 2010)은 예측 모형을 '자유 에너지 원리(free energy principle)'로 확장하며 뇌의 궁극적인 목표를 자유 에너지의 최소화로 제시한다. 여기서 자유 에너지는 예측 오류의 상한선이며, 뇌는 예측 오류를 최소화함으로써 자유 에너지를 최소화하려고 노력한다. 이러한 최소화 과정은 다음 두 가지 방식으로 이루어진다.

① 지각적 추론(perceptual inference)

예측 오류를 사용하여 내부 생성 모형을 수정한다. 즉, 세계를 예측에 맞추는 대신, 예측을 세계에 맞춘다. 예를 들어, 흐릿한 이미지를 보았을 때, 뇌는 예측 오류를 최소화하기 위해 '고양이'라는 가설을 '개'라는 가설로 바꿀 수 있다.

② 능동적 추론(active inference)

예측을 사용하여 행동을 취한다. 즉, 예측을 세계에 맞추는 대신, 세계를 예측에 맞춘다. 예를 들어, 우리는 컵을 잡을 때, 컵의 위치에 대한 뇌의 예측과 실제 감각 입력 간의 예측 오류를 최소화하기 위해 팔을 움직인다. 컵을 잡는 행동 자체가 예측 오류를 적극적으로 제거하는 과정이다.

2) 베이즈주의 모형

이 글에서 제안되는 베이즈주의 예측 모형(Bayesian predictive model)은 사회적 상호작용을 베이즈주의 신념 갱신 과정으로 형식화한다. 이 모형에서 행위자는 특정 명제에 대한 사전 신념을 가지고 있으며, 타인의 의견이나 주장을 새로운 증거로 간주하여 자신의 신념을 지속적으로 갱신하는 '합리적 행위자'이다.

(1) 신념 갱신

N명의 행위자로 구성된 집단 $A = \{a_1, a_2, \cdots, a_n\}$이 특정 이항 가설 H(예: "명제 X는 참이다")에 대해 논쟁을 벌인다고 가정한다. 행위자 a_i는 시점 t에 가설 H에 대한 자신의 신념도를 확률 $P_i(H_t)$로 표현한다. 이 확률은 행위자의 초기 지식, 경험, 인지적 편향 등을 반영하는 사전확률 $P_i(H_0)$에서 시작된다.

사회적 상호작용이 발생하면, 다른 행위자 a_j의 의견이나 주장 O_j는 a_i에게 새로운 증거 E로 작용한다. 행위자 a_i는 증거 E를 바탕으로 자신의 신념을 베이즈 정리에 따라 사후 확률로 갱신한다.

$$\text{베이즈 정리:}\ P_i(H_{t+1}|E_t) = \frac{P_i(H_t) \cdot P_i(E_t|H_t)}{P_i(E_t)}$$

- $P_i(H_t)$: 가설 H에 대한 행위자 a_i의 신념도
- E_t: 시점 t에서 a_i에게 제시된 증거. 이는 다른 행위자 a_j의 의견 O_j일 수 있다.
- $P_i(E_t)$: 증거 E_t가 관찰될 확률. 이는 정규화 상수로 다음과 같이 '전제 확률의 법칙'으로 계산된다.

  $P_i(E_t) = P_i(E_t \mid H_t) \cdot P_i(H_t) + P_i(E_t \mid \neg H_t) \cdot P_i(\neg H_t)$

- $P_i(E_t \mid H_t)$: 가능도(likelihood). H가 참일 때 a_i가 E_t를 관찰할 확률이다. 이는 E_t가 H를 얼마나 잘 뒷받침하는지를 나타낸다. 타인의 의견을 증거로 볼 때, $P_i(O_j \mid H)$는 a_i가 a_j의 의견을 얼마나 신뢰하는지를 반영한다. 예를 들어, a_j가 전문적 지식을 가지고 있거나 과거에 참된 의견을 제시한 이력이 있다면, $P_i(O_j \mid H)$는 높게 평가될 것이다.
- $P_i(H_{t+1} \mid E_t)$: t+1에 가설 H에 대한 a_i의 사후 확률. 이는 E_t에 의한 갱신된 믿음의 정도이다.

베이즈주의 예측 모형의 핵심은 행위자들이 단순히 다른 행위자의 의견(E)을 수동적으로 받아들이는 것이 아니라, 그 의견이 가설(H)에 대해 얼마나 신뢰할 만한지에 대한 주관적인 평가 $P_i(E|H)$를 통해 자신의 신념을 갱신한다는 점이다. 이는 사회적 신뢰와 정보원 신빙성 평가의 동적 상호작용을 포착한다.

(2) 합의

베이즈주의 예측 모형에서 합의는 모든 행위자의 신념이 특정한 값 이하로 수렴하는 상태이다. 합의는 시점 t에 집단의 신념 분포 $\{P_1(H_t), P_2(H_t), \cdots, P_n(H_t)\}$의 분산이 특정 임곗값 ε보다 작아지는 상태로 정의될 수 있으며, 이는 다음과 같이 형식적으로 표현된다.

합의 조건: $\mathrm{Var}[P_1(H_t), P_2(H_t), \cdots, P_n(H_t)] < \varepsilon$

이 합의 조건은 집단 내 모든 행위자의 신념 차이(분산)가 매우 작아져(임곗값 ε 미만) 사실상 합의에 도달했음을 정량적으로 정의한다.

베이즈주의 예측 모형이 갖는 가장 큰 장점은 집단 내 신념 변화의 동역학(kinematics)을 심층적으로 분석하고 미래의 합의 상태를 정밀하게 예측할 수 있다는 점이다. 이 모형은 단순한 최종 결과의 예측을 넘어, 합의에 도달하는 경로와 속도까지 수량화할 수 있다. 연구자들은 시뮬레이션 연구를 활용하여 공신력 있는 전문가의 의견 제시[P(E|H)의 강화] 같은 증거의 신뢰도를 높이는 전략이나, 정보(E)의 노출 빈도 증대가 합의를 도출할 확률을 정확히 계산하고 최적화 방안을 모색할 수 있다.

예측 모형은 합의 상태의 예측뿐만 아니라, 합의가 발생하지 않고 지속적 불일치나 신념 양극화(belief polarization)로 고착되는 상태 역시 정확하게 예측할 수 있다. 이는 합의 실패의 근본 원인을 조기에 진단하여 예방적 조치를 가능하게 한다. 합의 지연과 실패를 야기하는 주요 요인들은 다음과 같이 분석된다.

① 극단적으로 이질적인 사전 신념

행위자들이 정보를 접하기 전에 이미 가지고 있는 사전 신념의 분포가 지나치게 광범위하거나 완전히 상반되는 극단적인 형태를 띠는 경우이다. 이러한 상황에서는 동일한 증거가 아무리 반복적으로 제공되더라도 신념이 단일한 방향으로 수렴하는 데 극도로 오랜 시간이 소요되거나, 아니면 서로 다른 결론으로 영구히 분리되어 신념 양극화가 발생하게 된다.

② 상호 신뢰의 부족과 사회적 학습 단절

행위자들이 다른 행위자의 의견(E_j)을 신뢰하지 않는 경우, 즉 가능도 $P_i(E_j|H)$를 매우 낮게 평가하는 경우이다. 이 경우 행위자들은 타인의 갱신된 신념을 자신의 신념 갱신에 거의 반영하지 않는다. 결과적으로, 정보가 집단 구성원들 사이에서 순환되고 통합되는 사회적 학습 고리가 단절된다. 각 행위자는 외부 정보를 배제하고 자신의 기존 신념을 지지하는 정보만 선택적으로 받아들이게 되어, 결국 집단은 응집력을 잃고 신념적으로 분열된다.

③ 정보원 신빙성의 분열적 평가

특정 정보원의 신빙성[$P(E|H)$]에 대한 행위자들의 평가가 크게 엇갈리는 경우이다. 일부 집단은 해당 정보를 극단적으로 신뢰하지 않아 무시하고, 반대로 다른 집단은 이를 맹목적으로 수용할 때 나타난다. 이처럼 같은 정보를 경험하더라도 행위자들의 주관적인 신뢰도 평가가 다르면, 이 정보는 신념을 통합하는 대신 신념 차이를 오히려 증폭시키는 역할을 하게 된다. 결과적으로, 집단은 상반된 신념을 가진 채

더욱 분리되어 신념 양극화가 심화되는 결과를 낳는다. 이는 베이즈주의 신념 갱신에서 증거를 해석하는 행위자의 주관이 얼마나 중요한지를 보여준다.

예측 모형은 이러한 갈등 유발 요인들이 복합적으로 작용하여 양극화가 발생하는 임계점을 포착한다. 궁극적으로, 이 모형이 제공하는 예측적 통찰은 사회적 합의를 증진하고 잠재적인 사회적 위험 및 갈등 비용을 사전에 관리하는 데 결정적인 정보로 활용될 수 있다.

3) 모형의 확장

베이즈주의 예측 모형은 사회적 합의의 동역학을 설명하는 강력한 분석 도구이지만, 현실의 복잡하고 다층적인 사회 현상을 만족스럽게 설명하고 예측하기 위해서는 이론적 확장이 필요하다. 다음은 그중 가장 중요하게 고려되는 사항들이다.

(1) 신념의 이질성

실제 사회적 합의 과정은 참여자들의 본질적인 이질성으로 인해 매우 복잡하며, 기존 모형의 단순한 가정을 넘어설 필요가 있다. 이러한 이질성을 모형에 효과적으로 통합하기 위해 다음 요소들을 고려해야 한다.

① 이질적인 사전 신념

모든 행위자가 동일한 사전 신념을 가지고 시작하는 것이 아니라 사회적 배경, 가치관, 개인적 경험에 따라 다른 초기 확률을 가질 수 있다. 이러한 사전 신념의 이질성은 집단의 합의 속도를 현저히 늦추거나, 신념이 한 점으로 수렴하지 않고 여러 개의 분리된 합의점(신념 클러스터)을 형성하는 결과를 초래할 수 있다. 이는 초기 조건의 중요성을 강조하며, 합의 동역학의 경로를 예측하는 데 필수 요소이다.

② 이질적인 신빙성 평가

행위자들은 타인의 의견이나 정보원을 동일하게 신뢰하지 않는다. 신빙성$[P_i(E \mid H)]$은 행위자 a_i와 증거 제공자 a_j 간 사회적 연결, 인식된 전문성, 과거 상호작용의 이력에 따라 달라질 수 있다. 이는 정보가 특정 사회적 네트워크 구조(예: 소셜 네트워크 구조)를 통해 어떻게 전파되고 신념에 영향을 미치는지를 설명하는 데 필수이다(Jackson, 2008).

③ 인지적 편향의 통합

인간은 완벽하게 합리적 행위자가 아니다. 인간은 베이즈주의에 따라 추론하지 않으며, 입증 편향, 집단 사고 등 다양한 인지적 편향에 영향을 받는다(Tversky & Kahneman, 1974). 입증 편향은 모형 내에서 행위자가 자신의 기존 신념과 일치하는 증거의 가능도를 과도하게 높게 평가하고, 일치하지 않는 증거의 가능도를 낮게 평가하는 방식으로 작용한다. 이는 집단적 합의가 진리로부터 멀어지는 비합리적 경로를 설명하는 데 중요한 역할을 한다(Bovens & Hartmann, 2003).

(2) 동적 네트워크

대부분의 기존 모형이 정적인 네트워크 구조를 가정하는 것과 달리, 실제 사회적 상호작용은 본질적으로 동적이다. 행위자 간의 신뢰 관계와 정보 흐름의 패턴은 시간의 흐름에 따라 끊임없이 변화할 수 있다. 예를 들어, 특정 행위자가 지속적으로 신빙성 있는 정보를 제공할 경우, 다른 행위자들은 그에 대한 신뢰도를 점차 높이게 되며, 이는 해당 행위자의 네트워크 내 영향력을 증대시킨다. 이러한 영향력의 변화는 신념 갱신 과정에 반영되어 집단의 합의 속도와 방향을 근본적으로 변화시킨다. 따라서 행위자 간의 상호 신뢰도와 네트워크 연결 강도가 정보의 흐름과 신념 갱신 결과에 따라 동적으로 재구성되는 메커니즘을 베이즈주의 모형에 통합하는 것은 합의 동역학 연구의 정확도를 높이는 핵심 목표가 된다.

여기서는 이러한 향후 연구 방향을 잘 보여주는 접근으로 하르트만(Hartmann)을 중심으로 하는 베이즈 망 접근(Bayesian network approach)을 소개한다. 이 접근은 『베이즈주의 인식론』(Bovens & Hartmann, 2003)과 『베이즈주의 과학철학』(Sprenger & Hartmann, 2019) 등을 통해 베이즈 망(Bayesian network)을 사회적 합의 연구에 도입함으로써 집단적 신념 형성 및 갈등 분석에 형식적이고 정량적인 분석 틀을 제공한다. 이 접근이 '사회적 합의의 인식론'에 기여하는 바는 다음과 같다.

① 정량적 형식주의 도입

이 접근은 신념, 증거, 신뢰 같은 전통 인식론적 개념을 서술적으로 다루는 대신, 확률론과 그래프 이론에 기반한 베이즈 망을 활용하여 엄밀하고 전산적으로 계산 가능한 분석 기반을 구축한다. 행위자의 신념도를 확률로 모델링하고, 베이즈 정리를 합리적인 신념 갱신을 위한 규범으로 제시함으로써 사회적 학습 과정을 형식적 과정으로 정의한다. 또한 복잡하게 얽힌 정보원(타인, 매체) 간의 조건부 독립성과 의존성을 시각적으로 명확하게 구분하고, 그 복잡한 관계를 효율적으로 처리할 수 있는 분석적 기반을 마련한다.

② 사회적 학습의 자연화

이 접근은 '전지적 합리성'을 가정하는 초기 베이즈주의 모형의 한계를 극복하고, 현실적인 사회적 상호작용의 문제들을 베이즈 망으로 모형화하여 심층적 분석을 가능케 한다. 예를 들어,『베이즈주의 인식론』은 정보원(증인)의 신뢰성 자체를 모형의 핵심 변수로 다루며, 다수의 의존적인 증언이 합의에 미치는 영향을 정량적으로 분석할 수 있는 틀을 제시한다. 이는 사회적 합의가 정보의 내용뿐만 아니라 정보를 제공하는 출처의 신뢰로 결정됨을 형식적으로 입증하는 토대를 제공한다. 또한 베이즈 망을 통해 입증 편향 같은 인지적 편향이 신념 입증 및 수렴 과정에 미치는 왜곡 효과를 분석함으로써 사회적 합의가 진리로부터 멀어지는 비합리적 경로를 모형화할 수 있는 길을 개척한다.

③ 정량적 분석 도구 제공

이 접근은 사회적 합의의 실패 메커니즘을 진단하고 그 미래 상태를 예측할 수 있는 정량적 도구를 제공한다. 베이즈 망을 사회적 합의 구조로 해석함으로써 특정 신뢰 관계의 단절이나 정보 흐름의 왜곡이 신념의 양극화나 지속적 불일치를 유발하는 정량적 임계점을 파악할 수 있다. 또한 이는 신념 구조 내에서 가장 영향력이 큰 노드(핵심 가설 또는 영향력 있는 행위자)를 식별하여 합의를 촉진하기 위해 전략적 개입이 필요한 지점과 그 효과를 정량적으로 제시하는 기초 이론을 확립한다.

이처럼 베이즈주의 모형의 동적 확장은 베이즈 망이 단순히 확률 계산을 넘어 증거, 신뢰성, 입증, 이론 구조, 설명력 같은 인식론적 개념을 정밀하게 모형화하는 핵심 도구임을 설득력 있게 보여준다.

5. 가짜뉴스 논쟁

소셜미디어에서 발생하는 가짜뉴스(fake news) 논쟁은 베이즈주의 예측 모형을 적용하여 사회적 합의의 동역학을 분석하는 데 적용될 수 있는 좋은 사례이다. 예측 모형은 복잡한 정보 환경 속에서 개인의 신념 갱신 및 집단적 신념 형성 메커니즘을 심층적으로 분석하며, 개인 수준의 베이즈주의적 모형화와 집단 수준의 합의 및 양극화 예측 시나리오를 통해 정량적인 통찰을 제공한다.

베이즈주의 접근에서 개인의 신념은 확률 분포로 표현되며, 새로운 증거가 유입될 때마다 베이즈 정리에 따라 신념을 갱신한다.

1) 사전 신념

우선 특정 뉴스에 대한 두 가지 가설을 가정한다.

H_1: "특정 뉴스는 사실이다."

H_2: "특정 뉴스는 사실이 아니다."

베이즈주의 분석은 행위자 A와 B의 사전 확률을 설정하는 것에서 시작한다. 사용자 A는 H_1에 대해 "$P_A(H_1) = 0.7$"로 신념을 설정하고(그러므로 "$P_A(H_2) = 0.3$"이다), 다른 사용자 B는 H_2에 대해 "$P_B(H_2) = 0.8$"로 시작한다고 가정하자. 이러한 초기 신념도의 차이는 각자의 정치 성향뿐만 아니라 집단 내 초기 신념의 이질성을 드러낸다. 집단 간 논쟁에서 증거는 순차적으로 유입되며, 베이즈 정리에 따라 사후 확률이 반복적으로 갱신된다.

2) 신념 갱신

① 증거 E_1: 공신력 있는 정보원의 반박

공신력 있는 언론사 P가 "해당 뉴스는 사실이 아니다"라고 보도했다. 언론사 P의 높은 신빙성 지표(예: 과거 팩트체크 정확도 95%)를 고려하여 A의 가능도는 다음과 같이 조정된다.

$$P_{A,t+1}(E_1|H_1) = 0.1$$
$$P_{A,t+1}(E_1|H_2) = 0.9$$

베이즈 정리를 적용하면, A의 사후 확률은 급증하여 $P_{A,t+1}(H_2 | E_1) = 0.95$가 된다. 이제 A의 새로운 신념도는 $P_{A,t}(H_2) = 0.3$에서 $P_{A,t+1}(H_2) = 0.95$로 급격히 상승한다.

② 증거 E_2: 낮은 신뢰도의 주장 유입

행위자 C가 "언론사 P의 보도는 사실이 아니다"라고 주장하는 증거 E_2를 제시하여 H_1을 지지한다. 그러나 A는 C의 주장이 객관적 증거 없이 감정적 판단에 의한 것으로 보고 사전 확률과 가능도를 낮게 설정한다. 즉, $P_A(E_2)$ = 0.3, $P_A(E_2 \mid H_1)$ = 0.4. 이 경우 E_2는 $P_A(H_1)$를 약화하고(= 0.3), $P_A(H_2)$를 강화하는(= 0.7) 결과를 초래한다. 그러나 만약 C가 매우 신뢰할 만한 증거를 제시하면, $P_A(E_2)$ = 0.9, $P_A(E_2 \mid H_1)$ = 0.9로 상승할 것이고, 그 결과 H_1에 대한 A의 신념은 다시 상승한다 (= 0.41).

③ 증거 E_3: 독립 검증을 통한 누적

독립적 팩트체크 사이트 D가 H_2를 지지하는 검증 결과 E_3를 제시한다. D의 높은 중립성 지표를 고려하여 A는 $P_A(E_3 \mid H_2)$ = 0.95로 평가한다. 이 증거는 E_1과 결합하여 사후 확률을 더욱 안정시키며, $P_A(H_2)$ = 0.98에 이르게 된다. 이러한 '다중 증거'의 누적은 베이즈주의 예측 모형의 장점 중 하나로 단일 증거의 노이즈를 필터링한다.

3) 합의 및 양극화 시나리오

베이즈주의 모형은 사용자 간 상호작용을 행위자 기반 시뮬레이션으로 모형화하여 집단 신념 분포의 변화를 시간 경과에 따라 추정한다. 이는 소셜미디어에서 "만약 이 뉴스가 퍼진다면, 시간이 지난 후 사람들의 생각은 어떻게 바뀔까?"를 많은 가상인간 간 상호작용을 통해 실제와 가깝게 예측하는 것이다.

① 합의 성공 시나리오

집단 내 다수 사용자가 공통으로 신뢰하는 소수의 신뢰도가 높은 정보원이 특정 주장에 대해 일관된 증거를 제공하면, 예측 모형은 대다수 사용자의 신념이 해당 주장의 진위로 수렴할 가능성이 매우 크다고 예측한다. 이는 정보 캐스케이드로 설명할 수 있다. 초기 단계의 합리적 행위자들이 공신력 있는 증거를 통해 신념을 갱신하면, 그들의 갱신된 신념과 공유 행위가 후속 행위자들에게 강한 신호로 작용하여 전체 집단의 신념을 같은 방향으로 빠르게 이끈다. 예를 들어, 2016년 브렉시트 국민투표 당시 가짜뉴스와 오정보가 광범위하게 퍼져나갔고, 특히 영국의 경제적 효과에 대한 허위 주장이 난무했다. 하지만 팩트체크 기관과 공신력 있는 언론(예를 들어, BBC)이 제공한 정정 보도가 유권자들의 잘못된 신념을 바로잡는 데 유의미한 효과를 보였음이 여러 연구를 통해 입증되었다.

② 합의 실패 및 양극화 시나리오

코로나19 팬데믹 기간 중 백신 관련 논쟁에서 소셜미디어는 극심한 양극화와 에코 챔버(Echo Chamber) 현상을 보였다. 페이스북 같은 플랫폼에서 백신 지지 그룹과 반대 그룹 간의 분열과 단절은 많은 경험적 연구를 통해 상세히 분석되었다. 이러한 분열은 베이즈주의 모형을 비롯한 사회적 합의 동역학 모형이 예측하는 양봉형 신념 분포 같은 양극화 패턴과 일치한다.

양극화는 종종 반대 의견에 대한 노출 부족이나 동일한 정보원의 반복 노출로 인해 발생한다. 예측 모형은 합리적인 행위자들이 자신의

신념과 상충하는 그룹의 정보에 노출될 경우, 그 정보를 베이즈 갱신의 새로운 증거로 사용하여 자신의 신념을 극단에서 중앙으로 재조정하게 된다고 예측한다. 그러나 상호 신뢰 부족[낮은 P(E | H) 평가]과 입증편향이 복합적으로 작용하면, 증거가 통합되지 못하고 집단이 분열되어 합의에 실패한다.

6. 결론

이 글은 사회적 합의를 베이즈주의 관점에서 재해석함으로써 골드만 모형으로 대표되는 기존 사회인식론의 한계를 보완하고자 했다. 골드만 모형은 합의의 목표를 '진리'로 규정하며 규범적 기준을 제시했지만, '진리'의 모호함과 현실적 적용의 어려움을 드러냈다.

이러한 한계를 극복하기 위해 제안된 베이즈주의 예측 모형은 사회적 합의를 정적인 상태가 아닌, 동적인 신념 갱신 과정으로 본다. 행위자는 타인의 의견을 새로운 증거로 삼아 베이즈 정리를 통해 자신의 신념을 지속적으로 업데이트한다. 이 모형은 특정 소통 전략이 합의를 이끌어낼 확률을 예측할 수 있게 해 갈등 상황에서 최적의 전략을 세우는 데 실질적인 도움을 줄 수 있다.

베이즈주의 예측 모형은 사회적 합의가 단순한 다수결이나 이상적 대화의 산물이 아니라, 행위자들의 확률적 추론과 신념 갱신 과정의 결과임을 밝힘으로써 이 분야 연구에 새로운 시각을 더한다. 이 모형은 행위자의 신념 갱신을 베이즈 정리로 형식화하고, 타인의 의견과 정보원의 신빙성 평가를 통합해 사회적 합의가 어떻게 형성되며 어떤 요인에 영향을 받는지를 설명한다. 예를 들어, 소셜미디어에서의 가짜 뉴스 논쟁 사례는 이 모형이 복잡한 현실 세계의 사회적 역학을 분석하고 예측하는 데 어떻게 활용될 수 있는지 잘 보여준다.

베이즈주의 예측 모형은 현재 개발 중이며 여러 도전 과제에 직면해 있다. 무엇보다 행위자 간 이질적인 사전 신념, 신빙성 평가의 주관성, 인지적 편향, 그리고 복잡한 사회적 네트워크 구조를 베이즈주의 틀 안에 효율적으로 통합해야 한다. 여기에는 실제 세계 데이터를 활용해 모형 파라미터를 추정하고 예측력을 검증하는 경험적 연구가 필수이다. 더 나아가 베이즈주의적 합리성을 넘어서는 인간의 실제 의사결정 방식, 예를 들어 휴리스틱과 편향을 베이즈주의 안에서 어떻게 설명하고 통합할지 탐구해야 한다. 궁극적으로 이러한 연구는 합리적이고 진리 지향적이면서도 사회적 합의의 동역학을 개발하는 데 기여할 것이다.

참고문헌

이언 해킹, 박일호·이일권 옮김,『확률과 귀납논리』, 파주: 서광사, 2022.

이영의,『베이즈주의: 합리성으로부터 객관성으로의 여정』2판, 서울: 한국문화사, 2020.

이영의·최원배·여영서·박일호,『입증』, 파주: 서광사, 2018.

Berlin, I., *The Crooked Timber of Humanity: Chapters in the History of Ideas,* 2nd ed., Princeton: Princeton University Press, 1991.

Bovens, L, & Hartmann, S., *Bayesian Epistemology*, Oxford: Oxford University Press, 2003.

Bradley, R., *Decision Theory with a Human Face*, Cambridge: Cambridge University Press, 2018.

Coady, C. A. J., *Testimony: A Philosophical Study*, Oxford: Clarendon Press, 1992.

Del Vicario, M., Vivaldo, G., Bessi, A., Zollo, F., Scala, A., Caldarelli, G. & Quattrociocchi, W., "Echo Chambers: Emotional Contagion and Group Polarization on Facebook," *Scientific Reports*, 6(1), 2016, 37825.

Fricker, M., *Epistemic Injustice: Power and the Ethics of Knowing*, Oxford: Oxford University Press, 2007.

Friston, K., "The Free-Energy Principle: A Unified Brain Theory?" *Nature Reviews Neuroscience*, 11(2), 2010, pp. 127-138.

Goldman, A. I., *Epistemology and Cognition*, Cambridge: Harvard University Press, 1986.

______, *Knowledge in a Social World*, Oxford: Oxford University Press, 1999.

Goldman, A. I. & Whitcomb, D. eds. *Social Epistemology*. Oxford: Oxford University Press, 1999.

Habermas, J., *The Theory of Communicative Action, vol. 1: Reason and the Rationalization of Society*, T. McCarthy tr. Boston; Beacon Press, 1981.

Hohwy, J., *The Predictive Mind*, Oxford: Oxford University Press, 2013.

Howson, C., & Urbach, P., *Scientific Reasoning: The Bayesian Approach*, 3rd ed.,

Chicago: Open Court, 2006.

Jackson, M. O., *Social and Economic Networks*, Princeton: Princeton University Press, 2008.

Kitcher, P., *The Advancement of Science: Science without Legend*, Objectivity without Illusions, Oxford: Oxford University Press, 1995.

Lackey, J., *Learning from Words: Testimony as a Source of Knowledge*, Oxford: Oxford University Press, 2008.

Loftus, E. F., "Memory Distortion and False Memory Creation," *Bulletin of the American Academy of Psychiatry and the Law*, 24(3), 1986, pp. 281-295.

Nisbett, R. E., & Ross, L., *Human Inference: Strategies and Shortcomings of Social Judgment*, Englewood Cliffs: Prentice-Hall, 1980.

Pariser, E., *The Filter Bubble: What the Internet Is Hiding from You*, New York: Penguin Press, 2011.

Rawls, J., *Political Liberalism*, New York; Columbia University Press, 1993.

Sunstein, C. R., *Infotopia: How Many Minds Produce Knowledge*, Oxford: Oxford University Press, 2006.

Tversky, A., & Kahneman, D., "Judgment under Uncertainty: Heuristics and Biases," *Science*, 185(4157), 1974, pp. 1124-1131.

von Helmholtz, H. *Handbuch der Physiologischen Optik. Allgemeine Encyclopädie der Physik*, IX. Band, Leipzig: Leopold Voss, 1867.

08
칸트의 용서 개념과 용서의 의무

홍우람(경북대학교 철학과)

1. 들어가는 말

많은 칸트 연구자들이 지적하듯이, 칸트는 용서에 대해 많은 말을 하지 않는다.[1] 특히 칸트의 주요 저작들에서 용서에 대한 언급이 드물다는 사실은 칸트 철학에 익숙하지 않은 사람들로 하여금 칸트는 '용서'라는 주제에 대해 별로 관심을 두지 않으며, 심지어 칸트 윤리학에는 용서 개념이 적절하게 자리할 공간이 마련되어 있지 않다고 생각하게 만든다. 철학 연구자의 경우도 별반 다르지 않은데, 예컨대, 랑(Lang)은 "칸트에게는 '해야 할 것을 해야 한다'는 1차적 의무와 '1차적 의

---

* 이 글은 가톨릭대학교 인간학연구소에서 발간한 『인간연구』 57호(2025)에 실린 논문 「칸트의 용서 개념과 용서의 의무: Sussman의 세 가지 문제 제기를 중심으로」를 수정한 것이다.

[1] 예컨대, D. Sussman, "Kantian Forgiveness" (*Kant-Studien*, vol. 96, 2005), p. 85; P. Satne, "Forgiveness and Moral Development" (*Philosophia*, vol. 44, 2016), p. 1029 참조. 국내 논문으로는 정성관, 「칸트 철학에서 본 정의와 용서」(『철학논집』 54, 서강대학교 철학연구소, 2018), 31쪽 참조.

무 위반을 처벌해야 한다'는 2차적 의무에 수반하는 '용서해야 한다'는 3차적 의무가 존재하지 않는다"[2]고 말한다. 랑이 생각하기에 그 이유는 자율성이 도덕적 의무의 궁극적 토대라는 칸트의 입장이 용서 개념을 도덕적 개념으로 수용하는 것을 가로막기 때문이다.[3] 이런 주장에 따르면 용서에 대한 칸트의 언급이 드문 것은 당연해 보인다. 하지만 드물게 등장하는 칸트의 용서에 대한 언급은 랑의 주장과 정면으로 배치된다. 『도덕형이상학』[4]에서 칸트는 용서(Verzeihung) 혹은 화해(Versöhnlichkeit)가 "인간의 의무"(MS 6:461)라고 분명하게 표현하기 때문이다.

칸트에 따르면 용서는 인간의 의무 중에서도 "덕의무"(MS 6:460)에 속한다. 따라서 칸트는 자신의 윤리학 내에 '용서' 개념의 자리가 존재한다고 분명히 생각한 것으로 보인다. 하지만 서스먼(Sussman)이 지적하듯이, 이런 칸트의 진술은 용서에 대한 칸트의 입장을 궁금해하는 사람들에게 "답을 주기보다 더 많은 의문"을 불러일으키는데, 무엇보다 그 이유는 용서의 의무에 대한 칸트의 주장이 충분한 부연 없이 "대략적인 진술"에 그치기 때문이다.[5] 이런 상황에서 용서의 의무에 대한 칸트의 입장을 이해하기 위한 한 가지 방법은 윤리학과 밀접히 연관되

---

2   B. Lang, "Forgiveness" (*American Philosophical Quarterly*, vol. 31, 1994), p. 110.

3   랑에 따르면 "실천적 판단에 대한 칸트의 관점에서 잘못한 사람은 사실상 자신의 처벌을 의욕한다." 더 나아가 랑은 '용서' 개념에 대해 소홀했던 것은 칸트만이 아니며, 대부분의 도덕철학자들은 "처벌 개념에 대한 논의에 비해 확실히" 용서 개념을 무시해왔다고 지적한다(Lang, "Forgiveness," p. 110).

4   칸트 저작은 베를린학술원 판을 참조 및 인용한다. 인용 시 『도덕형이상학 정초』(이하 『정초』)는 GMS, 『실천이성비판』은 KpV, 『이성의 오롯한 한계 안의 종교』(이하 『종교』)는 RGV, 『도덕형이상학』은 MS, 『실용적 관점에서 본 인간학』(이하 『인간학』)은 Anth로 약칭한다.

5   Sussman, "Kantian Forgiveness," p. 85.

어 있으면서도 윤리학과는 구별되는 영역에서 제시된 칸트의 논의들에 호소하는 것이다.[6] 하지만 우리는 윤리학 주변의 영역에 호소하지 않고서도 칸트의 윤리학 내에서 도덕적 의무 중 하나로서 용서의 자리가 충분히 해명될 수 있다고 생각한다.[7] 이 글에서 우리는 용서의 의무에 대한 『도덕형이상학』의 불충분한 진술이 어떤 어려운 문제들을 제기하는지 살펴보고, 그런 의문들에 대한 답변이 칸트의 윤리학 체계 내에서 어떻게 마련될 수 있는지 확인하고자 한다.[8]

2. 서스먼의 세 가지 문제 제기

서스먼은 "칸트식 설명으로 인정될 수 있는 용서에 대한 설명을 전개하기 위한 자원을 칸트의 종교철학"에서 찾고자 한다.[9] 그가 보

---

6 예컨대, 칸트의 종교철학에 주목한 논의는 Sussman, "Kantian Forgiveness," pp. 85-107; 칸트의 인간학에 주목한 논의는 정성관, 「칸트 철학에서 본 정의와 용서」, 31-51쪽 참조.

7 이는 종교철학이나 인간학에 호소하여 용서의 의무를 설명하려는 서스먼이나 정성관의 논의에 반대한다는 것을 의미하지 않는다. 오히려 이들의 논의와 우리의 논의는 상보적인 관계를 이루는 것으로 이해될 수 있다.

8 이와 유사한 시도는 Satne, "Forgiveness and Moral Development," pp. 1029-1055 외에도 K. Moran, "For Community's Sake - A Self-Respecting Kantian Account of Forgiveness" (*Kant und die philosophie in weltbürgerlicher Absicht. Akten des XI. Internationalen Kant-Kongresses*, S. Bacin, A. Ferrarin, C. La Rocca & M. Ruffing (eds.), Boston: de Gruyter, 2013), pp. 419-430 및 K. Moran and J. Timmermann, "Kant on Punishment, Pardon, and Forgiveness" (*Conflict and Resolution: The Ethics of Forgiveness, Revenge, and Punishment*, P. Satne & K. M. Scheiter (eds.), Cham: Springer, 2022), pp. 225-238에서도 확인된다. 이들의 입장과 우리의 입장의 차이는 이후 논의에서 드러날 것이다. 특히 3절과 4절 참조.

9 Sussman, "Kantian Forgiveness," p. 85.

기에 '용서' 개념이 칸트의 윤리학 체계 내에 도덕적 개념으로 수용되기 위해서는 해결되어야 할 몇 가지 문제가 있으며, 칸트의 윤리학 저술에 드물게 등장하는 용서에 대한 진술들은 이 문제들에 대한 답변을 제공하기에 한계가 있기 때문이다. 따라서 칸트 윤리학 체계 내에서 용서 개념의 자리를 확인하기 위해서는 서스먼이 어떤 문제들을 제기하는지 먼저 확인할 필요가 있다. 우리는 서스먼이 제기하는 핵심적인 문제들을 아래와 같이 세 가지로 요약할 수 있다.

서스먼이 제기하는 첫째 문제는 칸트의 응보주의에서 비롯한다. 서스먼은 칸트의 응보주의를 "타인에 대한 모든 도덕적 잘못에 대해 그 잘못을 저지른 사람은 처벌을 받아 마땅하다"는 도덕적 입장으로 느슨하게 정의한다.[10] 실제로 『도덕형이상학』에서 칸트가 "한 인간의 권리를 침해하는 모든 행위는 처벌을 받아 마땅하다"(MS 6:460)고 말할 때, 칸트는 서스먼이 정의한 도덕적 응보주의를 지지하는 것으로 보인다. 그런데 문제는, 도덕적 잘못에 대한 처벌의 근거를 칸트는 그 잘못으로 인해 피해를 입은 한 개인이나 그 잘못에 대한 처벌을 주관하는 한 개인의 인격에서 찾지 않고 "어떤 초감성적 주체에 속하는 초절적 원리인 정의 자체"(MS 6:490)에서 찾는다는 점이다.[11] 다시 말해 처벌이란 자율성을 가진 이성적 존재자가 자신의 잘못된 행위에 대해 마땅히 책임져야 할 대가이며, 이런 마땅한 대가에 대한 요구는 어떤 특수한 개인의 사적인 요구가 아니라 보편적인 이성의 공적인 요구이다.

---

10 Sussman, "Kantian Forgiveness," p. 88 fn. 9. 이런 느슨한 정의를 통해 서스먼은 칸트를 응보주의자로 규정하는 것과 관련된 논란을 피하고자 한다.

11 처벌에 대한 이런 입장을 칸트는 "처벌의 정의"(Strafgerechtigkeit, MS 6:490)라는 개념으로 축약해서 표현한다. 이에 대해서는 정성관, 「칸트 철학에서 본 정의와 용서」, 33-38쪽 참조.

그러므로 서스먼이 지적하듯이 "처벌은 잘못을 당한 측에 대한 일종의 배상이나 보상이 아니라, 그런 [배상이나 보상] 권리의 특수한 보유자가 취하는 태도와 무관하게, 어떤 권리 침해의 즉각적인 개념적 귀결이다."[12] '용서'는 피해자가 가해자에 대해 취하는 태도 중 하나이므로 결국 칸트의 도덕적 응보주의는 처벌을 피해자의 용서 여부와 무관하게 가해자에게 마땅히 부과되어야 할 대가로 간주한다. 처벌이 피해자의 용서 여부와 상관없이 가해자에게 부과되어야 한다면, 칸트가 인간의 의무 중 하나라고 주장하는 '용서'의 정체는 과연 무엇이란 말인가?

서스먼이 제기하는 둘째 문제는 첫째 문제와 곧바로 연결된다. 실제로 칸트는 용서가 덕의무 중 하나라고 주장하면서도 정의로운 처벌에 대한 자기 입장을 포기하지 않는다. 그 결과로 칸트는 용서 개념을 소극적으로, 즉 "지나치게 보복적인 경향을 자제하는"[13] 태도로 규정하는 것처럼 보인다. 하지만 서스먼은 이런 소극적인 용서 개념은 처벌에 대한 중립적이고 객관적인 태도를 요구하는 것으로, "그러한 객관성은 칭찬할 만하지만, 적극적인 용서에는 아직 한참 못 미친다"[14]고 지적한다. 서스먼은 소극적인 용서를 넘어서는 적극적인 용서가 성립하기 위한 네 가지 조건을 제시한다.[15] 먼저 용서가 성립하기 위해서는 가해자 및 피해자 그리고 잘못된 행위 및 그로 인한 피해 등과 관련된

---

12   Sussman, "Kantian Forgiveness," p. 89.

13   Sussman, "Kantian Forgiveness," p. 89. 다음 절에서 자세히 살펴보겠지만, 실제로 칸트는 "순전히 복수를 위해 타인의 적의에 대해 스스로 증오로 대응하지 않는 것"(MS 6:460)을 용서의 핵심적 요소 중 하나로 제시한다.

14   Sussman, "Kantian Forgiveness," p. 89.

15   이 네 가지 조건에 대한 서스먼의 논의는 Sussman, "Kantian Forgiveness," p. 86 참조. 우리는 이 네 가지 조건을 서스먼이 제시한 순서와는 다르게 제시할 것이다.

도덕적 특징들이 무시되거나 왜곡되어서는 안 된다. 또한 우리는 용서하기 위해 가해자의 잘못이나 적절한 처벌 수위에 대한 평가를 수정해서는 안 된다. 요컨대, 이 두 가지 조건에 따르면 용서는 가해자와 그가 행한 잘못된 행위 그리고 피해자와 그가 입은 피해에 대해 도덕적으로 올바르게 평가하고 그런 평가 내용을 왜곡하거나 무시하지 않고 유지할 것을 전제한다. 사실 이 두 가지 조건은 용서에 대한 칸트의 소극적 입장에서 오히려 더욱 분명하게 전제된다. 칸트는 용서의 의무를 언급하면서도 서스먼이 정의한 응보주의를 포기하지 않기 때문이다. 하지만 남은 두 가지 조건은 적극적 용서 개념과 소극적 용서 개념의 차이를 분명하게 드러낸다. 서스먼에 따르면 우선 적극적 용서는 잘못된 행위에 대한 도덕적 평가를 유지하면서도 "엄정한 처벌 혹은 다른 형식의 공정한 응보나 속죄를 요구하지 않아야" 하고, 한 걸음 더 나아가 죄를 완화하여 "도덕적으로 훼손된 관계를 회복시킬 수" 있어야 한다.[16] 서스먼이 지적하듯이, 정의로운 처벌에 대한 입장을 포기하지 않는 한 칸트 윤리학은 이런 적극적 용서 개념의 자리, 즉 "진정한 용서"[17]의 자리를 마련하기 어려워 보인다.

서스먼이 제기하는 첫째 문제와 둘째 문제가 도덕적 의무 중 하나로서 칸트가 제시하는 '용서' 개념의 정체와 관련되어 있다면, 셋째 문제는 용서 개념에 대한 우리의 통상적 이해에 어울리는 용서의 한 가지 성격, 즉 '선택적(elective)' 성격과 관련되어 있다. 서스먼은 다음과 같이 말한다.

---

16   Sussman, "Kantian Forgiveness," p. 86.

17   Sussman, "Kantian Forgiveness," p. 89.

"용서는, 적어도 언뜻 보기에는 불가피하게 선택적 측면을 지니는 듯하다. 즉, 용서할지 말지의 문제는 그 상황과 객관적으로 관련되어 있는 도덕적인 이유들이나 다른 어떤 이유들에 의해 종종(혹은 항상?) 철저히 결정되지 않는다. 용서를 해도 안 해도 잘못이 아닌 경우가 적어도 종종 있으며, 오히려 우리는 용서하려는 경향성을 가질 때에 한해서 용서한다."[18]

서스먼에 따르면 용서는 개인의 특수한 심리적 경향성과 관련된 것이지, 객관적인 이유나 보편적인 원리와 관련된 것이 아니다. 다시 말해, 용서는 이성적 근거에 의거한 자율적 선택의 결과물이 아니라 변덕스러운 심리적 경향성의 결과물이다. 그렇다면 적어도 '용서'라는 행위와 관련된 도덕적 주체, 즉 피해자의 도덕적 행위자로서의 지위는 칸트 윤리학의 설명과 긴장을 이룰 수밖에 없다.[19] 칸트에게 도덕적 행위자는 이성적인 자율적 행위자이기 때문이다. 나아가 이런 긴장 관계는 용서를 도덕적 의무 중 하나로 규정하는 칸트의 입장에 대해 자연스럽게 의문을 제기하게 만든다. 용서가 이성적 근거에 따른 자율적 선택의 결과물이 될 수 없다면, 어떻게 칸트 윤리학에서 용서가 도덕적 의무로서의 지위를 차지할 수 있는가?

서스먼이 제기한 세 가지 문제는 마치 용서에 대한 칸트 윤리학의

---

18 Sussman, "Kantian Forgiveness," p. 90.

19 Sussman, "Kantian Forgiveness," p. 90. 서스먼에 따르면 가해자의 도덕적 행위자로서의 지위 역시 칸트 윤리학의 설명과 긴장을 이룬다. 가해자의 도덕적 행위자로서의 지위 중 적어도 일부는 피해자의 용서 여부와 관련되어 있고, 이는 결국 가해자의 도덕적 지위가 "타인의 심리와 변덕"에 종속된다는 것을 의미하기 때문이다(Sussman, "Kantian Forgiveness," p. 90).

논의에 근본적인 한계가 있음을 드러내는 것처럼 보인다. 그러나 우리는 이런 문제들에 대한 답변이 이미 칸트 윤리학 내에 마련되어 있다고 생각한다. 따라서 이어지는 절들에서는 서스먼의 세 가지 문제 제기에 대해 칸트 윤리학이 마련해둔 답변을 추적하고자 한다. 먼저 3절에서 우리는 칸트가 도덕적 의무로서 제시하는 '용서'의 정체를 밝히기 위해 『도덕형이상학』의 관련 구절을 자세히 검토할 것이다. 이를 통해 우리는 서스먼의 첫째 문제, 즉 어떻게 칸트가 정의로운 처벌에 대한 입장을 고수하면서도 '용서'를 도덕적 의무로 제시할 수 있는지에 대해 답할 수 있을 것이다. 이는 서스먼의 둘째 문제와 셋째 문제에 대한 칸트 윤리학의 답변을 확인하기 위한 토대가 될 것이다.

3. 칸트의 용서 개념: 서스먼의 첫째 문제 제기에 대하여

『도덕형이상학』에서 칸트는 인간에 대한 증오에서 비롯하는 악덕 중 하나로 "타인의 불행에 기뻐하는 것"(Schadenfreude)을 제시한다. 이것은 "타인의 불행을 함께 나누는 것"(Teilnehmung)과 정반대되는 것으로, 그중 가장 매혹적인 것이 바로 "복수욕"이다(MS 6:459-460). 하지만 칸트가 모든 복수 행위를 악덕한 행위로 여기는 것은 아니다. 처벌도 복수의 일종이기 때문이다. 칸트는 다음과 같이 말한다.

"한 인간의 권리를 침해하는 모든 행위는 처벌을 받아 마땅하다. 처벌은 (그저 가해진 손해를 보상하는 일이 아니라) 범행자에게 그

범행에 대해 복수하는 일이다. 그러나 처벌은 모욕당한 자의 사적 권위에 의한 행위가 아니라 그와 별개인 법정에 의한 행위이다. 법정에 의해 최고 우두머리의 법은 그에게 복종하는 모든 사람에 대한 효력을 부여받는다. 하지만 만일 우리가 (윤리학에서 반드시 그렇듯이) 법적 상태에 있는 인간을 (시민법에 따라서가 아니라) 순전한 이성법에 따라서만 고찰한다면, 최고의 도덕적 입법자 외에는 누구도 처벌을 내리고 인간에 의해 당한 모욕을 복수할 권한을 갖지 못한다. 최고의 도덕적 입법자(즉, 신)만이 '복수는 나의 것이다. 내가 되갚으리라'고 말할 수 있다(MS 6:460)."

처벌이란 어떤 범죄 행위에 대해 그 행위자에게 되갚아주는 것, 즉 복수하는 것이다. 그러나 이런 처벌의 권한은 범죄 행위를 당한 피해자에게 있지 않다. 법적 관점에서 처벌 행위는 피해자가 사적으로 행사하는 행위가 아니라 법정이 공적으로 행사하는 행위이며, 법적 처벌이라는 공적 행위의 권한은 궁극적으로 법을 명령한 자 혹은 입법자에게 있다(Cf. MS 6:331). 마찬가지로 도덕적 관점에서도 처벌 행위는 사적 행위여서는 안 된다. 앞서 보았듯이 도덕적 처벌은 보편적 이성의 초절적 원리인 정의에 근거를 두고 있으며, 궁극적으로 도덕적 처벌의 권한은 오직 그런 원리의 최고 명령자 혹은 입법자, 즉 신에게만 속한다. 따라서 우리는 가해자에게 입은 피해를 손수 되갚는 일이 아무리 매혹적으로 여겨진다 하더라도 그런 일이 마치 처벌, 즉 정의로운 복수인 양 시도해서는 안 된다. 이어서 칸트는 다음과 같이 말한다.

"그러므로 순전히 복수를 위해 타인의 적의에 대해 스스로 증오로 대응하지 않는 것뿐만 아니라 세계 심판자에게 복수를 요구조차 하지 않는 것이 덕의무이다. 왜냐하면, 한편으로 인간은 스스로 용서(Verzeihung)를 필요로 하기에 충분할 만큼 자신의 죄를 안고 있기 때문이고, 다른 한편으로 그리고 무엇보다 처벌은 누구에 의해서든 결코 증오로부터 내려져서는 안 되기 때문이다. 그러므로 화해(온유함)는 인간의 의무이다. 하지만 이것이 모욕에 대해 유약하게 용인하는 것(불의에 대해 온화하게 인내하는 것), 즉 지속적인 모욕을 예방하기 위한 엄격한(엄정한) 수단을 포기하는 것과 혼동되어서는 안 된다. 왜냐하면 그것은 자신의 권리를 타인의 발밑에 내던져버리고 인간의 자기 자신에 대한 의무를 훼손하는 일이기 때문이다(MS 6:460-461)."

위에 인용된 단락에 따르면, 화해를 포함하는 넓은 의미에서의 용서는 인간의 의무이다. 이런 용서의 의무를 칸트는 "타인의 적의에 대해 사적으로 복수하기 위해 손수 증오로 되갚지 않으며, 심지어는 그런 복수를 신에게 요구조차 하지 않는 것"으로 규정한다. 이 규정은 두 부분으로 구성되어 있는데, 두 부분 모두 앞서 인용된 단락의 논의에 근거를 두고 있는 것처럼 보인다. 위에서 보았듯이, 법적이건 도덕적이건 정의로운 복수, 즉 처벌의 권한은 피해자 개인이 아니라 오직 입법자에게만 있기 때문이다. 다시 말해, 칸트는 용서를 의무로 규정하면서도 서스먼이 정의한 도덕적 응보주의를 포기하지 않는다. 그러므로 칸트가 인간의 의무 중 하나로 제시하는 용서의 정체는 첫째 규정에 따르면, 정의로운 공적인 복수, 즉 공정한 처벌의 포기가 아니라 증오에 사로잡힌 사적인 복수 욕구의 포기이다.

용서의 정체에 대한 이런 첫째 규정은 이어지는 둘째 규정, 즉 신에게 복수를 요구조차 하지 않는다는 규정에 의해 더욱 강조된다. 칸트에 따르면 신은 도덕법칙의 입법자이자 도덕적 처벌 권한을 가진 유일한 심판자이다. 도덕적 처벌과 관련된 개인의 권한은 법적 처벌의 경우에 비해 더욱 제한적인데, 왜냐하면 법적 처벌의 경우 개인은 법적 처벌의 권한을 갖지 못하더라도 적어도 법적 처벌을 요구할 권한을 갖기 때문이다. 실제로 우리는 정당한 법적 처벌이 '아직' 이루어지지 않거나 미흡할 경우에 법적 처벌을 요구할 수 있다. 하지만 도덕적 처벌의 경우는 사정이 다른데, 칸트에 따르면, "도덕성에 비추어볼 때 인간은 초감성적 대상으로서 초감성적 심판자 앞에서 시간 조건에 따르지 않고 판정"(MS 6:490 fn.)되기 때문이다.[20] 그러므로 도덕적 잘못은 "복수되지 않고 남아 있을 수 없"(MS 6:489)으며, 우리는 인간의 시간 속에서 '아직' 도덕적 처벌이 이루어지지 않았거나 미흡하다고 신에게 도덕적 처벌을 요구해서는 안 된다. 그런 요구는 증오에 사로잡혀서 사적인 복수를 욕구하는 것과 다를 바 없다.

그런데 용서 개념에 대한 이런 규정만으로는 왜 용서가 인간의 의무로 제시되는지 이해하기 어렵다. 왜냐하면 피해자 개인에게 정의로운 처벌, 즉 공적인 복수의 권한이 없다는 사실로부터 피해자 개인에게 사적인 복수의 권한이 없다는 사실이 도출되지는 않기 때문이다.

20　리켄(Ricken)이 지적하듯이, "처벌은 초감성적 질서 속에서 완전히 집행되고, 따라서 정의는 의심되지 않는다"[F. Ricken, "Die Religionslehre als Lehre der Pflichten gegen Gott liegt außerhalb der Grenzen der reinen Moralphilosophie (TL 6:486-491)" (*Kant's "Tugendlehre": A Comprehensive Commentary*, A. Trampota, O. Sensen & J. Timmermann (eds.), Berlin/Boston: De Gruyter, 2013), p. 429]. 이 단락에서 우리는 법적 처벌과 도덕적 처벌을 구별해서 언급했지만, 우리가 용서에 대해 논의하면서 관심을 갖는 것은 도덕적 처벌이다. 따라서 이후 별도의 언급이 없다면, 처벌은 도덕적 처벌을 의미할 것이다.

말하자면, 피해자 개인의 사적인 복수가 비록 정의로운 공적인 복수로서 정당화될 수 없다 하더라도 다른 방식으로 정당화될 가능성은 여전히 남아 있다. 이런 이유로 칸트는 '용서'가 인간의 의무인 두 가지 이유를 덧붙인다. 칸트에 따르면 용서가 의무인 첫째 이유는, 인간은 누구나 타인에게 잘못을 저지르며 따라서 타인의 용서를 필요로 하기 때문이다. 하지만 새트네(Satne)는 첫째 이유가 둘째 이유보다 "더 실질적이고 따라서 문헌에서 더 많은 주목을 받아왔음"에도 첫째 이유 때문에 용서를 의무로 제시하는 것은 "불합리"하다고 비판한다. 그에 따르면 칸트가 제시한 첫째 이유는 결국 모든 인간은 잘못을 저지르기 때문에, 즉 악하기 때문에 용서를 필요로 하고, 따라서 모든 인간은 "타인을 용서함으로써 일종의 호혜성(reciprocity)을 기대"해야 한다는 것이다. 하지만 모든 인간은 악하다는 전제는 그런 호혜성에 대한 기대를 무효화하므로 새트네는 칸트의 추론이 불합리하다고 지적한다.[21] 그러나 우리가 보기에 새트네의 이런 해석은 호혜성에 대한 칸트의 입장을 결과주의적인 것으로 오해하게 한다. 즉, 새트네는 칸트의 추론이 용서 행위의 결과로서 초래될 호혜적인 타인의 용서에 대한 고려에서 비롯한다고 여기는 것 같다. 그러나 이런 결과주의적 해석은 칸트의 입장과 어울리지 않는다.

용서의 의무에 대한 칸트의 논의는 타인에 대한 사랑의 의무를 논의하는 과정에서 제시되고, 실제로 칸트는 사랑의 의무와 관련하여 호혜성, 즉 "상호적인 호의"(MS 6:451; Cf. 6:449)에 대해 언급한다. 칸트는 타인에 대한 의무를 사랑의 의무와 존경의 의무로 구별하면서, 전자의

---

21   Satne, "Forgiveness and Moral Development," p. 1035.

의무 수행은 타인을 구속하는 데 반해 후자의 의무 수행은 타인을 구속하지 않는다고 말한다. 이런 구별이 가능한 이유는 사랑의 의무 수행은 "공적이 되는(verdienstlich)" 것인 데 반해, 존경의 의무 수행은 "지당한(schuldig)" 것이기 때문이다(MS 6:448). 다시 말해, 존경의 의무는 반드시 수행해야 하는 "좁은 의무"이므로 그 의무를 수행한다고 해서 타인에게 의무를 부과하지 않지만, "넓은 의무"로서(MS 6:450) 사랑의 의무는 어떤 특정한 상황에서 "(바로 이런) 특정한 행위를 수행하도록" 의무를 부여하지는 않으므로 그 특정한 의무 행위의 수행은 나의 공적이 되고, 따라서 "나의 행위의 수혜자는 바로 그 특정한 행위에 대해 나에게 빚을 지게 된다."[22] 이렇게 칸트는 사랑의 의무를 논의하면서 호혜적 성격을 강조한다. 하지만 주의할 점은 설사 사랑의 의무가 호혜적 성격을 갖는다 하더라도 그 '의무'로서의 지위는 그런 호혜적 성격에서 비롯하지 않는다는 점이다. 사랑의 의무에 따라 타인에게 호의적 행위를 수행함으로써 기대되는 호혜적인 타인의 호의적 행위는 나의 의무 수행의 결과일 뿐 이유가 아니다. 새트네가 지적했듯이 그런 호혜적인 결과는 기대한 대로 내게 주어지지 않을 수 있을뿐더러 그런 결과를 목적으로 삼은 행위는 결국 나의 행복을 목적으로 삼은 행위에 불과하고, 따라서 진정한 의무적 행위일 수 없기 때문이다. 칸트에 따르면 진정한 의무가 될 수 있는 목적은 오직 "객관적이고 필연적인 목적으로" 표상되는 "순수 이성의 목적"(MS 6:380)뿐이며, 이렇게 "의무인 동시에 목적인 것들은 자신의 완전성과 타인의 행복"(MS 6:385)뿐이

---

22 D. Schönecker, "Duties to Others from Love" (*Kant's "Tugendlehre": A Comprehensive Commentary*, A. Trampota, O. Sensen & J. Timmermann (eds.), Berlin/Boston: De Gruyter, 2013), p. 313.

다. 요컨대, 사랑의 의무는 타인의 행복, 즉 "타인의 고유한 목적을 (비도덕적이지 않은 한) 나의 목적으로 삼는 것"(MS 6:450)이다.

모든 인간은 본성적으로 자신의 행복을 추구하므로 자신의 행복은 결코 '의무인 동시에 목적'이 될 수 없다. 하지만 타인의 행복은 다르다. 인간은 본성적으로 타인의 행복을 자신의 목적으로 삼아 추구하지 않는다. 이런 점에서 타인의 행복은 '의무인 동시에 목적'이 될 수 있는데, 왜냐하면 "인간에 대한 사랑은 (행복의) 이득에 대한 계산 없이도 그 자체로 세계를 하나의 아름다운 도덕적 전체로서 완전하게 제시하기 위해 필요"(MS 6:458)하기 때문이다. 모든 인간은 본성적으로 자신의 행복을 추구하는 존재일 뿐만 아니라 본성적으로 불완전한 존재이기 때문에 같은 세계에 속한 타인의 호의를 필요로 한다.[23] 그러므로 타인에게 호의를 베푸는 일은 "인간성 일반에 대한 자신의 이념 안에 전체 인류를 포괄하는 입법적 이성"(MS 6:451)의 객관적이고 필연적인 명령으로 주어진다. 용서의 의무 역시 마찬가지로 이해될 수 있다. 인간은 누구나 잘못을 저지르고 따라서 타인의 용서를 필요로 한다는 설명에서 칸트의 요점은 호혜성이 아니라 인간의 본성적 조건이다. 그런 본성적 조건에 따라 입법적 이성은 타인의 잘못에 대해 용서하는 호의를 베풀도록 요구한다.

칸트가 용서를 의무로 간주하는 둘째 이유는, 처벌은 결코 증오로부터 행해져서는 안 된다는 것이다. 새트네가 둘째 이유보다 첫째 이유가 더 '실질적'이라고 말한 까닭은 앞서 살펴본 서스먼의 둘째 문제

---

23 A. Trampota, "The Concept and Necessity of an End in Ethics" (*Kant's "Tugendlehre": A Comprehensive Commentary*, A. Trampota, O. Sensen & J. Timmermann (eds.), Berlin/Boston: De Gruyter, 2013), pp. 154-155.

와 관련되어 있다. 서스먼과 마찬가지로 새트네는 칸트가 제시한 둘째 이유가 결국 처벌의 객관성에 대한 소극적인 요구를 의미한다고 생각하기 때문이다. 즉, 그가 보기에 둘째 이유는 "처벌은 감정에 휘둘림 없이 객관적으로 결정되어야 한다"는 것을 의미할 뿐이므로 이런 이유에서 의무로 제시되는 용서란 "제한된 형식의 용서"에 불과하다.[24] 우리 역시 둘째 이유의 요점 중 하나는 처벌의 객관성 혹은 공정성에 대한 요구라는 것을 인정한다. 도덕적 처벌로 한정해서 이야기하자면, 앞서 지적했듯이 초감성적 심판자인 신은 어떤 도덕적 잘못도 처벌하지 않고 남겨두지 않는다. 나아가 새트네가 지적하듯이 "얼마만큼의 고통이 도덕적 잘못에 비례하는지 결정(또는 집행)하는 문제는 인간의 소관이 아니라 신의 소관"[25]이다. 따라서 우리는 증오를 품고서 정의의 원리에 따라 정해진 처벌 이상의 복수를 바라서는 안 된다. 하지만 그럼에도 우리는 둘째 이유의 요점이 오직 처벌의 객관성과 공정성에만 있는 것은 아니라고 생각한다. 이에 대해서는 서스먼이 제기한 둘째 문제와 함께 4절에서 논의할 것이다.

4절의 논의로 나아가기 전에 마지막으로 덧붙일 점은 칸트가 용서를 덕의무로 규정하면서도 용서를 굴욕적인 태도 혹은 비굴한 태도와 분명하게 구별한다는 점이다. 칸트에 따르면 증오에 사로잡힌 사적인 복수욕을 포기하는 용서와 타인이 가한 피해를 무력하게 용인하는 것은 다르다. 『도덕형이상학』에서 칸트는 자기 자신에 대한 의무를 다루면서 "어떤 인간의 인격 내에 있는 인간성은 그가 다른 모든 인간에

---

24   Satne, "Forgiveness and Moral Development," p. 1035.

25   Satne, "Forgiveness and Moral Development," p. 1032.

게 요구할 수 있는 존경의 대상"이며 "그 자신도 그런 존경을 스스로 잃어버려서는 안 된다"(MS 6:435)고 말한다. 우리가 누군가에 의해 피해를 당하고도 다시는 그런 행위를 하지 않도록 그에게 단호하게 대처하지 않고 그저 참아버리고 만다면, 그것은 용서의 의무를 행하는 것이 아니라 오히려 "자신의 존엄성을 버리는" 것, 즉 자기 자신에 대한 의무를 포기하는 것에 불과하다.

4. 용서의 의무: 서스먼의 둘째 문제 제기에 대하여

3절의 논의에 따르면 칸트는 도덕적 응보주의를 고수하면서도 용서를 도덕적 의무 중 하나로서 자신의 윤리학 체계 내에 수용하고자 한다. 그렇게 수용된 칸트의 용서 개념은 증오에 사로잡힌 사적인 복수욕의 포기로 규정된다. 하지만 서스먼이 둘째 문제로 제시한 바에 따르면, 용서 개념이 이렇게 소극적으로 규정되는 한 칸트 윤리학은 적극적인 용서, 즉 "진정한 용서"[26]를 수용하지 못한다.

이런 문제 제기와 관련해서 가장 먼저 드는 의문은 과연 '진정한' 용서란 무엇인가라는 점이다. 앞서 보았듯이 서스먼은 자신이 생각하는 진정한 용서의 네 가지 조건을 제시하는데, 이 조건에 따르면 진정한 용서는 도덕적 응보주의를 포기 혹은 완화하고 피해자와 가해자 사이의 도덕적 관계를 회복할 수 있어야 한다. 실제로 네 가지 조건을 제

26　Sussman, "Kantian Forgiveness," p. 89.

시한 후에 서스먼은 "용서는 최소한 피해자가 분노를 거두고 보복이나 사과 등에 대한 자신의 정당한 청구권을 포기할 것을 요구한다"고 말한다.[27] 이런 용서 개념은 분명히 『도덕형이상학』에서 칸트가 제시한 용서 개념보다 훨씬 더 적극적인 것으로 보인다. 그러나 문제는 과연 전자의 용서 개념만이 진정한 것이고, 후자의 용서 개념이 진정하지 못한 것이라는 근거는 무엇인가? 만약 적극성이 그 근거라면, 우리는 서스먼이 제시한 용서 개념보다 더 적극적인, 따라서 더 진정한 용서 개념을 떠올려볼 수도 있다.[28] 적극성이 근거가 될 수 없다면, 통상적인 용서 개념과의 부합 여부를 근거로 삼은 것일 수도 있다. 하지만 어떤 용서 개념이 통상적인지 평가하는 기준은 무엇인가?

스스로 분명하게 밝히지는 않지만, 아마도 서스먼은 기독교의 입장을 기준으로 삼은 것으로 보인다. 이는 그가 논문 서두에서 "흔히 칸트의 도덕 철학은 일종의 세속화된 기독교로 제시되곤 하지만, 칸트는 기독교의 전통적인 관심 주제인 용서에 대해 거의 말하지 않는 듯"하며 "칸트의 도덕 철학이 용서의 현상을 진지하게 다루거나 어떤 통찰도 제시하지 못한다면 칸트의 도덕 철학에는 심각한 결함이 있는 것"[29]이라고 말한 데서 짐작될 수 있다. 그렇다면 과연 서스먼이 제시한 네 가지 조건을 충족하는 용서 개념이 기독교의 통상적인 용서 개념을 대

---

27 Sussman, "Kantian Forgiveness," p. 87. 물론 그는 용서의 이런 최소한의 요구가 "도덕적으로 수용될 수 있는 방식"(Sussman, "Kantian Forgiveness," p. 87)으로 이루어져야 한다고 덧붙이는데, 이 조건은 서스먼의 네 가지 조건에 대한 우리의 설명 순서를 따르면 처음 두 가지 소극적인 조건에 해당한다.

28 예컨대, 우리는 순전히 도덕적인 관계보다 더 적극적인 인간관계를 지향하는 용서 개념을 상상해볼 수 있다.

29 Sussman, "Kantian Forgiveness," p. 85; p. 86.

표할 수 있는가? 그렇지는 않은 것 같다. 오히려 전통적인 기독교적 입장에서 "용서라는 주제에 대한 근대적인 철학적 논의의 시금석"[30]으로 간주될 수 있는 영국의 성공회 주교 조셉 버틀러(Joseph Butler)의 용서 개념은 『도덕형이상학』에서 제시된 칸트의 용서 개념과 상당히 유사하다.

1726년 출판된 『설교집』에 실린 15편의 설교 중 아홉 번째 설교에서 버틀러는 마태복음 5장 44절의 "나는 너희에게 이르노니 너희 원수를 사랑하며 너희를 박해하는 자를 위하여 기도하라"라는 성경 구절에 주목하고, 그 안에 담긴 용서의 의미에 대해 다음과 같이 해명한다.

"그러므로 용서하라는 계율 그리고 원수를 사랑하라는 계율은 피해 및 피해를 입힌 사람에 대한 일반적인 분개와 관련된 것이 아니라, 사적인 혹은 개인적인 피해에 의해 고양된 분개 혹은 분노와 관련된 것이다. 하지만 타인이 피해자일 때는 그 피해에 대한 분개가 무고하며 공정하다고 주장하면서도 우리 자신이 피해자일 때 그 피해에 대한 분개는 잘못이며 나무랄만하다고 주장하는 사람이 진심이라고 여겨질 수는 없다. 그러므로 전자의 경우에서와 마찬가지로 후자의 경우에서도 이런 계율들이 그런 감정을 금지한다고 이해될 수 없다. 심지어 전자의 경우에서보다 후자의 경우에서 이런 분개의 감정이 더 크게 고양된다 하더라도 후자의 경우에서 이런 계율들이 그런 감정을 금지한다고 이해될 수 없는데, 왜냐하면 앞서 관찰되었듯이 본성상 우리는 우리 자신과 관련된 일

---

30   C. L. Griswold, *Forgiveness: A Philosophical Exploration* (New York: CUP, 2007), p. xv.

에 더 민감할 수밖에 없기 때문이다. 그러므로 위의 계율들 그리고 그와 유사한 의미를 가진 다른 계율들은 개인적이고 사적인 피해의 경우에 단지 이런 자연적 감정의 과잉과 남용만을 금지하는 것으로 이해되어야 한다."[31]

이보다 앞선 여덟 번째 설교에서 버틀러는 화(anger), 분노(resentment) 혹은 분개(indignation) 등의 감정에 대해 자세히 논의한다. 넓은 의미에서 분노는 "성급하고 갑작스러운" 것과 "안정적이고 신중한" 것으로 구별되는데, 전자는 '화'와 동일시되고 후자는 좁은 의미의 '분노'와 동일시된다. 이 구별은 다소 모호하지만, 원칙적으로 화는 "자기방어를 위한 우리의 본성 안에" 놓여 있는 본능적인 감정일 뿐 "정의의 집행"과 무관하지만, 좁은 의미의 분노는 도덕적 "잘못이나 불의의 출현"과 관련하여 이성이 개입된 반응으로서 부당한 "피해와 그로부터 비롯되는 비참함을 예방하고 시정"하기 위해 "자연이 우리의 손에 쥐여준 무기"이다. "자연적 악이 아닌 도덕적 악"에 대한 반응으로서 분노가 객관적으로 혹은 공적으로 나타날 때, 버틀러는 그런 감정을 '분개'라고 부르고, 이것을 "사회를 결속시키는 보편적 유대 중 하나"이자 "각 개인이 자기 자신뿐만 아니라 전체 인류를 위해 가지는 연대감"으로 간주한다.[32]

이런 논의를 바탕으로 위 단락에서 버틀러는 먼저, 기독교의 계

---

31 J. Butler, *Joseph Butler: Fifteen Sermons Preached at the Rolls Chapel and Other Writings on Ethics* (D. McNaughton (ed.), New York: OUP, 2017) pp. 75-76.

32 Butler, *Joseph Butler: Fifteen Sermons*, pp. 69-71. 버틀러는 이런 구별을 염두에 두면서도 이런 구별에 따라 용어를 엄격하게 사용하지는 않는다. 위의 인용문에서도 '분개'와 '분노'는 분명하게 구별되어 사용되지 않는다.

율 중 하나인 용서의 계율이 타인에게 일어난 불의에 대한 일반적 감정인 분개와 관련된 것이 아니라, 자신에게 일어난 불의에 대한 사적 감정인 분노와 관련된 것이라고 지적한다. 그러나 이는 용서의 계율이 전자의 감정과는 무관하며 오직 후자의 감정만을 금지한다는 것을 의미하지 않는다. 버틀러에 따르면, 분노와 분개, 그리고 심지어 화조차 모두 신이 이 세계에서 "일어날 자연적인 혼란과 도덕적인 혼란을 모두 예견"하고 그에 대처할 수 있도록 자비롭게 우리 안에 마련해 둔 "본성"의 산물이다.[33] 따라서 그런 자연적 감정들 자체는 계율에 의해 금지되어야 할 것들이 아니다. 심지어 우리는 본성적으로 자신에게 일어난 사적인 불의에 대해 더 민감하므로 본성적으로 분개의 감정보다 분노의 감정이 더 크게 고양되곤 하는데, 만약 그렇다고 신의 계율이 그런 감정의 금지를 명령한다면, 신의 자비로운 배려와 계율 사이에 모순이 생겨난다. 따라서 버틀러가 보기에 기독교의 계율이 요구하는 용서는 불의에 대한 본성적인 분개 혹은 분노의 금지를 의미할 수 없을 뿐만 아니라, 그런 감정에서 비롯하는 공정한 처벌에 대한 요구의 금지를 의미할 수도 없다.[34] 용서의 계율이 금지할 것은 그런 자연적이고 정당한 감정 자체가 아니라 그런 감정의 과잉과 남용이다. 버틀러에 따르면 분노나 분개의 감정이 과도하거나 남용되어 생겨나는 감정이 곧 가해자에 대한 증오(hatred)나 악의(malice)이며, 이런 감정의 결과로서 개인적으로 혹은 사적으로 욕구되는 것이 복수(revenge)나 보

---

33 Butler, *Joseph Butler: Fifteen Sermons*, p. 68; Cf. p. 75.

34 버틀러는 "잔혹함, 불의 그리고 잘못은 분개의 자연적 대상"이며, "세계의 존속을 위해 반드시 피해, 불의 그리고 잔혹함은 처벌되어야 한다"(Butler, *Joseph Butler: Fifteen Sermons*, p. 72; p. 73)고 말한다.

복(retaliation)이다.[35] 따라서 버틀러에게 용서는 증오나 악의에서 비롯한 사적인 복수의 욕구를 포기하는 것으로 정의된다.[36]

결국 『도덕형이상학』에서 제시된 칸트의 용서 개념은 거의 동시대 기독교의 대표적인 용서 개념과 적어도 정의상으로는 크게 다르지 않은 것으로 보인다.[37] 그렇다면 칸트의 용서 개념이 통상적 의미의 진정한 용서 개념에 미치지 못한다는 서스먼의 문제 제기는 정당하지 못하다.[38] 하지만 서스먼이 제기한 문제는 다른 방식으로 지지를 얻을 수 있는데, 일부 연구자들은 칸트 윤리학이 버틀러가 제시한 용서 개념을 '실제로' 수용할 수 없다고 비판하기 때문이다. 예컨대 모런(Moran)은 표면적으로 『도덕형이상학』에서 칸트가 용서를 지나친 분노 혹은 복수심의 포기로 설명하는 것처럼 보인다 하더라도 실제로 칸트 윤리학에서 용서는 그렇게 이루어질 수 없다고 주장한다. 그 핵심적인 이유는 "만일 용서가 화나 복수심의 수정으로 이루어진다면, 우리는 때때

---

35   Butler, *Joseph Butler: Fifteen Sermons*, p. 69.

36   버틀러의 용서 개념에 대한 자세한 논의는 Griswold, *Forgiveness*, pp. 19-37 참조. 충분한 분석 후에 그는 버틀러의 용서는 "(i) 복수를 포기하는 것"과 더불어 "(ii) 동정적인 '선한 사람'과 정보를 갖춘 객관적 관찰자에 의해 적절하다고 판단되는 수준으로 분노를 자제하는 것"으로 정의된다고 결론짓는다(Griswold, *Forgiveness*, p. 36).

37   물론 이것이 칸트의 용서 개념과 버틀러의 용서 개념 사이에 아무런 차이가 없음을 의미하지는 않는다. 특히 구체적인 내용과 관련해서 둘의 용서 개념은 차이를 드러내는데, 예컨대 버틀러는 과도한 분노에서 비롯한 사적 복수가 금지되어야 하는 이유를 결과주의적으로 설명한다. Butler, *Joseph Butler: Fifteen Sermons*, p. 77 참조.

38   물론 이는 서스먼이 염두에 둔 용서 개념보다 칸트의 용서 개념이 더 통상적이라는 의미가 아니다. 용서의 '통상적' 의미는 애초에 불분명할 수밖에 없으며, 설사 기독교의 용서 개념을 기준으로 삼는다 하더라도 상황은 달라지지 않는다. 기독교의 관점에서도 다양한 용서 개념이 가능하기 때문이다. 따라서 우리의 주장은 칸트의 용서 개념이 서스먼의 용서 개념보다 더 통상적이라는 것이 아니라, 칸트의 용서 개념이 적어도 칸트 시대 기독교의 대표적인 용서 개념 중 하나와 부합하는 한에서 칸트의 용서 개념 역시 통상적인 것으로 이해될 수 있다는 것이다.

로 용서할 의무를 가진다는 칸트의 말을 납득하지 못할 것"이기 때문
이다. 즉, 용서가 화나 복수심 같은 감정의 통제를 의미할 경우 칸트는
용서의 의무에 대해 주장할 수 없는데, 왜냐하면 "칸트는 우리가 그런
감정들을 거의 혹은 전혀 통제하지 못한다고 생각하기 때문"이다.[39] 만
약 모런의 주장이 옳다면, 설사 표면적으로 『도덕형이상학』이 전통적
인 기독교의 입장과 일치하는 용서 개념을 제시한다 하더라도 사실상
칸트는 그런 의미의 용서를 인간의 의무로 주장할 수 없으며, 따라서
칸트 윤리학은 통상적 의미의 진정한 용서 개념을 수용하지 못한다.
이렇게 서스먼의 문제 제기는 다시 힘을 얻는 것처럼 보인다.

　　실제로 칸트는, 예컨대 『인간학』에서 '격정(Affekt)'과 '열정(Leiden-
schaft)'을 구별하고, "분노(Zorn)"의 감정으로 대표되는 '격정'은 "주체
안에서 숙고가 일어나지 못하게 할" 만큼 "기습"적이고 "성급한" 감정
인 데 반해, "증오(Haß)"의 감정으로 대표되는 '열정'은 "주체의 이성에
의해 통제하기 어렵거나 전혀 통제할 수 없을" 만큼 "시간을 들여 깊
이 뿌리 내린" 감정이라고 말한다(Anth 7:251-252). 흥미로운 점은 분노
와 증오는 모두 감정으로서 이성에 의한 통제가 어렵지만, 그 이유는
서로 다르다는 것이다. 즉, 분노는 너무 갑작스러운 감정이기 때문에
통제하기 어렵지만, 증오는 너무 깊이 고착된 감정이기 때문에 통제하
기 어렵다. 이런 구별은 『도덕형이상학』에서도 등장한다. 마찬가지로
분노는 "갑작스러운" 감정인 격정이고, 증오는 "지속적인" 감정인 열
정이다. 칸트에 따르면 두 감정의 이런 차이는 "악덕(Laster)"과의 관계
에서도 차이를 드러내는데, 분노는 갑작스럽게 생겨남에도 불구하고

39　　Moran, "For Community's Sake," p. 422. 또한 Moran and Timmermann, "Kant on
Punishment, Pardon, and Forgiveness," pp. 237-238 참조.

금세 사라지기 때문에 "악덕과 그다지 밀접히 결부되지 않"지만, 증오는 다르다. 증오의 지속성은 우리로 하여금 그 감정에 "몰두"하게 하고 나아가 차분한 "숙고"를 통해 그 감정에 관한 "원칙"을 세우게 한다. 이런 방식으로 증오에 의해 우리의 마음이 "위법적인 것을 지향할 때" 우리는 "악을 (의도적으로) 자신의 준칙 속에 통합"하게 되고, 칸트는 이를 "진정한 악덕"이라고 경고한다(MS 6:407-408).

이런 설명의 배후에는 이성적 행위자에 대한 칸트의 입장이 전제되어 있다. 칸트에 따르면 이성적 행위자는 항상 목적을 가지고 행위할 뿐만 아니라 그런 목적을 자기 자신의 행위 이유로 항상 자유롭게 채택한다. 따라서 『정초』에서 칸트는 "이성적 존재는 오직 자유의 이념 아래에서만 행위한다"(GMS 4:448)고 말한다. 앨리슨(Allison)이 지적하듯이, 이성적 행위자의 행위능력에서 자유는 필수 요소이며, 이는 이른바 "통합테제(incorporation thesis)"에서 분명하게 드러난다.[40] 통합테제에 따르면, 감정이나 욕구 혹은 경향성은 그 자체로는 이성적 행위자의 행위 이유가 될 수 없고, 이성적 행위자가 그것을 스스로 자신의 준칙 속에 통합할 경우에만 비로소 그 행위자의 행위 이유가 될 수 있다.[41] 다시 위의 설명으로 돌아가면, 증오는 "위법적인 것을 향"한 열정, 즉 공적 처벌을 넘어선 사적 복수를 위한 "지속적인 경향성"이다 (MS 6:408).[42] 이런 증오의 감정 혹은 경향성은 이성적 행위자가 스스로

40　H. E. Allison, *Kant's Theory of Freedom* (New York: CUP, 1990), p. 5.

41　Allison, *Kant's Theory of Freedom*, p. 40. 알려져 있듯이 그는 이런 통합테제의 근거를 『종교』의 한 구절(RGV 6:24)에서 찾는다. 하지만 그는 "비록 칸트가 이 테제를 『종교』에서야 비로소 정식화했다 하더라도 칸트가 『정초』에 앞서 이미 그 기본 생각에 찬동했다는 강력한 증거가 있다"(Allison, *Kant's Theory of Freedom*, p. 114)고 주장한다.

42　『인간학』에 따르면 "증오의 열정은 시간을 들여 깊이 뿌리내려서 상대방에게 앙갚

자신의 준칙 속에 통합할 경우에만 그 이성적 행위자의 행위 이유가 되고, 그에 따라 그 이성적 행위자는 악덕한 사람이 된다. 그런데 증오나 복수욕 자체는 이성에 의해 통제되기는커녕 오히려 상대방에 대한 원한을 풀 방법이나 원칙을 찾아 숙고하도록 이성을 오도한다. 따라서 버틀러와 칸트에 의해 용서 개념이 증오에 의한 사적인 복수욕의 포기로 규정된다 하더라도 모런이 지적한 대로 용서의 의무는 그런 감정이나 욕구의 의지적 금지나 포기에 대한 명령으로 이해될 수 없다. 하지만 모런의 생각과 달리 칸트는 여전히 자신이 제시한 용서 개념에 부합하는 용서의 의무를 제시할 수 있는데, 칸트에 따르면, 용서의 의무는 인간의 덕의무 중 하나로서 준칙의 채택과 관련되기 때문이다.[43]

칸트에 따르면 덕의무는 "준칙의 질료, 즉 동시에 의무로서 사고되는 목적에 관련"(MS 6:394-395)된다. 앞서 언급한 통합테제와 연관해서 말하자면, 덕의무는 행위의 이유가 될 수 있는 다양한 목적 가운데 이성적 행위자로 하여금 '의무인 동시에 목적인 것'을 준칙 속에 통합하도록 요구한다. 바로 이런 의지적인 통합 작용이야말로 이성적 행위자의 자유의 핵심이며, 이런 통합 작용 덕분에 자율적인 의무 수행 혹은 위반이 가능하다. 그러므로 이성적 행위자는 비록 증오나 복수욕을 의지적으로 금지 혹은 포기할 수 없다 하더라도 증오나 복수욕을 자신의 준칙 속에 통합하려는 마음의 위법적 지향성은 의지적으로 통제할 수 있다. 증오에 의한 마음의 위법적 지향성이란 앞서 살펴본 칸트의 다소 도식적인 설명에 따르면, 증오에 대해 몰두하고 숙고하여 복수를

음"(Anth 7:252)하려는 감정이다.

43   칸트에 따르면 덕의무는 "행위 자체가 아니라 단지 행위의 준칙만을 명령"(MS 6:390)한다.

위한 원칙을 세우도록 마음을 오도하는 것, 즉 복수의 경향성을 자신의 준칙 속에 통합하도록 마음을 오도하는 것을 말한다. 그렇다면 인간의 덕의무 중 하나로서 용서의 의무는 증오의 감정이나 복수욕 자체를 의지적으로 다스리라는 명령이 아니라, 그런 감정이나 욕구에 의한 위법적 지향성을 따르지 않도록 마음을 다스리라는 명령, 다시 말해 그런 감정이나 욕구를 자신의 준칙 속에 통합하지 않도록 마음을 다스리라는 명령으로 이해될 수 있다. 용서의 의무를 이렇게 이해하는 것은 결과적으로 『도덕형이상학』의 용서 개념과 어긋나지 않는데, 왜냐하면 이런 마음 다스림에 대한 명령은 결국 증오와 복수욕에 사로잡히지 않는 마음씨(Gesinnung)를 갖도록 노력하라는 명령과 다르지 않기 때문이다. 용서의 의무에 대한 이런 이해는 『실천이성비판』에서 제시된 칸트의 주장을 통해 더욱 힘을 얻을 수 있다.

『실천이성비판』에서 칸트는 '이웃 사랑'의 계명에 대해 설명하면서, "정념적 사랑"으로서 이웃 사랑은 "사실상 가능하기는 하지만 명령될 수는 없다"고 말한다. 따라서 이 계명에서 요구하는 사랑은 "실천적 사랑"으로 이해되어야 하며, 그럴 경우 이 계명은 "이웃에 대한 모든 의무를 기꺼이(gern) 수행"하라는 명령이다. 하지만 이렇게 이해된다 하더라도 문제는 남는데, 왜냐하면 이런 명령은 "그 자체로 모순적"이기 때문이다. 복잡한 문제를 피하고 간단히 말하자면, 만약 내가 이 명령에 따라 의무를 기꺼이 행한다면 이 명령은 불필요할 것이고, 만약 내가 의무를 행하되 기꺼이 행하지 않고 단지 법칙에 대한 존경에서만 행한다면, 이 명령과 충돌하게 된다는 것이다. 따라서 칸트는 실천적으로 이해된 '이웃 사랑'의 명령은 이웃에 대한 모든 의무를 기꺼이 수행하는 "마음씨를 가지라"는 명령이 아니라, 단지 "그런 마음씨를 갖도록 노력하라"는 명령으로 이해되어야 한다고 설명한다(KpV 5:83). 마찬가지로 『도덕형이상학』에서 타인에 대한 사랑의 의무[44]를 논의하는 과정에서 제시되는 용서의 의무 역시 정념적인 명령이 아닌 실천적인 명령으로 이해되어야 한다. 따라서 용서 개념이 증오에 사로잡힌 복수욕의 포기로 규정된다 하더라도 용서의 의무는 증오나 복수욕 자체를 포기하라는 명령이 아니다. 용서의 의무는 증오나 복수욕에서 벗어날 수 있는 마음씨를 가지라는 명령, 더 정확히는 그런 마음씨를 갖도록 노력하라는 명령이다.

　용서의 의무를 이렇게 이해함으로써 마침내 우리는 서스먼의 문제 제기 그리고 모런의 비판에 대해 답할 수 있게 된다. 증오에 사로잡힌 복수욕의 포기로 규정되는 『도덕형이상학』의 용서 개념은 적어도 전통적인 기독교의 입장 중 하나와 일치할 뿐만 아니라, 칸트는 그런 개념에 부합하는 용서의 의무를 자신의 윤리학 내에 적절하게 수용할 수 있기 때문이다. 더 나아가 용서의 의무에 대한 이런 이해는 용서가 의무로 간주되는 둘째 이유에 대한 칸트의 주장을 더 적극적으로 이해할 수 있는 근거를 마련해준다. 앞서 지적했듯이, 서스먼과 새트네에 따르면, 둘째 이유에 대한 칸트의 주장, 즉 처벌은 결코 증오로부터 행해져서는 안 된다는 주장은 용서의 의무를 증오에 의한 과도한 처벌을 금지하는 소극적인 명령으로 이해하게 한다. 하지만 우리가 제시한 대로 용서의 의무를 이해한다면, 그 주장은 단순히 객관적이고 공정한 처벌의 필요성을 주장하는 것이 아니라, 오히려 증오에 사로잡힌 사적 처벌의 욕구에서 벗어날 수 있는 마음씨의 필요성을 주장하는 것으로

44　칸트는 타인에 대한 사랑의 의무를 "이웃 사랑의 의무"로 표현하기도 한다(MS 6:450).

이해된다.

칸트에 따르면 증오에 의한 마음의 위법적 지향성은 "공공연하고 난폭한 것이 아니라 은밀하고 위장된 것"이기 때문에 증오는 단순히 복수심에 몰두하게 하여 타인에 대한 호혜적인 사랑의 의무를 망각하게 만들 뿐만 아니라 우리 자신을 "비열"하게 만들고, 결과적으로 "자기 자신에 대한 의무를 훼손"한다(MS 6:458). 다시 말해, 타인에 대한 증오는 타인에 대한 복수욕을 감춤으로써 타인을 기만할 뿐만 아니라 마치 복수를 목적으로 삼는 일이 "가장 큰 권리인 양, 심지어는 책무인 양"(MS 6:460) 가장함으로써 자기 자신조차 기만하므로 사적 복수를 위해 증오에 사로잡히는 것은 자기 자신에 대한 의무를 훼손하는 것, 즉 자기 자신의 도덕적 완전성을 훼손하는 것이다(Cf. MS 6:446). 따라서 용서의 의무는 단순히 객관적이고 공정한 처벌을 위한 것이 아니다. 용서가 의무로 간주되어야 하는 첫째 이유가, 앞서 보았듯이 타인에 대한 의무의 관점에 제시된 것으로 이해된다면, 둘째 이유는 자기 자신에 대한 의무, 즉 도덕적 완전성의 관점에서 제시된 것으로 이해될 수 있다. 이런 점에서 볼 때, 용서의 의무는 단순히 "자신의 감정과 경향성에 의해 지배당하게 두지 말라"는 소극적인 "금지 명령"에 그치지 않는다. 도덕적 완전성의 관점에서 용서의 의무는 증오나 복수욕을 "자신의 (이성의) 힘 아래에 두"고 "자기 자신을 지배"할 수 있는 마음씨를 갖도록 노력하라는 적극적 명령을 담고 있다(MS 6:408).

5. 용서와 불완전한 의무: 서스먼의 셋째 문제 제기에 대하여

　　이제 서스먼이 제기한 마지막 문제를 검토해보자. 앞서 보았듯이, 서스먼에 따르면, 우리는 일반적으로 용서가 '선택적'이라고 생각한다. 다시 말해, 용서 여부가 문제 되는 많은 상황에서 사실상 우리의 용서 여부는 객관적인 이유들에 의해 결정되지 않으며, 오히려 우리가 용서를 하건 말건 도덕적 잘못으로 간주되지 않는 경우가 많다. 서스먼은 용서가 이렇게 선택적인 이유는 개인의 특수한 심리적 특징에 의존하기 때문이라고 주장한다. 그런데 칸트 윤리학에서 의무는 이성의 법칙에 따르는 자율적인 강제, 즉 "자기 강제"(MS 6:380)로 이해된다. 따라서 서스먼은 개인의 특수한 심리적 경향성의 산물인 용서가 어떻게 칸트 윤리학에서 의무로 제시될 수 있는지 문제를 제기한다. 하지만 우리는 용서의 선택적 성격에 대한 서스먼의 이런 문제 제기는 불완전한 의무에 대한 칸트의 입장이 올바르게 이해된다면 해소될 수 있다고 생각한다. 물론 여기서 우리가 완전한 의무와 구별되는 불완전한 의무의 성격이나 범위 등과 관련된 복잡한 문제를 자세히 다루기는 어렵다. 따라서 우리는 불완전한 의무에 대한 일반적인 이해에서 출발해서 힐(Hill)의 입장을 좇아 불완전한 의무를 이해하고자 한다. 그리고 그런 이해를 바탕으로 다시 용서의 의무에 대한 논의로 돌아갈 것이다.

　　일반적으로 불완전한 의무는 넓은 의무로 간주된다. 의무인 동시에 목적인 것을 자신의 준칙 속에 통합하도록 요구하는 불완전한 의무는 "넓은 구속력"(MS 6:391)을 갖기 때문이다. 칸트는 다음과 같이 말한다.

"법칙이 행위 자체가 아닌 행위의 준칙만을 명령할 수 있다면,
그것은 법칙이 복종(준수)에 대해 자유로운 선택의지(Willkür)를 위
한 활동 여지(재량)를 남긴다는 표시, 즉 의무인 동시에 목적인 것
을 위해 행위가 어떻게 그리고 얼마나 수행되어야 하는지 법칙이
확정적으로 제시할 수 없다는 표시이다(MS 6:390)."

불완전한 의무는 특정한 상황에서 우리가 수행해야 할 특정한 종
류의 행위들을 직접적으로 지정하지 않는다. 앞서 보았듯이, 불완전한
의무는 구속력이 넓은 의무로서 의무인 동시에 목적인 것을 자신의 준
칙 속에 통합하도록, 즉 자기 자신의 완전성과 타인의 행복을 행위의
목적으로 채택하도록 요구한다. 따라서 내가 불완전한 의무에 따라 나
자신의 완전성과 타인의 행복을 목적으로 채택한다 하더라도 내가 특
정한 순간에 어떤 행위를 얼마나 수행해야 하는지는 분명하게 규정되
지 않는다. 불완전한 의무가 우리에게 특정한 목적을 준칙 속에 통합
하여 채택하도록 요구할 때 그런 준칙에 부합하는 행위들은 매우 다
양하기 때문에 지금 이 상황에 그런 행위 중에서 어떤 행위를 얼마나
수행할지에 대해 불완전한 의무는 우리의 재량에 맡기는 것처럼 보인
다. 더 나아가 만일 내가 특정한 순간에 불완전한 의무에 부합하는 어
떤 행위를 수행한다면, 이는 그 특정한 순간에 불완전한 의무에 부합
하는 다른 어떤 행위를 하지 않을 정당한 이유가 될 수도 있다. 하지만
그렇다고 해서 불완전한 의무가 우리의 행위와 관련해서 아무런 구속
력을 갖지 않는다고 생각할 수는 없다. 내가 불완전한 의무에 따라, 예
컨대 나 자신의 완전성을 목적으로 채택하더라도 "만일 내가 나의 재

능을 개발하기 위해 도대체 아무것도 하지 않는다면"[45] 사실상 나는 그 목적을 준칙으로 삼는다고 할 수 없기 때문이다. 그러므로 "행위에 대해서가 아니라 순전히 행위의 준칙에 대해"(MS 6:392) 명령하는 불완전한 의무는 직접적으로는 아니더라도 적어도 간접적으로는 우리의 행위를 규정해야 한다. 바로 여기서 어려움이 생겨나는데, 우리의 의무적 행위 수행에 있어서 불완전한 의무가 우리에게 재량을 허용한다는 점이 일반적으로 인정된다 하더라도 그 재량의 범위가 어느 정도인지에 대해서는 다양한 해석이 가능하기 때문이다. 위의 인용 구절에 곧바로 이어지는 칸트의 말을 들어보자.

> "그러나 넓은 의무는 행위의 준칙에 대한 예외를 허용하는 것이 아니라 단지 하나의 의무 준칙에 의한 다른 의무 준칙의 (예컨대, 부모 사랑에 의한 보편적인 이웃 사랑의) 제한을 허용하는 것으로 이해되며, 이를 통해 실제로 덕의 실천 영역이 확장된다(MS 6:390)."

힐이 지적하듯이 이 구절은 재량의 범위를 엄격하게 제한하는 것으로 해석될 수 있다.[46] 말하자면 이 단락에서 칸트는 불완전한 의무에 부합하는 행위, 즉 자기 자신의 완전성이나 타인의 행복을 증진한다는 목적에 부합하는 행위로부터 정당하게 면제받을 경우는 "(a) 불완전한 의무의 원리 아래에 놓인 다른 행위를 수행하고 있거나, 아니면 (b) 완

---

45 M. W. Baron, *Kantian Ethics Almost without Apology* (New York: Cornell University Press, 1984), p. 88.

46 T. E. Hill, Jr., "Kant on Imperfect Duty and Supererogation" (*Kant-Studien*, vol. 62, 1971), p. 58.

전한 의무에 의해 요구되는 행위를 수행하고 있는"[47] 경우뿐이라고 엄격히 한정하는 것으로 이해될 수 있다. 하지만 이런 엄격한 해석을 따를 경우 칸트 윤리학은 칸트의 주장과 반대로 "도덕성과 상관없는 것(중립적인 것)"(MS 6:409)은 존재하지 않거나, 혹은 대단히 적다는 함축을 갖게 된다.[48] 이는 자기 자신의 완전성이나 타인의 행복을 증진하기 위한 행위의 범위가 대단히 넓게 확장될 수 있기 때문인데, 그럴 경우 도덕적 의무와 상관없는 우리의 자유로운 행위들의 범위는 지나치게 제한될 것이 분명하다. 그뿐 아니라 힐은 타인의 행복을 목적으로 삼는 사랑의 의무의 '보편적' 성격에 대한 칸트의 다음과 같은 말에 주목한다.

"인간성 일반에 대한 자신의 이념 안에 전체 인류를 (나 자신도 함께) 포괄하는 입법적 이성은 인간이 아닌 보편적 입법자로서, 평등의 원리에 따라 내 곁의 모든 타인과 마찬가지로 나를 상호적인 호의의 의무 속에 함께 포함한다(MS 6:451)."

이 구절은 의무 위반의 유혹에 빠지지 않도록 자기 자신의 행복을 확보하는 것이 "적어도 간접적인"(GMS 4:399) 의무라는 『정초』의 주장을 단순하게 반복하는 것이 아니다. 이 단락은 타인의 행복 증진을 목

---

47 Baron, *Kantian Ethics Almost without Apology*, p. 89.

48 힐에 따르면 엄격한 해석은 "도덕성과 상관없는 것은 사실상 없다는 결론으로 이어진다"(Hill, "Kant on Imperfect Duty and Supererogation," p. 59). 바론은 이런 힐의 주장이 "과장된" 것이라고 지적하면서도 결과적으로 엄격한 해석은 "도덕성과 상관없는 행위들을 위한 여지를 너무 조금 남긴다"고 비판한다(Baron, *Kantian Ethics Almost without Apology*, p. 92).

적으로 삼을 것을 요구하는 사랑 혹은 호의의 의무가 자기 자신의 행복 증진을 목적으로 삼는 행위를 허용한다는 적극적인 주장을 담고 있다. 물론 우리 모두는 "호의의 의무 법칙" 없이도 자연적으로 자기 자신의 행복을 증진하고자 하기 때문에 우리는 자기 자신의 행복을 증진하도록 도덕적으로 "구속"되지는 않는다. 하지만 호의의 의무 법칙이 "의무 지움을 위해 필수적인 법칙의 보편성"을 갖는 한에서, 그리고 나를 포함한 모든 인간이 평등한 한에서, 호의의 의무 법칙은 나의 행복을 추구하는 행위를 도덕적 잘못으로 간주하게 하지 않는다(MS 6:451). 따라서 엄격한 해석이 주장하는 바와 다르게 이 단락에 따르면, 타인의 행복을 증진하는 행위를 선택 및 수행할 수 있는 상황에서 우리가 그런 행위 대신 자기 자신의 행복을 추구하는 행위를 선택 및 수행한다 하더라도 우리는 도덕적으로 비난받지 않을 수 있다.

이런 비판에 근거해서 힐은 불완전한 의무의 재량에 대한 대안적 해석을 제시한다. 이 대안적 해석에 따르면 불완전한 의무는 단지 그런 의무의 "원리를 진지하게 채택한 사람은 누구나 적어도 가끔 기회가 있을 때 그 원리에 따라 행위할 것"[49]을 요구할 뿐이다. 좀 더 구체적으로 힐은 불완전한 의무가 허용하는 재량을 (a) 지금 상황이 불완전한 의무가 적용되는 상황인지 결정할 재량, (b) 불완전한 의무가 적용되는 지금 상황에서 불완전한 의무에 부합하는 행위 방식을 선택할 재량, 그리고 (c) 다음 기회에 수행할 생각이라는 전제하에 현재 상황에서 불완전한 의무에 부합하는 행위를 수행하지 않을 재량이라고 기

---

49   Hill, "Kant on Imperfect Duty and Supererogation," p. 58.

술한다.[50] 여기서 우리가 주목할 것은 (c)인데, (c)의 재량은 불완전한 의무가 적용되는 특정한 상황에서 그 의무에 속하는 행위를 하지 않아도 도덕적으로 비난받지 않을 가능성을 인정하기 때문이다. 따라서 힐의 해석은 칸트 윤리학에서 불완전한 의무가 서스먼이 용서와 관련하여 우려했던 성격, 즉 선택적 성격을 가질 수 있음을 보여준다.[51]

다시 용서의 의무에 대한 논의로 돌아가보자. 용서의 의무는 상호적인 호의의 의무, 즉 사랑의 의무에 속한다. 그리고 힐의 해석에 따르면, 불완전한 의무로서 사랑의 의무는 우리에게 적어도 세 가지 재량을 허용한다. 따라서 우리는 용서의 의무 역시 세 가지 재량을 허용한다고 생각할 수 있다. 첫째로, 용서의 의무는 현재 상황이 용서의 의무가 적용되는 상황인지 우리 스스로 결정할 재량을 허용한다. 예컨대,

---

50 Hill, "Kant on Imperfect Duty and Supererogation," p. 61. 물론 힐은 모든 불완전한 의무들이 이 세 가지 재량을 허용한다고 주장하지는 않는다. 존경의 의무는 불완전한 의무임에도 재량의 범위가 엄격하게 제한되고, 적어도 (c)의 재량을 허용하지 않는다(Hill, "Kant on Imperfect Duty and Supererogation," pp. 61-62 참조). 바론은 한 걸음 더 나아가 자기 자신의 완전성에 대한 불완전한 의무의 재량은 타인의 행복에 대한 불완전한 의무보다 재량의 범위가 더 엄격하게 제한된다고 주장한다(Baron, *Kantian Ethics Almost without Apology*, pp. 95-102 참조). 하지만 이 글의 주제인 용서의 의무는 세 가지 재량을 모두 허용하는 사랑의 의무에 속하므로 여기서 우리는 힐과 바론의 세부적인 구별은 언급하지 않는다.

51 더 나아가 힐은 넓은 재량을 가진 불완전한 의무를 초의무적인 것과 연결한다. 힐의 이런 시도는 "칸트의 윤리학이 초의무적인 것을 허용하지 않는다"(Hill, "Kant on Imperfect Duty and Supererogation," p. 55)는 몇몇 철학자의 비판에 맞서서 칸트 윤리학은 "초의무적 행위의 자리를 가지고 있음"(Hill, "Kant on Imperfect Duty and Supererogation," p. 73)을 보이기 위한 것이다. 하지만 이어서 힐은 "칸트는 이 모든 것을 의무라는 그의 제한적인 용어로 말하고자 했지만, 의무적인 것과 그저 하는 것이 선한 것[즉, 초의무적인 것]을 일찍이 구별함으로써 더 간단히 표현할 수 있었다"(Hill, "Kant on Imperfect Duty and Supererogation," p. 74)고 지적하면서, '불완전한 의무'라는 칸트의 용어 사용을 비판한다. 이런 힐의 주장은 결국 적어도 일부 불완전한 의무들은 초의무적인 것, 즉 의무의 범위를 넘어서 있기 때문에 따르지 않더라도 도덕적으로 비난받지 않지만, 따를 경우에는 칭찬받을 만한 것에 해당함을 의미하는 것처럼 보인다. 우리는 불완전한 의무의 넓은 재량에 대한 힐의 해석에는 대체로 동의하지만, 초의무적인 것과의 연결에 대한 그의 주장에는 동의하지 않는다. 이에 대한 자세한 논의는 Baron, *Kantian Ethics Almost without Apology*, pp. 21-58 참조.

우리는 이 재량에 의해 과연 우리에게 피해를 입힌 사람이 정당한 공적 처벌을 받았는지 혹은 자신의 잘못에 대해 뉘우치고 있는지 고려할 수 있다. 만약 그가 정당한 공적 처벌을 받지 않았거나 혹은 자신의 잘못에 대해 뉘우치고 있지 않다면 우리는 현재 상황이 용서의 의무가 적용되는 상황이 아니라고 판단할 수 있다.[52] 둘째로, 현재 상황이 용서의 의무가 적용되는 상황이라면 우리는 용서의 의무에 부합하는 행위를 스스로 선택할 재량을 가진다. 앞서 보았듯이 용서의 의무는 우리에게 증오나 복수욕에서 벗어날 수 있는 마음씨를 갖도록 노력하라고 명령하므로 우리는 이에 부합하는 행위 방식들, 예컨대 가해자의 잘못에 대한 비난 또는 힐책을 중단하거나 증오 및 복수욕을 추스를 수 있는 다양한 행위 방식 중에서 선택할 수 있다. 이런 재량을 허용한 후에도 마지막으로 용서의 의무는 현재 상황에서 적용될 수 있는 용서의 의무에 부합하는 행위를 과연 수행할 것인지 말 것인지 결정할 재량을 우리에게 부여한다. 그리고 바로 이런 재량이 용서의 행위에 선택적 성격을 부여한다. 하지만 칸트 윤리학에서 불완전한 의무들이 공유하는 이런 선택적 성격은 서스먼이 우려한 것처럼 단순히 변덕스러운 심리적 경향성에서 비롯하지 않는다. 오히려 세 번째 재량에는 이성적 고려가 깊이 개입한다.

앞서 언급한 '통합테제'를 다시 떠올려보자. 통합테제에 따르면 우리의 심리적 경향성은 그 자체로는 이성적 행위자의 행위 이유가 될 수 없으며, 오직 이성적 행위자가 스스로 자신의 준칙 속에 그런 경향성을 통합할 경우에만 비로소 그 이성적 행위자의 행위 이유가 될 수

---

[52]　이에 대해서는 Satne, "Forgiveness and Moral Development," pp. 1045-1047 참조.

있다. 또한 불완전한 의무로서 용서의 의무는 직접적으로 행위의 수행을 요구하기보다 준칙의 채택을 요구한다. 따라서 어떤 이성적 행위자가 용서의 의무에 따른다는 것은 그의 이런저런 심리적 경향성에도 불구하고 용서하려는 마음씨, 즉 증오나 복수욕에 사로잡히지 않는 마음씨를 갖기 위해 노력하라는 준칙을 채택함을 의미한다. 하지만 힐이 제시한 (c)의 재량에 따르면 용서의 의무를 따르는 어떤 이성적 행위자는 지금 이 상황에서 그 준칙에 부합하는 행위를 하지 않기로 선택한다 하더라도 도덕적 잘못을 범한 것으로 간주되지 않는데, 그 이유는 그가 여전히 용서의 준칙을 채택하고 있기 때문이다. 불완전한 의무의 재량 범위와 관련하여 앞서 인용한 칸트의 말에 따르면, 불완전한 의무의 재량은 결코 "준칙에 대한 예외를 허용하는 것"(MS 6:390)으로 이해되어서는 안 된다. 힐이 (c)의 재량을 기술하면서 '다음 기회에 수행할 생각이라는 전제하에'라는 단서를 단 것도 그 때문이다. 즉, 용서의 의무와 관련하여 (c)의 재량은 지금 이 순간은 용서의 준칙을 따르지 않아도 좋다고 말하는 것이 아니라, 적절한 이유가 있는 한에서 지금 이 순간 용서의 준칙에 부합하는 행위를 유보해도 좋다고 말하는 것뿐이다. 우리는 완전한 의무나 다른 불완전한 의무의 이행 혹은 심지어 자기 자신의 행복 추구를 이유로 용서의 준칙에 부합하는 행위를 유보할 수 있지만, 그렇다고 해서 지금 이 순간 용서의 준칙을 포기하거나 무시해서는 안 된다. 물론 자기 자신의 행복 추구와 관련해서 개인의 우연적인 심리적 경향성이 용서의 행위를 유보하는 데 이성적인 고려 사항 중 하나가 될 수 있겠지만, 그런 심리적 경향성 자체가 용서의 행위를 유보하는 이유가 될 수는 없다. 요컨대, 용서의 행위는 이성적 고려에 따라 선택적으로 수행될 수 있지만, 불완전한 의무로서 준칙의 채택을 요구하는 용서의 의무 자체는 우리에게 선택적이지 않다. 따라서 칸트의 윤리학은 서스먼의 셋째 문제 제기에 대한 답변을 마련할 수 있다.

6. 나가는 말

서스먼의 세 가지 문제 제기는 칸트 윤리학을 통해 용서의 의무를 이해하려는 시도가 마주하게 되는 핵심적인 어려움이 무엇인지 분명하게 제시한다. 하지만 지금까지 보았듯이, 칸트의 용서 개념과 용서의 의무는 칸트의 윤리학 체계 내에서 충분히 정합적으로 해명될 수 있다. 우선 칸트의 윤리학에서 용서 개념은 공정한 공적 처벌의 전제하에서 증오에 사로잡힌 사적인 복수 욕구의 포기로 규정될 수 있으며, 이런 용서 개념에 따라 인간의 도덕적 의무 중 하나로 제시되는 용서의 의무는 증오나 복수욕에서 벗어날 수 있는 마음씨를 갖도록 노력하라는 불완전한 의무로 이해될 수 있다. 이런 용서의 의무는 적어도 기독교의 전통적인 용서 개념 중 하나와 부합할 뿐만 아니라 자기 자신의 도덕적 완전성과 관련한 적극적 의미를 가질 수 있고, 나아가 용서의 선택적 성격에 대한 우리의 통상적 이해도 수용할 수 있다. 하지만 우리의 이런 시도는 칸트의 종교철학이나 인간학에 호소하여 칸트의 용서 개념을 이해하려는 시도와 대립하지 않는다. 오히려 우리는 예컨대 『종교』의 '은총' 개념이나 『인간학』의 '용기' 개념에 호소함으로써 칸트의 용서 개념에 대한 우리의 이해가 긍정적으로로건 부정적으

로건 더욱 심화될 수 있다고 생각한다.[53]

앞서 지적했듯이, '진정한' 용서 개념이 무엇인지는 그 자체로 논란거리이다. 따라서 우리는 칸트의 용서 개념이야말로 진정한 용서 개념임을 보이고자 한 것이 아니다. 그럼에도 서스먼의 문제 제기에 대해 우리가 제시한 답변이 올바르다면, 우리는 칸트의 용서 개념이 지니는 장점을 확인할 수 있다. 즉, 칸트는 공정한 처벌에 대한 요구와 용서에 대한 통상적 이해에 모두 부합하는 용서 개념의 모델을 제시한다. 또한 칸트의 용서 개념은 용서의 의무를 타인과의 관계에서뿐만 아니라 자기 자신과의 관계에서도, 즉 타인의 행복의 관점에서뿐만 아니라 자기 자신의 도덕적 완전성의 관점에서도 정초함으로써 용서의 의무적 성격을 강화한다. 만약 우리가 더 훌륭한 용서 개념을 찾아야 한다면, 칸트의 이런 용서 개념은 긍정적으로건 부정적으로건 그 출발점이 될 수 있다. 칸트의 용서 개념에서 보완되어야 할 점은 무엇인지, 그런 보완되어야 할 점은 칸트의 용서 개념이 가진 장점과 충돌하지는 않는지, 충돌한다면 포기해야 할 것은 무엇인지 등은 진정한 용서 개념을 찾아야 하는 우리 모두에게 여전히 과제로 남는다.[54]

---

[53] 『종교』의 "은총" 개념과 관련해서는 Sussman, "Kantian Forgiveness," pp. 91-105; 『인간학』의 "용기" 개념과 관련해서는 정성관, 「칸트 철학에서 본 정의와 용서」, 46-48쪽 참조.

[54] 예컨대, 우리는 칸트의 용서 개념에는 가해자와 피해자 사이의 도덕적 관계 회복이라는 요소가 부족하다는 서스먼의 지적에 동의한다. 비록 칸트가 용서의 일부로서 "화해(Versöhnlichkeit)는 인간의 의무"(MS 6:461)라고 말한다 하더라도 우리가 이해한 칸트의 용서 개념에 비추어볼 때, 칸트가 말하는 화해는 피해자와 가해자 사이의 화해보다는 피해자의 자기 자신과의 화해에 더 가까워 보이기 때문이다.

참고문헌

정성관, 「칸트 철학에서 본 정의와 용서」, 『철학논집』 54, 서강대학교 철학연구소, 2018, 31-51쪽.

Allison, H. E., *Kant's Theory of Freedom*, New York: CUP, 1990.

Baron, M. W., *Kantian Ethics Almost without Apology*, New York: Cornell University Press, 1984.

Butler, J., *Joseph Butler: Fifteen Sermons Preached at the Rolls Chapel and Other Writings on Ethics*, D. McNaughton (ed.), New York: OUP, 2017.

Griswold, C. L., *Forgiveness: A Philosophical Exploration*, New York: CUP, 2007.

Hill, T. E. Jr., "Kant on Imperfect Duty and Supererogation," *Kant-Studien*, vol. 62, 1971, pp. 55-76.

Kant, I., *Kants gesammelte Schriften*, hrsg. Königliche Preußischen Akademie der Wissenschaft / Deutschen Akademie der Wissenschaft zu Berlin, 1900-2009.

Lang, B., "Forgiveness," *American Philosophical Quarterly*, vol. 31, 1994, pp. 105-117.

Moran, K., "For Community's Sake - A Self-Respecting Kantian Account of Forgiveness," *Kant und die philosophie in weltbürgerlicher Absicht. Akten des XI. Internationalen Kant-Kongresses*, S. Bacin, A. Ferrarin, C. La Rocca & M. Ruffing (eds.), Boston: de Gruyter, 2013, pp. 419-430.

Moran, K. and Timmermann, J., "Kant on Punishment, Pardon, and Forgiveness," *Conflict and Resolution: The Ethics of Forgiveness, Revenge, and Punishment*, P. Satne & K. M. Scheiter (eds.), Cham: Springer, 2022, pp. 225-238.

Ricken, F., "Die Religionslehre als Lehre der Pflichten gegen Gott liegt außerhalb der Grenzen der reinen Moralphilosophie (TL 6:486-491)," *Kant's "Tugendlehre": A Comprehensive Commentary*, A. Trampota, O. Sensen & J. Timmermann (eds.), Berlin/Boston: De Gruyter, 2013, pp. 411-430.

Satne, P., "Forgiveness and Moral Development," *Philosophia*, vol. 44, 2016, pp. 1029-1055.

Schönecker, D., "Duties to Others from Love," *Kant's "Tugendlehre": A Comprehensive Commentary*, A. Trampota, O. Sensen & J. Timmermann (eds.), Berlin/Boston:

De Gruyter, 2013, pp. 309-341.

Sussman, D., "Kantian Forgiveness," *Kant-Studien*, vol. 96, 2005, pp. 85-107.

Trampota, A., "The Concept and Necessity of an End in Ethics," *Kant's "Tugendlehre"*: *A Comprehensive Commentary*, A. Trampota, O. Sensen & J. Timmermann (eds.), Berlin/Boston: De Gruyter, 2013, pp. 139-157.

미국 공교육의 지역 자치:
가치 충돌과 갈등

Ethan Yorgason(경북대학교 지리학과), 김상현(경북대학교 교육학과)

1. 서론

미국에서는 공교육에 대한 지역 자치 문제가 지속적인 논쟁의 대상이 되어왔다. 미국 공교육의 역사는 17세기 뉴잉글랜드 식민지 시대로 거슬러 올라가지만, 19세기 후반과 20세기 초반에 이르러서 미국 전역의 모든 아동이 공교육을 받을 수 있게 되었다. 20세기 전반에 걸쳐 공립학교와 공교육 체계는 특히 인종과 종교를 둘러싼 격렬한 사회적 갈등의 현장이었다. 이러한 갈등은 중앙정부로부터의 교육 통제에 대한 저항뿐만 아니라, 그 통제를 넘어 지역이 어느 정도의 자율권을 가져야 하는지를 둘러싼 논쟁을 포함하고 있었다. 20세기 후반과 21세기 초반에 걸쳐 이들 논쟁의 일부가 성, 성적 지향 및 성 정체성과 관련된 사안으로 쟁점의 중심이 전환되었다. 이 글에서는 최근 미국의 유타주에서 발생한 논쟁, 즉 한 고등학생 운동선수의 성전환 여부에 대한 근거 없는 의혹이 지역사회뿐만 아니라 미국 전역에 걸쳐 주목받은 논쟁을 중심으로 미국 공교육에서 지역 자치권 문제를 살펴보고자 한다. 이 사례는 지역 교육자치 제도를 실행하는 과정에서 상충하는 여러 철학적 가치가 충돌하면서 발생하는 어려움을 잘 보여준다.

미국 공교육의 지역 자치 제도에 대한 이상은 민주주의, 공동체, 시민권 등의 가치에 근거를 두고 있다. 이러한 이상은 공립학교가 중앙정부뿐만 아니라 지역사회의 사회적 유대, 가치, 그리고 열망 역시 교육의 방향과 내용에 정당한 영향을 미칠 수 있어야 한다는 전제를 기반으로 하고 있다. 이는 교육 관련 의사결정에 마땅히 참여해야 할 사람들의 범주를 국가, 학생, 학부모, 교육자를 넘어, 적어도 이론적으로는 지역사회 전체로 확장할 수 있는 길을 열어준다. 캐서린 맥더멋(Kathryn McDermott)에 의하면, 이러한 지역 교육자치에 대한 이상은 "시민의 자치와 공동체 참여에 대한 토크빌의 비전"과 교육 운영에 대한 책임을 지역사회나 학부모 같은 직접적인 이해 당사자에게 지게 하려는 열망과 연결되어 있다(McDermott, 1999: 5). 법학자 카터 브레이스(Carter Brace)는 1970년대 후반 미국 연방대법원이 지역 교육자치에 대해 이와 유사하지만 보다 확장된 비전을 제시하는 일련의 판결을 내렸다고 주장한다. "대법원에서는 지역 교육자치가 교육 운영의 효율성을 높이고, 더 다양하고 창의적인 실험 기회를 제공하며, 보다 나은 참여적 의사결정을 가능하게 하고, 지역사회 기반 학교가 지닌 긍정적인 효과를 보존하며, 교육이 대중의 의사나 정서에 더 민감하게 반응할 수 있기 때문에 유익하다고 생각했다."(Brace, 2023: 110)

미국이라는 나라의 특수한 역사, 제도, 문화적 맥락에서 민주적 지역 교육자치에 대한 이러한 개념은 일반적으로 보다 중앙집권적이고 관료적인 국가 통제의 가치와는 대조적이다(McDermott, 1999: 13). 중앙집권적 교육체제를 옹호하는 사람들의 입장에서 지역 교육자치는 지역사회가 가진 고질적인 편견이나 차별이 학교 정책이나 운영에 그대로 반영될 수 있어 소수의 권리를 침해하고 교육의 질이 균등하게 유지되지 못할 위험이 크다(Collins, 2006: 346). 그들은 학생들을 지역의 지배적인 가치에 의해 강요받거나 소외되지 않도록 보호하고, 모든 학생이 일정한 학업 목표를 공유할 수 있도록 하기 위해 중앙정부의 감독이 필요하다고 주장한다. 따라서 교육에서 발생하는 갈등은 일반적으로 지역 자치에 기반한 참여민주주의와 지역, 시, 주 등 정치 단위 간의 교육 자원 및 기회의 평등을 요구하는 가치가 상충하는 양상으로 나타난다. 콜린스(Collins, 2006: 346)에 따르면, 21세기 초 미국 사회에서 벌어진 교육 관련 논쟁에서 중앙집권을 지지하는 사람들은 대체로 진보주의자들이며, 보수주의자들은 일반적으로 지역 자치를 더 중요하게 생각하는 경향이 있다. 그러나 맥더멋(McDermott, 1999)은 보다 역사적인(20세기 초반을 중심으로) 관점에서 보면 진보주의가 학교 운영에 있어서 지역 자치의 가치를 부각시켰다고 주장한다. 예를 들어, 진보주의 교육 개혁가였던 커벌리(Elwood Patterson Cubberly)는 효율적이고 과학적이며 비정치적인 교육 행정이 중앙보다는 지역 수준에서 더 잘 실현될 수 있다고 주장했다(McDermott, 1999: 14-15). 비록 100년 전의 진보주의가 오늘날과는 다소 상이한 우선순위를 가지고 있었음을 감안하더라도 누가 주도했든 그동안 교육 거버넌스는 지역 자치와 중앙집권의 균형을 모색하고, 민주주의와 평등이라는 가치를 조화롭게 실현하고자 지속적으로 노력해왔다.

이 글은 다음과 같이 구성된다. 먼저 교육에 대한 지역 자치의 개념에 대해 검토하고, 지역 자치라는 말의 의미를 명확히 규정하는 것이 쉽지 않다는 점을 드러낼 것이다. 둘째, 이 글에서 주목하고 있는 사례에 대한 연구를 사회적 배경과 관련짓기 위해 '도덕적 공황(moral panic)'이라는 개념을 가져와 논의할 것이다. 특히 최근 성, 성적 지향 및 성 정체성이 어떻게 미국 사회에서 도덕적 공황의 촉매로 작용했는지에 대해 주목하여 살펴볼 것이다. 셋째, 유타주의 주 교육위원회 위원이었던 클라인(Natalie Cline)의 사례를 살펴볼 것이다. 클라인은 도덕적 공황을 유발하는 전략에 의존함으로써 일시적으로 정치적 영향력을 얻었으나 같은 이유로 그 영향력이 쇠퇴하게 되었다. 우리는 이 사례를 그녀가 강조해온 지역 교육자치의 맥락 속에서 해석할 것이다. 마지막으로, 여태까지 논의해온 여러 논의와 쟁점을 종합하여 지역 교육자치를 실천하는 데 따르는 어려움을 다시 한번 강조할 것이다.

2. 지역 교육자치란 무엇인가?

지역 자치는 단순한 개념이 아니며, 사회적으로 명확하게 합의된 개념도 아니다. '지역(local)'이라는 용어는 지리적 범위가 명확히 규정되어 있지 않으며 그 규모에 있어서 절대적인 기준이 없기 때문에 지역 자치 개념을 적용하고 해석하는 데 혼란을 야기한다. 특정 교육 환경에 있는 사람들에게 '지역'이라는 개념은 단위 학교를 가리킬 수 있다. 다른 상황에서는 '지역'이 단일 학교가 위치한 인근 지역 또는 동네를 의미할 수도 있으며, 다른 경우에는 소수의 학교와 그 학교들이 위치한 지역으로 구성된 지역 교육 행정단위를 가리킬 수도 있다. '지역'이 가지는 또 다른 의미로는 도시 전체가 될 수도 있으며, 이러한 도시들도 그 규모 면에서 매우 다양하다. 미국의 경우, 연방정부에 대한 상대적 의미에서 주(state)정부도 '지역'이 될 수 있다.

'지역'은 그 지리적 범위가 불확실하다는 점을 넘어서, 지역사회의 일원으로서 지역 자치에 참여할 자격이 있는 것으로 간주되는 사람들도 상황에 따라 달라진다(Taylor, 2009: 658-659 참조). 최근에 다른 지역에서 이주해온 경우에는 예외가 될 수도 있겠지만, 학생과 학부모는 대부분의 경우 지역주민으로 간주된다. 또는 어떤 사람들은 주변 대부분의 사람이 공유하는 규범에 크게 반하는 생각을 하고 있을 수도 있다. 이러한 경우, 그들이 실제로 지역 공동체의 일원으로 간주될 수 있는지에 대한 의문이 제기될 수 있다. 교사는 지역 공동체의 구성원으로서 목소리를 낼 자격이 있다. 어떤 교사들은 자신이 성장한 지역에서 교사로 일하고 있다. 그렇지 않은 교사들 가운데서도 많은 교사들은 자신이 속한 지역사회를 이해하고 그 속에 융화되기 위해 적극적인 노력을 기울인다(Smith, 1994). 그럼에도 불구하고 많은 교사들이 다른 지역 출신이거나, 지역 공동체의 통념과는 다른 관점을 수업에 반영하기도 한다. 교육 행정가들 역시 이들이 지역 구성원으로서의 자격이 있는지 여부와 관련된 유사한 문제에 직면한다. 게다가 교육 행정가들은 교육 관료주의의 일부로 간주되면서 지역사회로부터 불신을 받기도 한다. 그들은 학생, 학부모, 교사 간에 교육현장에서 일어나는 구체적이며 일상적인 상호작용에 직접적으로 관여하지 않는다. 따라서 그들을 지역 공동체의 입장을 반영하는 존재로 여겨야 할지, 중앙정부의 정책을 전달하거나 대변하는 역할을 하는 인물로 여겨야 할지는 상황에 따라 달라질 수 있다. 또한 지역의 규모에 상관없이 지역사회의 구성원이 교육 의사결정 과정에서 어느 정도의 영향력을 행사해야 하는가에 대한 문제도 제기된다. 지역사회의 구성원들은 지역 교육자치가 가장 중요하게 여기고 지켜야 할 지역 공동체의 고유한 문화와 가치를 체현하는 주체이다. 그렇다면, 지역 공동체가 자신들의 문화를 교육을 통해 다음 세대로 전달하고자 하는 욕구는 그 문화에 동의하지 않을 수도 있는 학부모, 학생 또는 교사의 교육 참여보다 더 우선되어야 하는가? 그들이 교육에 직접 관여할 방법은 자원봉사 활동이나 교육위원 선거 참여로만 한정되어 있는가? 그렇다면 이러한 교육위원회들은 어떻게 보아야 할까? 그들을 지역사회의 의사를 대변하는 주체로 보는 것이 더 적합한가, 아니면 지역을 대표하는 것을 넘어 행정절차나 중앙정부의 지침에 따라 움직이는 교육 관료 체계의 일부로 보는 것이 더 적합한가?(Trujillo, 2013: 337) 또한 이러한 교육위원회 역시 지역사회의 범위가 다양하듯, 서로 다른 지리적 범위에서 구성되고 운영된다.

이러한 문제를 분석하는 여러 학문 분야 중에서 지리학, 그중에서도 특히 교육지리학은 중요한 역할을 한다. 지역성, 장소, 공간, 규모 같은 개념은 인문지리학의 핵심 개념이다. 교육은 다양한 장소와 공간에서, 그리고 여러 행정적·지리적 규모에 걸쳐 이루어진다(Freytag, Lauen, & Robertson, 2022). 따라서 "공교육을 둘러싼 논쟁은 교실의 수업 내용이나 교육과정에 대한 결정을 내릴 때 장소나 그 규모에 있어서 누가 어느 정도의 수준까지 결정해야 하는가를 둘러싼 갈등의 양상으로 자주 나타난다"(Collins & Coleman, 2008: 283). 교육지리학에서 주요한 관심사 중 하나는 교육 제공의 공간적 특성이나 분포 등에 관한 것이다. 지리학자들은 오늘날 사회적으로 확산되고 있는 신자유주의적 경향이 국가와 지역, 공공과 민간 부문에서 교육의 책임소재를 어떻게 변화시키는지, 이러한 구조 변화가 소외된 집단에 어떤 부정적인 영향을 미치는지를 탐구한다(Helfenbein & Taylor, 2009; McCreary et al., 2013; Ares, 2017; Nguyen et al., 2017; Basu, 2019; Janke, 2019). 이러한 연구들을 통해 그들은 교육 서비스를 제공하고 운영·관리할 수 있는 최적의 행정단위나 공간적 범위에 대한 광범위한 논의에 기여한다(Kirst 1984; Helgøy et al., 2007; Lee et al., 2012; Menefee-Libey & Kerchner, 2015). 또한 지리학자들은 학교와 지역사회에서 발생하는 소규모 단위의 사회적·공간적 상호작용이 학습 방식과 교육 경험에 어떤 영향을 미치는지를 분석한다(Wilson, 2014; Mills & Kraftl, 2016; Schmidt, 2017; Kramer & Janke, 2019; Bain & Podmore, 2020).

그럼에도 불구하고 지금 다루고자 하는 여러 주장 중 일부는 교육지리학에 기원을 두고 있지만, 다른 일부는 여타 학문 분야의 이론이나 관점을 함께 활용하고 있다. 이후에 소개될 연구들은 전부는 아니지만 상당수가 미국의 맥락을 다루고 있음을 밝힌다. 이들 연구는 전반적으로 지역 교육자치가 실질적인 학업 성과와 직접 연결되지 않더라도 여전히 그것이 교육의 중요한 가치라고 전제하고 있다. 예를 들어 도시에서의 교육 문제는 많은 학자들의 주요한 연구 주제가 되고 있다. 일부 학자들은 지역 간의 다양한 차이로 인해, 특히 경제적 또는 인종적으로 소외된 집단이 교육을 통해 성장하고 성공을 이루는 데 방해가 되는 요인들을 분석한다. 반면, 다른 학자들은 지역의 문화·가치·관행 등을 존중하는 태도나 접근이 어떻게 그 집단의 교육 참여를 촉진하고 교육의 기회를 확대하는 데 기여할 수 있을지를 중점적으로 탐구한다(Trujillo, 2013; Cahill et al., 2016; Ares, 2017; Buendía et al., 2017;

Helfenbein & Buendía, 2017; Nast, 2022; Nestore, 2022). 보다 일반적으로 보면, 많은 학부모들은 학교 선택, 인종의 구성, 학교의 질 같은 요소들을 지역적 맥락에 기반하여 인식하고 판단하는 경향이 있다(Butler & Hamnet, 2007). 따라서 교육 거버넌스와 관련하여 끊임없이 제기되는 논쟁은 "지역에 대한 자각"과 "지역에 기반한 교육"을 어떤 방식으로 우선적으로 반영할 것인가 하는 것이다(Kramer, 2019: 244). 이러한 논쟁은 때로 소규모 학교와 대규모 학교 중 어느 쪽이 더 교육적으로 바람직한가에 관한 것으로 이어지기도 한다. 다수의 소규모 학교나 소규모 학군으로 이루어진 교육 구조는 교육에 있어서 지역의 특성이 드러날 가능성이 커진다. 이런 경우의 부정적인 측면은 지역 간 교육 기회의 불평등을 초래할 수 있다는 것이다. 따라서 "불평등이 어느 지점에서 불공정으로 전환되는가?"라는 질문을 던지게 된다(Kramer, 2019: 244). 때로는 정책적으로 절충이 필요할 수도 있다. 그러나 이러한 절충은 교육의 질을 높이려는 시도가 지역 수준의 민주적 자치와 참여를 약화시키는 결과로 이어질 수도 있다(Trujillo, 2013).

일부 학자들은 민주주의가 지역사회와 소규모 공동체에서 더욱 효과적으로 발전하고 실현될 수 있다고 주장한다. 존 듀이(John Dewey)는 민주주의의 토대는 가정과 이웃 같은 소규모의 공동체 생활 속에서 형성되어야 한다고 강조했다. 그는 이러한 공동체 안에서 이루어지는 토론과 협력의 경험이 민주적 시민으로서의 자질을 함양하는 데 핵심적인 역할을 한다고 보았다. 특히 듀이는 이러한 소규모 공동체 안에서 이루어지는 직접적이고 개인적인 상호작용이 진정한 민주주의의 지속가능성을 뒷받침하는 중요한 교육적 기반이라고 주장했다(Dewey, 1946: 196, 213). 이반 일리치(Ivan Illich)는 중앙집권적 학교 체제를 통한 보편적 교육은 실현 불가능하다고 비판하면서, 교육은 지역 공동체가 자율적으로 조직하고 주도해야 한다고 강조했다(Illich, 1973: 7). 이렇게 될 때, 교육은 지역주민의 직접적인 참여와 의사결정에 관여하는 민주적 실천 과정을 통해 이루어지게 되며, 이러한 참여 기반의 특성은 지역 교육자치의 본질과 밀접하게 연관되어 있다. 파울로 프레이리(Paulo Freire)는 교육이 학생 개개인의 문화, 현실, 언어, 경험을 반영해야 한다고 강조했다. 나아가 그는 학교가 교사나 학생을 넘어 학부모 및 지역사회 구성원까지 포괄하는 다양한 주체가 참여할 기회를 제공해야 한다고 보았다. 특히 그는 표준화된 중앙집권적 교육에 대해 비판적인 입장을 취하며, 학교가 지역사회의 문화가 자유롭게 표현되고 존중받는 공간이 되어야 하며, 지역 고유의 언어, 문화, 경험이 교육 내용에 통합되어야 한다고 강조했다(Freire, 1970). 최근에는 정치철학자 마이클 월저(Walzer, 1983: 225)가 민주주의의 실현은 소규모이면서 지역 중심의 공동체에서 출발해야 한다고 주장했다.

여기에서 우리의 주된 관심사는 교육에 관한 논쟁 속에서 '지역'이 어떻게 개념화되고 구성되며, 또한 어떻게 논쟁의 대상이 되는지에 관한 것이다. 지리학자들은 지역, 공동체, 공간, 장소 같은 개념은 사회적 관계와 맥락을 통해 형성된 것이라고 주장한다. 이러한 개념들은 자연적으로 존재하거나 모든 사람에게 동일하게 이해되는 단일한 의미를 지시하는 것이 아니라, 사람들이 다양한 맥락 속에서 다양한 방식으로 활용하는 사회적 구성물이라 할 수 있다. 간략하게 예를 들면, 클라크(Clarke, 2013)는 지리학자들이 자주 활용하는 '지역'이라는 개념에 대한 세 가지 주요 관점을 제시한다(물론 일상생활에서는 이 외에도 다양한 '지역' 개념이 존재한다). 이 중 두 가지 관점은 이 글에서 다루고자 하는 쟁점과 밀접하게 관련이 있다. 첫째, "보수적 지역주의"이다. 이것은 "가족, 교회, 지역 공동체를, 한편으로는 중앙집권적 국가로부터 보호하고 다른 한편으로는 급진적 개인주의로부터 보호하고 유지하려는 이념이다"(p. 495). 이러한 관점에서는 지역을 종종 진정한 사회적 상호작용이 일어나는 장소나 행정적·지리적 규모로 간주하기도 한다. 이런 관점을 '동질적 지역성'이라는 개념으로 부른다. 두 번째 관점은 첫 번째 관점과 대조되는 지역에 대한 시각으로서, 장소(place)에 대한 포스트구조주의적 개념에서 비롯된다. 이러한 장소에서는 다양한 사회적 배경, 인종, 계층, 문화적 정체성 등을 가진 사람들이 일상생활에서 상호작용하면서 그 장소의 '내부'와 '외부' 모두의 영향을 받는다(Clarke, 2013: 499-501). 이런 관점을 '다원적 지역성'이라는 개념으로 부른다.

교육이 어떻게 제공되어야 하는가에 대한 다양한 논쟁에서 지역이나 이에 준하는 개념들이 핵심 논거로 등장한다. 그러나 이러한 논쟁은 대체로 공간, 장소, 규모에 대한 이론적 논의만을 포함하는 것이 아니라 종교, 민족, 인종, 성적 다양성을 둘러싼 갈등과 얽혀있는 경우도 자주 있다. 드와이어와 파루티스(Dwyer & Parutis, 2013)는 2006년부터 2011년까지 영국의 중앙 교육 기관이 공적 자금을 지원받는 종교 학교들에 그들이 제공하는 교육이 '공동체의 결속'을 촉진한다는 것을 입증하도록 압력을 가한 사례를 분석했다. 이들 종교 학교 중 상당수는 많은 수의 이민자 자녀를 교육했고, 지역사회뿐만 아니라 국가적 차원에서 정치적·문화적으로 분리주의를 조장하고 있다는 의심을 크게 받고 있었다. 이에 대해 학교 지도자들은 공동체 개념의 유연성(누가 거기에 포함되는지에 관한 것과 공간적 규모에 있어서)을 활용하여 동질적 지역성과 다원적 지역성이라는 두 가지 지역 개념을 전략적으로 사용하여 국가의 요구 사항을 이행하고 있다고 주장했다. 첸과 콩(Qian & Kong, 2018)은 영국의 사례와 유사한 점이 있는 홍콩의 사례를 연구했다. 홍콩 정부는 학교 후원 기관에 관한 법률 개정을 통해 국가의 후원을 받는 종교 학교(특히 기독교 교파가 운영하는 학교)를 더 강하게 관리·감독하고자 시도한 바 있었다. 그전에는 대부분 자율적으로 교육과정을 구성할 수 있었던 이들 종교 학교의 지지자들은 개정안으로 인해 종교 공동체의 가치를 가르치는 데 제약이 생길 수 있다고 우려했다. 첸과 콩의 분석에 따르면, 지역 공동체는 드와이어와 파루티스의 연구에서만큼 중심적인 부분은 아니었지만, 해당 종교 학교들은 교육 부문에서의 신자유주의의 성장과 베이징으로부터의 통제 확대에 맞서는 소규모 반발로 자신들의 정체성을 드러냈다. 결국 이 학교의 지지자들은 점차 확대되는 정부의 교육에 대한 통제에 대해 때로는 협력하면서도 때로는 저항하는 방법을 찾아냈다.

지리학자인 콜린스는 북미 지역에서 교회와 국가 간에 벌어지는 교육 관련 논쟁이 지역적 맥락에서 어떻게 형성되는지를 탐구했다. 그는 관련 논문에서 동성 부모를 인정하는 내용을 포함한 공립초등학교 교과서를 둘러싸고 캐나다에서 벌어진 논란을 분석했다(Collins, 2006). 그는 이 문제의 주요 쟁점을 진보와 보수로 규정하면서 공공 부문과 민간 부문으로 나누는 이분법과 "장소, 규모, 경계, 관할권" 같은 지리적 개념들이 각 진영이 제시하는 입장 및 정책적 결정의 핵심적인 요소로 작용한다고 주장한다(p. 343). 콜린스에 따르면 종교적 보수주의자들은 소규모 지역에서 자율적 교육 운영이 이루어져야 한다고 생각했으며, 자신들의 종교적 신념이 지역 문화의 일부로서 교육에서 존중받아야 한다고 믿었다. 그는 또 다른 논문에서 20세기 후반 미국의 공립학교에서 기도 허용 여부에 관한 다섯 건의 대법원 판례를 중심으로 법적 논쟁을 탐구했다(Collins, 2007). 캐나다의 사례와 마찬가지로 보수주의자들은 교육에 대한 결정과 통제는 지역의 소규모 수준의 공동체에서 이루어져야 한다고 생각했다. 그들은 학교를 지역사회의 확장이라고 생각했으며, 지역 공동체 안에서 주류를 이루는 사회적 규범이나 가치를 존중하며 이에 따라 운영되어야 한다고 생각했다(pp. 92-194). 콜린스는 이 논의를 통해 공립학교에서의 기도 허용 여부에 대한 상이한 관점에는 "장소와 규모가 핵심적인 역할"을 한다는 점을 지적한다. 그리고 "종교의 자유에 대한 권리를 동질적인 지역성에 둘 것인지, 다원적인 지역성에 둘 것인지에 따라 그 해석과 적용 방식이 크게 달라진다"고 결론짓는다(p. 195).

맥더멋(McDermott, 1999: 19)은 콜린스와는 다소 다른 경험적 접근을 했으며, 철학적 논의에 보다 더 중점을 두면서 지역 통제를 요구하는 목소리는 상황에 따라 보수 진영뿐만 아니라 진보 진영에서도 나타나고 있음을 지적한다. 그럼에도 미국의 대부분 지역사회는 교육 정책이나 학교 운영에서 동질성을 강조하는 방식으로 광범위한 사회적 불평등을 강화하고, 소수자와 지역의 주류 가치나 규범에 동의하지 않는 사람들을 소외시킨다(pp. 22-25). 공동체는 일반적으로 지리적 기준에 따라 정의된다. 이로 인해 지역 공동체 내부에서는 교육의 공정성이 보장될 것이라고 기대하지만, 지역 간의 불평등은 어느 정도 받아들인다(p. 6). 따라서 맥더멋은 한편으로는 자유와 참여의 이상이, 다른 한편으로는 평등의 이상 사이에서 긴장이 빈번히 발생하는 "민주주의의 딜레마"가 존재한다고 보았다(pp. 4, 6-7, 20). 자유와 참여의 이상은 일반적으로 작은 규모의 사회에서 가장 잘 실현된다고 여겨지는 반면, 평등의 이상을 실현하기 위해서는 더 큰 규모의 사회가 필요하다고 생각하는 사람들이 많다. 이와 유사하게, 맥더멋은 교육 또한 사적 재화이자 공적 재화로 간주될 수 있다고 주장한다. 전자는 소규모의 부모 참여와 연결되고, 후자는 더 거시적인 국가의 통제와 연결된다고 보았다(pp. 21-22; 이러한 철학적 이분법의 한국적 맥락에 대해서는 김상현, 2018 참조). 그럼에도 맥더멋은 철학적·이념적 가치를 인정하는 한편, 미국의 지방교육자치는 역사적으로 보면 실제보다 과장되었거나 이상화된 개념에 가깝다고 주장한다. 대다수의 시민은 교육에 대한 논의에서 비교적 낮은 수준으로만 참여한다(p. 7). 그녀는 공교육 시스템이 그 외 다른 방식으로 운영되는 것은 어려울 것이라고 지적한다. 지역 교육 관료들과 교사들이 제대로 일하려면 지역 이해관계의 부당하거나 지나친 개입은 견제해야 할 필요가 있다는 것이다(pp. 17, 19).

루더먼과 갓윈(Ruderman & Godwin, 2000)은 공립학교 내에서 지역자치가 실현되기 어렵다는 기존의 주장을 더 발전시켜 그 실현 가능성 자체에 의문을 제기했다. 이들은 철학적 논증을 바탕으로 공교육이 자유주의와 민주주의의 이상을 실현하는 것이 아니라 오히려 역행한다고 주장한다. 루더먼과 갓윈은 로크와 밀 같은 고전적 자유주의 철학자들을 근거로 삼아 듀이와 구트만 같은 학자들의 진보적 사상에 영향을 받은 국가 주도의 교육이 자유주의의 기반이 되는 다양성을 파괴한다고 말한다. 그들은 국가 주도의 교육은 오히려 획일적인 사고를 강제하는 방향으로 작동한다고 주장한다. 이들의 주장은 매우 복잡하여 여기에서 모두 설명할 수는 없지만, 그 주요 주장 중 하나는 교육에서 자유와 민주주의를 실현하는 주체는 국가가 아니라는 것이다. 이들에게는 지역에서 선출된 교육위원회조차 국가의 대리인에 불과하며, 진정한 지역 자치는 학부모의 교육 결정권을 통해서만 가능하고 이것이 자유주의적 민주주의를 실현하는 길이다(p. 503). 따라서 그들은 종교교육(특히 가톨릭 교육)을 위한 학교 선택권의 필요성을 주장한다. 루더먼과 갓윈은 듀이와 구트만 같은 진보적 교육 이론가들이 공교육을 통해 현대사회에 적합한 '공동의 정체성'을 형성하려는 과정에서 종교를 의도적으로 배제했다는 점을 비판했다(pp. 505, 513-515, 519-521). 루더먼과 갓윈에게 있어서 진정한 다양성, 도덕적 미덕, 실질적인 관용의 실현은 바로 종교를 포함한 부모의 교육 선택권을 통해서이다(pp. 509, 523-529). 종교 학교는 학생들에게 공교육을 통해 다양성이 희석되는 것을 막고, 다양성을 보존하고 실현할 수 있도록 돕는 도구를 제공한다.

루더먼과 갓윈은 교육에 대한 지역 자치의 이상적인 단위를 가정과 (종교) 학교로 본 반면, 브레이스(Brace, 2023)는 미국 대법원이 지역 자치를 법적·이론적 체계를 발전시키는 과정에서 (동질적인) 지역 공동체에 초점을 맞췄다고 분석했다. 그는 1970년대부터 1990년대까지 이어진 일련의 판결들이 공립학교의 인종차별 철폐를 위한 시민권운동의 흐름을 어떻게 종식시켰는지를 중심으로, 그 판결들에 대한 법원의 법적 논리를 분석했다. 미국의 법과 관행은 수십 년 동안 인종과 사회 계층에 따라 미국 사회를 분리해왔다. 그러나 법원은 교육 불평등을 바로잡기 위한 인종 통합 조치가 지역 자치 원리에 우선해서는 안 된다고 판결했다. 브레이스의 분석에 따르면, 대법원은 지역 자치가 공동체의 교육 참여와 보살핌, 교육의 질과 효율성, 창의성, 그리고 민주주의를 촉진한다고 보았다(pp. 103-110). 특히 연방대법원은 교육민주주의를 실현하기 위해서는 선출된 교육위원회와 학부모의 참여가 필요하다고 생각했다(p. 116). 브레이스는 대법원이 그런 판결을 내린 데는 교육에 대한 지역 자치의 전통·원리에 의존하면서도 동시에 세 가지 특정한 동기에 기초하고 있다고 주장한다. 이러한 동기들은 각각 '지역' 개념에 대한 다음의 서로 다른 이해를 반영한다. ① "부모가 자녀의 교육을 결정할 수 있는 권리에 대한 실질적 적법절차", ② "자신이 속한 지역 학군의 교육과 관련한 사안의 의사결정에 참여할 권리", 그리고 ③ "연방 법원은 전통적으로 주정부에 부여된 고유 권한을 간섭하지 못하도록 제한"한다(p. 117). 다시 말해, 미국 연방대법원의 관점에서는 부모, 지역주민, 주정부가 모두 지역을 구성하지만, 이들은 서로 다른 방식으로 구성된다.

따라서 우리는 미국 연방대법원이 이러한 원리를 형성하는 과정에서 교육에 대한 지역 자치의 개념을 다소 유연하게 정의한 채로 남겨두었다는 것을 알 수 있다. 아마도 미국 대법원에서는 그렇게 할 수밖에 없었을 것이다. 교육에 대한 지역 자치의 개념은 본질적으로 단일하게 정의될 수 없고, 다양한 이해관계자의 충돌 가능성을 내포하고 있다. '지역'은 다양한 지리적 규모와 정책에 참여하거나 영향을 미치기를 바라는 다양한 사람을 포함할 수 있다. 미국뿐만 아니라 다른 나라에서도 많은 사람이 이론적으로는 지역 자치를 중요하게 생각하지만, 실제에 있어서는 지역 자치의 의미나 범위를 명확하게 규정하는 것이 결코 간단하지 않다. 지역 자치에 대한 동질적 지역성의 관점은 다원적 지역성의 관점과 정책 및 교육 현장에서 자주 충돌하거나 경쟁적인 관계를 형성한다. 대다수, 소수, 문화, 정체성, 민주주의, 평등, 공공성, 사적 영역 등의 개념은 교육을 둘러싼 논쟁에서 자주 쟁점으로 떠오르는 핵심 가치들이다. '지역 자치'라는 개념이 그 의미에 있어서 다소 유연하기 때문에 누가 가장 설득력 있게 이 개념을 효과적으로 활용하느냐가 정치적으로 중요하게 되었다. 도덕적 공황을 조장하려는 시도는 종종 '지역' 개념의 의미나 사용권을 장악하려는 노력의 일환이다.

3. 트랜스젠더 반대 운동과 도덕적 공황

최근 수십 년 동안 미국 내에서 성이나 성적 지향에 대한 갈등은 많은 정치적·이념적 논쟁을 불러일으켰다. 예를 들어, 도널드 트럼프의 '미국을 다시 위대하게(MAGA)' 운동을 이끄는 힘 중 하나는 성 소수자들(이하 'LGBTQ+ 운동', 레즈비언, 게이, 양성애자, 성전환자, 퀴어 정체성 및 기타 소수자의 성 및 성적 표현을 가리키는 약어)이 점점 사회적으로 관심을 받고, 사회적 수용 정도가 높아지며, 그들이 권리를 요구하는 것에 대한 반발이다. 미국의 자유주의 및 진보적 정치 성향을 가진 사람들은 일반적으로 LGBTQ+의 권리 확대를 지지하는 반면, 보수적 정치 성향을 가진 사람들은 이러한 정체성이 주류 사회에 받아들여지는 것을 반대하는 경향이 있다. LGBTQ+ 운동에 반대하는 사람들은 종교적 신념에 기반한 전통적인 성 역할과 성 표현 방식을 기준으로 삼아 이와 다른 성 정체성과 표현을 추구하는 움직임에 반대하며, 이러한 운동이 사회의 전통적 질서와 가치를 훼손한다는 우려를 나타낸다. 사회화와 정체성 형성이 주로 아동기에 이루어지기 때문에 LGBTQ+ 운동과 관련된 많은 논의는 아동 및 교육과 관련이 있다(Collins, 2006; Collins & Coleman, 2008: 289; Taylor, 2009: 657; Holloway et al., 2010: 588; Ares, 2017: 4;

Stone, 2018: 8-12; Mendoza, 2024).

　　LGBTQ+ 운동에 대한 반대는 다양한 언어적·정치적 형태를 취한다. 일부 분석가들은 LGBTQ+ 운동에 대한 반대의 여러 형태 중에서 가장 중요하고 눈에 띄는 것 중 하나가 "도덕적 공황"이라고 주장한다. 도덕적 공황이란 사회의 도덕적 기준이나 가치를 해치거나 위협한다고 여겨지는 행위에 대한 사회와 언론의 집중적인 관심이 급증하는 현상이다. 도덕적 공황이 발생하면, 그런 행위를 비난하고 때로는 사회에서 제거하려는 시도로 이어진다. 도덕적 공황이라는 용어가 널리 사용된 것은 스탠리 코헨(Stanley Cohen)이 1972년 출간한 저서『대중의 적과 도덕적 공황(Folk Devils and Moral Panics)』에서 시작되었다. 이 저서의 제목 처음 두 단어는 특정 소수 집단이나 사회 현상을 위험으로 규정하고 악으로 묘사하려는 시도를 가리키며, 이러한 것들이 사회를 근본적으로 위태롭게 한다는 의미를 내포하고 있다. 학자들은 도덕적 공황이 발생하는 이유에 대해 공황을 일으키는 사람들이 언론의 힘을 빌려 특정 집단이나 현상의 위험성을 실제보다 훨씬 과장하기 때문이라고 주장한다. 일반적으로 도덕적 공황의 결과로 사회 전반에 걸쳐 비이성적인 동요나 공포가 발생하게 된다. 잦은 도덕적 공황은 (다른 여러 가지 중에서도 특히) 청소년의 음악과 생활 방식, 이민, 아동학대, 술과 마약, 언론 자체, 거리 범죄, 그리고 이와 관련된 사람들로 인해 발생한다. 사회학, 범죄학, 언론 매체 연구 분야에서 도덕적 공황에 대한 연구가 활발하게 이루어지고 있다.

　　최근의 도덕적 공황에 관한 연구는 이전의 연구에 비해 그 현상에 대해 더 비판적이고 자기성찰적인 관점을 취하고 있다. 초기 연구자들은 흔히 도덕적 공황을 일으키거나 확산시키는 데 책임이 있다고 여겨지는 주체들, 예를 들어 정치인, 언론, 특정 도덕적 기준을 내세우며 사회적 캠페인을 벌이는 다른 주체들을 강하게 비난했다. 비교적 최근에 이루어진 도덕적 공황에 대한 연구는 '도덕적 공황'이라는 것을 누가 판단하는지에 대한 질문, 그리고 그러한 도덕적 공황이 주는 위협이 과장되었는지에 대한 판단이 포함된다. 또한 이전 연구에서 도덕적 공황을 주로 엘리트들이 자신들의 이익을 위해 의도적으로 잘못된 정보를 퍼뜨려 대중을 조종하는 현상으로 보고, 그 엘리트들을 비판하는 데 집중했던 것에서 벗어나, 엘리트가 퍼뜨리는 서사가 왜 일반대중에게 공감을 불러일으키는지에 대해 탐구하고 있다. 최근의 많은 연구는 도덕적 공황을 합리적 사회생활 및 정치의 정상적인 흐름에서 벗어난 일시적이고 예외적인 현상으로 보기보다는 보다 광범위하고 지속적인 사회적 성향과의 연관성을 이해하려고 한다(Critcher, 2008; Garland, 2008; Altheide, 2009; Rohloff & Wright, 2010; David et al., 2011; Hier, 2011). 도덕적 공황 연구의 이러한 최근 변화된 관점들과 더불어, 도덕적 공황이 발생하는 지리적 규모에 대한 관심도 함께 증가했다. 노아 스미스의 표현에 따르면, 도덕적 공황은 때로는 글로벌 규모에서 시작하여 지역사회로 확산되어 영향을 미치기도 하고 때로는 그 반대 방향으로 확산되기도 한다(Smith, 2022: 8-9).

또한 최근에는 소셜미디어의 역할이 주요한 연구 대상으로 부상했다. 히어(Hier, 2019: 347)는 이를 도덕적 공황을 연구하는 학자들에게 있어 하나의 패러다임 전환이라고 부른다. 언론은 흔히 걱정과 공포, 위협감을 조장하는 방식으로 많은 대중에게 서사를 전달하기 때문에 언론 증폭 현상은 이러한 공황의 핵심 요소였다. 그러나 소셜미디어는 전통 미디어보다 도덕적 공황의 확산과 심화에 훨씬 더 효율적이다. 월시(Walsh, 2020: 845-846)는 소셜미디어가 정보 저장고와 사회적 거품을 만들고 경각심과 불안을 자극하는 맞춤형 알고리즘을 통해 추가적인 사회적 분열과 적대감을 조성한다고 주장한다. 소셜미디어에서는 더 많은 사람이 음모론을 부추기고 집단적 분노를 조장하고 확산할 수 있는 도구와 이를 부추기는 요인을 가지고 있다. 소셜미디어 안에서는 다양한 주장이 제기되고 진실을 검증하는 방식이 존재하며, 과거에는 존재하지 않았던 새로운 가능성이 열리고 있다. 소셜미디어는 사용자의 관심을 자극적으로 끄는 행위, 미디어 조작, 정보 오염, 가짜 뉴스 등의 확산을 촉진한다. 소셜미디어 플랫폼에서는 사용자의 정보와 검색이 면밀히 추적되기 때문에 소셜미디어에서 제공하는 특정 분노 유발 메시지에 많은 사람이 휩쓸리게 된다. 소셜미디어가 사회를 통제하는 새로운 방식의 예로, '온라인에서 수치심을 주는 것'을 들 수 있다. 또 다른 예로는 개인이 신뢰하는 지인이 잘못된 정보를 공유하여 위협감이나 분노를 더 가깝고 현실적인 것처럼 느끼게 만든다는 것이다. 또한 소셜미디어를 통해 도덕적 공황이 마치 일반대중으로부터 시작된 것처럼 보이도록 만드는 일은 비교적 용이하다. 따라서 도덕적 공황을 일으키는 데 필요한 대중의 지지를 만드는 것은 어렵지 않다(Heir, 2019: 385-386; Walsh, 2020: 847-850). 당연한 말이겠지만, 월시(Walsh, 2020: 851)와 스미스(Smith, 2022: 42)는 (비록 사람들이 비슷한 의견을 나누는 환경인 "에코 챔버"[Smith 2022: 42]에서 소셜미디어가 작동할지라도) 소셜미디어가 도덕적 공황을 증대시키는 데 중요한 역할을 한다는 사실을 발견했다. (도덕적 공황이 소셜미디어와 전통 미디어 사이에서 항상 뚜렷한 차이를 보이는 것은 아니라는 주장에 대해서는 Billings et al., 2024 참조.)

다양한 주제나 집단이 도덕적 공황의 대상인 대중의 적(folk devils)

이 될 수 있지만, 성과 성적 지향은 최근 미국에서, 특히 2020년대에 강한 도덕적 분노를 불러일으켰다(Walker, 2023). 트랜스젠더리즘은 특히 격렬한 논쟁을 불러일으키는 이슈이다. 예를 들어, 지난 10년 동안 대학 수영 종목의 트랜스젠더 챔피언과 배구 경기에 출전한 또 다른 트랜스젠더 선수로 인해 격렬한 사회적 논란이 일었다. 미국 보건부의 한 트랜스젠더 차관 보좌관은 소셜미디어에서 심각한 사회적 비난을 받았다. 해리 포터 시리즈로 유명한 작가 J. K. 롤링과 전 대학 육상선수 라일리 게인스 같은 트랜스젠더를 반대하는 사람들은 자신들의 견해로 인해 긍정적인 반응과 부정적 비판을 동시에 받으며 크게 주목을 끌었다. 2024년 하계 올림픽에서 미국인이 아닌 두 선수에 대해 트랜스젠더라는 허위 보도가 나오면서, 며칠간 미국 언론의 주요 헤드라인을 장식했다. 2025년 5월 기준 'Trans Legislation Tracker'라는 웹사이트에 따르면 2020년 이후 미국 입법기관에서 총 2,599건의 트랜스젠더 반대 법안이 발의되었으며(주로 미국 주 단위로), 그중 701건이 교육과 관련된 것이었다("Tracking the Rise," n.d).

트랜스젠더 남성과 트랜스젠더 여성 모두 일상에서 조롱을 당하지만, 언론과 법적 관심은 주로 트랜스젠더 여성에게 집중되며, 일부에서는 '테스토스테론 공황(testosterone panic)'[1]이라 부르는 현상이 나타나고 있다(Travers, 2022; Billings et al., 2024; 또한 Baeth & Goorevich, 2022 참조). 트랜스젠더의 권리에 반대하는 사람들은 보통, 타락하고 사악한(혹은 최소한 혼란스러운) 의도를 가지고 성전환을 한 위험하고 위협적인 남성들이 여성의 화장실과 운동 공간을 침범하여 여성과 소녀들에게 피해

---

1   트랜스젠더 여성의 신체적 특성으로 인해 사회적 공포나 반감을 부추기는 현상을 지칭하는 개념

를 주고, 이로 인해 그들이 공포 속에서 살도록 만든다고 주장한다. 이 논쟁의 반대편 입장에서 트랜스젠더를 옹호하는 사람들은 트랜스젠더가 자신이 전환한 성별의 일원으로 존중받으며 살아갈 권리(의료 서비스, 결혼, 그 외의 기회 포함)를 주장한다. 그중 일부는 많은 아동이 자신의 성 정체성과 일치하는 성별을 어릴 때부터 인식하고 있다는 생각에 근거하여 아동이 스스로의 성 정체성을 결정하고 그 정체성에 맞게 신체를 전환할 권리를 주장한다. 그들은 이렇게 정체성에 맞는 신체적 전환을 허용하는 것이 타고난 성별을 따르지 않는 청소년들 사이에 높은 비율로 나타나는 정신건강 문제와 자살률을 낮추는 데 도움이 될 것이라고 주장한다. 일부 분석가들은 도덕적 공황을 생산하는 현상을 특히 트랜스젠더리즘에 대한 반대, 더 나아가 LGBTQ+ 권리에 대한 전반적인 반대의 일환으로 파악한다.

인류학자 허트(Herdt, 2009)는 성과 성적 지향을 둘러싼 도덕적 공황을 사람들이 왜, 그리고 어떻게 만들어내는지에 대해 지속적이고 역사적·정치적 관점에서 설명한다. 애머리와 먼던(Amery & Mondon, 2024: 7-10)은 반(反)트랜스젠더 운동이 어떻게 도덕적 공황을 조장하는가를 분석하며, "트랜스젠더 운동이 마침내 도를 넘었다"거나 "트랜스젠더들이 당신의 자녀를 트랜스젠더로 만들려 한다" 같은 주장을 통해 대중의 공포심을 자극하려 한다고 분석한다. 많은 포퓰리즘 담론과 마찬가지로, 반트랜스젠더 담론은 그들의 반대자들을 엘리트, 권력자, 권위주의자로 묘사하며, 이들이 평범한 사람들과 문화에 큰 영향을 미치고 해를 끼친다고 주장한다(pp. 10-12). 반트랜스젠더 담론을 좀 더 깊이 들여다보면, 빌리아드(Billard, 2023)는 반트랜스젠더 논변의 한 형태로서 일부 페미니스트 사이에서 일어나는 '젠더 비판적 담론'을 고의적으로 조작된 허위 정보, 즉 "사회에서 지배적인 집단이 사회적 공황을 조성하고 조종함으로써 권력을 유지하기 위한 도구"(p. 239; Mestre, 2022; Miles, 2022 참조)로 간주해야 한다고 말한다. 스톤(Stone, 2018)은 담론 분석을 통해 거의 40년에 걸쳐 반트랜스젠더 담론에서 트랜스젠더 아동을 어떻게 논의했는지를 분석하고, 그 핵심적 주제를 밝혀냈다. 미국 역사에서 흑인 아동을 사회적으로 성인처럼 인식했듯이, 트랜스젠더 반대 담론은 트랜스젠더 아동, 특히 트랜스젠더 여아를 성인처럼 취급해왔다. 즉, 트랜스젠더 아동은 아동이라기보다는 성인처럼 인식되었고, 다른 아동에게 위험한 존재로 묘사되었다. 트랜스젠더 반대자들은 종종 트랜스젠더 아동을 마치 성범죄자인 것처럼 언급하며, 일반적으로 "교활하고, 비난받을 만하며, 음흉한 목적을 가진"(Stone, 2018: 10-12) 존재로 생각했다. 워커(Walker, 2023: 1006)는 또한 퀴어·트랜스젠더들을 아동학대와 연결하는 식의 도덕적 공황 담론은 다양한 편견과 신념이 서로 교차하여 형성된다는 것을 발견했다. 트랜스젠더 반대 운동은 종종 트랜스젠더들을 아동 성학대자로 규정한다.

따라서 LGBTQ+ 정체성에 관한 연구에 따르면, 미국 사회는 종종 전통적 규범에 따르지 않는 성적 정체성, 특히 트랜스젠더 정체성 자체가 도덕적 문제가 되고 있다. 이와 같은 사회적으로 비규범적인 정체성들은 도덕적 공황의 대상이 되기 쉬우며, 이에 대한 과도한 관심과 도덕적 우려가 담긴 목소리에 지나칠 정도로 집중된다는 주장이 제기될 수 있다. 이러한 도덕적 공황은 LGBTQ+ 정체성을 가진 사람들을 사회에 해가 되고 사회를 기만하는 '대중의 적'으로 묘사한다. 소셜미디어의 부상으로 인해 이러한 도덕적 공황은 전통적인 미디어가 지배하던 때만큼 광범위하게 퍼지지 않을 수도 있다. 그러나 이는 보다 작은 규모, 특히 지역 문화와 공동체를 보호하려는 시도 속에서 더 쉽게 발생할 수 있다. 그 속에서 트랜스젠더 아동은 자주 '대중의 적' 으로 그려지고 있기 때문에 이러한 공황 중 상당수가 교육과 관련되어 있다는 것은 놀라운 일이 아니다. 다음 절에서는 그러한 사례 중 하나를 분석하고, 그것이 지역 교육자치라는 쟁점과 어떤 관련이 있는지를 고찰한다.

4. 지역 교육자치에서 트랜스젠더 이슈는 어떻게 도덕적 공황을 조성하는가?

교육 현장에서 교육에 직접 관여하는 사람들은 일반적으로 도덕적 공황을 일으키려 하지 않는다. 교육자들은 성과 성적 지향에 대해 다양한 견해를 가지고 있지만, 대부분은 의도적으로 논란을 일으키지 않는다. 그들은 오히려 학생을 교육하는 데 집중하고자 하며, 학부모 및 지역사회와의 협력적인 관계를 유지하는 데 더 큰 관심을 둔다(Bain & Podmore, 2020: 1231-1233, 1238-1240 참조). 그러나 이러한 교육 지도자 중 한 사람이 도덕적 공황을 조장하려는 움직임을 주도한다면, 어떤 일이 벌어질 것인가? 이런 사례는 2020년대 초반 미국 유타주에서 실제로 발생했다. 주 교육위원회 위원인 그녀의 경솔한 언행으로 인해 유타주 내에서 논란을 일으켰고, 전국적으로도 어느 정도 주목을 받게 되었다. 이 글의 나머지 부분에서는 이 교육위원회 위원이 어떻게 자신의 지위를 이용하여, 특히 트랜스젠더리즘 이슈와 관련하여 도덕적 공황을 불러일으키려 했는지를 분석한다. 여기서는 이러한 갈등 속에서 지역 교육자치라는 이상이 어떤 역할을 했는지 고찰하고자 한다.

2020년 11월, 유권자들은 유타주 교육위원으로 나탈리 클라인(Natalie J. Cline)을 선출했으며, 그녀는 주에서 가장 인구가 많은 두 카운티인 솔트레이크 남부와 유타 북부 일부를 포함하는 도심 외곽 주거 중심 지역의 지역구를 대표하게 되었다. 그녀는 매우 보수적인 정책 방향을 가지고 거리낌 없이 발언했는데, 많은 지역구 유권자나 유타주의 상당수 주민과 대체로 유사한 신념을 가지고 있었다. 실제로 그녀는 2024년 재선에서 낙선했음에도 그녀가 지지해온 많은 의제는 여전히 유타주 주민 사이에서 높은 지지를 받고 있다. 클라인은 교육위원으로 선출된 대부분의 사람보다 소셜미디어 활동이 활발했으며, 특히 페이스북을 중심으로 자신의 입장을 드러냈다. 2020년 선거를 앞둔 그녀의 주요 공약 대부분은 소셜미디어에서 확인할 수 있다. 그녀는 2020년 10월 13일에 게시한 선거 포스터에서 네 가지 키워드, 즉 '진정한 지역 자치', '학부모의 목소리', '아동/청소년', '자유'를 게시했다.

클라인은 유타주 교육위원회에서 4년간 활동하는 동안 자신이 취한 정치적 입장 때문에 일부 반대에 직면했는데, 2024년 공화당 예비선거에서 패배한 주된 원인은 유권자들이 그녀의 정책 방향에 동의하지 않아서라기보다 그녀의 정치적 방식과 전략에 기인한 것으로 보인다. 그 무렵 그녀는 유타주 교육위원회로부터 여러 차례 조사를 받았고, 주 역사상 유일하게 교육위원회로부터 공식적으로 징계를 받은 위원이 되었으며, 또 다른 사건으로 인해 교육위원회로부터 직위를 박탈당했고, 유타주 의회로부터 견책을 받기도 했다. 이 중 마지막 두 사건은 가장 악명 높았던 사건 이후에 발생했는데, 당시 그녀는 한 여학생

운동선수가 트랜스젠더일 수 있다는 암시를 담은 페이스북 게시물을 올려 소셜미디어에서 큰 논란을 불러일으켰다(해당 선수는 트랜스젠더가 아니었음). 따라서 클라인의 몰락은 주로 자신의 부적절한 처신에서 비롯되었다. 그녀는 공적인 발언에서 자신의 개인적인 의견과 주 교육위원회의 공식 입장을 구분하지 못한 일이 많았고, 그로 인해 위원들의 지지를 잃게 되었다. 또한 그녀는 페이스북을 중심으로 특정 교사와 특정 학생을 향한 공개적인 비난을 쏟아냈다. 그녀의 공개적인 비난을 받은 사람 중 일부는 신변의 안전에 위협을 느꼈다. 의도했든 의도하지 않았든, 그녀의 전략은 도덕적 공황을 조장하는 전형적인 양상을 띠었다. 그녀의 직설적인 발언은 그녀와 반대 이념을 가진 사람들에게 이념적 공격의 대상이 되었고, 학생과 교사를 보호하지 못한 점은 그녀와 이념을 공유하는 사람들의 지지마저 잃게 했다.

클라인의 정치적 견해는 트럼프 시대의 미국 보수주의 성향과 일치했다. 그들은 예수그리스도후기성도교회 내에서 보수 성향을 지닌 신자들 사이에서 나타난 최근의 흐름에도 영향을 받았다.[2] 클라인은 특히 보수주의자들이 인종 중심적, 성적 표현, 반미국적 성향이 담겨 있다고 생각하는 교육과정을 제거하는 데 주력했다.[3] 그녀는 아이들이 남성과 여성이라는 전통적인 성의 구분을 넘는 정체성에 대해 배우

---

[2] 일반적으로 몰몬교로 더 잘 알려진 예수그리스도후기성도교회의 신자들은 유타주에서 강력한 — 많은 전문가들은 '지배적'이라고 표현할 정도의 — 문화적 영향력을 가지고 있다. 교회의 본부도 유타주에 위치하고 있으며, 유타주는 미국 내에서 몰몬교의 본거지로 알려져 있다.

[3] 진보주의자들은 일반적으로 이러한 교육과정 제거가 여러 가지 문제를 야기한다고 주장한다. 가장 중요한 것은 이러한 교육과정이 없다면 미국은 과거와 현재의 인종차별을 외면하고, 성 소수자에 대한 지속적인 소외를 조장하며, 학문적 근거보다는 민족주의적이고 신화적인 역사만을 가르치게 된다고 주장한다.

거나, 논쟁적인 사회 이슈에 대해 부모의 세계관을 의심하게 됨으로써 '순수성'을 잃어서는 안 된다고 주장했다. 클라인은 소외, 불평등, 특권 같은 학자들 사이에 널리 사용되는 일부 용어들을 교사가 학생들에게 가르치는 것에 대해 강하게 반발했다. 이는 학생들이 미국 사회가 근본적으로 불공평하다고 믿게 될 것을 우려했기 때문이다. 대신, 페이스북에 게시된 캠페인 동영상(2020년 9월 28일)에서 그녀는 다음과 같이 주장했다.

"우리 자녀들은 미국을 공화국으로서의 정당한 상태로 회복하기 위해 '*회복의 세대*'(이것은 몰몬교적 표현이며 이를 강조하기 위해 이탤릭체로 적었다)로 태어났다. 미국은 본래 민주주의 국가로 설계된 것이 아니며, 민주주의는 그 수명이 짧고 그 붕괴 과정은 폭력적일 수 있다. … 우리 아이들이 계속해서 미국의 역사적 정통성을 부정하는 수정주의적 역사교육이나 사회통합보다는 분열을 조장하는 정체성 정치에 기반을 둔 교육을 받는다면 그들은 국가적·종교적 사명을 달성하지 못할 것이다. 우리는 미국 역사를 신의 섭리가 분명하게 드러나는 원본 문서(독립선언문, 성경 등)를 바탕으로 아이들을 가르쳐야 한다고 강력히 주장해야 한다. 감사와 경외심을 가지고 이 나라의 건국을 이끄신 하나님의 손길을 다시 한번 인정할 때, 바로 그때에만 하나님은 다시 손을 내밀어 미국이 언덕 위에 빛나는 국가로서 운명을 완수하도록 돕고 전 세계를 들어 올리고 축복할 것이다."

클라인의 첫 번째 선거운동에 따르면, 이러한 교육 비전을 실현하기 위한 핵심은 '지역 자치'였다. 페이스북에 게시된 또 다른 홍보영상 (2020년 10월 5일)에서는 보수적인 몰몬 관점이 지배적일 것으로 보이는 전체 주 수준에서의 동질적인 지역성을 사용하여 이 개념을 직접적으로 다루었다. 클라인은 "우리 주의 아동과 청소년들이 부모의 가치관, 태도, 신념을 버리고 있다"고 우려했다. 클라인은 교육의 지역 자치가 이 문제를 해결하는 데 중요한 수단이라고 보았다. "진정한 지역 자치란 아동을 가장 잘 알고 가까이에서 돌보는 사람이 아동을 위한 최선의 결정을 내리는 것을 의미한다. 부모는 자녀 교육에 영향을 미치거나 영향을 받는 여러 이해관계자 중 하나로만 취급받는 경우가 너무 많은데, 사실 부모가 가장 중요한 이해관계자이다. … 학교는 자녀 교육에 있어서 부모의 뜻과 판단을 따라야 할 책임이 있으며, 부모가 학교의 지침에 따르는 것이 아니다." 주 교육위원회 위원으로서 클라인이 보인 이후의 여러 행보는 그녀가 많은 교사들을 신뢰하지 않았음을 드러낸다. 그러나 선거 영상에서 그녀는 '지역 자치'의 범주에 교사들도 포함했다. 그녀는 교사들이 행정가들의 강압적인 지시 없이 자신이 선호하는 교수법을 자유롭게 사용할 수 있어야 한다고 주장했다.

클라인이 생각한 지역 교육자치는 부모와 교사에게만 국한되지 않았다. 위에서 언급한 그녀의 선거 포스터는 질 높은 교육의 중심에 부모-교사-학생을 세 주체에 두면서도 지역 교육위원회가 교육과정, 평가, 예산을 통제해야 한다고 제안한다(2020년 10월 16일 페이스북 게시물 참조).[4] 또한 클라인의 10월 5일 선거 영상에는 지역 자치의 또 다른 측면이 포함되어 있었다. 거기에는 연방정부의 간섭이나 영향으로부터

4　2022년 기준으로 유타주는 약 60만 명의 학생을 위한 42개 지역 교육위원회를 운영하고 있었다.

벗어나야 한다는 의미를 담고 있었다. "부모와 지역 지도자들은 워싱턴의 관료들보다 우리 아이들에게 무엇이 필요한지를 훨씬 더 잘 알고 있다." (국제 수준의 표준화나 외부 개입에 대한 그녀의 불신은 OECD가 유타주의 공식 교육과정 및 기준에 개입하는 것에 반대한 주장[Cline, 2023], 그리고 "UN이 우리 아이들을 성적으로 대상화하려 한다"라고 하면서 UN의 정책 방향에 반대한 2020년 9월 2일자 페이스북 게시글에서 발견할 수 있다.) 영상의 결말에서 그녀는 "의사결정권을 부모와 *유타주 주민*에게 돌려주고자 한다"고 강조하면서, 지역 자치에 대한 자신의 정치적 개념에 주-지역 공동체 수준을 구체적으로 추가했다(이탤릭체로 강조하여 표시된 문구는 몰몬 신자들 또는 몰몬의 가치를 암시하는 상징적 언어로 사용되는 경우가 있다).

클라인은 지역 자치에 대한 개념 속에 교사, 지역 교육위원회, 주 단위의 공동체를 포함하기는 했지만, 부모를 최우선순위에 두었다. 그녀는 2020년 9월 28일 두 개의 동영상을 게시했다. 이 글에서 아직 다루지 않은 두 번째 영상은 부모의 권리가 그녀의 사고에 얼마나 중심적인 위치를 차지했는지를 잘 보여준다. 그녀는 자녀에 대한 부모의 소유권이라는 논리를 부분적으로 수용했으며, 여기에 특히 몰몬 교리와 사고방식에 기반한 표현들이 가미되었다(다음 인용문에서 이탤릭체로 표시된 것은 몰몬의 사고방식에 해당하는 것이다).[5]

"자녀의 교육에 있어서 가장 중요한 이해관계자이자 실질적인 전문가는 누구일까요? 바로 여러분, 부모입니다.

---

5   부모의 자녀 소유권에 대한 간략한 철학적 고찰에 대해서는 Archard, 1993 참조; 교육을 포함한 미국 법에서 부모의 소유권에 대한 비판적 분석은 Woodhouse, 1992 참조; 미국 교육 맥락에서 부모의 권리에 대한 보다 일반적인 담론 분석은 Fowler & Mountz, 2024 참조.

자녀는 학교나 국가가 아닌 부모에게 속한 존재입니다. 여러분은 자녀가 태어났을 때부터 곁을 지키며 사랑하고, 돌보고, 기도하며, 헌신해왔습니다. 그 결과, *자녀의 고유한 필요와 재능, 도전과 성취에 대해 누구보다 깊이 이해할 수 있는 특별한 통찰력을 갖게 되었습니다.*

… 부모라는 이유만으로 여러분은 자녀가 무엇을 배우고 있는지 알 권리가 있습니다. 또한 자녀에게 어떤 내용을 가르칠지를 선택할 권리도 있습니다.

그리고 자녀에게 무엇이 허용되고 무엇이 허용되지 않는지에 대한 최종 결정권은 부모인 여러분에게 있습니다. 학교는 부모의 요청을 존중하고 반드시 따라야 합니다. 학교는 부모의 뜻을 실현할 책임이 있으며, 부모가 학교의 방침을 따를 필요는 없습니다. 그리고 궁극적으로 부모로서의 *책임을 다하는 것은 하나님에 대한 책임입니다.*

아무리 유능한 교육자라 할지라도 무턱대고 [자녀를] 교육자에게 맡길 수는 없습니다."

클라인은 선거운동을 통해 부모 중심의 지역 교육자치가 미국의 자유와 운명에 대한 보수적인 비전을 회복하는 데 도움이 될 것이라고 주장했다. 지역 교육자치에는 교사 및 교육 행정 체계의 다양한 구성 요소가 포함될 수 있다. 그것은 해당 주 주민의 신념을 강화하려는 노력까지 포함될 수 있다(이는 클라인의 지지자와 반대자 중 일부에게 몰몬 신앙에 대한 암시적인 언급으로 이해되었을 가능성이 크다). 그러나 궁극적으로 그녀는 부모들의 보수적 가치를 보호하고 강화하는 것이 가장 중요하다고 믿었던 것으로 보인다.

클라인은 지역 교육자치에 우선순위를 두면서도, 동시에 광범위한 국가 차원의 보수주의 운동과도 관계를 형성했다. 그녀는 2024년 미국 전역에서 주목받게 되면서 보수 성향의 교육 비평가인 제임스 린지(James Lindsay)의 지지를 받았다(특히 린지의 X[트위터] 계정, 2024년 2월 9~11일 참조). 이에 앞서 그녀는 자신의 페이스북 페이지에 찰리 커크, 캔디스 오웬스, 데니스 프레거, 캐럴 스웨인 등 미국 전역에서 유명한 보수 교육 지지자 및 유명 인사들의 링크를 게시한 바 있다. 그녀의 발언은 미국 전역에 널리 알려져 있으며, 동시에 논란의 여지가 있는 '자유를 위한 엄마들' 단체가 취한 입장과 유사하다.[6] 따라서 클라인은 소셜미디어라는 자신만의 제한된 환경 속에서 유타주의 도덕적 공황을 불러일으키려 시도했고, 어느 정도 성공했으며, 동시에 그녀의 발언은 미국 전역에서 진행되는 보수 진영의 전략과도 맞닿아 있었다. 그녀가 활동한 배경은 주로 지역 수준이었지만,[7] 일부 몰몬 색채가 담긴 언어를 제외하면, 그녀의 이념은 분명히 지역에만 국한되지 않았다. 클라인은 지역 교육이 어떻게 운영되어야 하는지를 개념화할 때 동질적인 공동체에 기반한 비전을 활용했지만, 실제 그녀의 행동과 이념은 보다 다원적인 공동체 현실에서 전개되었다. 그녀는 지

6　그러나 '자유를 위한 엄마들' 단체의 창립자이자 현재 지도자 중 한 명이 몰몬교 신도임에도 해당 단체와 클라인이 직접적으로 협력했다는 증거는 발견되지 않았다.

7　그녀가 협력한 웹사이트 "Higher Ground" 참조: https://higherground.work/

역사회의 일부를 지속적으로 비판하는 가운데, 자신의 정치적 이념을 정당화하고 추진력을 유지하기 위해 전국적 차원의 관점을 동원할 필요가 있었다.

클라인은 주 교육위원회 재직 기간 동안 미 전역의 보수 의제와 부합하는 강력한 보수 성향의 입장을 공개적으로 표명하며 가장 큰 주목을 받았으며, 그 과정에서 그녀는 지역 교육자들을 자주 비판했다. 다음에서는 이러한 논란 중 일부에 대한 『솔트레이크 트리뷴』(Tanner, 2024)의 보도에 근거하여 논의한다. 그녀는 페이스북 게시물과 기타 소통 수단에서 LGBTQ+ 학생을 "성 정체성에 혼란을 느끼는"이라고 표현하는 등 감정적으로 자극적인 표현을 사용했다. '주입'은 인종, 이민, 성/성적 지향에 대한 지역 교사들의 교육 내용을 비판하는 데 자주 사용되는 용어였다. 그녀는 왜곡되었다고 여겨지거나 외부로부터 유입된 교육적 영향으로부터 아이들을 보호해야 한다는 주장을 자주 펼쳤으며, 부모들에게 이러한 관점을 비판하고 그런 것들을 표현하는 사람들(대개 교사)을 비난하도록 독려했다. 2023년 7월 4일 그녀의 페이스북 게시물은 학교가 "아동 성매매를 위한 그루밍에 연루되어 있"으며 "노골적이고 비자연적이며 왜곡된 성적 내용에 아이들이 쉽게 접근할 수 있도록 허용하고, 성소수자 및 젠더 비순응적 이데올로기로 세뇌시킴으로써 이러한 악행을 조장하고 방조하고 있다"고 비난했다. 1년 전, 그녀는 한 공개 연설에서 자신과 이념적으로 반대 입장을 가진 사람들의 행동을 "우리 국가를 위한 나의 의제", 즉 "우리 공교육 체계 전반에 만연해" 있는 "교활하고 교묘하며 영혼을 파괴하는 거짓말의 집합"이라고 주장했다. 그녀는 이 의제의 목적은 학생들이 "국가에 더 충성하도록 만드는 것"이라고 주장했다.[8] 클라인은 도덕적 분노를 불러일으키기 위해 자극적인 표현을 자주 사용했다. 그녀는 '우리 아이들'을 보호해야 한다고 자주 말했지만, 임기 동안 그녀의 의제는 지역적인 것만큼이나(어쩌면 그 이상으로) 전국적인 성격을 띠고 있었다.[9]

클라인의 사례에는 훨씬 더 많이 있지만, 도덕적 공황에 가장 근접한 두 가지 사건을 강조하는 것으로 결론을 내리고자 한다. 이 두 사건 모두 일부 지지자들이 '대중의 적'을 특정하고 괴롭히도록 유도했으며, 동시에 그녀의 정치적 의제와 그 수단에 대한 반발을 불러일으켰다. 2021년, 클라인은 몰몬교 세미나리에서 찍은 사진을 페이스북에 게시했다.[10] 이 사진은 LGBTQ+ 깃발과 함께 전통적인 성 정체성을 따르지 않는 학생들도 세미나리 수업에 참석할 수 있다는 환영의 메시지가 담겨 있었다. 『솔트레이크 트리뷴』에 따르면 "클라인은 학교의 실명[자신이 대표로 있는 학군에서 지리적으로 가깝지 않은 학교]을 언급하며 '이제 전화를 할 때이다. 세상은 우리 곁에 너무 가까이 다가와 있다'라

---

8   이 주장은 앞서 언급했던 루더만과 갓원의 듀이와 거트만에 대한 비판과 어느 정도 맥을 같이하며, 클라인이 공교육보다 사교육을 선호한다는 의혹을 불러일으킬 수 있다. 그러나 흥미롭게도 클라인은 사립학교 바우처 제도가 유타주 교육위원회에서 논의되었을 때, 반대표를 던졌다(Tanner, 2024).

9   우리는 클라인의 말과 행동 사이의 이러한 불일치를 지적함으로써 그녀를 비판하려는 것이 아니다. 미국 정치 담론에서 진보와 보수를 막론하고 지역의 미덕을 국가 혹은 국제사회의 타락과 대비시키는 전략이 흔히 활용되며, 이념이 진정으로 지역적인 경우는 드물다는 점이 자주 은폐된다.

10   다른 기독교 교파와 달리 몰몬교에서 고등학생들이 신학을 공부하는 세미나리 건물은 일반 공립 고등학교와 분리된 별도의 종교 건물이지만 보통 학교 근처에 위치해 있다. 유타주의 몰몬 학생들은 학교 수업시간 중 세미나리에서 종교 수업을 들을 수 있도록 '자유 시간(released time)'을 허용받았다. 이 수업을 듣는 것은 전적으로 자발적인 선택이며, 학생 또는 학부모의 선택에 따른 것이다. 그러나 유타주의 세미나리를 반대하는 사람들은 몰몬의 종교 교육과 공립학교 시스템이 밀접하게 연결되어 있으며, 세미나리가 고등학교의 집단 정체성 및 사회화 네트워크를 의도적으로 활용하고 확장하고 있다고 비판한다.

고 썼다"(Tanner, 2024). 클라인이 말하는 '우리'는 가장 직접적으로 몰몬교도를 지칭한 것으로, 여기에서 "세상은 우리 곁에 너무 가까이 다가와 있다"라는 표현은 죄악이 몰몬 공동체 안으로 침투하고 있다는 경고로 작용했다.[11] 클라인은 여기에서 '우리'를 유타의 교육 문화 전반을 지칭하는 의미로 사용했을 가능성도 있다. 클라인의 게시물은 LGBTQ+ 이념(그리고 LGBTQ+ 학생들에 대한 관용조차)이 공립학교를 통해 몰몬 공동체에 스며들지 못하도록 강력한 조치를 취해야 한다는 암시를 담고 있다.

많은 유타 주민은 클라인의 견해에 동의하며, 정당하지 못한 성적 정체성이라고 규정하는 것들이 몰몬 공동체와 고등학생들의 의식 속에 침입하는 것을 비난했다. 클라인의 비판자들은 그녀가 주 교육위원회 위원이라는 위치에서 많은 공립학교 학생에게 영향을 미칠 수 있는 종교적 논쟁에 개입한 것을 비판했다. 그들은 클라인과 그녀의 지지자들의 반응이 전통적인 성 정체성에서 벗어난 학생들을 소외시키는 또 다른 사례라고 생각했다. 클라인의 페이스북 게시물이 공립학교가 아닌 사적이고 종교적인 상황을 다루었다 할지라도 그녀의 비판자들은 그녀의 발언이 특정 공립학교 학생들을 사회적 표적으로 만들었고, 이로 인해 그들이 학교생활 전반에 걸쳐 추가적인 경멸과 배제를 겪게 되는 상황을 초래했다고 보았다. 유타주 교육위원회는 학생을 향한 '혐오 발언'을 조장하는 표현을 강하게 비난하며 이에 대응했다(Tanner, 2024). 이 글에서 우리가 전개해온 개념으로 보자면, 이 논쟁은 정당한

---

11 이 표현은 원래 1802년경 영국의 낭만주의 시인 윌리엄 워즈워스(William Wordsworth)의 시 제목에서 유래했다. 워즈워스는 이 시에서 물질주의와 소비주의가 인간과 자연 사이의 관련이 단절될 정도로 압도하고 있는 현실을 비난했다.

지역 자치의 범위가 어디까지인가에 대한 문제를 다룬 것이기도 하다. 클라인이 공적 지위에 있으면서 몰몬 세미나리와 공립학교의 경계를 흐림으로써 그녀의 개입은 몰몬 문화가 유타주의 교육적 맥락에 반드시 포함되어야 한다는 인상을 주었다.

2024년 두 번째 사건이 발생했다. 이 사건은 결국 클라인이 다음 임기에서 재선될 가능성을 좌절시킨 계기가 되었다. 이 사건은 앞서 언급했듯이 한 여고생 운동선수와 관련된 것이었다. 클라인의 페이스북 게시물에는 다가오는 경기를 홍보하기 위한 광고의 일환으로 농구팀 소속 일부 선수들의 사진이 포함되어 있었다. 클라인은 사진과 함께 "여자 농구 …"라는 글을 올렸다. 이 게시물은 지지자와 비평가 모두에게 그녀가 학생 중 한 명이 트랜스젠더가 아닌지 의문을 제기하고 있다는 인상을 주었다. 학생 운동선수를 지지하는 반응과 도덕적 공황에 가까운 방식으로 대응하는 반응이 유타주에서 나타났으며, 미 전역의 언론에서는 이 사건을 제한적인 수준에서 보도했다. 지목된 학생은 살해 위협을 받았고, 한동안 경찰의 보호를 받아야 했으며, 소셜미디어에서는 많은 악의적인 비난에 시달려야 했다. 그 선수는 클라인의 페이스북 게시물로 인해 적어도 한동안은 '대중의 적'이 되었다.

그러나 클라인은 이 사건으로 인해 강한 반발에 직면했다. 온라인에서의 비판은 신속하게 확산했다. 많은 소셜미디어 사용자는 그녀의 사임을 촉구했다. 결국 주 교육위원회는 클라인이 교육위원회 내에서 활동할 수 있는 권한을 대부분 박탈했다. 보수적인 성향을 가진 유타주의 주지사와 부지사도 그녀를 강력하게 비난했다. 유타주의 대표적인 LGBTQ+ 시민 인권 옹호 단체는 그녀가 성소수자에 대한 도덕적 공황을 조장함으로써 미국 사회에 존재해온 오랜 도덕적 공황의 전통을 답습하고 있다고 공개적으로 비판했다. 그리고 흥미롭게도 이 선수의 아버지는 대중적으로 잘 알려진 몰몬 음악 그룹의 일원이었는데, 한 소셜미디어 이용자는 그를 몰몬 사회 내에서는 상당한 명망과 영향력을 지닌 인물로 과장하여 '몰몬 왕족'이라고 표현하기도 했다. 그 사실은 언론 보도에서 직접적으로 언급되지 않았지만, 그녀의 아버지는 해당 보도에 자신의 이름이 사용되는 것을 허락했고, 아내와 함께『솔트레이크 트리뷴』에 클라인의 행동을 비난하는 칼럼을 기고하기도 했다. 그 음악 그룹의 팬이라면 그가 그 학생의 아버지라는 것을 쉽게 알아차릴 수 있었을 것이다. 클라인에 대한 이러한 반발의 결과로 유타주의 보수적인 교육 정치에 주요 영향력을 행사하던 그녀의 시대가 막을 내렸다. 표현의 자유를 침해받고 있다는 그녀의 항변에도 불구하고 유권자들은 그녀를 주 교육위원으로 다시 선출하지 않았다.

5. 결론

클라인의 사례는 교육의 지역 자치를 철학적 이상으로 삼더라도 그것을 실제로 온전히 구현하는 것이 얼마나 복잡하고 어려운지를 잘 보여주는 사례이다. 일부 관점에서 지역 자치는 민주주의의 실현, 시민 참여의 확대, 지역사회의 통합 증진을 가능하게 한다고 본다. 미국의 문화와 법체계는 이러한 이상 간의 관련성을 높이 평가한다. 지역 교육자치는 학생과 가장 가까운 사람들, 즉 학부모, 교사, 지역사회 구성원들이 학생의 학습 내용에 대해 가장 큰 발언권을 가져야 한다는 직관적 신념에 기반하고 있다. 교육의 지역 자치를 지지하는 사람들은 지역사회가 하나의 공통된 가치 체계를 공유한다는 전제, 즉 동질적 지역성에 근거하여 교육은 기존의 지배적인 지역 가치를 그대로 이어 가야 한다고 본다. 미국인 사이에서 지역 자치에 대한 회의적인 시각은 직관적으로 받아들여지지 않지만, 두 가지 주요 논리적 흐름을 중심으로 전개된다. 첫째, 사회적·지리적 불평등이 심화된 미국 사회의 구조 안에서 지역 교육자치는 오히려 이러한 불평등을 재생산할 가능성이 있다는 것이다. 지역 교육자치는 사회·경제적으로 이미 유리한 지위에 있는 사람들에게 더 많은 기회를 제공하는 경향이 있으며, 교육에서의 평등과 형평성을 실현할 역량은 제한적일 가능성이 크다. 둘째, 지역 교육자치는 지역사회 내부에 존재하는 편견과 문화적 소외를 오히려 강화할 위험이 있다. 지역 자치에 지나치게 의존하는 경우, 학생들이 빠르게 변화하고, 유동성이 증대되며, 세계화되는 현대사회의 흐름에 효과적으로 대비하지 못할 수 있다.

저자들이 보기에 실제 상황에서는 지역 자치와 중앙집권 중 어느 한쪽에 미리 우선순위를 부여하기보다 상황에 따라 양자 간의 적절한 균형을 모색하는 것이 더 바람직하다고 판단한다. 그럼에도 미국의 문화적 담론에서는 중앙정부의 통제에 의한 교육보다 지역 교육자치가 보다 설득력을 가진다. 지역 자치는 일반적으로 바람직하고 이상적인 교육 모델로 간주되는 반면, 중앙집권은 불가피한 행정적 필요에 의해 마지못해 수용되는 경향이 있다. 이러한 배경으로 인해 사람들은 이념적 갈등이 발생할 때마다 '지역 자치'라는 용어의 정의와 해석을 둘러싸고 주도권을 확보하려는 시도를 하게 된다. 나탈리 클라인은 2020년 선거운동에서 지역 자치를 내세우는 전략의 가치를 분명히 이해하고 있었다. 이 선거운동에서 그녀는 지역 교육자치를 미국 교육이 가진 여러 문제를 해결할 수 있는 핵심 열쇠라고 생각했다.

그러나 지역 자치는 항상 일관된 의미를 갖는 것이 아니며, 다양한 방식으로 해석될 수 있기 때문에 실제로 교육 현장에서 적용하기는 쉽지 않다. 지역의 지리적 범위는 고정되어 있지 않으며, 따라서 논쟁의 여지가 있다. 미국의 경우 지역은 단일 학교 수준에서부터 광역 도시권이나 전체 주(state)에 이르기까지 다양한 규모를 포함할 수 있다. 지역을 대표하는 사람들의 범위 또한 고정되어 있지 않다. 상황에 따라 행정가, 교사, 지역사회 구성원은 물론 학부모나 학생들조차 '진정한 지역 구성원'인지, 다시 말해 그들이 지역을 대표할 자격이 있는지에 대해 의문이 제기될 수 있다. 따라서 미국 연방대법원이 '지역 자치' 원칙을 형성하는 과정에서 '지역'이라는 개념을 다양한 방식으로 해석했던 것처럼, 클라인 또한 자신의 선거운동에서 지역 자치에 대한 상이한 비전들에 호소했다. 그럼에도 그녀는 이 개념에서 부모를 우선시했다. 이는 아마도 부모가 가장 의욕적으로 투표에 참여할 유권자라고 판단했기 때문일 수도 있고, 아니면 부모가 자신의 이념적 입장을 가장 잘 공감할 가능성이 크다고 생각했기 때문일 수 있다.

클라인이 주 교육위원회의 일원이 된 이후에는 지역 교육자치를 실제로 구현하는 일이 한층 더 어려워졌다. 그녀의 선거운동은 몰몬 이념을 포함한 보수적인 가치관을 기반으로 한 동질적인 지역 공동체를 전제로 했지만, 예상보다 훨씬 다양한 가치와 정체성이 공존하는 다원적인 지역성을 가진 곳이었기에 이러한 현실은 그녀의 계획에 중요한 제약으로 작용했다. 보다 넓은 범위의 지역 공동체는 결국 그녀의 전략을 거부했다. 그녀의 이념 역시 반대자들의 이념과 마찬가지로, 국가적 차원의 정치 담론과 밀접하게 연결되어 작동하고 있었다. 궁극적으로 그녀는 지역사회에 기반한 선택의 자유와 민주적 자치보다 국가적 차원의 보수주의적 과제를 우선시한 것으로 보인다.

클라인이 보다 신중하게 발언하고 도덕적 공황을 조장하는 전략을 덜 사용했다면, 재선에 성공하여 자신의 이념적 목표를 계속 추진할 수 있었을지도 모른다. 유타주의 이념적 환경은 그녀가 선출되었을 당시와 크게 다르지 않다. 그녀가 추진했던 여러 의제는 여전히 그 지역에서 공감을 얻고 있다. 그러나 클라인의 사례는 지역 자치라는 이상을 실제로 구현하는 데 따르는 여러 어려움을 잘 보여준다. 미국인이 지역 자치를 민주주의와 시민 참여로 가는 이상적인 경로로 여기는 만큼 지역 자치는 사회적 소외와 배제의 도구로도 쉽게 변질될 수 있다. 지역 자치를 뒷받침하는 다양한 개념적 이해와 이상적 가치들은 이를 실제로 실현하려는 시도가 심각한 논쟁과 경쟁을 수반할 수 있음을 의미한다. 민주주의 자체가 그렇듯, '지역 자치'라는 개념의 정의와 해석을 둘러싸고 누가 이를 규정하고 효과적으로 활용할 것인가에 대한 치열한 경쟁이 벌어질 수 있다. 아울러 이 개념을 실제로 실현하고 지속시키는 과정에서도 지속적인 갈등과 마찰이 수반될 가능성이 크다.

참고문헌

김상현, 「국가의 교육권과 부모의 교육권에 대한 고찰: 자사고 제도를 중심으로」, 『교육철학』 66(3), 한국교육철학회, 2018, 25-47쪽.

Altheide, D. L., "Moral panic: From sociological concept to public discourse," *Crime, Media, Culture,* 5(1), Sage, 2009, pp. 79-99.

Amery, F. & Mondon, A., "Othering, peaking, populism and moral panics: The reactionary strategies of organised transphobia," *The Sociological Review*, Sage, 73(3), 2024, pp. 680-696.

Archard, D., "Do parents own their children?" *The International Journal of Children's Rights*, 1, Brill, 1993, pp. 293-301.

Ares, N., "About these times," In N. Ares, E. Buendía, & R. Helfenbein (eds.), *Deterritorializing/Reterritorializing: Critical Geography of Educational Reform*, Leiden: Brill, 2017, pp. 1-25.

Baeth, A. & Goorevich, A., "Mediated moral panics: Trans athlete spectres, the haunting of cisgender girls and politicians as moral entrepreneurs in 2021," In A. D. Greey, & H. J. Lenskyj (eds.), *Justice for Trans Athletes*, Bingley: Emerald Publishing Limited, 2022, pp. 137-149.

Bain, A. L. & Podmore, J. A., "Challenging heteronormativity in suburban high schools through "surplus visibility": Gay-straight alliances in the Vancouver city-region," *Gender, Place & Culture*, 27(9), Taylor & Francis, 2020, pp. 1223-1246.

Basu, R., "Geopolitical framings of subalterity in education: Compounding a neoliberalized welfare state," In H. Jahnke, C. Kramer & P. Meusburger (eds.), *Geographies of Schooling*, Cham: Springer International Publishing, 2019, pp. 163-176.

Billard, T. J., "Gender-critical" discourse as disinformation: Unpacking TERF strategies of political communication," *Women's Studies in Communication*, 46(2), Taylor & Francis, 2023, pp. 235-243.

Billings, A. C., Moscowitz, L., Jackson, J. R., Dirks, E. & Tomsett, S. M., "Trans youth sport bans and the facilitation of moral panic: A cross-platform comparison of 2022 media narratives," *Mass Communication and Society*, 27(6), Taylor &

Francis, 2024, pp. 1555-1579.

Brace, C., "Revisiting the tradition of local control in public education," *Michigan Law Review,* 122(1), University of Michigan Law School, 2023, pp. 97-125.

Buendía, E., Ruiz, A., Martinez, A. G., Sykes, E. & Fisk, P., "Latino neighborhood choice," In N. Ares, E. Buendía, & R. Helfenbein (eds.), *Deterritorializing/ Reterritorializing: Critical Geography of Educational Reform,* Leiden: Brill, 2017, pp. 233-250.

Butler, T. & Hamnett, C., "The geography of education: Introduction," *Urban Studies,* 44(7), Sage, 2007, pp. 1161-1174.

Cahill, C., Gutiérrez, L. A. & Cerecer, D. A. Q., "A dialectic of dreams and dispossession: The school-to-sweatshop pipeline," *cultural geographies,* 23(1), Sage, 2016, pp. 121-137.

Clarke, N., "Locality and localism: A view from British human geography," *Policy Studies,* 34(5-6), Taylor & Francis, 2013, pp. 492-507.

Cline, N., "Portrait of a graduate: The story behind state-designed student sameness," *Higher Ground,* 2023, https://higherground.work/portrait-of-a-graduate-the-story-behind-state-designed-student-sameness/ (accessed 30 May 2025)

Collins, D., "Culture, religion and curriculum: Lessons from the 'three books' controversy in Surrey, BC," *The Canadian Geographer/Le Géographe canadien,* 50(3), 2006, pp. 342-357.

______, "Legal geographies—legal sense and geographical context: Court rulings on religious activities in public schools," *Urban Geography,* 28(2), Taylor & Francis, 2007, pp. 181-197.

Collins, D. & Coleman, T., "Social geographies of education: Looking within, and beyond, school boundaries," *Geography Compass,* 2(1), Willey-Blackwell, 2008, pp. 281-299.

Critcher, C., "Moral panic analysis: Past, present and future," *Sociology Compass,* 2(4), Willey-Blackwell, 2008, pp. 1127-1144.

David, M., Rohloff, A., Petley, J., & Hughes, J., "The idea of moral panic-ten dimensions of dispute," *Crime, Media, Culture,* 7(3), Sage, 2011, pp. 215-228.

Dewey, J., *The Public and its Problems: An essay in political inquiry.* Gateway Books, 1946.

Dwyer, C. & Parutis, V., "'Faith in the system?' State-funded faith schools in England and the contested parameters of community cohesion," *Transactions of the Institute of British Geographers*, 38(2), Wiley-Blackwell, 2013, pp. 267-284.

Fowler, M. M, & Mountz, S., "Discipline, erasure, and silenced subjectivities: A critical discourse analysis of Florida's 2022 Parental Rights in Education Act," *Affilia*, 39(1), Sage, 2024, pp. 24-41.

Freire. P., *Pedagogy of the Oppressed*. New York: Herder and Herder, 1970.

Freytag, T., Lauen, D. L. & Robertson, S. L, "Space, place and educational settings: An introduction," In T. Freytag, D. L. Lauren, & S. L. Robertson (eds.), *Space, Place and Educational Settings,* London: Springer Nature, 2022, pp. 1-6.

Garland, D., "On the concept of moral panic," *Crime, Media, Culture*, 4(1), Sage, 2008, pp. 9-30.

Helfenbein, R. J. & Buendía, E. O., "Critical geography of education," In N. Ares, E. Buendía, & R. Helfenbein (eds.), *Deterritorializing/Reterritorializing: Critical Geography of Educational Reform*, Leiden: Brill, 2017, pp. 27-40.

Helfenbein, R. J. & Taylor, L. H., "Critical geographies in/of education: Introduction," *Educational Studies*, 45(3), Taylor & Francis, 2009, pp. 236-239.

Helgøy, I., Homme, A. & Gewirtz, S., "Local autonomy or state control? Exploring the effects of new forms of regulation in education," *European Educational Research Journal*, 6(3), Sage, 2007, pp. 198-202.

Herdt, G., *Moral Panics, Sex Panics: Fear and the Fight over Sexual Rights*. New York: New York University Press, 2009.

Hier, S. P., "Introduction: Bringing moral panic studies into focus," In S. Hier (ed), *Moral Panic and the Politics of Anxiety*, London: Routledge, 2011, pp. 1-16.

______, "Moral panics and digital-media logic: Notes on a changing research agenda," *Crime, Media, Culture*, 15(2), Sage, 2019, pp. 379-388.

Holloway, S. L., Hubbard, P., Jöns, H. & Pimlott-Wilson, H., "Geographies of education and the significance of children, youth and families," *Progress in Human Geography* 34(5), Sage, 2010, pp. 583-600.

Illich, I., *Deschooling Society*. Penguin Books, 1973.

i Mestre, Ruth M. M., "Trans justice fights trans moral panic," *The Age of Human Rights Journal,* 18, Universidad de Jaen, 2022, pp. 59-81.

Janke, H., "Territorial governance of schooling and education in rural areas: Case studies from northern Germany," In H. Jahnke, C. Kramer, & P. Meusburger (eds.), *Geographies of Schooling*, Cham: Springer International Publishing, 2019, pp. 19-33.

Kirst, M. W., "The changing balance in state and local power to control education," *The Phi Delta Kappan*, 66(3), Sage, 1984, pp. 189-191.

Kramer, C., "A multilevel view of small schools: Changing systems in Baden-Württemberg and Vorarlberg," In H. Jahnke, C. Kramer, & P. Meusburger (eds.), *Geographies of Schooling*, Cham: Springer International Publishing, 2019, pp. 219-249.

Kramer, C. & Holger, J., "Geographies of schooling: An introduction," In H. Jahnke, C. Kramer, & P. Meusburger (eds.), *Geographies of Schooling*, Cham: Springer International Publishing, 2019, pp. 1-18.

Lee, M., Louis, K. S. & Anderson, S., "Local education authorities and student learning: The effects of policies and practices," *School Effectiveness and School Improvement*, 23(2), Taylor & Francis, 2012, pp. 133-158.

McCreary, T., Basu, R. & Godlewska, A., "Critical geographies of education: Introduction to the special issue," *The Canadian Geographer/Le Géographe canadien*, 57(3), Wiley-Blackwell, 2013, pp. 255-259.

McDermott, K. A., *Controlling Public Education: Localism Versus Equity*. Lawrence: University Press of Kansas, 1999.

Mendoza, Y. I., "Safety in secrecy: An exploration of motherhood and the trans child in Alex Gino's *George* and Moms for Liberty," Master's thesis, University of California, Davis, 2024.

Menefee-Libey, D. & Kerchner, C. T., "California's first year with local control finance and accountability," *Education Policy Analysis Archives*, 23(22), Mary Lou Fulton Teachers College, 2015, pp. 1-11.

Miles, L., "Marxism, moral panic and the war on trans people," *International Socialism*, 173, Socialist Workers Party, 2022.

Mills, S. & Kraftl, P., "Cultural geographies of education," *cultural geographies*, 23(1), Sage, 2016, pp. 19-27.

Nast, J., "Bringing the local back in: How schools work differently in different neighborhood contexts," In T. Freytag, D. L. Lauren & S. L. Robertson (eds.),

Space, Place and Educational Settings, London: Springer Nature, 2022, pp. 175-200.

Nestore, M., "Space, marginality, and youth in urban spaces: Pedagogical practices in the *Quartieri Spagnoli,*" In T. Freytag, D. L. Lauren & S. L. Robertson (eds.), *Space, Place and Educational Settings,* London: Springer Nature, 2022, pp. 105-125.

Nguyen, N., Cohen, D. & Huff, A., "Catching the bus: A call for critical geographies of education," *Geography Compass,* 11(8), Wiley-Blackwell, 2017, e12323.

Qian, J. & Kong, L., "When secular universalism meets pluralism: Religious schools and the politics of school-based management in Hong Kong," *Annals of the American Association of Geographers,* 108(3), Taylor & Francis, American Association of Geographers, 2018, pp. 794-810.

Rohloff, A. & Wright, S., "Moral panic and social theory: Beyond the heuristic," *Current Sociology,* 58(3), Sage, 2010, pp. 403-419.

Ruderman, R. S. & Godwin, R. K., "Liberalism and parental control of education," *The Review of Politics,* 62(3), Cambridge University Press, 2000, pp. 503-530.

Schmidt, S., "Genderplay and queer mapping," In N. Ares, E. Buendía & R. Helfenbein (eds.), *Deterritorializing/Reterritorializing: Critical Geography of Educational Reform,* Leiden: Brill, 2017, pp. 209-232.

Smith, M. K., *Local Education: Community, Conversation, Praxis.* Buckingham: Open University Press, 1994.

Smith, N. A., "The sexual folk devil: Making sense of moral panic in the digital age," Master's Thesis, Columbia University, 2022.

Stone, A. L., "Gender panics about transgender children in religious right discourse," *Journal of LGBT Youth,* 15(1), Routledge, 2018, pp. 1-15.

Tanner, C., "3 years of controversy, complaints preceded latest public outcry against Natalie Cline" *Salt Lake Tribune* 10 February, 2014. https://www.sltrib.com/news/education/2024/02/10/timeline-utah-school-board-member/ (accessed 6 May 2025)

Taylor, C., "Towards a geography of education," *Oxford Review of Education,* 35(5), 2009, pp. 651-669.

"Tracking the rise of anti-trans bills in the U.S." (n.d.). Trans Legislation Tracker. https://translegislation.com/learn (accessed 5 May 2025)

Travers, "'Female' sport and testosterone panic," In A. D. Greey & H. J. Lenskyj (eds.), *Justice for Trans Athletes*, Bingley: Emerald Publishing Limited, 2022, pp. 45-60.

Trujillo, T. M., "The disproportionate erosion of local control: Urban school boards, high-stakes accountability, and democracy," *Educational Policy*, 27(2), Sage, 2013, pp. 334-359.

Walker, A., "Transphobic discourse and moral panic convergence: A content analysis of my hate mail," *Criminology*, 61(4), 2023, 994-1021.

Walsh, J. P., "Social media and moral panics: Assessing the effects of technological change on societal reaction," *International Journal of Cultural Studies*, 23(6), Sage, 2020, pp. 840-859.

Walzer, M., *Spheres of Justice: A Defence of Pluralism and Equality*. Oxford: Blackwell, 1983.

Wilson, H. F., "Multicultural learning: Parent encounters with difference in a Birmingham primary school," *Transactions of the Institute of British Geographers*, 39(1), Wiley-Blackwell, 2014, pp. 102-114.

Woodhouse, B. B., "'Who owns the child?': *Meyer* and *Pierce* and the child as property," *William & Mary Law Review*, 33(4), 1991, pp. 995-1122.

10

현 한국 사회의 갈등 및 대립의 원천으로서 진영논리: 그 폐해 및 극복 방안에 관한 시론적(試論的) 탐구

선우현(청주교육대학교 윤리교육과)

1. 진영논리의 늪에 빠진 한국 사회

진영논리란 거칠게 말해서 사회 구성원 본인이 속해 있거나 지지하는 집단의 이념 혹은 이해관계와 합치하고 있는가의 여부에 따라 '참과 거짓', '옳고 그름'을 따지고 판별하게끔 이끄는 논리다. 하지만 이는 전적으로 자의적이며 주관적인 '힘의 논리'에 다름 아니다. 그러므로 진영논리는 진실/거짓, 정당/부당, 혁신/적폐 등을 보편적으로 판단하는 객관적 척도의 역할을 결코 실행할 수 없다.

그러나 현실은 어떤가? 불행하게도 오늘의 한국 사회는 진영논리가 사회 전역에 빠르게 퍼져나가면서, 개별 구성원 각각의 '인식 및 판단 구조'마저 조종하는 지배적 통제의 논리로 작용하는 상황에 처해 있다. 해서 가령 조세 정책이나 의대 증원 문제처럼 경제적·사회적 이해관계가 첨예하게 얽혀 있는 주요 현안들을 둘러싸고 팽팽히 맞서 있는 입장 가운데 어느 것이 규범적 정당성을 견지하고 있는가에 대한 가치판단은 전적으로 진영논리에 의거해 이루어지고 있다. 그 결과 개별 시민 본인의 이념적 신조 등에 합치하는 집단이 내린 결정과 판단은 무조건 올바른 것으로 확신한다. 반면 자신의 정치적 견해 등과 대척점에 서 있는 특정 세력의 견해는 들어볼 생각조차 없이 전적으로 그른 것으로 배격한다.

이렇듯 진영논리는 시민에게 자신의 이념적 코드와 합치하는 진영과 불일치하는 반대 진영 양자를 '적과 동지'라는 이분법적 투쟁 구도 속에 몰아넣어 철저하게 분리토록 유인함으로써 견해를 달리하는 상대방을 끊임없이 적대화·악마화하는 배제적 혐오의 기제로 기능한다. 곧 구성원들로 하여금 자신이 속한 특정 집단의 행태만을 맹목적으로 추종하는 비이성적·맹신적 사고와 인식·판단을 결행토록 호도한다. 그럼으로써 진영논리는 우리 사회를 극단적인 대결적 이항(二項)으로 내몰면서 양자 간의 갈등과 충돌, 증오와 혐오를 부추기고 심화하는 '집단화된 맹목적인 종교적 믿음'[1]으로 작동하고 있다.

한데 이러한 진영논리의 전일적 확산 및 지배 현상은 무엇보다 오랜 기간에 걸쳐 애써 일군 '민주주의의 파괴적·퇴행적 실태'로 가시화되고 있다. 다시 말해 민주주의의 원칙이 훼손되고 민주주의의 근본 토대가 허물어지는 조짐이 도처에서 목도되고 있는바, 이는 진영논리와 직접적인 연관을 맺고 있다.

익히 알려진 것처럼 '온전한' 형태의 민주주의 체제라면, 공적인

---

1 이와 관련한 논의로는 강준만, 『정치를 종교로 만든 사람들』(서울: 인물과사상사, 2016), 8-10쪽; 강준만, 『정치 전쟁』(서울: 인물과사상사, 2022), 6-7쪽 참조.

사안에 있어서 '그것이 과연 (사회)윤리적으로 정당한 것인가'의 여부는
시민 간의 자유롭고 평등한, 개방적이며 민주적인 논의를 거쳐 상호
합의에 이르는 일련의 의사소통적 절차 과정을 통해 궁극적으로 결정
된다. 이 같은 이성적 담론 절차 및 제도는 진정한 민주주의 사회라면
마땅히 갖추고 있어야 할 필수적인 사회구조적 장치라 할 수 있다. 그
리고 이에 더해 개별 시민 구성원들의 합리적 소통 능력과 소통 과정
으로의 적극적 참여 의지, 나아가 이것들을 내재화하여 언제든지 실제
로 활용할 수 있는 '민주적 시민 의식 및 덕성' 또한 요청된다.

그러나 최근 빚어지고 있는 사태, 곧 일상적 삶의 세계를 비롯한
한국 사회의 전역을 전일적으로 장악해버린 진영논리는 민주주의의
토대는 물론 민주주의의 핵심적 구성 요소와 제도, 필수 장치들마저
훼손하고 허물어뜨리는 심각한 반(反)민주적 작태를 연출하고 있다. 더
불어 시민이 지닌 이성적 사유 능력에 기반한 비판적 통찰력과 판단력
을 일거에 무화시키면서 '내 편 아니면 모두 적'이라는 대결적 사고 틀
에 옴짝달싹 못 하게 감금해버리는 그야말로 위기적 상황이 전개되고
있다. 그에 따라 적지 않은 시민은 특정 권력 추구 집단을 무비판적으
로 추종하는 '비주체적 굴종 의식'을 내면화하고 있다. 이는 자주적이
며 주체적인 사유 능력이 현저히 약화되는 동시에 기득권 유지에 총력
을 기울이는 특정 지배 세력에 포섭·조종되는 정치적 노예의 삶을 살
아가는 '비(非)민주시민적 시민 구성원'의 확산으로 이어지고 있다.

이로부터 유추해볼 수 있듯이, 진영논리는 미리 입안된 정치공학
적 결과나 효과를 현실화할 힘을 지닌 정치적 권력 집단, 특히 집권 세
력에 의해 보다 정교하게 기획되어 작동될 가능성이 매우 크다. 그리
고 실제로 국민으로부터 위임받은 통치 권력을 자신들의 사적 이익을

관철하기 위해 전용하는 경우에도 진영논리를 끌어들여 이를 마치 부패한 적폐 세력을 척결하기 위한 개혁적 논리인 양 포장함으로써 국민을 현혹시키는 정략적 도구로 활용되고 있다. 이때 현실 권력 집단의 그 같은 정치적 책략이 성공적으로 이루어지는 데는 통치 집단이 내건 이념적 코드와 자신의 그것이 합치한다고 확신하는 열혈 팬덤 지지층이 ― 사전에 의도한 것은 아니더라도 ― 주동적으로 한몫 거들고 있다. 그런 만큼 일단 진영논리에 포획될 경우, 시민 구성원들은 자신의 이념적 지향점에 합치하는 정치적 권력 집단이 개진하는 그 어떤 입장이나 관점도 정당한 것이라고 맹신하기에 이른다.

이처럼 진영논리는 국민의 시선을 의식하여 혁신이나 개혁의 외피를 두른 정치적 슬로건으로 등장하지만, 실제로는 소수 지배 세력의 기득권을 강화하고 동시에 이를 정당화하는 '강자의 논리'에 다름 아니다. 더불어 '상호 주관적인 의사소통의 논리'에 토대를 두고 있는 '민주주의 논리'와는 정확히 그 대척점에 자리해 있는 '반민주적 폭거의 논리'이다.

주지하다시피 민주주의의 논리란 정치사회적으로 중대한 사적·집단적 이해관계가 맞물린 현안을 놓고 서로 간의 입장이 첨예하게 맞서 있는 경우, 당사자 간의 이성적이며 포용적인 토론 과정을 통해 어느 것이 타당한가를 결정지음으로써 대립적 상태를 해소하는 일련의 의사소통적 절차를 구동시키는 논리이다. 반면 진영논리는 그처럼 아래로부터 시민의 자발적 참여에 의거해 전개되는 자유로운 토론 과정을 통해 그 정당성 여부가 가려지는 대신, '어느 세력이 보다 더 가공할 위력과 권세를 지니고 있는가'에 따라 그 규범적 옳고 그름을 판가름 내게 유도하는 힘의 논리이다.

실상이 이러함에도 진영논리에 매몰되어 뼛속 깊이 내재화된 시민 구성원들, 특히 그로 인해 자신이 지지하는 권력 집단을 맹목적으로 추종하는 구성원들은 지배 세력이 장기 집권을 꾀하거나 기득권을 확충하기 위해 '정치공학적 조작술'로서 진영논리를 적극 활용하는 과정에서 자신들이 한갓 정치적 도구로 이용당하고 있다는 점은 꿈에도 생각지 못하고 있다. 오히려 그러한 시민은 자신의 결정이 그 어떤 권력 집단의 통제나 조종 없이 자율적으로 행해진 것이라고 맹신하고 있다. 다시 말해 그 어떤 외적 강제나 강요 없이 각자의 고유한 정치적 소신에 입각하여 자발적으로 이루어진 행동이었다고 강변하고 있다.

하지만 실제로는 그렇지 않다. 더욱이 현실의 다양한 정치적 지배 세력들은 ― 이념적 좌파 우파를 떠나 ― 개별 시민이 통치권의 영향력에서 벗어나 자발적으로 통치 집단을 위해 헌신·충성하는 것처럼 확신토록 하는 데 심혈을 기울인다. 그리고 바로 이 지점에서 시민의 사유 및 판단 체계를 은밀히 제어함으로써 통치 권력에 대한 별다른 반발이나 저항 없이 '자발적 복종'[2]을 이끌어내는 정치공학적 지배 기제로 기능하는 것이 바로 진영논리이다.

이 같은 작금의 한국적 현실을 면밀히 고려하면서, 이 글은 한국 사회 전체가 진영논리의 늪에 빠져 허우적대고 있는 사태를 초래한 근본 요인들을 '실천철학적 관점'에서 추적·규명해보고, 그 극복 방안을

---

2 이에 관해서는 에티엔 드 라 보에시(박설호 옮김), 『자발적 복종』(서울: 울력, 2015) 참조. 한편 이와 긴밀히 연결되어 민주화 이후에도 여전히 그 위력을 발휘하고 있는 비가시적 '일상적 파시즘'의 논리에 관한 상세한 논의로는 임지현, 「일상적 파시즘의 코드 읽기」(『우리 안의 파시즘』, 임지현 외, 서울: 삼인, 2013), 23-45쪽; 임지현, 「우리 안의 파시즘, 그 후 20년」(『우리 안의 파시즘 2.0』, 임지현 외 엮음, 서울: 휴머니스트출판그룹, 2022), 9-27쪽 참조.

모색해보는 데 주된 기획 의도가 자리해 있다. 이를 위해 진영논리가 전일적으로 한국 사회를 장악하여 사회 구성원들을 지배하게 된 정치사회적 배경과 맥락 그리고 그 원인을 진영논리의 주요 '구성적 요소'들에 초점을 맞추어 고찰해볼 것이다. 이어 민주주의의 이념과 토대를 현저히 침해하고 있는 진영논리의 파괴적 덫에서 빠져나올 실천적 극복 방안과 해소책을 '단초적(緞綃的) 형태'로나마 개진해볼 것이다.

끝으로 한 가지 첨언할 사항은 이 글이 아직 완결적 수준에 이르지 못한 미완의 상태에 머물러 있으며, 이는 이후 보다 풍부한 이론적 정보와 자료, 경험적 데이터 등에 대한 세밀한 검토 그리고 그에 기반한 철학적 통찰과 평가를 통해 완수될 수 있을 것이라는 점이다. 해서 이번 글은 진영논리의 전일적 확산 및 지배 사태에 관한 예비적이며 개략적인 검토와 고찰이 중심이 된, 그런 한에서 본격적인 실천철학적 탐구를 위한 '시론적(試論的)' 성격의 글이라는 점을 밝혀둔다.

2. 진영논리의 전(全) 사회적 확산의 주된 요인

1) '민주화 이후' 진보·보수를 망라한 정치적 지배 집단의 기득권 세력화

① 해방 이후 이제껏 존립했던 한국 사회의 통치 집단들은 가능한 한 자신들의 지배 권력을 오랜 기간 견지하려는 통치 기법을 구사해왔다. 어찌 보면 이는 권력의 획득을 최우선적 목표로 설정하여 추구하

는 정치적 집단의 너무나 자연스러운 근본 속성이라 할 수 있다. 그런 만큼 실제 문제는 시민으로부터 위임받은 통치권을 공적 이익을 위해 행사하는 데 심혈을 기울이는가, 아니면 지배 세력의 사적 이익 증대를 위해 사용하는 데 혈안이 되어 있는가의 여부이다. 김대중 정부나 노무현 정권 등은 대체로 전자에 속한다는 점에서 전형적인 민주주의 정부라 할 수 있었다. 그에 반해 박정희 유신 체제나 전두환·노태우의 신군부 정권 등은 후자에 속하는 대표적인 반민주적·반민중적 정부였다.

잘 알려진 것처럼 정치적 정통성과 정당성이 결여되었던 민간 및 군사독재 정권들은 통치권 수호를 위해 군과 경찰, 정보기관 등 가용할 수 있는 모든 물리적 폭력 기제들을 동원하여 강압적인 방식으로 지배 권력에 복종케 만드는 '가시적 파시즘' 기법을 구사했다. 그것은 나름 적지 않은 효과를 거두었으며, 반민주적 독재체제를 유지하는 동력원으로 작용했다. 하지만 그러한 통치 기법은 장기적인 관점에서 정권의 안정적 유지를 위한 강력한 정략적 방편으로 기능하기에는 역부족이었다. 곧 독재 체제를 거부하는 저항적 민주시민 세력은 지속적으로 독재 정권에 맞서 목숨을 건 민주화 투쟁을 전개해나갔으며, 마침내 반민주적 1인 지배 체제의 종언을 이끌어냄으로써 민주 항쟁의 최종적 승리를 쟁취하기에 이르렀다.

이 같은 역사적 경험과 사례는 그 이후, 보다 정확히 말해서 '(형식적) 민주화 이후'의 정치적 지배 세력들 — 특히 비민주적 성향이 강한 권위주의 정부들 — 이 그 같은 강압적인 통치 기법을 수정·변용하게 만드는 주된 요인으로 작용했다. 곧 파시즘적 철권통치가 아닌, 보다 유연하고 순화된 정치공학적 통치술로의 전환이 이루어졌다. 흔히 '비가시적 일상적 파시즘' 혹은 '연성 파시즘'으로 일컬어지는, 외견상 보다 소프트하고 부드러운 통치 기법이 바로 그것이다. 한데 이러한 정치적 통치 기술은 겉으로는 일반 시민의 강제 없는 자발적인 선택과 결정을 통해 집권 세력을 지지하는 형태로 드러나게 하지만, 실상은 보다 정교하고 은밀한 방식으로 복종토록 조종하는 통치 방식이다. 그리고 그 대표적인 사례로는 무능한 권위주의 정권의 전형으로 끝내 시민에 의해 파면당한 박근혜 정부의 '두 국민 전략'[3]이었다.

한데 박근혜 정권은 — 외견상으로는 역설적이게도 — 출범 초기부터 줄곧 국정 운영의 근본 지표로 '국민 대통합'을 내세웠다. 또한 이를 정책적으로 뒷받침하는 기구로서 대통령 직할 소속의 '국민대통합위원회'를 설치하기까지 했다. 하지만 박 정권이 표방한 국민통합은 실상 좀 더 효율적으로 국민을 장악하여 안정적으로 자신들의 통치 기반을 강화하려는 정략적 통치술, 그것도 국민의 시선을 기만하기 위한 고도의 전략적 통치 기법에 다름 아니었다. 임기 내내 국민통합을 주창했지만, 여기서의 국민통합이란 오직 박근혜 정부를 따르고 지지하는 국민'만'의 통합에 다름 아니었다. 이를 위해 당시 집권 여당은 박 정권에 우호적인 세력과 그 반대편에 자리한 비우호적인 거부 세력으로 양분하여 지지자 간의 공고한 결집을 추구하고 비판적 반대층은 배제해버리고자 시도했다. 이 점을 감안할 때, 소위 '국민 대통합'은 허울에 지나지 않으며 실제로는 당시 박근혜 정권에 부정적인 비판 세력을 제외한 채, 맹목적으로 옹호하는 열혈 지지층을 공고히 결속시킴으로써 허약한 권력 기반을 안정화하려는 기만적 통치술에 지나지 않는 것이었다.

3　선우현, 「반공주의와 그 적들」(『다시 민주주의다』, 사회와철학연구회 지음/선우현 기획·편집, 서울: 씨아이알, 2015), 105-106쪽 참조.

무엇보다 이러한 현실적인 정략적 통치 기법으로서 '배제-통합적 통치' 방식이 등장하게 된 배경으로는 당시 대선에서의 승리라는 절박한 당면 목표를 꼽을 수 있다. 이는 박근혜 정부가 출범하기 바로 직전의 상황을 복기해보면 곧바로 알 수 있다. 곧 당시 이명박 정부와 야당 간의 지지율 차이는 그야말로 박빙이었다. 그런 만큼 보수 정권에 대단히 우호적인 노·장년층을 중심으로 한 '고정' 지지층'만'을 견고하게 묶어두기만 해도 3% 내외 간발의 차이로라도 보수 진영이 대선에서 승리할 수 있다는 주도면밀한 계산이 기저에 깔려 있었다. 그리고 바로 이러한 정치 책략적 셈법으로부터 골수 지지층을 토대로 보수 진영에 속한 시민을 하나로 응집시키고 진보 진영에 속한 비판적 시민 세력을 갈라치기하는, 배제와 통합을 동시적으로 작동시키는 소위 '두 국민 전략'을 고도의 정략적 통치 기법의 하나로 발굴해낸 것이다. 실제로 2012년 대통령 선거에서 박근혜 후보는 1,570만 표, 문재인 후보는 1,460만 표로 '불과' 100만 표 차로 아슬아슬하게 보수 진영이 '승리'했다.[4]

이로부터 우리는 지난 이명박·박근혜 보수 정권 시기에 한국 사회를 끝없는 갈등과 분열, 충돌의 늪에 빠뜨린 진영논리의 '시원적(始原的)' 형태가 보다 구체적인 가시적 외양을 띠고 등장했음을 목도하게 된다. 말할 것도 없이 이는 우리가 실제로 대면했던 경험적 차원에 한정된 것이며, 이론적·개념적 차원에서 접근할 경우 훨씬 그 이전부터 진영논리의 맹아적 형태는 사실 존재했다. 그럼에도 일반 시민이 직접적으로 보고 느낄 수 있었던, 보다 현실에 구현된 진영논리의 구체적

4　위의 글, 106-107쪽.

양태는 '두 국민 전략'에서 찾을 수 있을 성싶다.

② 그렇지만 보다 심각한 문제적 상황은 2017년 출범한 '촛불 정권'임을 자임했던 문재인 정부에서 벌어졌다. 곧 진영논리의 증폭 및 확산을 통해 정권의 토대를 한층 더 확고히 하려는 시도가 이번에는 소위 '진보' 정권에 의해 주동적으로 자행되었다는 점이다.[5] 이와 관련해, 혹자는 통치권의 획득과 유지를 가장 중차대한 전략적 목표로 삼고 있는 정당을 비롯한 정치적 권력 추구 집단에 있어서 그러한 행태는 고유한 통치 전략 및 전술의 일환으로 이해될 수 있지 않느냐고 반문할 수도 있다. 하지만 이는 크게 보아 두 차원에서 중대한 문제점을 노정하고 있다.

그 하나는 독재 및 비민주적 권위주의 정권을 상대로 오랜 기간 민주화 투쟁을 주도해온 사회변혁적·진보적 정치 세력이 민주화 이후 보수 지배세력 못지않은 기득권 집단으로 자리하게 되면서, 자신들의 사적 이해관계의 관철 및 유지를 위해 적극적으로 진영논리를 활용하기 시작했다는 점이다. 또 다른 하나는 — 앞의 것과 내적으로 긴밀히 연결된 것으로서 — 진영논리의 정략적 활용이 부분적·부차적으로 이루어진 것이 아닌, 전면적이며 중심적인 통치방식으로 행사되고 있었다는 점이다.

그에 따라 진영논리와 그에 바탕을 둔 다양한 책략적 기법들 — 가령 '정치의 팬덤화' 수법[6] — 을 적극적으로 이용한 진보 정권의 행태

---

5 이에 관한 총체적인 비판적 논의는 진중권 외, 『한번도 경험해 보지 못한 나라』(서울: 천년의 상상, 2020) 참조.

6 '팬덤정치'의 반민주적 위험성과 문제점에 관해서는 박상훈, 『혐오하는 민주주의: 팬덤 정

는 그야말로 진보를 지지하고 성원한 많은 시민 구성원들에게 실망을 넘어 절망감을 안겨주기에 충분했다. 다시 말해 사회 혁신을 지향하는 진보적 정권을 통해 보다 공정하고 정의로운 민주사회를 구현할 수 있을 것이라는 일반 시민의 기대감과 희망, 감동이 정치에 대한 환멸과 절망, 탄식으로 바뀌게 되었다는 점이다. 이렇듯 노무현 정권의 이념과 가치를 계승한 가운데 촛불 민심을 대변하고 있다고 자평했던 문재인 정부는 더 이상 민주 항쟁의 타도 대상이었던 독재체제가 존재하지 않는 변화된 상황 속에서 지배 권력을 항구적으로 향유코자 시도하는 또 하나의 '권력 추구적인 기득권 세력'으로 자리하기에 이르렀다.

　　이러한 비판적 평가를 정당화해줄 근거와 사례는 사실상 차고 넘친다. 그중 대표적인 예로는 '지배 권력의 충실한 시녀' 역할을 일관되게 수행해온 '검찰'을 전면적으로 개혁한다고 선언했음에도 결국 자신들의 권력을 안정적으로 유지하기 위한 도구적 호위 조직으로 재편했다는 점을 들 수 있다. 특히 그처럼 검찰 개혁의 명분을 내세움에 있어서도 참으로 가관이었던 점은, 명색이 통치권을 쥔 집권 여당이었음에도 문재인 정부는 정치검찰을 앞세운 수구 반동 세력에 의해 여전히 탄압받고 있는 양 줄곧 읍소했다는 사실이다. 아울러 그러한 기획 의도에 따라 악마화의 대상으로 검찰과 그 비호세력으로서 '전임' 보수 집권 세력을 설정하여 재임 기간 내내 검찰의 전면적 혁신과 적폐 세력의 타파를 주창하는 등 온갖 요란법석을 떨었다.

　　하지만 그 귀결점은 검찰의 '정치적 중립화'가 아닌, 소위 진보 정권의 장기 집권을 위한 하수인 조직으로 재편하는 데 올인한 것이었

<hr>

치란 무엇이고 왜 문제인가』(서울: 후마니타스, 2023); 진중권 외, 『한번도 경험해 보지 못한 나라』, '3장 새로운 정치 플랫폼, 팬덤 정치' 참조.

다.[7] 그리고 이러한 작업을 차질 없이 추진하기 위해 차용한 '오인의 메커니즘'이 바로 진영논리였다. 요컨대 촛불 정권에 의해 자행된, 진보의 가치와 이념에 반하는 정치공학적 작태와 그에 따른 '민주주의의 침탈적 난맥상'을 나름 정당한 것인 양 합리화하는 '논리적 기제'가 다름 아닌 진영논리였던 셈이다.

③ 박근혜 정부에서 보다 가시적인 양태로 그 실체를 드러낸, 진영논리에 기초한 반민주적·반의사소통적 힘의 대결 구도는 문재인 정부에 이르러 한층 더 진전된 형태로 변용됨으로써 '진보/보수 간 적대적 대결 양상'은 진영논리에 그 토대를 둔 '적과 동지의 투쟁 구도'로 급속히 재편되어나갔다. 그에 따라 이념과 사상적 지향점이 다른 '두' 대립 진영은 상대방을 적으로 규정하여 타도해버리는 데 온 힘을 기울이는 '카오스적 투쟁 상태'가 펼쳐지기에 이르렀다.

상황이 이렇다 보니, 이른바 진보와 보수를 표방하는 두 지배 세력 중 '어느 쪽이 정치 윤리적 정당성 측면에서 보다 우월한가'를 판단하기는 실로 난감한 지경에 처해버렸다. 다소 거칠게 말해서, 그간 진보가 누려왔던 '이념적·도덕적 우위성'은 소멸해버렸으며, 이제 양자 간에는 '도긴개긴'의 실상이 자리하고 있을 뿐이다.

이러한 현실과 맞물려, 진보든 보수든 '하나의' 정치 세력이 '오랜 기간' 통치권을 유지할 경우 적지 않은 폐단이 야기될 수 있다는 우려는 갈수록 높아만 갔다. 그리고 급기야 한편에 정치적 힘을 몰아주기보다는 양자 사이에 적절한 견제가 이루어지는, '권력 간 상호 균형

7　이에 관한 보다 상세한 논의는 선우현, 「진영논리와 소위 '진보적 지식인'의 자세와 역할」(『사회철학연구회 하계 심포지엄 자료집』, 사회와 철학 연구회, 2020), 4-5쪽 참조.

적 상태'에 대한 시민적 요구의 비등으로 인해 보수 지배 세력으로의 정권 교체가 이루어졌다(고 볼 수 있을성싶다). 그렇게 탄생한 것이 윤석열 정부였다. 하지만 다수 시민의 그러한 바람과는 '완전히' 다르게, 윤 정권은 그야말로 정치적 무능의 끝판왕이자 정치적 부도덕성의 극치를 보여준 반민주적·반시민적 정권의 대표적 유형이었다.

이 점은 정치사회적 영역을 넘어 일상적 생활세계에 이르기까지 진영논리에 기반한 무차별적인 대결적 국면을 조장하면서, 파면당하는 마지막 순간까지도 분란과 충돌을 끊임없이 불러일으켜왔다는 점에서 재차 확인된다. 윤석열 정부에 의해 전방위적으로 감행된 진영논리의 유포 및 확산은 입장이 다른 상대방에 대한 존중 및 배려 의식을 제거해버렸으며, 이성적 토론을 통해 상호 합의에 이르는 민주주의적 절차조차 무력화시켰다. 그 결과 본래 '보다 나은 논증의 힘'이 작동해야 하는 자리는 '더 강한 힘의 논리'와 '보다 강력한 물리적 폭력의 강도'에 의해 대체되기에 이르렀다. 그리고 이는 폭발적인 사회적 갈등과 분열, 충돌의 심화로 이어졌으며, 급기야 위법적인 '계엄 선포'를 정점으로 민주주의의 기반을 심대히 훼손하는 지경에 다다랐다. 한마디로 자유롭고 개방적인 논의를 통해 작동되는 민주주의적 통치 방식은 실종되고, 보다 강한 권력에 기반한 강압적 힘의 논리를 통한 반대 진영의 일방적 타도와 승리의 쟁취만이 '정치의 본령'인 양 간주되는 상황이 연출되었다.

나아가 이는 비단 정치적 영역에만 국한되지 않고 그 경계를 넘어 문화와 교육을 비롯한 일상적 생활세계에까지 침투해 들어와 구성원들의 삶을 전일적으로 규제하는, 이른바 '루틴(routine)의 논리'가 되어버렸다. 가령 신뢰와 존중을 바탕으로 합리적 소통의 관계망으로 구조

지어진 학교 현장마저 교사와 학부모 간에 이성적 대화가 단절되고, 상호 불신에 기반한 대결적 적대 전선이 형성되어 지속적인 갈등이 빚어지고 있다. 이러한 상황은 이 글을 쓰고 있는 시점, 곧 전(前) 대통령 윤석열의 파면으로 인해 다시금 치러지는 대통령 선거를 앞둔 이 시각에도 여전히 진행 중에 있다.

2) 진영논리 확산의 '주도적 조력자'로서의 지식인 집단

앞서 우리는 한국 사회가 얼마나 심각한 지경에 이를 만큼 진영논리의 늪에 빠지게 되었으며 그로부터 아직도 헤어나오지 못하고 있는가를 '정치적 지배 세력의 성격 및 양상 변화'를 중심으로 살펴보았다. 그로부터 특히 과거 독재 정권 시절, 민주 항쟁을 주도했던 진보적 정치 세력이 민주화 이후에는 또 하나의 기득권 지배 세력으로 안착하게 되면서, 통치권을 지속적으로 장악하기 위한 다양한 통치 기법을 본격적으로 구사하고 있음을 확인할 수 있었다. 그리고 그 중심에는 진영논리가 자리하고 있음도 엿볼 수 있었다.

그런데 이전의 보수 집권 세력뿐 아니라 이후 통치권을 넘겨받은 진보 정권하에서도 그러한 정략적인 통치술이 무리 없이 구동할 수 있게 된 데는 적지 않은 조력자들의 손길이 있었다. 그중 주도적 역할을 수행한 주체는 단연 지식인 집단이었다. 무엇보다 이들은 지식인에게 주어진 일차적인 사회적 책무, 즉 '살아 있는 지배 권력에 대한 지속적인 감시와 견제의 기능'을 방기해버렸다.[8] 특히 진영논리의 정치적 · 책

---

8 사르트르(J. P. Sartre)에 의하면, 지식인의 궁극적인 역할은 "모든 권력에 대항"하는 것이다. 장 폴 사르트르(박정태 옮김), 『지식인을 위한 변명』(서울: 이학사, 2018), 95쪽.

략적 이용이라는 부당한 권력 행사에 대해서도 치열한 비판과 저항적 거부의 몸짓을 온전히 보여주지 못했다.[9] 그러기는커녕 진영논리의 전일적 지배로 인해 촉발된 한국 사회의 극단적 분열 및 적대적 투쟁 사태를 조장하는 데 적지 않게 일조했다. 일례로 높은 대중적 인지도와 정치적 영향력을 갖춘 소위 진보적 지식인 가운데 일부는 진영논리를 변호하는 데서 한발 더 나아가 논리적으로 정당화하는 데 앞장서기도 했다.[10] 더불어 그러한 옹호 논변에 의거하여 사적 이익을 위해 ― 자칭 진보 정권이라고 칭했던 ― 집권 세력에 의해 자행되는 권력의 남용과 그로 인해 민주주의의 이념과 가치가 현저히 훼손되는 사태 역시 사회 개혁과 쇄신을 거부하는, 이른바 적폐 세력의 혁파라는 명분을 내세워 변호하기에 여념이 없었다. 다른 한편으로 사회적 갈등이 격화되고 민주주의의 토대가 침해되는 상황에서도 지배 권력의 부당한 남용에 대해 저항하지 못한 채 침묵하거나 외면한 지식인들의 기회주의적 행태 또한 진영논리의 확산을 촉진하는 데 기여하는 결과로 이어졌다.

이처럼 적극적·주도적 역할을 수행했든, 아니면 권력의 눈치를 보며 수수방관함으로써 진영논리의 전일적 지배를 허용하는 데 소극적 역할을 담당했든 간에 지식인 계층은 한국 사회의 실질적 민주화와 사회정의의 구현을 선도해야 할 지식인으로서의 책무와 역할을 제대

---

9 진보 정권하에서도 권력 비판이라는 지식인의 역할 수행이 녹록지 않다는 사실은 진보 매체로 일컫는 『한겨레』 기자인 강희철의 다음과 같은 발언을 통해서도 일정 정도 엿볼 수 있다. "문재인 정권 들어 기자로 살기가 몹시 팍팍해졌다. 무엇이 사실인지는 뒷전인 채 '너는 누구 편이냐'고 추궁한다. 최고 권력자가 '양념'이라 부른 돌팔매가 일상화되고, 제 맘에 안 들면 다짜고짜 '기레기'라고 덤빈다. 그래도 기자는 여전히 모든 것에 물음표를 던지는 '직업적 회의주의자'여야 한다고 믿는다. '권력자' 박근혜를 의심했던 눈으로 '권력자' 문재인을 바라볼 뿐이다." 강희철, 『검찰외전』(고양: 평사리, 2021), 7쪽.

10 이에 관한 보다 상세한 내용은 「JTBC 뉴스룸」(2019년 10월 1일자) 참조.

로 수행하지 못했다.

한데 진영논리 확산의 주된 조력자로서의 역할을 수행한 지식인의 경우에도 보수적 지식인에 비해 진보적 지식인을 향한 규범적 비판과 비난의 목소리는 훨씬 더 가혹할 수밖에 없다. 무엇보다 비판적 지식인은 '사회 변혁과 혁신'을 이론적 탐구 주제로 설정하여 논구할뿐더러 이를 실천적으로 실행해나가는 지식인이기 때문이다. 그런 만큼 사회정의나 사회구조적 공정성, 민주성에 민감할 뿐 아니라 개인 윤리의 차원에서도 보다 섬세하고 민감한 도덕적 문제의식을 견지하고 있다고 평가되어왔다.

하지만 실제 현실은 어떠한가? 보다 정의롭고 공정한 민주적 인간사회를 구현하는 데 선도적 역할을 수행해왔다고 자부하던 비판적 지식인 집단이 최근에 이르러 진영논리의 확산과 전일적 지배를 구축하는 데 오히려 주도적으로 관여함으로써 진보의 이념과 가치를 훼손하고 어렵게 일군 민주주의를 퇴행시키는 데 앞장서고 있다. 이런 연유로 진보적·비판적 지식인들은 보수적 지식인에 비해 한층 더 무거운 책임의식을 느껴야 할 것이다.

이렇듯 진영논리가 판치는 오늘의 현실을 있게 하는 데 적지 않은 귀책사유를 지닌 지식인 집단에는 ― 과거 군사독재 정권 시절 이념적 하수인으로 복무했던 수구 반동적 지식인의 계보를 잇는 ― 보수 지식인뿐 아니라, 그들과 '다름'을 강변하며 도덕적 우위성과 개혁성을 전면에 내걸었던 소위 진보적 지식인들도 상당수 포함되어 있다.[11]

사정이 이런 만큼 과거 독재 타도를 위한 민주화 투쟁이 가열차게

---

11 보수 혹은 진보를 떠나 모든 지식인이 이러한 역할을 수행한 것은 아니라는 점도 부언해둔다.

전개되던 시절을 포함하여 주요 고비마다 예리한 비판적 지적과 고발을 가차 없이 가하면서 실천적으로 저항하던 비판적 지식인 집단의 모습은 서글프게도 오늘의 시점에서는 찾아보기 어려운 것이 사실이다. 물론 일부 지식인들은 여전히 지식인에게 부여된 역할을 묵묵히 수행하고 있으며, 그에 따라 진영논리의 폐단과 폐해를 집중적으로 공격·폭로하는 데 나름 최선을 다하고 있다.

하지만 그처럼 열정적인 일부 지식인을 제외하면 ― 진보나 보수할 것 없이 ― 다수의 지식인은 진영논리를 적극 수용하여 합당화하면서, 자신의 이념적·계급(층)적 이해관계와 합치하는 정치적 지배 세력을 적극적으로 옹호하고 그 반대 진영을 집중적으로 공격하고 악(惡)의 집단으로 몰아가는 데 여념이 없어 보인다.

그 결과 대다수 시민은 권력 집단의 기득권 강화 술책인 진영논리를 차단하거나 제거하는 데 온 힘을 쏟기보다는 오히려 이를 확대·고착화하는 데 지식인들이 중요한 조력자로서의 역할을 수행하고 있다는 사실에 커다란 실망감을 느끼고 있다. 더욱이 지금껏 진영논리가 사회 전반을 장악해온 도정에서 보여주었던 특정 지배 세력에 관한 '권력 친화적 행태'는 지식인 집단에 대한 시민 구성원의 보다 큰 배신감과 신뢰 상실로 이어지고 있다.

그로 인한 것이지만, 힘겹게 일구어온 민주주의의 이념과 가치, 원칙이 크게 위협받고 있는 오늘의 상황 속에서도 대다수 시민은 지식인 집단이 그 어떤 역할을 해줄 수 있을 것이라고 그리 기대하고 있지 않아 보인다. 아니, 바라고 있지도 않은 것처럼 비친다. 이는 지난 시절 독재 권력에 맞서 지식인들이 보여주었던 그 담대한 용기와 결기, 결연한 투쟁의지를 더 이상 찾아보기 어려워진 오늘의 현실을 맞이하여 지식인에 대한 실망과 불신을 넘어 '지식인의 몰락'을 조롱하듯 운위하는 상황이 연출되고 있는 점에서 확인해볼 수 있다. 지식인들의 처지에서는 가히 치욕적인 상황을 맞이하고 있는 셈이다. 그리고 이 모든 절망적 사태의 밑바닥에는 진영논리가 굳건히 자리하고 있다.

3) 뉴미디어의 등장에 따른 의사소통 양식의 변화 및 공론장의 구조 변동: 진영논리의 전일적 확산을 위한 사회구조적 배경 조건

① 현시점에서 진영논리가 사회 전역에 급속히 확산하여 한국 사회 구성원들의 사유 및 행위 양식을 지배하게 되는 데 기여한 사회구조적·환경적 요인으로는 무엇보다 뉴미디어(new media)를 비롯한 디지털화된 새로운 (소통) 매체의 출현을 들 수 있다. 그것의 등장과 작용으로 인해 의사소통 양태의 중대한 변화가 촉발되었을 뿐 아니라 그것을 구성적 토대로 삼고 있는 정치적 공론장의 구조 변동 또한 근본적 차원에서 이루어졌기 때문이다. 특히 이 점에 주목할 필요가 있는 까닭은 그것이 상호 합의를 지향하는 민주적인 '의사소통 논리'를 근본적으로 훼손하면서, 일방적으로 상대방을 제어하는 비민주적인 '힘의 논리'가 자유로이 구동하는 데 최적의 환경과 조건을 제공하기 때문이다. 상황이 이런 만큼 민주정치의 온전한 구현과 활성화를 추구함에 있어 중심적인 구조적 동력원으로서 기능하는 정치적 공론장의 그 같은 구조적 변동은 민주주의가 온전하게 구동되지 못하는 다분히 부정적이며 비관적인 상황으로 귀결될 공산이 크다.

그렇다면 인터넷 뉴스나 블로그, 소셜미디어 같은 새로운 디지털 매체는 어떻게 한국 사회 도처에 '반민주적인' 진영논리를 빠르게 확산시켜 개별 시민의 인식 및 사유 체계를 제어할 수 있게 되었는가? 이 점을 본격적으로 살펴보려면, 먼저 세 단계에 걸쳐 전개되어온 '의사소통 기술(技術)'의 혁신 내지 혁명적 변화 과정에 대한 고찰이 선행되어야 한다.

하버마스(J. Habermas)에 따르면, 의사소통 기술의 혁신은 3단계에 걸쳐 진행되어왔다. 그 첫 번째는 '기계적 인쇄' 단계이며, 두 번째는 '전자 디지털화'[12] 단계, 그리고 세 번째 단계의 혁신은 '전 세계적인 컴퓨터 네트워킹'의 탄생이다.[13] 이 중 특히 주목할 대상은 3단계의 혁신 과정이다. 이 단계는 민주주의의 발전적 구현과 관련하여 생산적으로 기여할 수 있는 측면과 파괴적으로 작용할 수 있는 측면을 동시에 내장하고 있다는 점에서 그러하다.

익히 알고 있듯이, 세 번째 혁신 단계를 통해 출현한 컴퓨터 네트워크 통신망, 곧 인터넷은 전 세계를 하나로 연결한 거대한 '의사소통적 그물망' 구조를 형성했다. 더불어 그 바탕 위에 구축된 다양한 콘텐츠와 내용을 갖춘 각종 인터넷 웹사이트, 유튜브 등과 같은 새로운 디지털 매체와 플랫폼은 장소와 시간에 구애받지 않고 실시간으로 다양한 정치사회적 사건과 사안을 전 지구촌 시민에게 고스란히 알릴 뿐 아니라, 관심이 있는 사람은 누구나 참여할 수 있는 쌍방향 간 상호 주관적 소통 양식과 토론의 장을 제공해주었다.

---

12 여기서의 전자 디지털화는 뉴미디어 이전의 TV, 라디오, 영화 등의 대중매체 출현을 가리킨다.

13 위르겐 하버마스(한승완 옮김), 『공론장의 새로운 구조변동』(서울: 세창출판사, 2024), 47쪽.

게다가 개별 시민 누구나 '저자'가 되고 또한 '수신자'가 될 수 있는 새로운 혁신적인 플랫폼을 대규모로 신속히 제공해줌으로써 시민이라면 누구나 참여하여 자유로이 견해를 개진하고 상호 담론과 토론을 벌여나갈 수 있는 한층 더 개방적이며 포용적인 '디지털 공론장'의 출현을 가능케 했다. 그에 따라 많은 이들은 디지털 공론장이야말로 자유로운 소통을 통해 사회적 합의에 다다른 공통의 객관화된 견해, 즉 '공론'을 산출해내는 '이상적 대화 상황'에 근접하는 수준의 소통적 절차를 제공해줄 수 있을 것으로 기대했다. 더불어 그러한 이성적인 의사소통 절차에 기반한 실질적 민주주의의 유형, 곧 '담론적·절차적 민주주의'[14]가 구현될 수 있을 것으로 낙관했다.

그러나 그러한 기대와 낙관적인 예측은 오늘에 이르러 점차 회의적이며 비관적인 분위기로 돌아서고 있다. 이는 어찌 보면 처음부터 예견된 사태라고 할 수 있다. 새로운 유형의 디지털 미디어, 즉 뉴미디어는 이성적 대화나 토의를 현저히 훼손시킬 위해적인 속성을 내장하고 있기 때문이다. 다시 말해 합리적 소통 — 그에 토대를 둔 공론장의 활성화 — 을 통해 민주주의를 한층 더 완성도 높은 체제로 고양시켜줄 것으로 예견되었던 희망적 기대의 이면에는 민주주의의 근본 원칙을 허물어뜨림으로써 민주주의 자체를 위험에 빠뜨릴 파괴적 특성이 자리하고 있다. 더욱이 이는 단지 기우에 그치는 것이 아니라, 실제로 현실화되어 나타나고 있다. 이 점을 하버마스는 다음과 같이 비판적으로 지적하고 있다.

---

14 이에 관한 개략적인 해명으로는 선우현, 「한국 및 독일 사회의 '현실'과 하버마스의 사회'철학'」(『현대 문명의 향도: 인류 문명 진보를 위한 현대 철학의 모색들』, 이명현 외, 서울: 21세기북스, 2024), 108-112쪽 참조.

　　"뉴미디어가 제공하는 글로벌 조직의 잠재력은 루카셴코(Aleksandr Lukashenko)에 대항해 끈질기게 항의하는 용감한 벨라루스 여성에게만이 아니라 우익 극단주의 네트워크에도 도움이 된다."[15]

　　이 대목에서 무엇보다 우려되는 대목은 디지털 매체 및 플랫폼, 아울러 그에 기반한 다양한 형태의 토론방과 커뮤니티에는 숙고된 논의 과정을 거쳐 공공적 중요성이 있다고 판단될 시 특정한 사안을 공론화할 수 있는 심의정치적 · 의사소통적 절차 과정이 빠져 있다는 사실이다. 이는 대중적 관심을 끌어모으거나 상업적 이익을 관철하기 위해 혹은 정치적 목적에 따라 특정한 사적 사안을 공익적 성격과 사회적 공공성을 담보한 주요 현안인 양 포장하여 얼마든지 유포시킬 수 있다는 것을 의미한다. 사정이 이렇다 보니, 정치적으로 의도된 특정 메시지를 개진하거나 정략적 차원에서 기획된 이념적 선동 · 선전을 실행하기 위해 마치 공동체 전체의 이익과 관련된 공적인 주제인 양 덧칠하여 제기하는 경우가 빈번하다.

　　주지하다시피 자유로운 이성적 논의를 거쳐 합의에 이름으로써 규범적 정당성을 획득하는 경우 개인의 특정한 주장이나 견해는 보편적으로 타당한 공론으로서의 자격 조건을 확보하게 된다. 그러므로 이 같은 담론이론의 근본 원칙에 따를 경우, 특정 개인 및 집단이 사적 성격의 주장을 표방할 경우 그것이 공적으로 타당성을 지니기 위해서는 그것을 뒷받침할 설득력 있는 논거나 근거를 제시해야 한다.

15　위르겐 하버마스(한승완 옮김), 『공론장의 새로운 구조변동』, 50-51쪽.

하지만 뉴미디어 시대에 등장한 디지털 매체나 소셜미디어, 각종 플랫폼은 그러한 사전적 제약 조건과 필수 원칙을 제대로 준수하지 않은 채 사적 견해를 걸림돌 없이 무제약적으로 쏟아내는 것을 허용한다. 그런 만큼 거기에는 검증되지 않거나 진실로서 확증되지 못한 무수히 많은 '가짜뉴스'와 '가짜 정보'가 넘쳐난다. 아울러 특정 인물 등을 무조건 옹호하거나 반대로 음해 공격하기 위한 음모론에 입각한 정치공학적 선전·선동 메시지 또한 난무하고 있다. 급기야 이성적 논의를 단절시키고 증오심의 발현 같은 즉흥적인 정서적 대응 방식을 확산시켜 우리와 다른 입장을 피력하는 사람은 누구든지 섬멸해야 할 적군으로 규정하여 타도토록 강력 유인한다. 이로부터 우리는 디지털 매체의 부정적 속성과 기능을 이용한 이념적 선동의 메커니즘을 통해 한국 사회를 '우리 편 아니면 모두 적'이라는 적대적 대결 구도로 몰아가는 과정이 진영논리에 입각한 궤변론적 선동 논변을 전 사회적으로 확산시켜 개인들의 의식을 전일적으로 통제 조정하려는 정치적 책략술의 전개 과정에 다름 아니라는 점을 간취하게 된다. 그와 함께 뉴미디어 시대의 새로운 '디지털 매체의 기능'과 '진영논리' 사이에는 긴밀한 내적 연관성과 친화성이 자리하고 있음을 또한 간파하게 된다.

② 지금까지의 비판적 고찰을 통해 확인한 것처럼 혁신적인 뉴미디어와 플랫폼은 자유로운 논의 과정을 거쳐 도출된 '의사소통적 권력'에 의거하여 국가의 '행정 권력'을 제어하는 정치적 공론장의 기능을 활성화하기보다는[16] 오히려 그것의 역할에 중대한 제약과 변형, 왜

---

16   보다 정확히 말하면, 민주적 의사/의지 형성의 절차를 거쳐 형성된 의사소통적 권력이 입
      법화 과정을 거쳐 행정적 권력으로 전환되어 정치 체계를 규제하도록 기능하는 것이 정

곡을 가하는 주된 '역기능적' 요인으로 작용하고 있다.

이렇게 된 데는 여러 원인이 있다. 그중 디지털화된 매체 및 플랫폼에는 신문이나 TV 같은 '레거시 미디어(legacy media)', 곧 전통적 대중 매체에 부여되었던 '저널리즘의 중재와 프로그램의 설계'라는 공적 주제화를 위한 사전적 심의와 논의라는 생산적 역할이 빠져 있다는 점[17]을 우선 지적할 수 있다. 동시에 뉴미디어와 그에 더한 다양한 형태의 플랫폼을 집권 세력을 비롯한 권력 추구 집단들은 자신들의 정치적 욕망을 채우기 위해 이를 의도적으로 적극 활용하고 있다는 점 또한 언급하지 않을 수 없다.

특히 후자와 관련하여 새로운 디지털 매체의 특성을 정확히 간파한 정치적 기득권 세력은 단순히 정당이나 특정 정치인을 홍보하는 방식으로 이를 활용하는 데 그치고 있지 않다. 그로부터 한발 더 나아가 뉴미디어와 플랫폼, 아울러 그것들로 이루어진 디지털 생태 환경을 이념적 선동물이나 가짜뉴스가 별다른 저항 없이 수용되도록 하는 데 적극 이용하고 있다. 그 과정에서 일반 시민의 주의나 관심, 내재된 팬심을 자극하여 끌어내는 흥미로운 소재를 발굴할 뿐 아니라, 이목을 끌 충격적인 특집기사와 인상적인 이미지를 사용하여 흥미 유발 수준을 넘어 '정치적 팬덤'으로 고착화할 수 있게끔 미리 고안되고 검증된 심리학적 기법의 정략적인 차용도 적극 이루어지고 있다. 말할 것도 없이 이러한 활용을 통해 면밀히 기획된 정치적 선전물은 적폐 세력의 척결이나 정의사회 구현 등의 명분하에 불가피한 것인 양 세밀하게 분

치적 공론장이라 할 수 있다. 선우현, 『사회비판과 정치적 실천』(서울: 울력, 1999), 228-229쪽 참조.

17　위르겐 하버마스(한승완 옮김), 『공론장의 새로운 구조변동』, 48쪽.

칠되어 유포된다.[18]

이와 함께 그 같은 특정 권력 집단의 정치적 기도에 상응하여 디지털 공론장에 참여한 시민 — 애초 그 집단을 지지하거나 혹은 오인하여 호응하게 된 시민 — 역시 합리적 토론을 통해 공동의 주장을 도출해내는 데 그다지 적극적인 자세를 보이지 않는다. 곧 '공적 이성'[19] 차원에서 상호 합의를 얻은 공통적 입장이 지닌 객관적 타당성을 경시 내지 무시하면서 자신의 견해와 다른 주장에 대해 '열린 다원주의적 포용(inklusiver Charakter)'의 태도를 저버리는 경향에 젖어버린다.[20]

이처럼 의사소통 기술의 급속한 혁신의 산물로 탄생한 혁신적인 뉴미디어와 플랫폼은 적어도 '현시점'에서 한국 사회에서의 민주주의의 발전적 전개에 기여하기보다 정체 내지 역진적 방향으로 이끌 가능성이 '매우' 커 보인다. 이처럼 다분히 부정적이며 비관적인 예측은 진영논리가 한국 사회 전반에 확산하여 전일적으로 지배하고 있는 '한국 민주주의의 퇴행적 실태'를 통해 먼 미래가 아닌 '현재 진행형'으로 이미 현실화되고 있다는 점에서 일정 정도 확인된 셈이라 할 수 있다.

③ 이미 살펴본 것처럼, 디지털화된 정치적 공론장은 의사소통의 양상을 파편화·양극화하여 개인들로 하여금 자신의 정치적 견해와 합

---

18 한희창, 「하버마스의 공론장의 새로운 구조변동과 시민적 역량으로서 미디어 리터러시의 필요성」(『도덕윤리과교육』 84, 한국도덕윤리과교육학회, 2024), 267쪽.

19 '공적 이성' 혹은 '이성의 공적 사용'이란 칸트에 의하면 "누군가가 학자의 입장에서 독서계의 모든 공중이 지켜보는 앞에서 이성을 사용한다는 것을 뜻한다". 이마누엘 칸트, 「계몽이란 무엇인가 하는 문제에 대한 답변」(『계몽이란 무엇인가』, 칸트 외, 서울: 도서출판 길, 2022), 31쪽.

20 한길석, 「공영역의 신구조변동?」(『시대와 철학』 104, 한국철학사상연구회, 2023), 184쪽.

치하는 목소리만을 포용하고 그렇지 않은 것은 배제해버림으로써 동일한 관점을 지닌 '자기들끼리만' 합의한 입장을 '타당한 보편적 진릿값'으로 간주토록 몰아가고 있다. 그리고 이런 점에서 이는 진영논리의 전일적 확산을 결과한 주된 원인의 하나로 파악된다.

그런데 많은 이들은 이러한 실태를 기존의 전통적 대중매체에서 새로운 디지털 매체로 탈바꿈한 뉴미디어 시대에 편승하여 발생하는, 민주주의를 훼손하는 일종의 '정치문화적 병리 현상'으로 진단하고 있다. 하지만 그러한 문화비평적 분석은 제한적으로만 타당성을 지니고 있다. 다시 말해 그러한 사태를 단지 문화적 차원에 국한된 병리적 현상으로 규명하고, 그에 따라 진영논리의 전일적 확산 사태 역시 — 일상적 삶의 세계로부터 공론장에 이르기까지 구조화되어 있는 — 의사소통 그물망의 변질에 따른 문화적 병리 현상으로 치부하는 것은 겉으로 드러난 표피적 사태만을 보고 내린 단견에 지나지 않는다.[21]

그런 연유로 빠르게 발전해온 기술공학적 동학에 의해 초래된 '부수적인' 정치문화적 병리적 장애 — 진영논리의 출현 및 만연 사태를 포함하여 — 로 바라보는 수준을 넘어, 정치경제학적 구조의 차원에서 그러한 사태를 야기한 근본 원인을 추적·통찰할 필요가 있다. 뉴미디어 시대의 도래 및 전개에 발맞추어 자본주의 체제의 자본 축적 방식과 재생산 기제 또한 끊임없이 진화해왔으며, 그에 상응하여 근대 이후 형성된 공적인 의사소통의 양식과 관행, 구조 또한 변화시켜왔다는 사실은 이를 일정 정도 뒷받침해준다.

21　이러한 지적, 특히 하버마스의 문화비평에 대한 비판적 지적은 한길석, 「공영역의 새로운 구조변동이 일어나고 있는가?」(『한국사회의 현실과 하버마스의 사회철학』, 사회와철학연구회 지음／선우현 기획·편집, 서울: 씨아이알, 2024), 435-437쪽 참조.

이와 관련해 무엇보다 주목할 점은 뉴미디어 시대를 개창(開創)한 디지털 매체에 기반한 새로운 소통 양식 및 플랫폼 유형이 시민의 행위 패턴에 관한 방대한 양의 데이터 및 정보를 관련 기업에 제공함으로써 막대한 경제적 수익을 창출할 통로를 마련해주고 있다는 점이다. 그 같은 행동 데이터에는 개인들에 의해 '의식적으로' 이루어진 선택 및 결정뿐 아니라 의식하지 않은 채 이루어진 다양한 행위 양식에 관한 자료와 정보가 포함된다. 가령 한 시민이 특정 상품을 판매하는 인터넷 웹사이트를 방문하여 여러 물품을 살펴볼 경우, 실제 구매 여부와 상관없이 물건을 고르고 가격과 품질을 따져보는 일련의 행동 자체에 관한 정보 및 데이터 등이 자신도 모르게 플랫폼 기업에 의해 수집·축적·분류·평가된다. 이어 그러한 과정을 거쳐 최종 정리된 관련 정보와 자료 등은 그것을 필요로 하는 기업이나 보험사 등에 고액의 금액을 받고 판매된다.

이렇듯 정보과학 기술의 비약적인 발전 덕분에 탄생한 혁신적 디지털 플랫폼 양식은 자본주의와 내적으로 밀접히 연결되어 자본주의 자체의 질적 변화를 촉발했을뿐더러 그에 상응하여 체제 내 자본의 재생산 기제와 결합된 플랫폼 양식은 개인들로 하여금 이제껏 없던 새로운 양상의 상호 교류와 소통, 행위를 하게끔 자극·유인하고 있다. 그렇게 함으로써 선택과 결정, 구매 등 일련의 개인의 행동 양상에 관한 더 많은 자료와 예측 데이터가 확보·축적된다. 그리고 이는 다시 금전적·경제적 이윤 창출을 촉발함으로써 뉴미디어 시대의 새로운 자본, 즉 '플랫폼 자본'의 비약적인 축적과 재생산으로 이어진다.

그런데 이 지점에서 유념해봐야 할 중요한 사안이 하나 있다. 곧 뉴미디어 시대의 자본(주의)은 타인에 대해 무차별적으로 가해지는 망발이나 혐오 발언, 반인도적인 견해 등이 개인의 행동 양상 데이터 목록에 포함되는 것을 전혀 문제 삼지 않는다는 점이다. 아니, 그러기는 커녕 오히려 상대방을 무시하고 비하하는 혐오성 발언이 여과 없이 공개되고 그 과격성의 수위가 높을수록, 동시에 그 빈도수가 증폭될수록 대중적 관심이 더욱 고조되는 그러한 유형의 행동 양상을 한층 더 선호한다. 대중적 이목과 관심이 쏠릴수록 그러한 행동 양상의 실행에 따른 새로운 자료나 데이터, 예측 정보와 지표가 급속히 늘어나는바, 이는 플랫폼 자본이나 그와 연계된 뉴미디어 관련 기업에는 그야말로 '자본 축적의 보고(寶庫)'를 손아귀에 넣는 일에 다름 아니기 때문이다.[22] 다시 말하지만, 플랫폼 기업의 경영자나 투자자들에게 있어 타인을 함부로 경멸하거나 혐오하는 발언과 행위가 지닌 반인륜성과 부도덕성, 무례함의 특성은 전혀 고려의 대상이 아니다. 그들에게는 오직 그러한 소통과 행위 양식의 '양적인 수치'만이 의미를 갖는다. 그것은 곧 경제적 수익의 비약적 창출과 플랫폼 자본의 지속적인 축적과 재생산으로 귀결되기 때문이다.

이러한 사정을 감안할 때, 타당한 이유 없이 상대방을 무시하고 존중하지 않는 태도를 전혀 문제시하지 않는 '플랫폼 자본주의'[23]의 이윤 창출 방식과 자본 축적 기제는 현 한국 사회의 가장 큰 사회적 현안인 진영논리의 만연 사태를 한층 더 심화하고 고착화하는 핵심적 요인으로 작용하고 있음을 보다 명확히 간파할 수 있다.

---

22 이에 대한 친절한 해명은 한길석, 「공영역의 신구조변동?」, 198-199쪽 참조.

23 이와 관련해, 선택이나 결정 같은 인간의 경험을 공짜로 추출하여 은밀하게 상업적 행위의 원재료로 이용하며 동시에 이것이 하나의 권력이 되는, 뉴미디어 시대의 새로운 자본주의를 '감시 자본주의'로 규정하여 비판적으로 탐구하는 시도에 관해서는 쇼샤나 주보프(김보영 옮김), 『감시 자본주의 시대』(서울: 문학사상사, 2021) 참조.

4) 주된 민주정치 흐름의 '하나'로 자리한 '중우정치적' 징후와 현상: 기득권 세력화한 정치적 지배 집단과 무지성적 대중 집단의 합작품

익히 알려진 것처럼, 보다 완결적 형태의 민주주의란 아래로부터 시민의 자유로운 논의 및 심의를 거쳐 상호 합의에 이른 사안이 의회를 거쳐 법제화되고 이것이 정부에 의해 구체적인 정책으로 수립·추진되는 일련의 '민주적 의사소통의 절차'를 그 구성적 핵심으로 삼는 민주주의 유형을 가리킨다. 이 점에서 현대 민주주의의 보다 이상적 형태는 '담론적·절차적 민주주의'라 할 수 있다. 물론 오늘의 시점에서 이러한 민주주의는 현실의 장에서 완전무결한 형태로 구현되기는 결코 쉽지 않아 보인다. 하지만 적어도 그러한 이상에 비추어 보다 진전된 형태로 진화해나가야 할 것이다.

그렇다면 지금의 한국 사회는 어떠한가? 보다 희망적인 시각에서 바라본다면, 오늘의 한국 사회는 형식적 민주화 단계를 나름 성공적으로 통과한 후, 그러한 이상에 부합하는 형태의 민주주의를 실현해나가는 과정, 즉 '실질적 민주화'의 도정에 놓여 있다고 할 수 있다. 하지만 그 발전적 도정에서 한국 사회는 심각한 난관에 봉착해 있다. 합리적 소통과 숙의를 통해 주어진 문제의 규범적 정당성 여부를 판별하고 그 해결책을 강구하는 민주주의의 기본 원칙이 온전히 준수되지 못하고 있기 때문이다. 곧 반민주적 힘의 논리이자 비윤리적 배제의 논리에 다름 아닌 진영논리에 전적으로 의거하여 특정 사안의 민주적·윤리적 정당성을 판별하고 문제를 풀어나가는 '민주주의의 퇴행적 현실태'가 작금의 한국적 민주주의의 실제 모습이다.

그런 탓에 민주화 과정을 거쳤음에도 적지 않은 시민은 진영논리를 저항적 거부의 대상으로 여전히 인식하지 못하고 있다. 오히려 그것에 복속되어 개인의 이념적 선호나 정서적 취향에 부합하는 진영 및 진영 내 특정 정치인을 향해 일방적인 성원과 지지를 보내고 있다. 문제는 그것이 냉철한 이성적 사유에 기반한 인식과 판단을 통해 이루어지는 것이 아니라는 점이다. 다분히 개인적 호감이나 정서적 친밀감을 매개로 특정 정치 세력이나 정치인을 '인상기적' 시점에서 평가하고 임의로 재단한다. 그 결과 급박하게 돌아가는 정치적 상황은 긴장감 넘치는 서스펜스 드라마로 읽히며 영화 속 주인공으로 둔갑한 특정 정치 지도자는 열렬한 애정과 팬심을 뿜어대는 시민 관객의 우상으로 떠받들어진다.

이처럼 중요한 정치적 결정이나 여야 간에 이루어지는 격렬한 정책적 논쟁, 정치 지도자의 기자회견, 국회의원 선거 등 일체의 정치적 현상을 한갓 '문화산업' 논리에 기댄 대중적인 볼거리나 쇼 프로그램으로 인지하는 경향이 일반 시민 사이에서 점점 더 확산하고 있다. 그에 따라 특정한 정치적 사건에 대한 분석과 평가 역시 시민 각자의 주관적 취향과 기호, 정서적 친화성 등에 따라 이루어지는 추세가 늘고 있다.

이로부터 드러나듯이, 정치적 지배 권력이 올바르게 행사되고 있는가의 여부를 감시해야 할 '민주시민적 비판 의식'은 사라지고 '무비판적인 수동적 대중 의식'이 그 자리를 꿰차버리는 상황이 펼쳐지고 있다. 이러한 시민적 행태는 성찰적 민주시민으로서의 위상을 저버리고 아무런 생각 없이 지배 권력의 지시와 명령을 추수하는 '무사유적·무지성적 대중 집단'의 일원으로 스스로를 전락시켜버리는 '자기 폄

훼'의 처사에 다름 아니다.

한데 이처럼 적지 않은 시민이 비판적 사유 능력을 갖춘 민주시민으로부터 지배 권력에 의해 일방적으로 조종되는 무사유적·무지성적 일반대중으로 전락하고 있다는 사실은 한국적 민주주의가 '중우정치'로 변질되어가고 있거나 그럴 가능성이 크다는 것을 암시한다.[24] 이때 말하는 중우정치란 냉철한 이성적 사고력을 상실한 채 지배 권력에 의해 조종·선동되기 쉬운 팬덤으로서의 일반대중에 의해 좌지우지되는 정치를 가리킨다. 그런 한에서, 정치를 연예기획사가 연출한 오락물의 일환인 양 인지하여 연예인 바라보듯 유명 정치인을 대하고 떠받드는 '팬덤정치', 아울러 일부 소수 극력 지지자들을 중심으로 특정 정치 지도자에 대한 일방적인 충성을 과시하는 '패거리정치'가 현 한국 사회의 '중우정치적' 흐름과 실상을 말해주는 대표적인 사례라고 할 수 있다.

이처럼 현 한국 사회의 민주주의는 중우정치의 징후와 현상이 사회 전 영역에 걸쳐 포착되고 있는 등 점차 하나의 '주된 민주정치의 흐름'으로 자리 잡아가고 있는 형국이다. 사전적 의미로 "올바른 판단력을 상실한 대중에 의해 좌지우지되는 정치"라는 의미를 지닌 개념이 중우정치라면, 이는 작금의 한국 사회의 실정에 고스란히 부합하고 있다고 볼 수 있다. 실제로 현 한국 사회의 구성원들 가운데 적지 않은 이들은 비판적 민주시민에게 요구되는 자격 조건들, 곧 유권자로서 갖

---

[24] 이한구는 민주주의와 중우정치를 다음과 같이 대비하여 설명하고 있다. "민주주의가 자율적인 판단력을 지닌 국민이 주권을 행사하는 정치체제라면, 중우정치는 정치꾼들이 국민을 바보로 보고 조작의 대상으로 삼는 정치형태이다." 이한구, 「포퓰리즘은 중우정치이다」(『철학과현실』 74, 서울: 철학과현실사, 2007), 9쪽.

추고 있어야 할 비판적 통찰력과 이성적 판단력, 아울러 통치 집단에 대한 비판적 감시자로서 지녀야 할 정치참여적 권리와 의무를 온전히 충족시키지 못하고 있다. 아니, 그러기는커녕 그러한 요구 사항을 저버린 채 사적 이해관계나 이념적 코드와 합치한다는 이유로, 또는 그것과 연계된 주관적 호감이나 정서적 공감 등에 부합한다는 연유로 특정 정치인에게 일방적으로 예속되어 끌려가는 작금의 '한국적 민주주의 실태'는 중우정치가 — 비록 전면적인 것은 아니더라도 — 실제로 작동하고 있음을 말해주는 징표라 할 수 있다. 진영논리와 정치의 팬덤화 기제에 포획되어 부당한 권력 행사를 정당한 것인 양 오인하고 그러한 통치 권력에 자발적으로 아울러 맹목적으로 복종하는 것이야말로 '어리석은 대중에 의해 정치가 좌지우지되는 것'에 다름 아니기 때문이다.

다른 한편 통치 집단은 이러한 중우정치적 흐름이나 경향을 벗어나고자 진력하기보다 반대로 적극 활용하여 자신들의 권력 기반을 한층 더 공고히 다져나가고자 한다. 비판적 인식 능력과 성찰적 판단 능력 대신, 주관적·정서적 선호에 기반한 팬심으로 똘똘 뭉친 맹목적 지지층의 열렬한 자발적 충성심이야말로 권력 추구 집단이 자신의 사적 욕망을 충족해나가는 데 더할 나위 없는 핵심적 동력원으로 작용할 수 있기 때문이다.

한데 이때 같은 진영 내부에 속해 있는, 그럼에도 온전한 비판적 사고력을 갖춘 일부 구성원들이 그러한 사태에 대해 비판적 문제 제기를 가할 경우, 극렬 팬들을 중심으로 한 지지자 집단으로부터 '집단적 따돌림'과 '무차별적 배제 및 증오'의 대상으로 낙인찍혀 추방되기 십상이다. 그 결과 그 같은 사태를 목도한 이성적 판단 능력을 갖춘 — 같은 진영이든 반대 진영이든 — 성찰적 민주시민은 현실정치에 환멸을 느껴 아예 외면하거나 무관심적 태도를 고착화한다. 이로써 민주주의는 통치권을 둘러싼 권력 추구 집단 간의, 동시에 그러한 집단들에 대한 맹목적 지지층들 사이의 한층 더 치열한 권력 다툼으로 확고히 자리매김하게 되고, 급기야 중우정치적 흐름의 정점, 곧 '그들만의 리그'로 귀착되기에 이른다.

이렇듯 이제까지 이루어진 논의를 따라가면, 결국 중우정치는 '아래'로는 어리석은 대중, '위'로는 권력 추구적 지배 세력 양자 간의 합작품이라는 결론에 도달하게 된다. 여기서 후자에 초점을 맞출 경우, 이미 반복적으로 언급했듯이 현 단계에서 정치적 지배 세력은 이념적으로 이른바 진보든 보수든 상관없이 일반 시민 구성원들의 실존적 바람이나 생존적 요구와 무관하게 '자신들만의 세상'을 펼쳐나가고 있다.

그렇다면 전자, 곧 일반 시민의 행태는 어떠한가? 과거 한국 사회가 '독재 대 민주화 세력' 간의 대결 구도를 펼치고 있던 시절에 대다수 시민은 민주화에 대한 열망에 기대어 성찰적·비판적 시민으로서의 역할을 성실히 수행했다. 하지만 독재 정권의 몰락과 형식적 민주화의 나름 성공적인 실현과 맞물려, 적지 않은 구성원들의 '민주시민적 자세' 또한 질적으로 변화되어 나타났다. 곧 정치적 관심의 견지나 현실 권력에 대한 비판적 감시라는 '참여적 민주시민' 본연의 역할을 소홀히 하면서, 주관적 사적 욕망의 충족에 사로잡힌 물신화된 존재로서 변모해가고 있다. 그리고 마침내 그 '잠정적인' 결과는 '유사(類似)' 중우정치 체제로 한국적 민주주의가 타락해나가는 데 있어 적지 않은 시민 구성원이 무지성적 주체로서 — 의도치 않게 — 주도적인 역할을 수행하고 있다는 사실이다.

아울러 그러한 무반성적·무비판적 역할은 지배 세력에 의해 은밀하게 유포되는 진영논리와 결합하여 한층 더 변질되고 타락한 퇴행적인 반민주적 민주주의 체제, 즉 '준(準)중우정치 체제'로의 급속한 전락을 추동한다. 이로부터 우리는 한편으로 진영논리, 다른 한편으로 중우정치 양자 사이에는 긴밀한 내적 연결고리와 이론적·실천적 친화성이 자리하고 있음을 또 한 번 간취하게 된다.

3. 진영논리에 기반한 사회적 갈등 및 대결 상태로부터 벗어날 길은 없는가?

1) 진보 정치 세력의 민주 항쟁 시기의 '초심'으로 돌아가기

① 현 단계 한국 사회는 '민주화 이후의 민주화', 즉 '실질적' 민주화를 진척시켜나가는 도정에 있다. 그런데 그 과정은 순탄치 않아 보인다. 곧 힘들게 일구어온 형식적 민주화의 성과를 훼손시키는 수준을 넘어 민주주의의 근본 토대마저 흔들리는 현상이 도처에서 목도되고 있기 때문이다. 그리고 그 결정적인 단서는 '이성적 소통의 논리'가 사라지고 '비이성적 힘의 논리'인 진영논리가 무차별적으로 확산되어나가고 있는 현실이다.

이러한 사태의 발생과 관련해 특히 무거운 책임감을 느껴야 할 주체는 진보임을 자처해온 정치적 지배 세력이다. 과거 독재 정권을 상대로 민주 항쟁을 주도했던 386세대를 비롯한 운동권 출신 정치인들과 그들을 중심으로 규합된 진보 정치 세력은 응당 합당한 평가를 받아 마땅하다. 그들의 헌신적인 투쟁과 희생이 있었기에 오늘의 한국 사회가 민주주의 체제로 존속하고 있기 때문이다.

하지만 심히 유감스럽게도 형식적 민주화가 달성된 이후 제도권에 진입한 진보적 정치 집단은 과거 군사독재 정권 시절 가졌던 민주화에 대한 열망 같은 애초의 초심을 잃어버린 채 오랜 기간 권위주의적 기득권 세력으로 군림해온 보수 정치 세력에 버금가는 또 하나의 기득권 권력 집단으로 안주하기에 이르렀다.

이렇게 된 데는 한국 사회 민주정체(民主政體)의 구도나 형태가 근본적으로 달라졌다는 점이 우선적으로 거론된다. 곧 민주화 이후 타도해야 할 독재 정권이 사라짐으로써 이전 같은 '독재 정권 대 민주화 세력'이라는 대결 구도가 허물어졌으며, 그에 따라 진보적 민주 '항쟁' 세력 또한 존립 명분을 확보하기가 어렵게 되었다. 비록 보다 내실을 갖춘 이상적 형태로 민주주의 체제가 구현된 것은 아니지만, 적어도 형식적·제도적 차원에서 민주주의 체제는 온전히 실현된 상태라고 할 수 있다. 이런 상황 속에서 과거 독재 정권의 이념적 전통을 계보학적으로 계승한 비민주적 권위주의 정부들이 등장했지만, 이 또한 합법적 선거 등을 통해 민주적 방식으로 교체되어야 할 대상일 뿐 민주 항쟁 같은 혁명적 투쟁 방식을 통해 전복 내지 타도되어야 할 목표는 아니었던 셈이다.

이처럼 현저히 바뀐 정치사회적 지형과 맞물려 진보 정치 세력들 또한 '형식적 민주화 이후의 현실적 귀결'로서 자신들의 사적 이해관계를 공적 이익보다 우선시하기 시작했다. 하여 최우선적인 당면 목표로 정권의 장악과 유지를 설정하고 이를 달성하기 위해 전력을 쏟고 있다. '민주화 이후의 실질적 민주화'를 추구하기보다는 '민주화 이후의 권력 장악 및 유지'에 최우선적 순위를 부여하고 있는 셈이다. 이로써 오랜 기간 민주화 운동을 수행해오면서 보수 집권 세력의 기득권을 타파하는 데 주력해온 진보적 정치 세력 또한 '공식적으로' 기득권 집단에 등극하기에 이른다.

② 진보 진영 혹은 진보적 정치 세력의 실상이 이렇다 보니, 민주화 이후의 한국 사회는 보다 완결적 형태의 민주주의 구현을 위한 전제조건으로서 '사회적 변혁성'과 '혁신성', '실천적 역동성'이 과거에 비해 현저히 떨어지는 상황에 처해 있다. 민주화 투쟁 시절 개인뿐 아니라 집단 수준에서도 당연시되었던 '도덕적 우위성'이나 '정치윤리적 정당성' 또한 현시점에서 보수 권력 집단과 비교하여 두드러진 차이점을 찾아보기 어렵다.

한마디로 진보적 정치 세력은 '민주화 이후 자기성찰적·자기비판적 민주화'를 수행해나가기보다 권력 추구적 욕망을 고스란히 드러내는 '민주화 이후 자기충족적 세속화(권력화)'를 추구해나가면서, 제도권 내 기득권적 지배 세력으로 안착하게 된 것이다. 이를 가장 적확하고도 동시에 적나라하게 드러내 보여주는 것이 이른바 '진보 집권 20년' 혹은 '진보 집권 100년' 플랜이다.[25] 이는 겉으로 보기에는 마치 실질적 민주화의 실현이라는 공적 책무를 주도적으로 실행해나갈 실천 주체는 오직 정치적 진보 세력이어야 한다는 이념적 메시지로 읽힌다. 하지만 내적으로 그 '속내'는 민주화 투쟁을 선도해온 '비주류' 진

---

25 이에 관해서는 선우현, 「사회변혁과 비판적 지식인의 리더십」(『한국사회와 비판적 지식인의 역할』, 사회와철학연구회 지음/선우현 기획·편집, 서울: 씨아이알, 2024), 164쪽 참조.

보적 정치 세력이 이후 통치권의 영구적 장악과 유지를 통해 '주류' 정치적 기득권 세력으로 확고히 자리하겠다는 정치적 야망을 공공연히 드러낸 것이라 해석해볼 수 있다.

혹자는 이러한 해석을 뒷받침할 타당한 근거가 실제로 존재하느냐고 반문할 수 있다. 하지만 사실 근거는 차고 넘친다. 일례로 문재인 정부 시절, 소위 '조국 사태'와 관련하여 "진보 집권 세력이 보수 진영에 비해 도덕적으로 우월하다고 말하기 어렵다"는 취지의 비판이 가해졌을 때, 당시 진보 (정치) 진영이 보여준 반응이 이를 대변해준다. 즉, 그러한 지적에 대해 대다수 진보적 성향의 (권력) 집단들은 '정치의 근본주의적 도덕화'라는 반박을 개진하고 정치와 도덕은 상호 별개의 것이라고 주창하면서 정치로부터 도덕을 분리해내는 작업을 실제로 시도했다. 이러한 사실은 그전까지 '수구 반동으로서의 보수'에 비해 진보가 한 수 위인 이유를 '도덕적·규범적 우위성'에서 찾았다는 점을 상기해볼 때 참으로 격세지감(隔世之感)이라 하지 않을 수 없다.

또 다른 사례로는 자칭 진보 정당 내부에서 빈번하게 엿보이는 비민주적 행태를 사회 개혁과 혁신을 위해 불가피하거나 정당한 것인 양 호도하고 있는 점을 들 수 있다. 가령 당내의 주요 현안에 관한 결정 과정이 아래로부터의 자유롭고 개방적인 민주적 토론 방식이 아닌, 당 대표나 지도부의 일방적인 지시나 명령에 의해 이루어지는 상황에 대해 일부 당원이 소신에 따른 비판적 지적을 개진할 경우, 이를 '내부 총질'이나 '배신자'로 몰아 침묵하도록 강요하면서 오직 충성과 맹종의 목소리만이 난무하는 사태가 그에 해당한다. 요컨대 당 지도부에 대해 일절 쓴소리조차 제대로 제기하지 못하게 하면서 단일대오로 당과 지도부에 대한 충성과 헌신만을 강요하는, 이른바 '좌파식 총화단

결’ 양상을 취하고 있다. 이러한 모습은 과거 군사독재 정권이나 그러한 노선을 계승한 극우 지배 세력 내부에서 흔하게 보던 행태인바, 민주화 이후 소위 진보적 정치 세력 내부에서도 이러한 모습은 이제 흔하게 접할 수 있는 일상화된 수준에 이른 것처럼 보인다.

이 같은 몇몇 사례에서 알 수 있듯이, 정치적 권력 집단의 경우에 진보와 보수 간의 변별점이나 차이점은 적어도 현상적으로는 거의 사라진 듯 보인다. 그런 연유로 적지 않은 시민 역시 ‘정치적 무대의 출연자(정치인)’들의 면면을 보면 진보든 보수든 하나같이 “그 X이 그 X이다”라는 투의 한탄과 조소의 목소리를 여과 없이 내고 있기도 하다. 이러한 사실은 현시점에서 한국의 진보적 지배 세력은 세속화된 ‘권력 추구적 특권 집단’으로 전이되었음을 말해준다.

이러한 실상을 고려할 때, 사회 변혁적 힘과 영향력을 지닌 또는 지녔던 진보적 정치 세력은 과거 독재 정권 시절 견지했던 진보의 이상과 이념, 가치와 지향성을 비판적으로 재구성하여 복원시켜야 한다. 아울러 기득권 집단으로 편입되어 정치적으로 세속화된 측면은 충분히 용인될 수 있다고 보지만, 주된 이념적·정치적 노선과 가치론적 지향점에 있어서만큼 명색이 진보로서의 존재 의미를 반드시 회복해야 할 것이다. 그럴 경우에라야 보수가 ‘수구 반동’ 내지 ‘극우’로서 정치와 사회, 역사와 문화를 자기파괴적이며 퇴행적인 방향으로 몰아가는 경우 윤리적 차원뿐 아니라 이념적 측면에서 이론적 우위성과 실천적 우월성을 담보한 상태에서 그에 맞서 당당하게 싸울 수 있으며, 규범적으로 정당한 정치적 승리를 거둘 수 있을 것이다.

③ 저간의 사정이 이러함에도 혹여 "극우적 보수는 정치공학적 전술·전략을 제멋대로 무차별적으로 펼치고 있는데, 진보라고 해서 당하고만 있어야 하는가? 우리라고 못 할 것 있냐?"라는 식으로 대응한다면 — 또한 실제로 그렇게 하고 있지만 — 제3자적 위치에 있는 민주적 시민의식을 지닌 사회 구성원이 볼 때 아마도 이렇게 응수할 것이다. "그렇다면 투표 시 굳이 진보를 선택할 이유가 있는가?"

실상이 이런 만큼 진보를 자처하는 정치적 권력 집단이라면 현저히 헝클어진 진보의 본래적 이념과 이상, 비전과 가치를 제자리로 돌려놓아야 한다. 나아가 민주화 이후의 변화된 한국적 상황에 맞게끔 비판적·반성적으로 재구성하는 데 전력을 기울여야 할 것이다. 그것이야말로 민주화 투쟁을 주도했던 시절의 '초심'으로 돌아가 반드시 성취해내야 할 당면 과업이다.

이는 현실적으로 기득권 세력화한 진보 정치 진영이 경쟁 상대인 보수 정치 집단과 비교하여 차별화된 정치윤리적 우위성을 확실히 드러내 보임으로써 총선 및 대선에서 승리하는 데 기여할 정략적 방책으로도 충분히 기능할 수 있을 것이다. 하지만 그러한 과업에 대한 요구는 단순히 정치적 책략의 차원을 넘어 시대적 요청이자 정치철학적 책무로서 제기된 것이다. 무엇보다 진영논리가 전 사회적으로 사유 및 행위 양식의 준거점으로 작동함으로써 한편으로는 끝없는 사회적 갈등과 분란이 지속되고, 다른 한편으로는 어렵게 이룩해온 민주화의 성과가 속절없이 무너져내리면서 근본 틀 자체가 흔들리는 '민주주의의 총체적 난국'을 타개하기 위해 — 아직도 존재한다면 — 진보 정치 세력에 부여된 모종의 '역사적 소명'인 셈이다.

물론 이 같은 '의식의 전환'을 통해 진보의 이념을 재정비하여 되살려내고 이를 추구해나가는 것은 말처럼 그리 쉽지 않다.[26] 그러므로 여기에는 진보 세력의 치열한 자기비판적 각성은 말할 것도 없고, 이를 실천적으로 수행하게 강제할 강력한 — 동시에 정당한 — 외적 압력 또한 가해져야 한다. 가령 과거 군사독재 정권에 대항하여 주된 역할을 수행했던 '민주시민 세력'이 당시 보여주었던 치열한 저항적 몸짓과 거부적 항쟁에 준하는 수준에서, '진보적 통치 집단'에 대한 강력한 비판적 감시와 견제, 아울러 집단적 영향력, 특히 '의사소통 권력'의 행사를 통해 뼈저린 각성을 촉구하고 실행토록 강제하는 것이다. 아울러 진보 정치 세력이 진보답지 못할 경우, 대선이나 총선 등을 통해 정권 교체나 보수 쪽에 다수당을 허용함으로써 보수만도 못한 진보 정치 집단으로 하여금 치열한 자기비판과 성찰을 통해 다시금 진보적 가치와 이념을 복원토록 강제하는 방식도 충분히 고려해봄직하다.

이처럼 제도권 내에 진입한 진보 정치 집단은 비판적·성찰적 사고로 무장한 민주시민 세력의 지속적인 요구와 압박, 동시에 열렬한 응원과 협력에 기대어 '자기혁명'에 준하는 총체적인 자성 과정을 거쳐 '진보'의 이념을 새롭게 재편하고 이를 몸소 실행해나가야 한다. 이것이야말로 진보 정치 세력이 진정 사회혁신적 변혁의 주체로서 살아남고자 한다면 반드시 완수해나가야 할 시대적 소임이자 책무이기 때문이다. 그런 만큼 현 시국에서 우선적으로 해결해야 할 시급한 당면 과제는 비판적으로 재구성된 진보의 가치와 원칙에 입각하여 진영논

---

26 일찍이 마르크스(K. Marx)가 언명했던 "의식이 삶을 규정하는 것이 아니라, 삶이 의식을 규정한다"[칼 마르크스(김대웅 옮김), 『독일 이데올로기』(서울: 두레, 2020), 62쪽]는 테제처럼 진보적 정치 세력이 뼈저린 자기성찰과 자기비판을 통해 진보의 가치와 이상을 되살리고 이를 구현해나가기를 요구하는 것은 어쩌면 희망사항에 그칠 수 있다. 그보다는 현 한국 사회의 이념 대립 구도를 혁신적으로 변혁하는 것이 보다 근본적인 방안일 수 있다.

리의 정치적 이용을 즉각 멈추고 차단하는 일이다. 그와 동시에 합리적 의사소통 절차에 기반한 담론적·절차적 민주주의 구현이라는 실질적 민주화의 과업을 선도적으로 실행해나가야 할 것이다. 그럴 경우, 반민주적·비의사소통적 진영논리가 사회 전체에 만연하고 그에 더한 팬덤정치와 오락물 정치가 온통 정치적 무대를 장악해버리고 만 오늘의 '민주주의 퇴행적인 민주정체(民主政體)의 실상'을 타개할 최소한의 발판이 마련될 수 있을 것이다. 더불어 이념을 달리하는 이질적 정치 세력과 그 추종 집단 간에 끊임없는 갈등과 분열, 투쟁이 벌어지는 이데올로기적 카오스 상태에서 빠져나올 통로 역시 확보될 수 있을 것이다.

2) 뉴미디어 기업의 수익 창출 기제에 대한 강력한 법적·민주적 통제 장치의 완비

앞서 고찰해본 바와 같이, 진영논리가 한국 사회 도처에 만연해 있는 현 상황과 관련하여 디지털화된 매체들 그리고 그것을 경제적 토대로 삼은 플랫폼 자본주의 체제는 그러한 상황이 빚어지는 데 있어 중요한 사회구조적 필요조건 혹은 배경조건으로 작용하고 있다. 이 점을 적극 고려할 때, 진영논리의 늪에서 빠져나오기 위해서는 먼저 그 배경적·구조적 제약 조건을 제거하거나 완화 혹은 혁신적으로 변경할 필요가 있다. 그런 한에서 이에 관한 구체적인 실천 방안의 모색과 관련해 몇 가지 강구해볼 수 있다.

먼저, 보다 직접적인 해결 방안으로는 디지털 매체나 플랫폼이 민주주의의 기반을 침해하는 방식으로 작동되는 사태를 미연에 방지하거나 사후 차단할 법적·제도적 장치를 완비하는 것이다. 일례로 인터넷 커뮤니티 등에서 특정인의 인격을 무시하는 무분별한 폭언이나 근거 없는 음해성 주장 등이 개진될 시 법적 처벌을 자동으로 강제하는 내용을 법제화하는 방안이 조속히 추진되어야 한다. 필요하다면 그러한 커뮤니티나 사이트를 운영하는 기업에 '치명적인' 손실이 가해질 수 있을 수준의 강력한 행정적·법적 제재 역시 마련되어야 할 것이다.[27]

한데 이러한 탈피 방안이 보다 가시적인 성과 및 실효성을 갖기 위해서는 질적으로 달라진 '디지털 자본주의' 체제의 자본 축적 및 재생산 기제에 관한 엄밀한 비판적 고찰을 통해 그 난점과 한계를 사회구조적 차원에서 근본적으로 제어하는 방안이 우선적으로 강구되어야 한다.[28]

이 점을 좀 더 구체적으로 살펴보면 다음과 같다. 우선, 입헌 민주주의의 이념에 부합하게끔 자본 축적 및 재생산 기제, 아울러 그에 부수적으로 수반되는 뉴미디어 매체들에 대한 철저한 행정적 감시와 강력한 법적 통제, 철저한 관리 감독이 그야말로 완결적 형태로 이루어져야'만' 한다. 이 말인즉슨, 뉴미디어 및 플랫폼 기업들에 대한 정당하면서도 현실적인 '법적 강제성'에 의거한 규제가 법치주의에 토대한 입헌민주주의의 이념과 원칙을 훼손하지 않는 한도 내에서 철저하게 시행되어야 함을 가리킨다.

또한 디지털 자본 (관련) 기업들의 경우, 플랫폼의 오용이나 비도덕

---

27 이 점과 관련해 하버마스는 플랫폼 규제법의 경우 해당 기업에 제재를 가하는 방안에만 역점을 두어서는 곤란하며, 저널리즘적 편집의 의무를 부과토록 하는 내용이 규제안의 중심이 되어야 한다고 역설한다. 한길석, 「공영역의 새로운 구조변동이 일어나고 있는가?」, 434쪽.

28 한길석, 「공영역의 신구조변동?」, 198쪽.

적 활용 그리고 구조적 허점 등을 자체적으로 통제할 기업윤리적 책무를 강화하고 이행할 것을 강력히 권고함과 동시에 이를 위반할 시 사회구조적·제도적 차원에서 엄중한 처벌을 즉각적으로 행사할 수 있는 법적 장치 수립 또한 필수이다.

그렇다면 왜 이처럼 엄격한 방지적·차단적 제어 시스템을 헌법적 최고 가치에 기반한 법적·제도적 장치를 통해 마련하려는 것인가? 그렇지 못할 경우, 민주주의 및 민주정체의 와해를 초래할 수 있는, 다소 과장되게 말해서 민주주의 체제의 운명이 걸린 사활적 사안이기 때문이다.[29] 그런 만큼 민주주의 자체의 존립을 위협할 만큼 심각한 위해를 끼치면서까지 금전적 이윤만을 추구하는 디지털 기업이나 플랫폼 사업체에 대한 공적 차원의 철저한 감시와 통제, 강력한 법적 제재는 정권의 명운을 걸고 수행해야 하는 중차대한 국가적 책무로 부상하기에 이르렀다. 특히 이름만 들어도 알 수 있는 세계적인 플랫폼 기업들은 개인의 자율성이나 표현의 자유 등을 내세워 그 어떤 발언이나 주장도 개진 가능한 양 호도하면서 — 그런 한에서 민주주의 원칙을 준수하는 양 포장하면서[30] — 자본 축적 욕망과 재생산 욕구를 탐욕스럽게 채워나가고 있다는 점에서 국가나 정부의 역할은 실로 막중하다고 할 수 있다.

29　플랫폼 자본(주의)에 대한 철저한 법적·민주적 규제의 당위성과 필요성은 다음과 같은 하버마스의 발언을 통해서도 여실히 드러난다. "공론장의 포용적 성격과 여론 및 의사 형성의 토의적(심의적) 성격을 가능케 하는 미디어 구조를 유지하는 것은 하나의 정치적 노선 결정이 아니라 헌법적 명령이다." 위르겐 하버마스(한승완 옮김), 『공론장의 새로운 구조변동』, 72쪽.

30　이 점을 한길석은 다음과 같이 표현하고 있다. "플랫폼 기업들은 이것을 통제의 혐의에 대항하는 알리바이로 내세우면서 귀책 면제를 주장한다." 한길석, 「공영역의 새로운 구조변동이 일어나고 있는가?」, 433쪽.

3) 현 단계 지식인 계층이 수행해야 할 당면 과제:
진영논리의 실체적 본질 규명 및 해체 방안 강구

① 앞서 진영논리로 인한 현 한국 사회의 위기적 실태와 관련하여 주된 조력자로서 지식인이 수행한 역할에 대해 비판적으로 검토해 보았다. 그렇다면 이 땅의 지식인은 그 같은 과오와 오류, 무책임성과 그에 따른 대중적 신뢰 상실에서 벗어나기 위해 무엇을 어떻게 해야 하는가? "힘들수록 기본으로 돌아가라"는 말도 있듯이, 현재 길을 잃고 난관에 봉착한 지식인 집단은 자신들에게 부여된 '현실 권력에 대한 감시와 고발'이라는 기본적 책무를 최일선에서 수행할 본래의 자리로 당장 돌아가야 한다. 곧 위임받은 통치권을 집권 세력의 사적 목적을 위해 민주주의의 원칙과 절차를 훼손해가면서까지[31] 남용하는 행태에 대한 비판적 폭로의 과업을 즉각적으로 수행해나가야 한다. 동시에 상이한 정치적 입장을 상호 존중하고 이성적 논의를 통해 그 공분모를 함께 모색해나가는 차이의 존중에 기반한 상생과 협력이라는 민주정치적 규범성과 원칙성을 새로이 되살려나가는 데 매진해야 할 것이다.

그럼에도 '권력 비판'이라는 지식인 본연의 역할을 온전히 수행함으로써 한국 사회의 '민주주의'와 '민주정체'를 정상 궤도로 되돌려놓기 위해서는 그전에 먼저 마무리되어야 할 사안이 하나 있다. 곧 배타적인 이념적 정파성 및 당파성에서 벗어나 현존 지배 권력에 대해 비

---

31 레비츠키(S. Levitsky)와 지블랫(D. Ziblatt)에 의하면, 미국에서 정치가 전쟁으로 전락하면서 그간 민주주의를 지탱해온 규범들, 가령 상호 관용과 존중, 자제 등의 규범이 공격 대상이 되면서 급격히 허물어진바 이는 결국 '불법만 아니면 뭐든 괜찮다'라는 반(反)민주주의적 퇴행적 상황으로 귀착되었다. 스티븐 레비츠키, 대니얼 지블랫(박세연 옮김), 『어떻게 민주주의는 무너지는가』(서울: 어크로스, 2021), 192쪽 참조.

판적 거리두기를 즉각 실행하는 것이다. 이때 집권 세력과 개인적 친분이 있거나 정치 성향상 보다 밀접한 관련을 맺고 있는 지식인이라면 한층 더 철저한 객관적 거리두기가 선행되어야 한다. 그럴 경우라야 정치적 정통성과 정당성이 결여된 비민주적 정권이 권력을 부당하게 행사하는 처사에 대해 그 실상을 가감 없이 폭로함으로써 전 국민적 저항을 통해 차단되거나 엄정한 처벌이 이루어지는 정치사회적 환경이 조성될 수 있다.

그런데 계급(층)적 특수성과 제약성으로 특징지어지는 당파성은 사실상 오늘날 운위되는 진영논리의 '원본적(original) 형태'라 할 수 있다. 물론 지금의 진영논리와 달리, 민중 계급(층)이 중심이 되었던 민주 항쟁 세력의 당파성은 규범적으로 정당한 것이었다. 그런 만큼 민주화 세력의 당파성을 '공유'하는 것이야말로 윤리적으로 올바르며 합당한 지식인의 태도라 할 수 있었다. 실제로 과거 군사독재 정권이 통치하던 시절, 민주화 진영에 속했던 대다수 비판적 지식인은 민주 항쟁 세력의 이념적 지향성과 계급적 친화성을 온전히 자각하고 있었으며, 그런 한에서 저항적 '민중·민주 세력'과 동일한 당파성을 견지하고 있었다. 동시에 그것은 시대적·정치사회적 상황 속에서 규범적으로 마땅한 올바른 (계급) 의식적 특성이었다.

하지만 현 한국 사회의 이념적·정치적 지형도는 그 시절과는 질적으로 판이하게 달라졌다. 현재는 독재 수호 세력과 민주화 운동 세력이라는 양자 간의 투쟁적 대결 상황이 아니다. 게다가 민주적 선거를 통해 통치권을 장악한 민주 항쟁 세력은 이제 정치적 제도권에 진입한 '또 하나'의 기득권적 지배 세력으로 안착하기에 이르렀다. 그런 한에서, '민주화 이전'에 통용되던 독재 대 민주주의 구도를 여전히 내세워 '보수 집권 세력'을 '독재 정권'인 양 증오하고 악마화하여 몰아 가면서, 이른바 진보 진영의 단일대오와 그것의 사상적 연대 의식으로 서의 당파성, 즉 현 진영논리를 규범적으로 정당화하려는 시도는 반민 주적이며 시대착오적인 정치공학적 폭거에 다름 아니다.

이처럼 이전과 확연히 달라진 '민주화 이후의 민주주의 시대'에 상응하여 지식인 집단은 자신이 속하거나 지지하는 정치적 이념 집단 의 이해관계를 '단절적으로' 뛰어넘어 '비당파적인' 입장을 고수해야 한다. 동시에 지식인 본인의 이념적 지향성과 합치하거나 친화적인 지 배 권력 집단일수록 혹시라도 민주주의의 이념과 원칙, 방향성과 다르 게 사적 이익을 위해 통치권을 행사하고 있지는 않은가의 여부에 촉각 을 세우며 철저한 감시와 견제, 비판적 감독의 역할을 수행하는 데 전 력을 기울여야 할 것이다.

이 같은 논의의 흐름을 요약하면, 결국 작금의 한국적 현실은 지 식인 집단으로 하여금 이념적 좌우를 떠나 통치 권력과 거리두기를 한 채 일체의 당파적 의식이나 진영논리의 틀에서 벗어나 권력 감시 집단, 곧 '상대적으로 자유롭게 부동(浮動)하는 주도적인 권력 비판 계 층'[32]으로 자리하기를 요구하고 있다. 이러한 지식인상(像)은 상호 대 립적인 정치적·사상적 이데올로기들이 난립하여 충돌하던 1920년대 독일 바이마르공화국 시절의 이념적 카오스 상태를 벗어나기 위한 과

---

[32] 그런데 이처럼 당파주의와 진영논리에서 벗어나 통치 권력과 거리를 둔 채 치열한 견제와 감시, 비판을 수행해야 한다는 논변의 기저에는 1929년 『이데올로기와 유토피아(*Ideologie und Utopie*)』를 출간하던 시기에 개진된 만하임(K. Mannheim)의 지식인상(像), 곧 "비 교적 자유 부동하는 지식인층(relativ freischwende Intelligenz)" 개념이 자리하고 있다. K. Mannheim, *Ideologie und Utopie* (Frankfurt/Main: Verlag G. Schulte-Bulmke, 1969), 135 쪽; 카를 만하임, 『이데올로기와 유토피아』(서울: 김영사, 2012), 337쪽.

제를 실행할 주체를 특정 진영과 당파적 집단에서 벗어나 자유로이 부동하는 지식인 계층에 할당했던 만하임(K. Mannheim)의 지식인론에서 차용한 것이다.[33] 지금의 한국적 현실 또한 만하임이 활동하던 시기의 독일적 상황과 유사하게 진영논리가 사회 전역을 장악한 가운데 네 편과 우리 편 사이에 생사를 건 적대적 투쟁이 벌어지는 이념적 전쟁터로 전락해버렸기 때문이다.

② 그렇다면 '당파성의 탈피'와 '권력과의 거리두기'라는 전제조건을 충족한 바탕 위에서 실행되는 권력 비판은 어떻게 진영논리의 늪에 빠진 한국 사회를 다시금 건져낼 실천 방안이 될 수 있는가? 사실 이는 간단히 답할 수 있다. 왜냐하면 현 단계 한국적 현실에서 '권력비판'은 곧 '진영논리에 대한 비판적 고발'과 동의어이기 때문이다.

이미 수차례 검토해본 바와 같이, 현시점에서 한국의 지식인 집단은 진영논리와 그에 바탕을 둔 온갖 정치책략적 시도를 색출하고 척결해나가는 데 선도적으로 나서야 한다. 그런 한에서 정치를 하나의 오락적 볼거리나 쇼, 엔터테인먼트적 연예 기획의 하나로 왜곡시키는 작태에 대한 비판의 수준을 넘어, 그것이 현실화되기에 가장 적합한 최적의 환경을 겸비한 오늘의 '디지털 뉴미디어적 생태 환경'에 대한 치밀한 비판적 분석과 규명도 함께 이루어져야 할 것이다. 이러한 작업들이야말로 진영논리에 기반한 자발적 복종 기제를 은밀하게 구동시킴으로써 규범적으로 부당한 지배 권력의 남용을 시민의 시야에서 제거함과 동시에 공적으로 정당하게 행사되고 있는 양 오인시키는 권력

33　강수택, 『다시 지식인을 묻는다』(서울: 삼인, 2004), 66-67쪽 참조.

추구 집단의 정치공학적 통치술을 만천하에 폭로하는 과업에 다름 아니기 때문이다.

다른 한편, 진영논리의 전일적 확산에 따라 속수무책으로 권력에 예속되어 자발적 복종을 강요받는 상황에서, 시민으로 하여금 이에 대한 주체적인 비판적 인식과 자각을 가능케 하는 '정치문화적 환경'을 조성하는 데도 또한 주력해야 한다. 보다 구체적으로 이는 집권 세력 등에 의해 자행되는 권력의 오남용 사태를 온전히 파악할 수 있는 '보편적 가치 판단의 담론적 방식'을 소개할 뿐 아니라, 실제 그러한 판단이 이루어지게끔 구동하는 '의사소통적 절차적 메커니즘'을 사회구조적으로 구축하는 데로 나아가야 한다.

이는 두 방향에서 진행되어야 할 것이다. 하나는 특정 사안에 관한 판단이 서로 상충하는 경우, 합리적 담론(대화)을 통해 어느 것이 윤리적으로 정당한 것인가의 여부를 '보다 나은 논증의 힘'에 의거하여 판별하는, 담론이론에 기초한 (의사소통) 절차적 도덕 판단 방식[34]을 사회적으로 제도화하는 것이다. 다른 하나는 그러한 의사소통 절차에 참여하여 제대로 된 합리적 인식 및 도덕 판단을 주동적으로 수행할 '비판적 민주시민으로서의 역량'을 함양하는 '민주시민교육에 관한 프로그램 및 시스템'[35]을 구축하여 제도화하는 것이다.

물론 이러한 작업은 단기간 내에 완수될 성질의 과업이 아니다. 그럼에도 최소한 지식인 집단에 의해 이러한 작업이 착수되어 지속적

---

34 이에 관한 상세한 논의는 장춘익, 「동의와 당위: 하버마스의 담론윤리학」(『비판과 체계』, 장춘익, 파주: 21세기북스, 2022), 139-176쪽 참조.

35 이에 대한 개략적인 구상에 관해서는 한희창, 「하버마스의 공론장의 새로운 구조변동과 시민적 역량으로서 미디어 리터러시의 필요성」, 275-278쪽 참조.

으로 이루어져나갈 경우, 시민을 도구적으로 이용하는 정치공학적 조작 논리인 진영논리의 늪에서 빠져나올 가능성이 실제로 현실화될 여지는 충분히 마련될 수 있을 것이다.

4) 무지성적·도구적 대중으로부터 자주적·비판적 민주시민으로의 복귀

앞서 우리는 진영논리가 개별 시민의 의식구조를 장악·조종하는 사태를 벗어날 방안으로 '의식을 규정짓는 사회구조적 존재'를 혁신하는 방안에 관해 논구해보았다. 그것은 크게 봐서 공론장의 구조를 왜곡시키는 플랫폼 자본과 디지털 기업들의 수익 창출 기제와 자본 축적 메커니즘을 헌법적 근본 가치에 입각하여 법적으로 제어하는 환경을 제도적으로 구축해야 한다는 점으로 귀결되었다.

그렇지만 사회구조적 차원 또는 사회윤리적 관점에서의 극복책 못지않게 일반 시민 구성원들의 인식 및 사유 방식에서도 치열한 '자기성찰적·자기비판적' 혁신이 필수로 요청된다. 동시에 이를 통해 도구적 존재가 아닌 그 누구에게도 휘둘리거나 이용당하지 않는 주체적 존재로 살아가기 위한 민주시민으로서의 자질과 능력을 강화해야 한다.[36]

우선, 권력 추구 집단에 의해 기획된 '자발적 복종' 프레임인 진영

---

36 이와 동일한 논의선상에서 코헨(J. Cohen)과 펑(A. Fung)도 디지털화된 공론장에서 행위 주체인 시민의 민주적 책임(감)을 강조하고 있다. J. Cohen/A. Fung, "Democratic Responsibility in the Digital Public Sphere"(*Constellations* 30(1), John Wiley & Sons Ltd., 2023), 97쪽.

논리에 낚여 자신이 선호하는 지배 세력을 맹목적으로 옹호하는 사태에 빠지지 않도록 '비판적 민주시민의 역량'을 배가시켜야 한다. 특히 자신의 사유 및 행위 양식을 제3자의 시각에서 객관화하여 바라보고 그 안에 내재해 있는 타율적·예속적 기제의 존재 여부나 자발적 복종의 일반화된 형식의 하나인 '일상적 파시즘'의 논리에 세뇌되어 있는가의 여부를 비판적으로 통찰할 수 있어야 한다. 특히 일상적 파시즘은 진리나 규범, 도리 등의 형태로 우리에게 다가온다는 점에서 보다 각별한 성찰적 경계심과 비판적 통찰력을 배양해나가야 한다.

다음으로, 통치 권력의 행사가 정당한가에 대한 공정한 보편적 판단은 도덕성의 두 원천인 좋음과 옳음 중 옳음의 차원에서 이루어진다는 점에 대한 자각을 통해 제대로 된 가치 판단이 이루어지게끔 도덕적 판단 능력을 갖추어나가야 한다. 특히 옳음에 기반한 도덕 판단은 합리적 토론 과정에서 '보다 나은 근거'를 제시할 수 있는가에 따라 그 정당성 여부가 결정된다는 점에서, 자신의 판단을 뒷받침할 타당한 논거를 댈 수 있는 능력, 아울러 어느 판단이 수용할 만한 설득력 있는 근거를 제시하고 있는가를 판별할 수 있는 능력, 요컨대 '대화윤리적 도덕 판단 능력'[37]을 온전히 갖추는 데 배전의 노력을 경주해야 한다.

이때 옳음을 원천으로 한 도덕 판단 능력을 배양하는 훈련은 좋음과 옳음의 결정적 차이를 명쾌히 파악하여 보편적 도덕 판단은 오직 옳음에서만 확보될 수 있으며, 좋음에 기반한 가치판단은 주관적이며 자의적인 방향으로 흐르기 쉽다는 사실을 통찰하게 이끄는 일종의 '민

---

37 이에 관한 상세한 논의는 선우현, 「이성적 토론과 대화를 통해 도덕적 정당성과 부당성이 따져질 수 있는가?: 도덕성의 원천으로서의 옳음과 담론 윤리(학)」(『도덕 판단의 보편적 잣대는 존재하는가』, 선우현, 서울: 울력, 2020), 110-117쪽 참조.

주시민교육의 학습 과정'으로 기능한다. 해서 가령 진영논리에 입각한 규범적 판단은 정치적 지배 세력의 '주관적 좋음'의 관점에서 이루어지는 것인바, 결국 이는 '강자의 논리'에 다름 아님을 간파하게 된다. 더불어 팬덤정치 역시 개인적 선호나 취향이라는 지극히 '주관적인 좋음'에 의거해 연출되고 있다는 점에서, 결코 보편적 타당성을 지니지 못하고 있음을 인지하게 된다.

후자와 관련해 좀 더 부연하면, 특정 연예인에 대한 무조건적 환호와 열광으로 특징지어지는 팬심은 '좋음'에 기반한 개별 시민의 주관적인 정서적 호감 및 우호 의식이라 할 수 있다. 해서 저명한 인기 스타에 대한 무조건적 사랑이나 옹호는 그 대상자가 정당치 못한 행위를 저지르는 경우에도 일방적으로 감싸고 이해하고 용서하는 행태로 나타난다. 그런 연유로, 좋음에 기초한 팬덤이 특정 정치인에 투사될 경우, 권력의 부당한 행사가 빚어지는 경우에도 해당 정치인을 무조건적으로 변호하는 반민주적 행태로 표출된다. 이렇듯 팬덤정치는 민주주의의 이념과 원칙을 심대해 훼손한다는 점에서 지양되어야 한다. 동시에 유권자이자 비판적 민주시민으로서 개별 구성원들은 정치인을 지지하거나 비판하는 경우에도 좋음에 기초한 팬심이 아니라 옳음에 의거하여 합당한 이성적 근거나 이유를 제시할 수 있도록 담론이론에 기초한 보편적 도덕 판단을 수행할 역량을 함양하는 데 최선을 다해야 할 것이다. 적어도 이것이야말로 오늘의 민주화 시대에 부합하는 민주적·비판적 시민의 기본적 자세이자 덕목이기 때문이다.

끝으로, 진영논리의 전일적 확산을 야기한 주요 요인 가운데 하나인 다양한 소셜미디어나 플랫폼 등에 의해 쏟아져나오는 잘못된 정보와 가짜뉴스로 인해 냉철한 이성적 판단이 제대로 이루어지지 못하는 상황에서 데이터와 자료의 진위 여부를 명확히 확인한 상태에서 참과 거짓, 옳고 그름을 온전히 판별할 수 있는 시민적 역량을 한층 더 강화해야 할 것이다.[38]

이때 특히 주목되는 것이 바로 '미디어 문해력(media literacy)'이다. 이는 매일같이 주어지는 정보의 바닷속에서 각종 자료나 데이터, 지식 등을 독해하여 그중에서 참이고 진실인 것만을 추출하여 읽어낼 수 있는 능력을 가리킨다. 이러한 문해력을 지니고 있을 경우, 가짜뉴스나 의도적으로 기획된 선동 팸플릿이나 거짓된 콘텐츠를 명쾌히 구분해낼 수 있으며, 그 안에 내재된 불순한 의도나 정치공학적 기획 기도 등도 비판적으로 간취해낼 수 있다.[39] 그렇게 될 경우, 경쟁적 관계에 있는 정치 세력 등을 의도적으로 폄훼하기 위해 유포되는 온갖 음해적 메시지나 선동 자료의 본질적 실체를 통찰함으로써 지배 세력이 구사하는 진영논리의 꼭두각시로 놀아나는 사태에서 벗어날 수 있다.

4. 나가는 말: 남은 과제와 관련하여

이제 글을 마무리할 시점이다. 이제까지 우리는 현 한국 사회의 가장 심각한 사회 갈등적 문제 상황이라 할 진영논리의 전일적 확산

---

38   이와 관련하여 최근의 주목할 만한 성과물로는 백소라, 「'잘 기능하는' 민주정치에 있어 '공론장'과 '시민정치역량' 연구」(동국대학교 철학과 박사학위논문, 2025) 참조.

39   한희창, 「하버마스의 공론장의 새로운 구조변동과 시민적 역량으로서 미디어 리터러시의 필요성」, 275-276쪽 참조.

및 지배 사태를 네 가지 주요 요인에 초점을 맞추어 비판적으로 살펴보았다. 그리고 그에 대한 잠정적 해결 방안을 거칠게나마 단초적 형태로 제시해보았다.

이미 본문에서 상세히 논한 바 있지만, 이 글의 핵심이 진영논리 확산의 주요 요인에 관한 것이었던 만큼 개괄적으로 다시 요약해보면 이는 다음과 같이 정리될 수 있다. 첫째, 진보·보수 할 것 없이 지배 세력이 자신의 정치적 목적을 달성코자 진영논리를 지속적으로 이용·유포하고 있다는 점. 둘째, 권력 비판의 소임을 이행해야 할 지식인 집단이 오히려 진영논리의 정치공학적 활용을 획책하는 권력 집단의 주도적 조력자로서 역할을 수행하고 있다는 점. 셋째, 새로운 디지털 매체와 플랫폼의 출현으로 초래된 의사소통 양식의 변질과 공론장의 구조 변동이 진영논리의 등장 및 확산을 위한 사회구조적 배경 및 필요조건으로 작용하고 있다는 점. 끝으로, 민주 항쟁의 주역이었던 비판적 시민 세력이 정작 민주화 이후 무지성적 대중 집단으로 전이되면서, 유사 중우정치 체제가 전개되고 있다는 점.

말할 것도 없이 이상의 네 가지 요인은 각각 분리되어 개별적으로 작동하는 것이 아니라 서로 연계되어 상호작용을 일으키면서 복합적으로 구동하여 사회 갈등적 사태를 야기하고 있다. 이상의 네 가지 요인 가운데 두 번째 원인은 '사회구조적' 차원 또는 '사회윤리'의 관점에서 제기된 것이다. 그에 비해 다른 세 요인은 대체로 '행위(자)론' 혹은 '개인윤리'의 시각에서 포착된 것들이다. 한데 이처럼 행위 주체나 개인윤리의 관점에서 규명된 원인은 그 해결책을 모색하는 과정에서 적지 않은 한계를 드러낸다. 거칠게 말해서 개별 행위자의 '의식의 변화'를 통해 진영논리의 늪 — 이라는 사회구조적 병폐 — 에서 벗어나려는 방안은 근본적인 해법이 되기 어려우며 한시적인 미봉책에 불과할 수 있기 때문이다. 이런 연유로 개인 윤리적 관점에서 규명한 세 가지 원인에 상응하는 극복 방안을 대략적으로 모색하여 개진하고 있는 이 글의 논지 역시 분명한 제한성을 지니고 있다. 그런 만큼 이후의 작업에서는 의식 개혁에 초점이 맞춰진 '관념론적 한계'를 넘어설 보다 실효성 있는 실천 방안이 강구되어야 할 것이다.

다른 한편, 사회구조적 차원에서 주된 요인으로 지목된 플랫폼 기업의 수익 창출 기제와 자본 축적 방식에 대한 비판적 논의는 마르크스 철학의 '정치경제학적 접근 방식'을 도입할 경우 보다 완결적인 탐구 성과를 확보할 수 있을 것이다. 그런 만큼 사정상 이 점을 온전히 다루지 못한 이 글의 제한성 역시 이후 반드시 보완 작업을 통해 메워져야 할 것이다.

이 밖에도 진영논리 확산의 주된 원인으로 거명된 네 가지 요인 외에 추가로 검토해보아야 할 탐구 대상들이 이번 글에는 빠져 있다. 그중 특히 주목할 만한 것으로는 객관적 사실보다 개인의 주관적 신념이 여론 형성에 보다 큰 영향을 미치는 오늘의 시대를 새롭게 도래한 '탈진실(post-truth) 시대'로 규정하여 탈진실 정치 등을 논하는 '포스트트루스' 담론이 있다.[40] 아울러 현대인은 신나게 즐길 오락거리가 지천에 깔려 있는, 오직 재미만을 추구하는 사회적 상황에 처해 있다는 '재미 우선 시대'에 관한 비판적 논변체계 역시 주요 논구 대상이다.[41] 그

---

40 매킨타이어(L. Mcintyre)에 따르면, 정치적 사안의 진실을 은폐·왜곡하고 거짓된 '대안적 사실'을 참인 양 내세우며 호도하는 탈진실 전략이 문제가 되는 것은 '탈진실이 정치적 우위를 공고히 하려는 메커니즘으로 활용되고 있기 때문'이다. 리 매킨타이어(김재경 옮김), 『포스트트루스: 가짜 뉴스와 탈진실의 시대』(서울: 두리반, 2019), 6쪽.

41 '미디어 매체와 기술에 대한 숭배'가 일상화된 미디어 생태 환경의 문제점을 예리하게 간

런 만큼 이 글에서는 다루지 못했지만, 이후 보다 이론적으로 심화된 밀도 높은 글이 되기 위해서는 이에 대한 고찰이 필수로 이루어져야 할 것이다.

이렇듯 이 글이 지닌 미비점과 한계, 추가적 보완 사항 등을 열거하게 되면 사실 끝이 없다. 이렇게 된 데는 여러 이유가 있지만, 무엇보다 이 글은 아직 완성되지 않은 '미완(未完)'의 글이라는 점을 변명의 말로 대신하고자 한다. 그런 만큼 이 글은 엄밀한 학적 논거가 뒷받침된 완결된 수준의 학술적 탐구 성과를 담고 있는 글이라기보다는 ― 마무리를 향해 '진행 중'에 있는 ― 대체로 개략적이고 거친 방식으로 진영논리의 전일적 확산 사태를 비판적으로 스케치해본 '철학적 시론(試論)'에 해당하는 글이라고 할 수 있겠다. 해서 다분히 단언적이고 가설적인 주장을 객관적으로 논증해 보이는 작업을 포함하여 여러 이론적 부족분을 채우고 보완하는 과정을 거쳐야 보다 완결된 형태의 실천철학적 글로 자리매김할 수 있을 것이다.

다만 사정이 이러함에도 이 글이 지닌 미덕 하나는 소개해도 될 듯싶다. 그것은 실시간으로 현재 진행 중에 있는 진영논리의 문제를 여러모로 미흡하지만 철학적 글쓰기 형태로 본격적으로 다루어보고자 시도했다는 점이다. 그간 진영논리에 관해 나름 치열한 문제의식을 갖

파한 포스트먼(N. Postman)에 따르면, 진영논리의 전일적 확산 사태가 빚어지게 된 주된 요인은 현 한국 사회에 '헉슬리식 지배 방식'이 확고하게 자리하고 있기 때문이다. "헉슬리식 예언에서는 빅브라더가 자기 뜻대로 우리를 감시하지 않는다. 우리 스스로가 자청해서 바라본다. 감시자나 감옥문이나 진실부(ministries of truth) 따위는 필요 없다. 대중이 하찮은 일에 정신이 팔릴 때, 끊임없는 오락 활동을 문화적 삶으로 착각할 때, 진지한 공적 대화가 허튼소리로 전락할 때, 한마디로 국민이 관객이 되고 모든 공적 활동이 가벼운 희가극(vaudeville)과 같이 변할 때 국가는 위기를 맞는다." 닐 포스트먼(홍윤선 옮김), 『죽도록 즐기기』(서울: 굿인포메이션, 2020), 233쪽.

고 있었음에도 그에 대한 비판적 분석과 규명을 머릿속에서만 행했던 것을 마침내 시론적 탐구 형태로나마 주제화하여 논구하고 활자화할 수 있게 된 점은 논자에게 적지 않은 의미로 다가온다. 다만 이를 정치하게 다듬고 전체적으로 마름하여 보다 수준 높은 철학적 논문으로 정제해내는 작업이 남아 있다. 사정이 이런 만큼 이후 보다 심도 깊은 추가적 논의와 남은 과제의 수행을 통해 여러 미비점과 제한점을 수정 보완하여 완결된 형태의 철학적 성과물로 다시 인사드릴 기회가 주어지길 감히 소망해본다.

참고문헌

강수택,『다시 지식인을 묻는다』, 서울: 삼인, 2004.

강준만,『정치를 종교로 만든 사람들』, 서울: 인물과사상사, 2016.

______,『정치 전쟁』, 서울: 인물과사상사, 2022.

강희철,『검찰외전』, 고양: 평사리, 2021.

노엄 촘스키(강주헌 옮김),『지식인의 책무』, 서울: 황소걸음, 2005.

노회찬·구영식,『대한민국 진보, 어디로 가는가?』, 서울: 비아북, 2014.

닐 포스트먼(홍윤선 옮김),『죽도록 즐기기』, 서울: 굿인포메이션, 2020.

데이비드 런시먼(최이현 옮김),『쿠데타, 대재앙, 정보권력』, 서울: 아날로그, 2020.

리 매킨타이어(김재경 옮김),『포스트트루스: 가짜 뉴스와 탈진실의 시대』, 서울: 두리
    반, 2019.

박상훈,『혐오하는 민주주의: 팬덤정치란 무엇이고 왜 문제인가』, 서울: 후마니타스,
    2023.

백소라,「'잘 기능하는' 민주정치에 있어 '공론장'과 '시민정치역량'」, 동국대학교 철
    학과 박사학위논문, 2025.

사회와철학연구회 지음/선우현 기획·편집,『한국사회의 현실과 하버마스의 사회철
    학』, 서울: 씨아이알, 2024.

선우현,『사회비판과 정치적 실천』, 서울: 백의, 1999.

______,「반공주의와 그 적들」, 사회와철학연구회 지음/선우현 기획·편집,『다시 민
    주주의다』, 서울: 씨아이알, 2015.

______,「진영논리와 소위 '진보적 지식인'의 자세와 역할」,『사회철학연구회 하계 심
    포지엄 자료집』, 사회와철학연구회, 2020.

______,「이성적 토론과 대화를 통해 도덕적 정당성과 부당성이 따져질 수 있는가?:
    도덕성의 원천으로서의 옳음과 담론 윤리(학)」,『도덕판단의 보편적 잣대는 존
    재하는가』, 서울: 울력, 2020.

______,『도덕판단의 보편적 잣대는 존재하는가』, 서울: 울력, 2020.

______,「도덕 판단의 보편적 잣대에 대한 요청: '힘의 논리'에서 벗어나 '자유로운'
    인간으로 살아가기 위한 전제」,《대학지성 In&Out》(2020년 11월 8일자).

______, 「사회변혁과 비판적 지식인의 리더십」, 사회와철학연구회 지음/선우현 기획·편집, 『한국사회와 비판적 지식인의 역할』, 서울: 씨아이알, 2024.

______, 「카를 만하임의 지식인론」, 사회와철학연구회 지음/선우현 기획·편집, 『한국사회와 비판적 지식인의 역할』, 서울: 씨아이알, 2024.

______, 「한국 및 독일 사회의 '현실'과 하버마스의 사회'철학'」, 이명현 외, 『현대문명의 향도: 인류 문명 진보를 위한 현대 철학의 모색들』, 파주: 21세기북스, 2024.

쇼샤나 주보프(김보영 옮김), 『감시 자본주의 시대』, 서울: 문학사상사, 2021.

스티븐 레비츠키, 대니얼 지블랫(박세연 옮김), 『어떻게 민주주의는 무너지는가』, 서울: 어크로스, 2021.

______, 『어떻게 극단적 소수가 다수를 지배하는가』, 서울: 어크로스, 2024.

에이미 추아(김승진 옮김), 『정치적 부족주의』, 서울: 부키, 2020.

에티엔 드 라 보에시(박설호 옮김), 『자발적 복종』, 서울: 울력, 2015.

오연호·조국, 『진보집권플랜: 오연호가 묻고 조국이 답하다』, 서울: 오마이북, 2019.

위르겐 하버마스(한상진·박영도 옮김), 『사실성과 타당성』, 파주: 나남, 2000.

______(한승완 옮김), 『공론장의 구조변동』, 파주: 나남, 2001.

______(장춘익 옮김), 『의사소통행위이론』 1, 2, 파주: 나남, 2006.

______(한승완 옮김), 『공론장의 새로운 구조변동』, 서울: 세창출판사, 2024.

이광주, 『지식인과 권력』, 서울: 문학과지성사, 1994.

이마누엘 칸트(임홍배 옮김), 「계몽이란 무엇인가 하는 문제에 대한 답변」, 이마누엘 칸트 외, 『계몽이란 무엇인가』, 서울: 도서출판 길, 2022.

이상길, 「피에르 부르디외의 사회학적 참여와 미디어 실천」, 『한국언론정보학보』 29, 2005.

이성재, 『지식인』, 서울: 책세상, 2012.

이진경·우석훈 대담, 「"촛불을 개혁 동력으로" "검찰개혁이 1번일 수 없어"」, 《한겨레21》 1282호(2019년 10월 1일자).

이한구, 「포퓰리즘은 중우정치이다」, 『철학과 현실』 74, 서울: 철학과현실사, 2007.

이해영, 「칼 슈미트의 정치사상: '정치적인 것'의 개념을 중심으로」, 『21세기정치학회보』 14(2), 2004.

임지현, 「일상적 파시즘의 코드 읽기」, 임지현 외, 『우리 안의 파시즘』, 서울: 삼인, 2013.

______, 「우리 안의 파시즘, 그 후 20년」, 임지현 외 엮음, 『우리 안의 파시즘 2.0』, 서울: 휴머니스트출판그룹, 2022.

장춘익, 「동의와 당위: 하버마스의 담론윤리학」, 『비판과 체계』, 파주: 21세기북스, 2022.

장 폴 사르트르(박정태 옮김), 『지식인을 위한 변명』, 서울: 중심, 2018.

진중권, 『이것이 우리가 원했던 나라인가』, 파주: 21세기북스, 2021.

진중권 외, 『한번도 경험해 보지 못한 나라』, 서울: 천년의 상상, 2020.

최종욱, 『이 땅에서 철학하는 자의 변명』, 서울: 사회평론, 2001.

카를 만하임(임석진 옮김), 『이데올로기와 유토피아』, 서울: 김영사, 2012.

칼 마르크스(김대웅 옮김), 『독일 이데올로기』, 서울: 두레, 2020.

한길석, 「공영역의 새로운 구조변동이 일어나고 있는가?」, 사회와철학연구회 지음/ 선우현 기획·편집, 『한국사회의 현실과 하버마스의 사회철학』, 서울: 씨아이알, 2024.

______, 「공영역의 신구조변동?: 성찰과 제안」, 『시대와 철학』 104, 한국철학사상연구회, 2023.

한희창, 「하버마스의 공론장의 새로운 구조변동과 시민적 역량으로서 미디어 리터러시의 필요성」, 『도덕윤리과교육』 84, 한국 도덕윤리과 교육학회, 2024.

Cohen, J., Fung, A., "Democratic Responsibility in the Digital Public Sphere", *Constellations* 30(1), John Wiley & Sons Ltd., 2023.

Mannheim, K., *Ideologie und Utopie*, Frankfurt/Main: Verlag G. Schulte-Bulmke, 1969.

「JTBC 뉴스룸」(2019년 10월 1일자).